世界を救う処方箋《しょほうせん》

「共感の経済学」が未来を創る

ジェフリー・サックス
野中邦子・高橋早苗［訳］

Jeffrey Sachs

The Price of Civilization

Reawakening American Virtue and Prosperity

早川書房

世界を救う処方箋《しょほうせん》

――「共感の経済学」が未来を創る

THE PRICE OF CIVILIZATION

Reawakening American Virtue and Prosperity

by

Jeffrey D. Sachs

Translated by
Kuniko Nonaka & Sanae Takahashi
First published 2012 in Japan by
Hayakawa Publishing, Inc.
This book is published in Japan by
arrangement with
The Wylie Agency (UK) Ltd.
through The Sakai Agency.

正義と思いやり、そして幸福の手本であった両親、セオドア・サックスとジョーン・サックスへ

目次

第一部　大崩壊

第一部　大崩壊

第一章　アメリカの経済危機を診断する

価値観の危機

アメリカの経済危機の根底には道徳の危機がある。アメリカの政財界エリートのあいだで市民としての美徳が衰退している。富者と権力者が自分以外の人びとや世界全体に尊敬と誠意と思いやりを示さなくなったとき、市場経済、法律、選挙といったものは十分に機能しなくなる。アメリカは世界で最も競争の激しい市場社会を作りあげてきたが、その過程で市民としての美徳を食いつぶしてしまった。社会に責任をもとうとする態度をとりもどさなければ、意味のある持続的な経済復興をはたすことはできないだろう。

この本を書かざるをえなくなった事態に、私はとても驚き、とまどっている。経済学に関わって四〇年になるが、そのほとんどを通じて、莫大な富、深い学識、先進技術、民主的なシステムをもつアメリカこそ、よりよい社会を築きあげる道を見つけるはずだと思っていたからだ。経済学者になりたてのころ、私は海外の経済問題に力を入れてとりくもうと決意した。海外の経済問題のほうが深刻で、手助けが必要だと思ったからだ。しかし、いまは祖国のことが気にかかっている。近年のアメリカの経済危機は、わが国の政治と文化の根腐れが恐ろしいほど進行していることを示しているからだ。

これから述べるとおり、この危機は数十年の歳月をへてじわじわと拡大してきた。私たちが直面しているのは短期的な景気後退ではなく、社会、政治、経済の動きにそって長期的にもたらされた結果である。多くの意味で、この危機は特定の政策や大統領がもたらした結果というよりは、ベビーブーマー世代という一つの時代の到達点だといえる。それは二大政党がもたらした結果でもある。民主党も共和党も危機の拡大に荷担してきた。いつ見ても、この二つの政党の違いは、共和党が石油業界の傘下にあり、民主党がウォール街の傘下にあるということでしかないようだ。この危機の根本的な原因を理解すれば、小手先の解決策よりもずっとましな手を打つことができる。二〇〇九年から二〇一〇年の景気「刺激」策、二〇一一年の予算削減、毎年のようにくりかえされる過剰な減税などといった対策は、アメリカ社会に必要な大規模な改革から私たちの目をそらさせるカラクリにすぎない。

オバマ政権の最初の二年間を見てわかるように、アメリカの経済と政治の欠陥は大統領その人の欠陥よりも深刻である。多くのアメリカ人と同様、私はバラク・オバマに現状打開の希望を託した。変化は起ころうとしていたし、私たちはそれを望んでいた。それなのに、いま幅をきかせているのは変化よりも現状維持である。オバマは従来どおりアフガニスタンでの終わりの見えない戦争を続行し、ロビイストにへつらって巨額の軍事予算を計上し、対外援助費を出し惜しみ、行きすぎた減税策をとり、未曾有の財政赤字におちいり、アメリカがかかえる問題の根本的な原因に目を向けることをためらっている。オバマ政権には、ウォール街とホワイトハウスを結ぶ回転ドアを出入りする人びとがひしめいている。アメリカの経済危機を解決する根本的な方策を見つけるためには、私たちはアメリカの政治組織がなぜこれほど変化を嫌うのかを理解する必要があるだろう。

臨床経済学

アメリカ経済はますます、社会のごく一部の要求を満たすものになっており、アメリカの政治は公明正大でわかりやすい問題解決によって国家を軌道修正することができなくなっている。アメリカのエリート、たとえば大富豪、企業のトップ、わが同業者である学者たちのなかには、社会的な責任を放棄している者が大勢いる。彼らは富と権力を追い求め、その他の人びとは取り残されてしまう。

私たちは二一世紀初頭にあるべき良い社会のイメージをあらためて思い描き、そこにたどりつくための建設的な方策を見つけだす必要がある。最も重要なのは、良き市民としてのさまざまな行動によって、文明の対価を進んで支払うことだ。つまり、税金を応分に負担し、社会のニーズについてよく学び、次世代を守り育て、思いやりの心こそが社会を一つに結ぶということを忘れてはならない。国民の大多数がこの課題を理解し、引き受けてくれることを願う。本書のための取材中に、私は同輩のアメリカ人たちと再会して何度も議論しただけでなく、アメリカ人の価値観に関する世論調査や研究を重ねた。そこで得られた情報は喜ばしいものだった。アメリカ人のほとんどは、エリートやメディアのご意見番が望むようなアメリカ人像とは大きくかけはなれている。たいていのアメリカ人は心が広く、節度があり、気前がいい。これらはテレビで見るアメリカ人のイメージとはちがうし、金持ちや有力なエリートを想像するときに思いつく形容詞とも異なる。しかし、アメリカの政治制度はすでに破綻しており、一般の国民はもはやそのようなエリートを重んじなくなっている。そして悲しいことに、政治制度の破綻は一般の国民を巻き添えにしてもいる。アメリカの社会はメディアが喧伝する消費文明に完全に振りまわされ、市民の行動が実効性をもつ本来の姿を維持できずにいるのである。

私はマクロ経済学者である。つまり、特定の分野の経済機能よりもむしろ国家経済の機能全体を研究している。私が研究のうえで重視するのは、経済が政治、社会心理学、自然環境を含む大がかりなドラマと密接に関係しているということだ。経済問題だけを切り取って理解することはまず不可能なのに、ほとんどの経済学者はその落とし穴にはまっている。まともなマクロ経済学者なら、経済の背後に広がる光景を見ているはずだ。経済活動においては、文化、国内政治、地政学、世論、環境および天然資源に関する制約といったものがすべて重要な役割をはたしているからである。

四半世紀にわたり、私はマクロ経済アドバイザーという立場で経済危機の原因をつきとめ、経済の主要セクターの不具合を直すことで国家経済が正しく機能するように手助けしてきた。その仕事をうまくやりとげるのに必要なのは、経済と社会のさまざまな要素が重なりあい、貿易、金融、地政学を介して世界経済と連動しているという現実を深く認識することだ。さらに、社会通念、その国の社会史、その社会を支える価値観を理解することにも努めなければならない。いずれも多様な調査手法を要する作業である。ほかの経済学者と同じように、私も図表や資料を熟読するし、世論調査の結果や文化史、政治史についての本も大量に読む。そして、政財界のリーダーと意見を交換したり、工場、金融会社、ハイテク製品のサービスセンター、地域コミュニティの組織を訪問したりする。経済改革に関する合理的なアイデアは、さまざまなレベルでの「真偽検査」をパスしたのちに初めて、国政レベルのみならず地域レベルでも通用するようになるはずだ。

マクロ経済学者の仕事は、重篤な症状を呈する患者や未知の基礎疾患に対処しなければならない臨床医の仕事に似ている。効果的な対応として求められるのは、根底にある問題を正しく診断し、適切な治療計画を立てて、それを解決することである。自著『貧困の終焉』のなかで、私はこのプロセスを「臨床経済学」と名づけた。ヒントをくれたのは妻のソニアだった。有能な医師である彼女から、私は科学にもとづく臨床医学のすばらしさを学んだ。

私は臨床経済学者としての教育を受けたわけではないが、幸い、理論的な訓練のうえに妻の助けと仕事運の良さが重なったおかげで、独自の臨床経済学にたどりつくことができた。私は、ハーヴァード大学の学部生および大学院生として一流の教育を授けられ、一九八〇年に同大学の教授団に加わった。さらに人生を決定づけるような幸運に恵まれて、一九八五年にボリビアの経済問題を実地に解決する仕事に関わって以来、理論と実践の二本立てでキャリアを積んできた。一九八〇年代の大半は、負債に苦しむラテンアメリカでの仕事に費やし、二〇年にわたって無能かつ暴力的な軍政下におかれていたこの地域に民主主義を回復し、マクロ経済を安定させる手助けをした。一九八〇年代末から九〇年代初めにかけて、私は東欧と旧ソ連に招かれ、共産主義と独裁制から民主主義と市場経済への移行を手助けした。その仕事が終わると、今度は世界の超大国である中国とインドに招かれ、そこでさまざまな事態を観察し、討論を重ね、二つの巨大社会がかかえる市場の一大改革についてアイデアを共有することができた。九〇年代のなかば以降、私はおもに世界の最貧困地帯、とくにアフリカのサハラ以南に注目し、貧困、飢餓、病気、気候変動と戦う人びとを支援しようと努めている。

経済学者として活動し、多くの経済機構を診断するうちに、私は政治と経済と社会の価値観の相互作用への理解を深めるようになった。経済問題にたいする持続的な解決策は、社会生活のこれらすべての要素を完全に調和させることで得られるのである。

本書で、私は臨床経済学をアメリカの経済危機に応用するつもりだ。アメリカの経済問題の全体像をとらえたうえで、現在のアメリカ社会を苦しめている深刻な病気を診断し、三〇年前に下されて以来、今日まで引き継がれている根本的な誤診を修正したいと思う。一九七〇年代にアメリカの経済が落ちこんだとき、ロナルド・レーガンに代表される政治的右派は、経済悪化の責任が政府にあるとして非難した。この診断は間違っていたのだが、当時の多くの国民の耳にはもっともらしく聞こえたためにレーガン政権が発足し、実効性のある政府計画が廃止されたり、経済の舵取りを補助する政府の権限が縮小されたりといったプロセスが始まった。私たちはいまだに、この誤った診断がもたらした悲惨な結果をなすすべもなく受け入れ、グローバリゼーションやテクノロジーの変化や環境破壊といった現実的な課題を無視しつづけているのだ。

アメリカは改革を待っている

本書の前半では徹底的に診断を下し、後半では私たちがいま何をすべきかをはっきりと指摘するつもりだ。そのような明確な提言は、一度ならず大きな論争を引き起こすだろう。その一、巨額の財政赤字をかかえているときに、政府の現状改革路線を促進することが本当にできるのだろうか？　私はそれが可能であると同時に義務であると答えたい。その二、徹底した改革などという計画を本当に実行できるのだろうか？　ここでも答えはイエスである。長いこと無能ぶりをさらけだしてきた政府でも実行できる。その三、いまのように政治的な対立が強まっているときに、政治改革のプログラムを達成することはできるのだろうか？　結果的に成功する改革でさえ、最初のうちはいっせいに疑いの目を向けられるのがつねである。「いまの政府では無理だ」「国民が承知しない」「意見の一致などありえない」。根本的で現実的な改革案がもちあがるたびに、そんな恨み節が聞こえてくる。四半世紀のあいだ、私は世界中で何度もそんな声を聞いてきたが、結局のところ根本的な改革は可能だっただけでなく、やがては避けて通れないものと見なされるようになっていた。

本書の大部分は、アメリカの世帯の上位一パーセントほどを占める富裕層の社会的責任について述べている。彼らは社会にたいする責任を回避してきた。およそ一億人のアメリカ国民が貧困かそれに近い状態で暮らしているのに、富裕層はその上にあぐらをかいているのである。[1]

富そのものを敵視しているわけではない。富裕層の多くはとてもクリエイティブで才能にあふれ、気前がよく、慈善活動にも熱心だ。私が敵視するのは貧困である。蔓延する貧困の上に大金持ちがいすわっている状況で、貧困の軽減や解消につながりそうな（教育、育児、職業訓練、インフラなどへの）公共投資を増やすということであれば、金持ちのための減税は不道徳であり、逆効果である。

本書は将来的な計画についても述べている。私は市場経済の可能性を信じて疑わないが、二一世紀にアメリカが繁栄するためには、政府計画や政府投資、そしてアメリカ社会に共通の価値観にもとづく明快かつ長期的な政策目標も必要だ。いまのワシントンでは政府計画の策定は激しい逆風にさらされている。アジアでの仕事に二五年関わってきて、私は長期的な政府計画の価値がよくわかるようになった。とはいえ、それは旧ソ連で採用されたような発展性のない中央指令型計画ではなく、質の高い教育、近代的なインフラ、安全な低炭素エネルギー、環境維持への公共投資をめぐる長期計画のことである。

共感にみちた社会

「内省のない人生に生きる価値はない」とソクラテスはいった。[2] 同じように、内省のない経済は国民の幸福を守れないといってよいだろう。アメリカ人がいだく最大の幻想は、富をひたすら追求すれば健全な社会ができあがるというものだ。こうして誰もが富の追求に狂奔した結果、アメリカ人は疲弊し、他人への信頼、誠意、思いやりといった美徳も失われてしまった。アメリカの社会は、ウォール街や石油業界やワシントンのエリートのなかでもとくに無責任で身勝手な者たちを冷ややかな目で見るようになった。この現実をわかったうえでこそ、私たちは経済改革に乗り出すことができる。

人類が誇る二大賢人である東洋の仏陀《ブッダ》と西洋のアリストテレスはいみじくも、深遠で長期的な幸福の源泉に心身ともに向きあうより、つかのまの幻影を追い求めがちな人間の性《さが》について忠告している。二人は私たちに、中庸を守ることの大切さを説き、たとえ極端に走りたい誘惑にかられても節度と廉潔を養って自身の行動や態度を律するようにと呼びかけた。そして、自身の欲求を満たそうとするなら他者への配慮を忘れるなともいっている。二人はまた、富と消費をひたすら追い求めた先には幸福や充実した人生という美徳ではなく、中毒症状と強迫観念が待っていると警告している。はるか大昔から、孔子、アダム・スミス、マハトマ・ガンディー、ダライ・ラマなど、多くの賢人たちが異口同音に、中庸と思いやりこそが良い社会を支える柱であるといっている。

行きすぎた消費文明と異常なまでの富の追求に対抗するのは骨の折れる仕事であり、長い道のりを要する課題である。雑音と横槍と誘惑に満ちたメディアの時代にあって、この仕事はとりわけ困難だ。私たちは、共感にもとづく社会をつくることでこの経済の幻影を遠ざけることができる。それは、自覚と中庸という個人の美徳をはぐくむ社会であり、他者への同情という市民としての美徳や、社会的階級、人種、宗教、居住地の違いを超えて助けあう能力を高めてくれる社会である。個人または市民としての美徳がとりもどされたとき、私たちの失われた繁栄は復活するだろう。

第二章　失われた繁栄

アメリカの経済、政治、社会全体の何かが大きく狂ってしまったことはたしかである。アメリカ人は神経をとがらせ、警戒心を強めて悲観的になったり、皮肉な気持ちになったりしている。

アメリカの現状にたいする失望感も広がっている。「いまのアメリカに不満だ」という国民の割合は、一九九〇年代末の約三分の一から三分の二あまりに増え[1]、それと同じ割合のアメリカ人が、この国は「悪い方向に進んでいる」と考えている[2]。

この結果は、政府のあり方や役割にたいするシニシズムの蔓延と関係している。アメリカ人の心はワシントンからすっかり離れてしまった。連邦政府を「自己の利益を第一に考える特殊権益集団」と見なす国民は、そう思わない一五パーセントにたいして、七一パーセントと大多数を占めており、アメリカの民主主義の惨状を示す驚くべき結果となっている。同じく「政府と大企業が手を組むことで消費者と投資家はいつも損をさせられる」と思う国民は、そう思わない一二パーセントにたいして、七〇パーセントと圧倒的多数である[3]。アメリカ政府が国民の信頼を失っている度合は近代史上でもまれにみる高さであり、また他のどの高所得国でも前例がないほどである。アメリカ人は、連邦政府の意欲、倫理観、能力を完全に疑っているのだ。

表2.1　国民が不信感をもつ団体は政府だけではない

国家の現状におよぼす影響	良い(%)	悪い(%)	その他(%)
銀行などの金融機関	22	69	10
連邦議会	24	65	12
連邦政府	25	65	9
大企業	25	64	12
アメリカ国内の報道機関	31	57	12
連邦政府の関係機関および部局	31	54	16
娯楽産業	33	51	16
労働組合	32	49	18
オバマ政権	45	45	10
カレッジまたは大学	61	26	13
教会などの宗教団体	63	22	15
中小企業	71	19	10
テクノロジー企業	68	18	14

出典：ピュー・リサーチ・センター・フォー・ザ・ピープル＆ザ・プレスのデータ（2010年4月）

この不信感はアメリカのほとんどの主要団体に向けられている。最近の世論調査のデータからわかるように（表２・１を参照）、国民は連邦政府とその機関だけでなく、銀行、大企業、報道機関、娯楽産業、労働組合にも強い不信感をいだいている。アメリカ人は、国家規模または世界規模の支配団体、すなわち議会、銀行、連邦政府、大企業などにたいして、とくに懐疑的であり、小規模な教会、カレッジ、大学などの身近な団体のほうが信用できると感じている。

アメリカ人は、団体への信頼感だけでなく、おたがいへの信頼感も失っている。ロバート・パットナムをはじめとする社会学者たちは、アメリカの社会で公共心が衰退している事実を明らかにした。アメリカ人は以前とくらべて人づきあいをしなくなり（パットナムの表現で有名になった「ひとりボウリング」の状態）、それ以上におたがいを信用しなくなっている。人びとは公共の場を離れて家にひきこもり、仕事以外の時間をコンピューターやテレビ、またはその他の電子メディアの前で過ごしているのだ。多様な民族が集まっているコミュニティではとくに信頼感の喪失がめだち、パットナムの言葉を借りれば、そのような地域の住民は「ちぢこまって」いる。(4)

二大政党は、この危機を脱するための方策をまったく示そうとしない。税金、支出、戦争と平和、その他の問題をめぐって、二党間の対立が激化しても、彼らが実際に守ろうとしているのはきわめて限定的な政策であって、アメリカの問題を解決するような政策ではない。私たちが無力になっているおもな原因は、一般に考えられているような二党間の意見の不一致にあるのではなく、むしろ、どちらの政党もこの国の将来を真剣に考えていないことにあるのだ。巨額の財政赤字、戦争、医療、教育、エネルギー政策、移民改革、選挙資金制度改革など、山積する深刻な問題がきちんと解決されないまま、私たちは選挙のたびにますます振りまわされている。どの選挙も、前政権による小手先だけの政策を引っくり返すと約束する場でしかないのだから。

社会状況の悪化にともなって生活満足度は低下している。アメリカ人は昔からずっと満ち足りた国民だった。世界で最も豊かで自由で安全な場所に暮らしているのだから、満ち足りていなければおかしいではないか？　しかし、生活満足度や幸福度について質問されたアメリカ人がここ数十年間に発してきたメッセージに、もっと注意深く耳を傾けなければいけない。かなり以前に経済学者のリチャード・イースターリンが発見したように、アメリカの自己申告による幸福度（主観的幸福度または英語の subjective well-being の頭文字からＳＷＢとも呼ばれる）は、数十年前に頭打ちの状態になっている。(5)一九七二年から二〇〇六年までの幸福度の折れ線グラフは、図２・１のように一人あたりのＧＤＰ（国内総生産）が二万二〇〇〇ドルから四万三〇〇〇ドルに倍増しているにもかかわらず、１

（幸福でない）から3（幸福である）までの三段階評価において、2・1と2・3のあいだをほぼ横ばい状態で推移している。

一人あたりのGDPが伸びてもアメリカ人の幸福度は変化しておらず、最近のくわしい研究を見るかぎりでは女性の幸福度は低下しているとさえいえる。[6] ギャラップ・インターナショナルによる最近の国際比較によれば、ほかの多くの国が高い生活満足度を示している一方で、アメリカは一九位に沈んでいる。[7] アメリカ人は幸福を追い求めて懸命に走っているにもかかわらず同じ場所にとどまっている。つまり、それは心理学者のいうヘドニック・トレッドミル（収入の増加などによる幸福感にすぐ慣れてしまう現象）の落とし穴なのである。[8]

雇用と貯蓄の危機

アメリカの失業率は労働力人口のほぼ九パーセントであり、過去二年間はその割合で変化がない。[9] 二〇〇七年の雇用のピークから二〇〇九年の谷底にいたるまでに、全体で八六〇万人の雇用が減少した。現在の危機が起こる以前でさえ、二〇〇〇年代は第二次世界大戦後のどの十年代よりも雇用成長率が低かった。[10]

労働市場において、失業の痛みの感じ方は一様ではない。失業率はスキルの低い労働者のあいだで飛びぬけて高く、高卒未満の労働者では一五パーセント、高卒またはカレッジ卒の労働者では一〇パーセントに達している。とりあえず学士号をもっている労働者は、実質的な損失をこうむりながらも軽傷のまま危機を乗り切った。そのような労働者の失業率は、二〇〇六年の約二パーセントから上昇して、二〇一〇年一二月の時点では四パーセント前後となっている。[11]

図2.1　アメリカの1人あたりのGDPと幸福度の推移（1972－2006年）

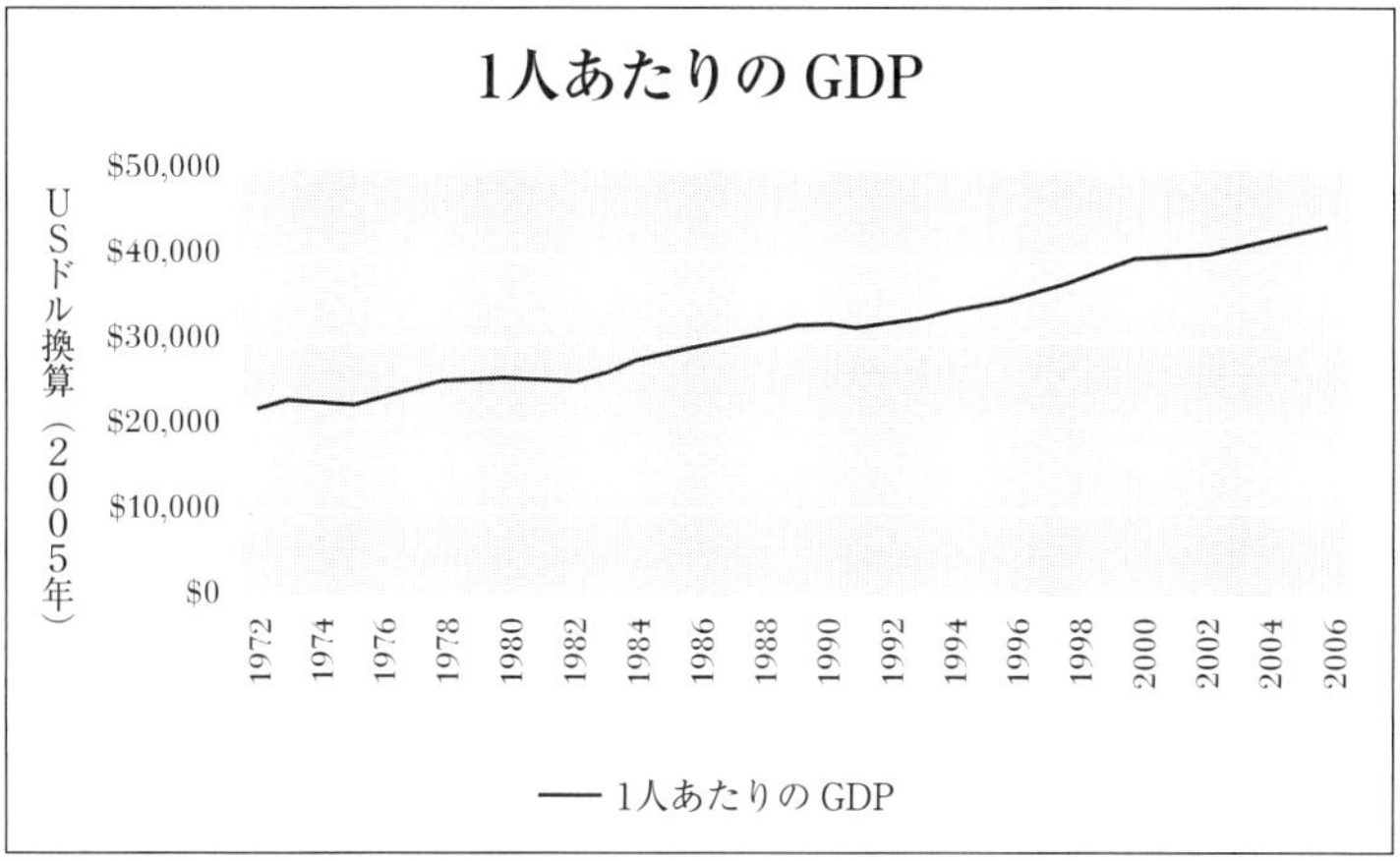

出典：アメリカ経済分析局のデータ

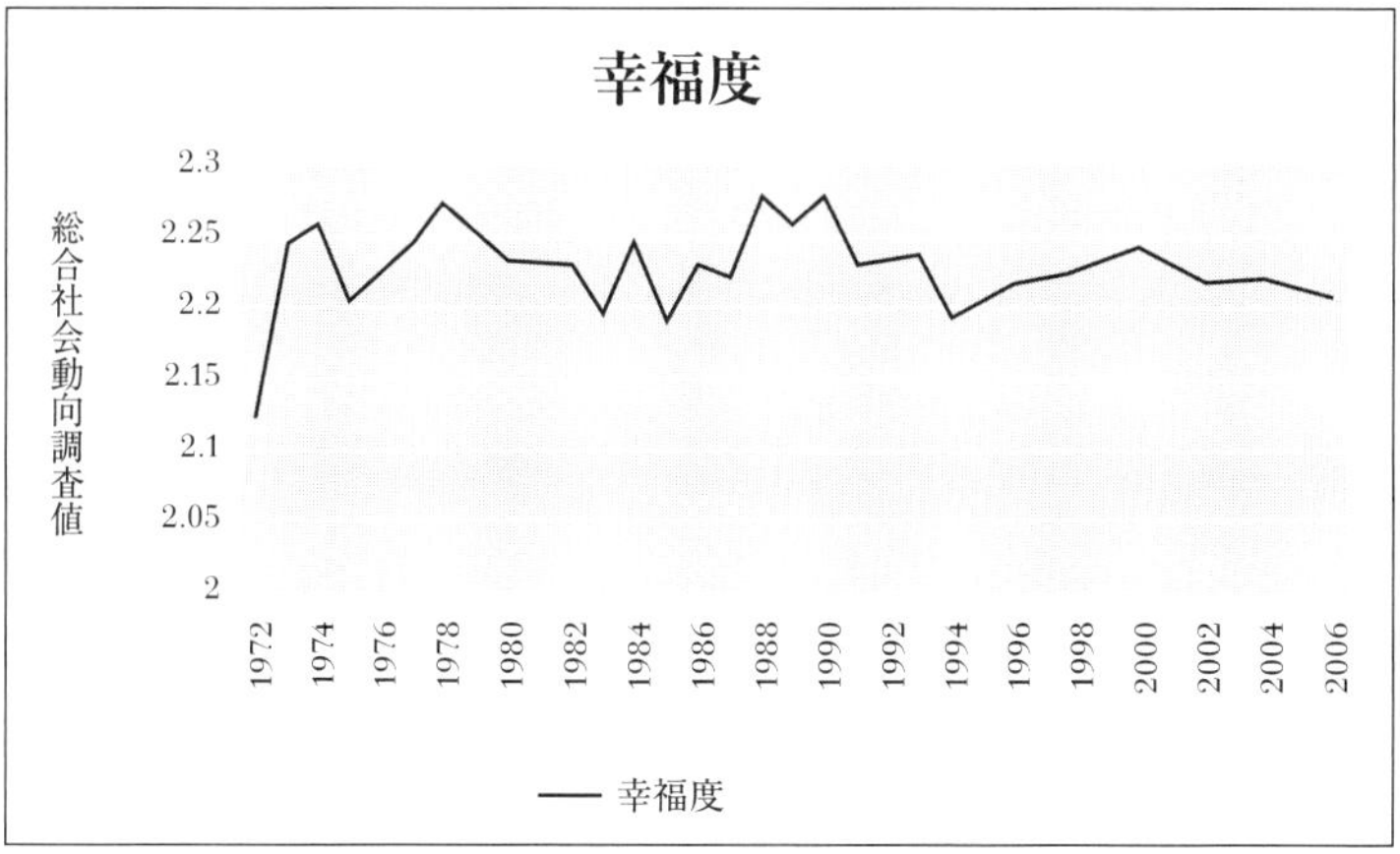

出典：総合社会調査（GSS）のデータ

図2.2 1975年から2007年のあいだに実質的な給与の伸びが見られるのは、学士号かそれ以上の学位をもつ者にかぎられている。

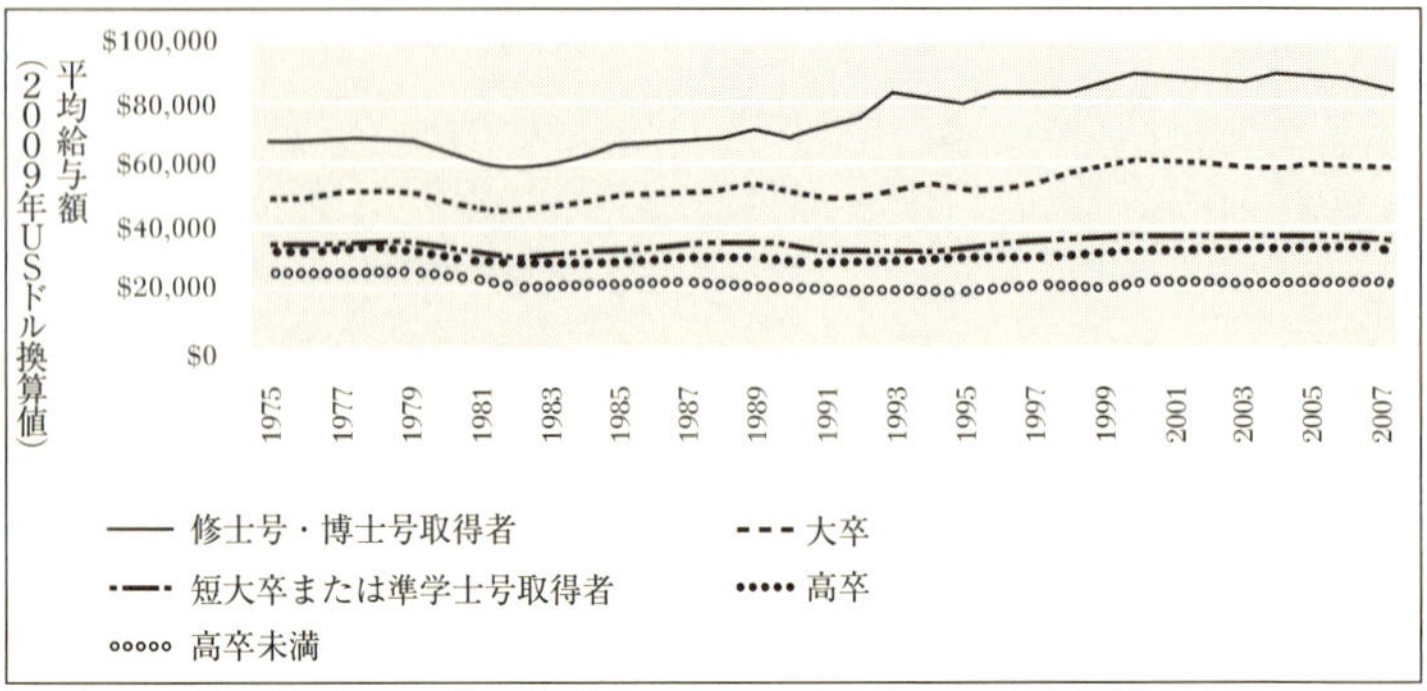

出典：アメリカ国勢調査局、人口動態調査（2008年）のデータ

学士号をもつ者ともたない者とのあいだで雇用格差が拡大している事実は、この先もたびたび振り返ることになるテーマである。図2・2は、学歴による所得の推移を高卒との比較で示したものである。一九七五年には学士号をもつ者の所得は高卒よりも六〇パーセントほど多かったが、二〇〇八年までに両者の格差は二倍になった。

また、二〇〇八年の金融危機によって、職は確保したが住宅と貯蓄を失った多くのアメリカ人は深刻な財政難にみまわれた。二〇〇六年に住宅価格の下落が始まると、ミドルクラスの世帯が自宅をATMがわりに使う時代は終わりを告げた。彼らは住宅の表向きの価値を当てにして住宅担保ローンを借りていたのだ。住宅バブルがはじけたとき、多くのアメリカ人は自宅の価値が担保価値を下回っていることに気づき、債務不履行におちいった。

全国に広がるこの財政難を機に、数十年にわたって減退していたアメリカ人の貯蓄傾向に変化が現われた。貯蓄率とは国民所得が将来のためにどれだけ蓄えられているかを示す数字だが、アメリカの貯蓄率の推移は注目に値する。将来にそなえて貯蓄することは、家族の幸せを維持するために何よりも必要な自制的行動である。しかし、図2・3

図2.3　可処分所得に占める個人貯蓄率（1952－2010年）

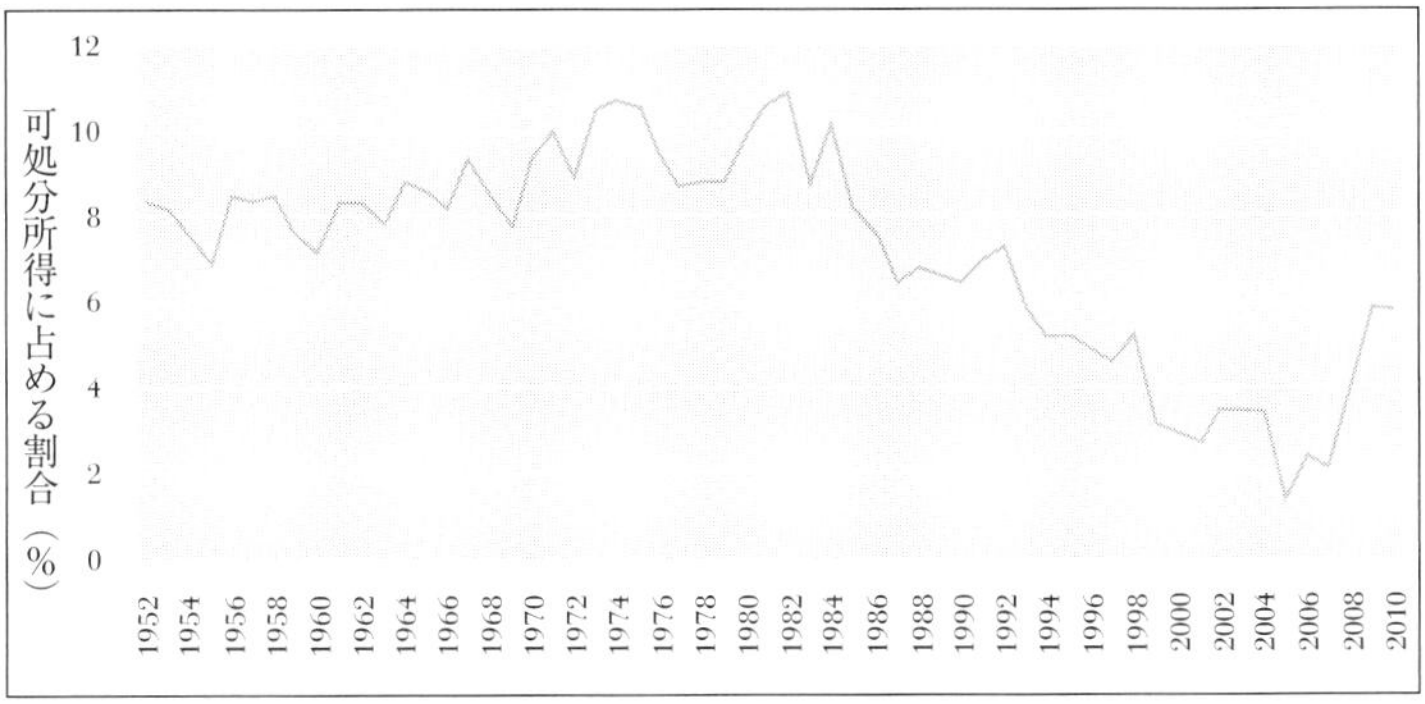

出典：アメリカ経済分析局のデータ

でわかるように、可処分所得に占める個人貯蓄率は一九八〇年代から急激に減りはじめ、二〇〇八年に起こった深刻な金融危機をきっかけに、初めて少し上向くようになった。二〇〇八年までの三〇年間、アメリカ人は家庭内でさまざまな決断を下しながらも、自制して将来のために貯蓄することを忘れていたのである。

　家庭レベルで起こったのと同じことはワシントンでも起こった。アメリカの家庭がまともな金銭感覚を失っていったのと同じように、議会とホワイトハウスは予算収支の規律を失った。財政赤字の推移は図2・4のとおりである。一九五五年から一九七四年まで、財政赤字はだいたいGDPの二パーセント以下にとどまっていたが、一九七五年から一九九四年のあいだに著しく増加し、GDPの三パーセントを超えることが多くなった。一九九五年から二〇〇二年までは、（国内と軍事の両面における）支出の引き締めと増税の併用によって財政赤字は一時的に減少へと向かった。ところが、財政が黒字に転じたとたん、政治家たちは剰余金を政党の利益のために使おうと躍起になった。二〇〇一年、ブッシュ新政権が大型減税を実施すると同時に軍事費を増額した結果、連邦予算はふたたび赤字におちいっ

図2.4　GDPに占めるアメリカの財政赤字の割合（1955－2011年）

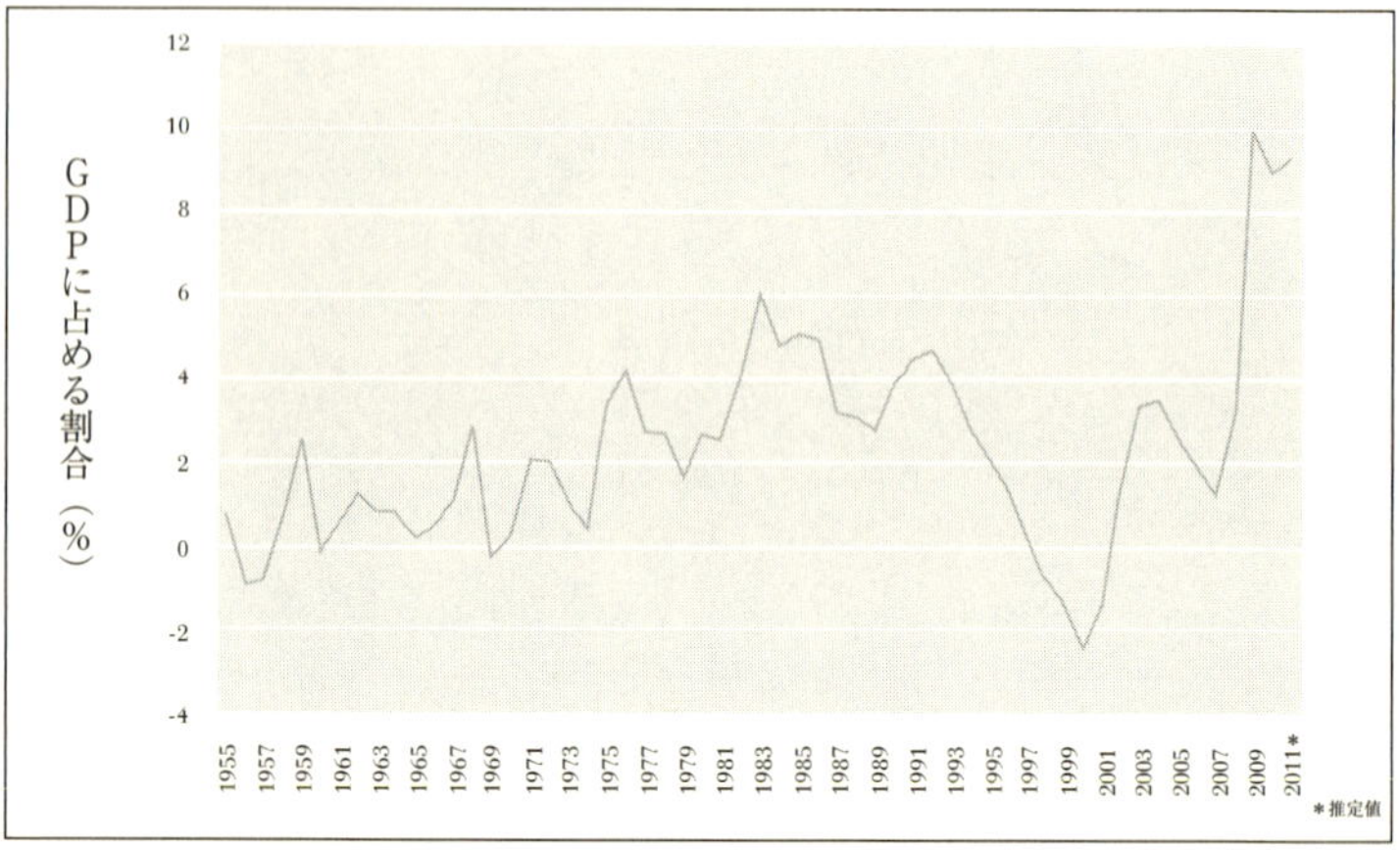

出典：行政予算管理局の暦年予算表のデータ[12]

た。赤字は二〇〇八年の財政危機をきっかけにふくれあがった。この危機によって税収が減ったことから緊急財政支援が実施され、オバマ政権は景気刺激策を推進するようになったのである。

一般家庭と政府（とりわけ州政府と地方自治体）が長らく貯蓄不足の状態にあるということは、退職するベビーブーマーに危機が迫っていることを意味する。ベビーブーマーの最年長者は一九四六年生まれで、二〇一一年に六五歳の定年を迎える。貯蓄不足がこれほど長くつづいたのだから、数百万にのぼるベビーブーマーの世帯は退職と同時に生活水準の大幅な低下にみまわれるだろう。ボストン大学の退職研究センターは、金融資産が不足して退職後に現在の生活水準を維持できない世帯の割合を示す「全米退職リスク指標」を設定している。それによると、「リスクのある」世帯の割合は二〇〇四年の四三パーセントから二〇〇九年にはおよそ五一パーセントへと急増しており、低所得世帯全体を見ると六〇パーセントがそこに含まれるという。[13]

退職リスクについて一般家庭の企業労働者にあては

まることは、州政府や地方自治体の公務員にもあてはまる。公務員のための年金制度は、その正確な金額はまだ決まっていないとはいえ、約束されている給付額にたいして、つねに財源不足の状態である。[14] 年金の財源不足がつづけば、いずれは公共支出が削減されたり、州税や地方税が引き上げられたり、給付額が再調整されたりすることになるだろう。

投資の圧迫

国民純貯蓄が減っているということは、資本ストック構築のための国内投資にまわせる財源が減っているということでもある。

中国が国民所得の約五四パーセントを貯蓄し、数百マイルにおよぶ地下鉄や数万マイルにおよぶ都市間鉄道を建設しているのにたいして、アメリカはインフラをろくに築けない状態である。[15] 現に、わが国の既存のインフラは老朽化が進み、訪れる外国人観光客を驚かせている。全米土木学会（ASCE）は私たちの目となり耳となって危機の拡大に注目し、数年ごとに発表する報告書で五年計画の投資が必要と思われる対象を列挙して、主要システムの重大な欠陥を修正しようとしている。この報告書は評価が厳しく、ほとんど及第点をつけていない。道路はすり減り、橋やダムは崩壊のおそれがあり、堤防などの河川設備は、ニューオーリンズ市の衝撃的な悲劇で明らかになったように（二〇〇五年、大型ハリケーンの上陸によって同市の八割が水没した）大規模な改修が必要である。上水道の汚染も広がっている。総合評価はDの「悪い」であり、主要システムの欠陥修復のためには五年で二兆二〇〇〇億ドルが必要と見積もられている。一年につき約四〇〇〇億ドルとは、GDPの二パーセントから三パーセントに相当する額をインフラ投資分として上乗せしなければならないということである。[16]

科学技術で世界をリードしてきたアメリカの立場が、再生可能エネルギーや幹細胞などの分野で中国その他の国々によって奪われ、それにつれてわが国の誇りである知的資本も縮小しつつある。エネルギー・システムは深刻な危機に直面している。送電網はすっかり古びているが、最新式の全国送電システムの構築はほとんど進んでいない。原子力発電、二酸化炭素捕獲・貯蔵法（ＣＣＳ）による石炭火力発電、洋上風力発電、バイオ燃料や天然ガスによる発電、深海発電といった実行可能な発電をめぐる政策議論も棚上げになったままである。

きわめて重大な脅威にさらされているのはわが国の人的資源である。労働力の質は、数十年後のアメリカの繁栄を決定づける唯一にして最大の因子になるだろう。したがって、アメリカの公立学校が文章読解、科学、数学の学習到達度で他国の公立学校を下回りはじめたことは、深刻な危機の前ぶれである。現在、生徒の国際学習到達度調査（ＰＩＳＡ）の一環として、世界の一五歳の学力を比較する統一テストが三年おきに六五カ国で行なわれている。二〇〇九年の結果を見るかぎり、私たちは反省をせまられる。アメリカは、文章読解で一五位、科学で二三位、数学で三一位にとどまっているのだ。[17]その一方で、中国の上海が三科目すべてでトップに立ったほか、アジアの新興経済圏（韓国、シンガポール、香港など）がもれなくトップ一〇に入り、アメリカに大差をつける結果となっている。アメリカの学力低下とそれによる将来への影響について、近年これほど大きく警鐘が鳴らされたことはないと思うが、それがメディアに取り上げられることはほとんどない。

驚くべき変化はほかにもある。かつて学歴の高さで世界に並ぶもののなかったアメリカは、その地位を失いかけているのだ。現在、アメリカは二五歳から三四歳までの準学士号（二年制大学かそれ以上で授与される学位）以上の取得者の割合で世界第一二位にランクされている。[18]ほかの多くの国では大卒、とりわけ四年制大学の卒業者の割合が急速に増えており、その最大の見返りとして所得の増加、

図2.5　CEO上位100人の報酬と一般労働者の平均報酬の比率（1970－2006年）

出典：Database for “Income Inequality in the United States”（Saez and Piketty）のデータ

就職率の上昇、雇用の安定を得ることができた。他国にくらべてアメリカでは、大学生の数は多いとはいえ、二〇〇〇年以降、四年制大学の学士号取得者の割合が伸び悩んでいる。[19] アメリカは長年にわたって世界有数の高学歴の労働力を擁してきたが、いまではヨーロッパやアジアの国々に学歴の面でも後れをとりつつあるのだ。

分裂する職場

職場環境も過去三〇年のうちに悪化した。私たちは収入の大半と人生の楽しみの多くを営利的な仕事から得ている。健全な職場環境は健全な社会をつくる鍵である。しかし、過去三〇年で何よりも顕著なのは、上級管理職および専門職と一般労働者のあいだで、職務権限、報酬、雇用保障の格差が拡大したことだ。それは、CEOの報酬が高騰すると同時に、実務従事者の待遇および職場環境がじりじりと悪化した時代だった。スキルの低い労働者（高卒かそれ未満）の雇用の安定は急激にゆらいだ。賃金労働者層は、従来のさまざまな高い技術を必要としない職業が科学技術の進歩にともなって廃れていくのと

図2.6　男性正社員の平均手取り給与額（1960－2008年）

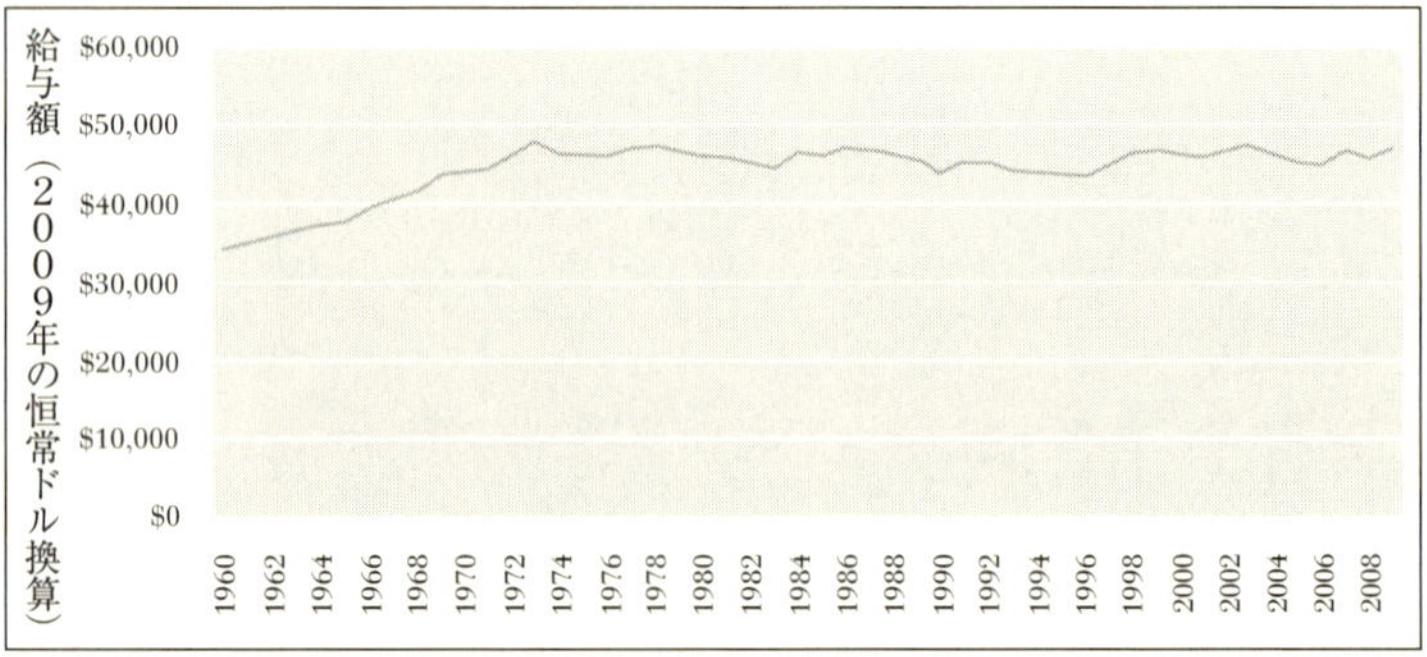

出典：アメリカ国勢調査局のデータ

同時に外国との賃下げ競争に巻きこまれてしまったのだ。

企業のおもだったCEOはかつてないほど潤っている。図2・5に示すとおり、上位一〇〇人のCEOの報酬は一九七〇年代のなかば以降に急増した。一九七〇年代の初め、上位一〇〇人のCEOの平均報酬は一般労働者の平均報酬の四〇倍ほどだった。二〇〇〇年には、両者の差はなんと一〇〇〇倍になってしまった！　このような報酬の高騰を招いた最大の原因は、CEOや上級管理職へのストックオプションの給付が増えたことだった。

上位のCEOの報酬が急騰しているのにたいして、男性正社員の（インフレ調整後の）平均手取り給与額は、図2・6に示すように一九七〇年代の初めからずっと頭打ちになっている。嘘のような話だが、男性正社員の平均給与額が実質的なピークを迎えたのは一九七三年のことである。しかし、低下したのは給与だけではない。全国産業審議会の調査によれば、仕事にたいする満足度も四半世紀にわたって低下しつづけているのだ。[20]

新しい金ぴか時代

図2.7　拡大する所得格差（1913－2008年）

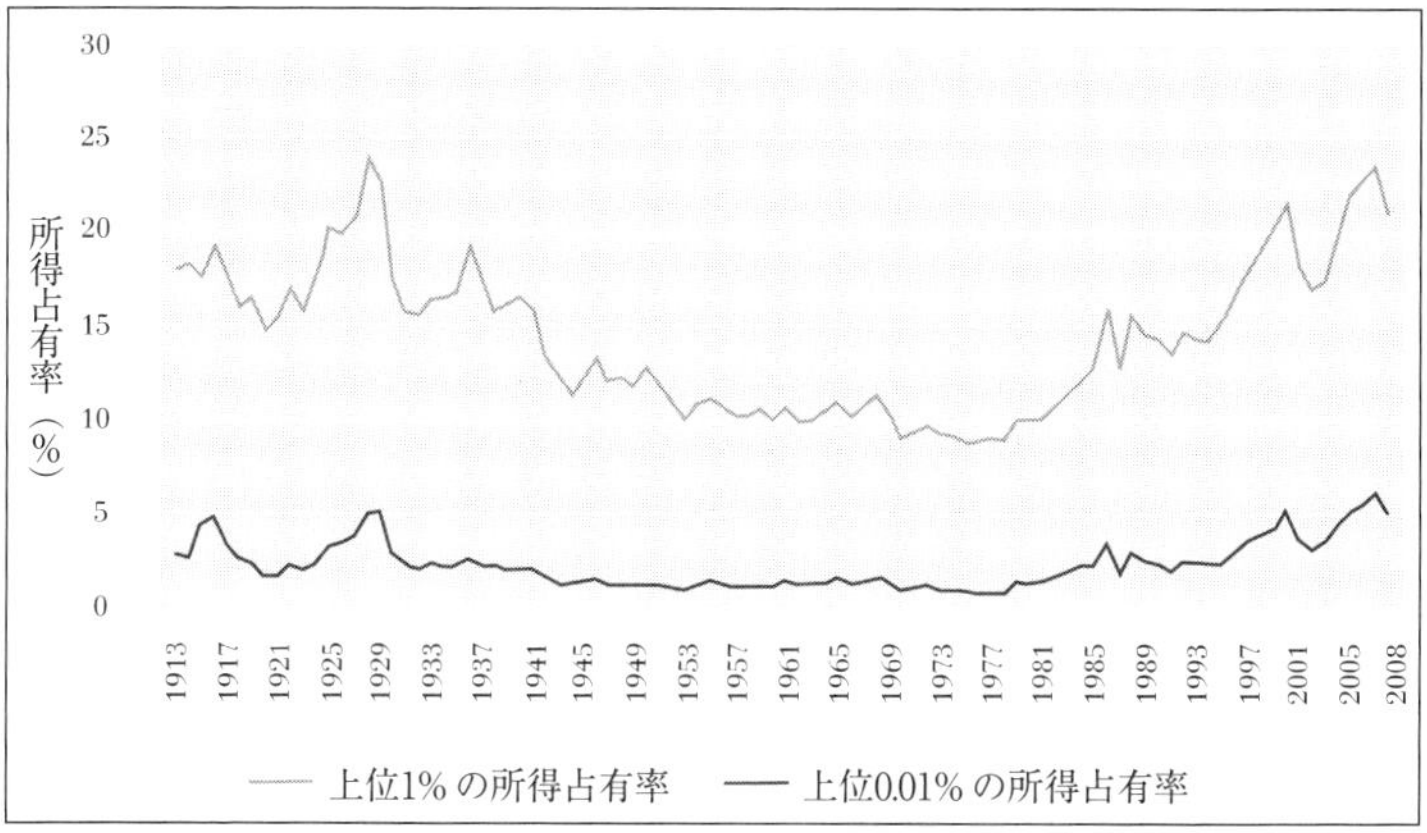

出典：Database for "Income Inequality in the United States" (Saez and Piketty) のデータ

CEOにとって都合のよい政治環境、グローバリゼーションの経済効果、そして過去三〇年間に政府がとった特定の規制政策と課税政策が組み合わさった結果、アメリカ史上類を見ない所得と富の格差が生じた。私たちはいま、一八七〇年代と一九二〇年代の俗悪な過剰さをしのぐ新しい「金ぴか時代」を生きている。所得と富の分配を最も多く受けている者がどれほど豊かなのか、一般のアメリカ人には想像もつかない。国民の八分の一が食料配給券に依存している状況とあってはなおさらだ。[21]

アメリカの世帯の一パーセントを占める最富裕層の自己資本の合計は、残り九〇パーセントの世帯の合計よりも多く、所得者の上位一パーセントの税込み所得は、下位五〇パーセントの所得者の合計よりも多い。[22] アメリカで富と所得の格差がここまで開いたのは大恐慌の直前以来のことだが、実際のところ、現在の格差は大恐慌が始まった一九二九年当時より大きいかもしれない。図2・7でわかるように、ニューディールと第二次世界大戦後の改革によって所得格差は明らかに縮小した。戦後から一九八〇年代までのあいだ、経済成長の恩恵は広く行き渡っていたが、その後、経済利益は富裕層に偏向した。富裕層の所得と権力が増大したことでアメリカの社会は変化した。勝者の立場にある者の多くは、その他の人びとを見くだすようになった。いまや刑罰が機能しない時代になってしまった。CEOや財務管理担当者、彼らのお友達である政府要人たちは、自分たちが法律を超えた存在であるかのような態度をとっている。

近ごろ相次いでいる企業スキャンダルの多くは、企業と有力な政治家の密接な関係に起因している。ディック・チェイニーは、贈収賄、契約違反、粉飾決算、安全基準違反をめぐってごたごたの絶えないハリバートン社のCEOだったが、そのまま副大統領に就任し、公人としての高い地位を利用して石油産業にさまざまな便宜をはかった。また、ゴールドマン・サックス、シティグループ、JPモルガン・チェースといったウォール街の金融業者は、二〇〇八年の金融危機を引き起こした張本人であったばかりか、オバマが政権内の経済担当上級職に人員を配置するときに頼った相手でもあった。

企業の誠実な態度や倫理的な規範が全般的に劣化したことに関して、その最大の原因をつきとめるのはむずかしい。誠実さの喪失は伝染性の社会病であり、いったん発症すれば容易に拡散する。[23]アメリカの「社会の免疫システム」は重大な危険にさらされている。その原因は、広告のいんちきな宣伝文句、選挙戦のコマーシャル、ヴェトナムやイラクやアフガニスタンに関する軍の公式声明を見つづけているうちに、国民がすっかりコマーシャリズムに慣らされてしまったことかもしれない。あるいは、何人ものCEOが自分の会社と株主と顧客を欺き、アメリカの実業界に不正がはびこっているという印象を与えたことが原因かもしれない。また、製薬業界や石油業界、金融格付機関、投資銀行、軍事産業の不祥事がたびたび暴かれたことが原因かもしれない。

たとえば、ある医薬品の危険性が追跡調査によって判明したり、削岩作業の有害性が判明したり、準軍事的な集団が殺人や拷問に関わったりしたときなど、何か不都合な出来事が発覚したさいにとられる常套手段はこうだ。まず嘘をつき、次に事実を隠蔽する。そして、たいていは内部文書がリークされ、最後の手段としてようやく事実を認める。私はこれをハーヴァード大学でも目撃した。アメリカ政府が連邦契約に関するインサイダー取引で私の同僚を告発したときのことだ。大学はイメージアップのためのPR活動に奔走し、真相を究明するどころか告発に抵抗したのである。

そうなってしまう最大の原因は、リーダーたちの虚言や大失態がほとんど罰せられずに放置されていることにあるのかもしれない。いずれ真相が暴かれたとしても、そのような行為の代償を支払うリーダーは皆無に近い。世界経済を悪化させた銀行家たちはいまだに高い地位にいすわって、ホワイトハウスで大統領に面会したり、大統領の主賓として公式晩餐会に出席したりしている。一九九〇年代末に連邦政府を動かして金融市場の規制を撤廃させたラリー・サマーズのような政策顧問は、その報酬として金融界や学界で有利なポストを与えられ、のちには政府首脳部の地位につくことができた。

違法行為で実際に有罪判決を受けたとしても、軽い処罰で放免される場合がほとんどだ。ゴールドマン・サックスは、怪しげな根拠にもとづく不良債権取引によってサブプライムローン・バブルを煽ったとして証券取引委員会（SEC）に告発されたが、SECは五億五〇〇〇万ドルで示談に応じた。その金額は、同社が二〇〇九年にあげた一三四億ドルの収益からすれば微々たるものだった。サブプライムローン問題のもう一人の張本人であるカントリーワイド・ファイナンシャルのCEO、アンジェロ・モジロは、詐欺罪で六七五〇万ドルの罰金を科されたが、二〇〇一年から〇六年までのモジロの報酬は四億七〇〇〇万ドルとされているのだから、やはりたいした金額ではない。こんな事例がぞろぞろ出てくる。ウォール街は事件が発覚するたびに不正を認めてきたが、結局はわずかな罰金でお茶を濁しているだけなのだ。(24)

もと来た道を振り返る

アメリカの問題はいまや解決不能に見えるかもしれないが、それはおもに、アメリカが真の社会改革や問題解決を苦手とするようになったからである。この国の本当の病気を診断して治療方針を決めるとすれば、実際的な問題解決には現実を直視するしかないという結論になるだろう。財政赤字、金融スキャンダル、適切な学校教育の欠如、企業の虚言、責任回避、不合理なプロパガンダなど、ありとあらゆる課題が山積するなかで、アメリカ経済は高い生産性と革新性を維持している。一人あたりの平均国民所得は約五万ドルであり、二〇〇八年の暴落のあとで急激に減ったとはいえ、経済大国ではいまだに最高水準を保っている。モノやサービスの不足が蔓延しているわけでもない。食料供給、上水道、エネルギー、医療などのシステムが極端に圧迫されているわけでもなく、新しい製品が次々と生み出されている。

この国の問題は、生産力や テクノロジーや天然資源にあるというよりは、国民が正当な根拠にもとづいて協力できるかどうか、という点にある。私たちは政治システムを動かして山積する問題を解決することができるだろうか？　目先の欲望にとらわれずに将来を見すえることができるだろうか？　富裕層は社会にたいする責任をはたすようになるだろうか？　ここで問われているのは生産力の喪失や資源の枯渇というより、協調して行動することにたいする私たちの考え方であり、心がまえであり、積極的な姿勢なのだ。

以下の各章では、私たちが国家として歩んできた道を振り返ってみたい。なぜ、世界をリードする経済がこのような絶望的な状態に、しかも一見してこれほど短期間のうちにおちいったのだろうか？

アメリカが直面する四つの危機――経済的危機（三章と六章）、政治的危機（四章と七章）、社会的危機（五章）、心理的危機（八章）――を考察することで、この国の病気を診断していこう。この四つを考えあわせると、アメリカが国民の合意と偉業の時代をへて根深い分裂と増大する危機の時代に移行した経緯が見えてくる。それがわかれば、問題解決への展望が開けるはずである。

第三章　自由市場についての誤った考え方

数十年にわたって世界経済をリードしてきたアメリカは、一九八〇年代に経済学の基本的な教訓を忘れるようになり、経済政策という仕事を怠る一方でいくつかの（おもに自由経済のすばらしさを訴える）スローガンを機械のようにくりかえすだけになった。経済学の最も基本的で重要な考え方、すなわち、企業と政府は「混合経済」の一部として相補的な役割をはたすという考え方がますますないがしろにされていることに、私はとても驚いている。本章がそんな現状を見直す助けになればよいと思う。

本章で論じるように、経済には効率性、公平性、持続性という三つの主要な目的があり、社会がそれを達成できるように、政府は民間の市場経済とともに意欲的かつ独創的な役割をはたさなければならないのである。

ポール・サミュエルソンの時代

幸いにも、私は学生として過ごした時代（一九七二年から八〇年）に、アメリカ経済の舵取り役として第二次世界大戦後に大活躍した知の巨人たちから混合経済の利点を十分に学ぶことができた。一九四〇年代から一九七〇年代までの経済思想をひとことで表わせば、ポール・サミュエルソンの時代だったといえる。彼はマサチューセッツ工科大学の天才経済学者であり、アメリカの国際指導力が全盛をきわめた時期の経済学界を代表する存在だった。サミュエルソンは、同時代のどの経済学者にもまして、第二次大戦後の欧米で生まれた現代的な混合経済を識者の立場で擁護した。

ハーヴァード大学の新入生のとき、私はサミュエルソンの名著とされる入門書と『ニューズウィーク』誌のコラムを使って勉強し、どこまでもつづくかと思われる革新的な論文のシリーズを読みはじめ、彼の高い知性を示す逸話を聞き、彼の講義に出席し、経済学会議での活動のようすも間近で見ることができた。彼は誰もが認めるアメリカ経済学の第一人者であり、アメリカ人として初めてノーベル経済学賞を受賞した。彼はまた、多くの学生にたいしてそうだったように、経済学者志望の私をいつも温かく励ましてくれた。

サミュエルソンの生涯にわたるすぐれた研究は、現代的な混合資本主義の核となる五つの概念を確立、概括するものであり、私や同級生は経済学入門の段階でそれを吸収した。

- 市場は、社会の希少な経済資源を配分するための相当に効率的な仕組みであり、生産性と平均生活水準の向上をもたらす。
- しかし、効率性によって所得配分の公平性（または「正当性」）が保証されるわけではない。
- 公平性を実現するためには、政府が市民間での、とりわけ社会の最富裕層から最貧層や最脆弱層への所得再配分を主導しなければならない。
- 市場のメカニズムによって、インフラ、環境規制、教育、科学研究などの「公共財」は供給不足となるため、その十分な供給は政府に託される。

・市場経済は金融不安の影響を受けやすいが、金融規制や適切な金融・財政政策を含む政府の積極政策によってそれを軽減することができる。

サミュエルソンのすぐれた両立論では、経済上のほとんどの利益を市場原理によって配分することが求められると同時に、政府が三つの重要な役割をはたすことが求められていた。つまり、貧しい者や不幸な者を保護するために所得を再配分し、インフラや科学研究などの公共財を提供し、マクロ経済を安定させることである。このアプローチは、経済学部の学生だった私にとって非常に興味深く、市場と経済の相補的な責任について理解するのに役立った。混合経済の概念には説得力があり、それは四〇年後のいまも変わっていない。

サミュエルソンと同時代に活躍した偉大な研究者、たとえばノーベル賞受賞者のジェームズ・トービン、ロバート・ソロー、ケネス・アローなどのアイデアは、純粋理論から生まれたものではない。混合経済の多くの側面は、ニューディールの時代や第二次世界大戦から戦後すぐにかけての時代に実践された。純粋理論は、このすぐれた経済学者たちが経済上の所見やアイデアを説明したり、新たな経済政策をまとめたりするのに役立った。それによって、アイデアと歴史は弁証法のプロセスで相互に作用した。大恐慌や第二次世界大戦という重要な歴史的体験が経済理論を導く一方で、経済理論は歴史の新たな歩みを決定する助けとなったのだ。経済学のきわだったドラマ性とおもしろさはここにある。現状を深く理解することで、世界をよりよい方向に導く手助けができるかもしれないのだから。

一九七〇年代の知的大変動

学生の私はまったく気づかなかったが、当時の経済学界はいまにも知性の大嵐に襲われようとしていた。混合経済についての合意が揺さぶられようとしていたのだ。私が大学に入学する前年の一九七一年、ブレトン・ウッズ協定にもとづくドル為替システムが崩壊した。ヴェトナム戦争中にアメリカがとったインフレ誘発型の通貨政策と予算政策により、世界経済が不安定になりはじめたことがそもそもの原因である。一九七一年八月一五日、アメリカは金ドル本位制を廃止した。世界中にインフレの波が広がると同時に、おもな市場経済国は、国際的な通貨制度を確立するための新たな手法を模索した。世界的なインフレのさなかに石油輸出国が石油価格を大幅に引き上げたことで、状況はさらに悪化した。一九七三年から一九七四年にかけての石油価格の高騰は、経済不況とインフレを併発する「大停滞（グレイト・スタグフレーション）」と呼ばれる状態を引き起こした。私は当初、このスタグフレーションをおもな研究テーマとしていた(1)。

一九七〇年代の世界的な経済危機は、アメリカの政治経済におけるガバナンスのまぎれもない失敗例だった。混合経済をめぐる楽観論への風当たりが強くなり、学界では市場と政府の両立を説くサミュエルソンの理論が激しく攻撃された。大学の科目としての経済学は、ミルトン・フリードマンやフリードリヒ・ハイエクに代表される新学派の観点でとらえられた。混合経済に重きをおかず、市場システムの機能を重視する考え方である。フリードマンとハイエクは、政府が限定的とはいえ明確な役割をはたすべきだという考えを支持していて、けっして自由市場の狂信者ではなかったが、経済における政府の役割を強く疑問視していたことはたしかだった。

私は大学の研究課程を一九八〇年に修了し、博士号を取得した。私は、ポール・サミュエルソンの時代がつづいていた一九七二年にハーヴァード大学に入学し、ミルトン・フリードマンの時代が始まる一九八〇年秋に准教授として同大学の教授団に加わった。その年、ロナルド・レーガンが政府の役割の縮小という綱領を掲げて大統領選挙に勝利した。大西洋をへだてたイギリスでは、新首相のマーガレット・サッチャーが同じ立場をとっていた。レーガンとサッチャーは、過去数十年では異例といえる政府の人員削減をそろって開始した。レーガン政権の施策の多く、とくに最高税率の引き下げや産業界の規制撤廃は、経済学者や市民のあいだで支持された。

しかし、レーガン革命のおもな結果として生み出されたのは具体性をもった政策ではなく、政府の役割への新たな反感であり、所得援助を政府に依存する貧困層への新たな軽蔑の念であり、富裕層に社会への道義的責任を放棄させようとする新たな誘いだった。レーガンが植えつけようとした考え方は、社会の最大の利益が、富裕層に市民としての美徳を求めることで得られるのではなく、富裕層の税率を引き下げて起業への情熱を解放することで得られるというものだった。そのような起業への情熱が解放されたかどうかは疑問だが、積もりに積もった欲望が解放されて政治システムを侵食し、いまもなおこの国につきまとっていることはたしかである。

混合経済の正当性

私たちは自由市場イデオロギーの欠点を正確に理解しなければならない。まず、市場経済の最も基本的な機能、なかでも需要と供給の法則から考えるのがよいだろう。政府の手助けが必要になるのは、需要と供給が効率的に機能しなくなったときである。

潜在的な供給者と消費者があふれる競争市場では、モノとサービスの価格は需要と供給のバランスが保てるように調整されている。かりに、企業が消費者の求めている以上の量をいまの価格で供給しようとすれば、価格は下落する。そこで企業が供給量を減らすと、消費者の購買量は増加する。かりに、企業が消費者の求めているより少ない量をいまの価格で供給しようとすれば、市場価格は上昇する。そこで企業が供給量を増やすと、消費者の購買量は減少する。あらゆるモノとサービスの需要と供給のバランスがとれているとき、経済は「市場均衡」状態にあるということができる。

一八世紀末の経済学の祖、アダム・スミスの基本理念によれば、市場均衡は支配的計画者の存在なしに達成されるものであり、国家にとって望ましい結果をもたらし、とりわけ高い生産性と富という形をとることが多いという。すべての企業と家庭が自己利益を追求するとき、その結果として生じる市場均衡は奇跡的に万人の幸福につながるというのだ。無数の個人と企業による個々の行動が全体の利益に向かって結合するこのプロセスを、スミスはいまでもよく知られている「見えざる手」という名称で呼んだ。この見えざる手は、市場での私利追求が全体の利益につながるというパラドックスを握っている。周知のとおり、スミスは次のように明言した。

> 私たちが食事をとることができるのは、肉屋や酒屋やパン屋に慈悲の心があるからではなく、彼らに自己利益への関心があるからだ。私たちは彼らの親切心にではなく、彼らの利己心に訴える。私たちが彼らに語るのは、私たちにとっての必要性ではなく、「消費者である私たちの需要を満たすことによって」彼らが得る利益についてである[2]。

現代の科学用語では、市場の見えざる手を自己組織化システムと呼ぶ。きわめて複雑で生産性の高いシステムは、そこに属する人びととの利己的活動を通じて秩序ある分業を生み出し、さらには社会全体にとっての利益をもたらすという考え方である。したがって、支配的な力で社会の資源をあちこちに動かす必要はないということになる。

スミスは、自己組織化した市場の均衡状態が高い生産性につながり、ひいては高い所得と社会の富をもたらす可能性を明確に理解していた。現代の専門用語でいえば、競争市場の均衡状態は効率的であり、資源の無駄がないということである。[3] 正常に機能している市場は資源の無駄づかいを排除する。無駄の多い企業は、より効率的でコストの安い企業に淘汰される。企業が意図的に招く供給不足の状態は、競争相手の登場によって解消される。この種のことが経済活動全般で起こり、最終的にはシステムから無駄が排除されるのである。

市場が政府を必要とする理由

ところが、残念ながら、自由市場の力だけでは経済の効率性を確保することはできない。市場の力だけでは提供されず、また適正な規模で提供できない高速道路などの公共財は、政府によって提供される必要がある。たとえば、衣類、家具類、自動車、ホテル業、レストラン業などのモノやサービスについていえるように、民間市場は多くの供給者と消費者が存在する場合にのみうまく機能する。民間市場がうまく機能しなくなるのは、経済の論理からして単独の供給者が必要とされる場合であり、警察隊、消防隊、軍隊の指揮や、司法制度、高速道路網、配電システムの管理がそれにあてはまる。

一般的に、そのようなケースで社会が求めるのは多数の供給者ではなく単独の供給者であり、多くても若干数の供給者である。自分の街に競合する軍隊は必要ないし、競合する警察や消防も必要ない。同様に、A市とB市をつなぐ高速道路や送電線は一本だけでよく、同じルートで競合する何本もの高速道路は不要である。

自由市場は、生産者が社会に副次的な悪影響をおよぼす場合にもうまく機能しなくなる。たとえば、有害な化学薬品で川を汚染したり、気候変動を起こす二酸化炭素を石炭火力発電所から排出したりする場合だ。そのようなケースでは、違法行為への具体的な規制や課税がなされないかぎり、民間経済は問題の製品を過剰に供給することになる。このとき、市場は、汚染税のような「矯正的代価」を支払って副次的な悪影響を軽減する必要があるといえる。

民間市場は、情報の過剰状態が発生する科学研究の分野でもうまく機能しない。科学者は自身の基礎的発見にたいする権利を所有しないし、所有してはならない。かりに、アイザック・ニュートンが重力方程式の特許または著作権を自分の財産として独占していたらどうなるだろう？　要するに、人類の最も重要な活動である科学的発見は、たんなる利潤動機にとどまらないさまざまな方法で奨励される必要があるということだ。ノーベル賞などの社会的地位、慈善家からの資金援助、政府機関（全米科学財団や国立衛生研究所など）からの補助金、政府の功労金、その他の非営利的手段（有志活動や、リナックスやウィキペディアのようなオープンソースの創作）がそれにあたる。

自由市場では、売り手と買い手のあいだに情報量の「格差」がある場合にも、市場統制のために政府の力が必要になる。売り手が買い手の知りえない内部情報をもっているときには、不正行為や浪費が横行するものである。たとえば、二〇〇八年の金融危機が起こるまでの期間に、ウォール街は何も知らないドイツの複数の銀行に不良資産を売ってバブルを拡大させ、バブルの最終的な損害を増大させた。分野はちがうが、一部の医師が不要な検査や治療を行なって医療費を水増ししても、患者と保険業者はあとで文句をつけることができない。どちらの場合にも政府による規制が必要だ。それによって証券市場は金融詐欺を回避でき、健康保険会社は医療詐欺を回避することができる。

市場経済を推奨した偉大な研究者であるアダム・スミス、ジョン・メイナード・ケインズ、ポール

・サミュエルソン、フリードリヒ・ハイエク、ミルトン・フリードマンなどはみな、公共財、環境汚染、情報格差の実態を十分に認識していた。したがって彼らは、学校教育、道路建設、科学研究、環境保護、金融規制、その他もろもろの活動に政府が深く関与する必要性についても十分に認識していた。そのことは改めて銘記しておいたほうがいいだろう。彼らのなかに、市場システムにおける政府の重要な役割を否定した者はいない。そのことは、混合経済擁護論で有名なケインズとサミュエルソンだけでなく、自由市場擁護論で知られるハイエクとフリードマンにもあてはまる。市場システムの効率性と公平性を確保するうえでの政府の重要な役割をかえりみないのは、ハイエクとフリードマンを信奉する昨今の自由市場論者だけなのだ。

ハイエクは『隷属への道』のなかで、中央指令型経済に抵抗することと「独善的に自由放任を主張すること」を混同すべきではないと指摘した。とるべき正しい立場について、ハイエクは次のように述べている。

> 人びとの活動を連係させる手段として、競争の力を最大限に活用する道を選ぶべきであって、物事をそのまま放置する道を選ぶべきではない。この立場は、有効な競争が起こりうる分野では、それが人びとの活動を導く手段として何よりもすぐれているという確信にもとづいている。……この立場はまた、有効な競争が起こるのに必要な条件を創出できない分野では、別の手段によって経済活動を導くべきであるとの考えを否定するものでもない。(4)（傍点引用者）

ハイエクは、先達のアダム・スミスがそうだったように、経済には「広範で揺るぎない国家活動の場」があるということを認めていた。現に、ハイエクは『隷属への道』のなかで、アダム・スミス自身が政府に求めた公共事業について紹介している。スミスによれば、政府が提供すべき公共事業とは、「大規模な社会にとってはきわめて有益かもしれないが、個人または少数の個人にとっては、その収益で費用をまかなうことができなかった性質のもの」であるという。[5] 要するに、ハイエクはアダム・スミスに同調して、政府が公共財を提供することの重要性を認めていたのである。

公平性と持続性

効率性は大きな長所だが、社会にとって関心のある経済の目的はそれだけではない。[6] 経済の公平性も非常に重要である。公平性は、所得と幸福の分配はもちろん、一般市民にたいする政府の処遇（課税、契約発注、生活補助の分配）にも関わる問題だ。

たいていの人間は、大富豪がいる一方で極貧のうちに亡くなる者もいる市場の均衡状態を不公平と見なしている。このような状況では、貧困層に食料、シェルター、安全な飲料水、医療などの基本的な支援を提供するために政府が大富豪に課税すれば、多くの人はそれを公平（または「妥当」、「公正」）と見なすだろう。実際に、アメリカ人の六三パーセントは「自活できない者の面倒をみるのは政府の義務」という意見に同意している。[7] 自活できない貧困層を政府が助けるべきだという意見は、アメリカの社会では変わることなく尊重されてきた。

法の適用も公平性の問題である。私たちは、市民が法のもとで平等に扱われることを求めている。そして、富裕層から貧困層への収入移転が、恣意的な課税や強制的な取り立てによってではなく、しかるべき手続きによってなされるように期待している。一七七六年、英国政府に反旗をひるがえしたアメリカの植民地開拓者たちは、課税それ自体に反対したのではなく、代議権なき課税に反対したのである。

公平性を実現するためには、社会のなかで一時的に所得を分配するだけでなく、何世代にもわたって分配しなければならない。経済学者はこのコンセプトを「持続性」とも呼んでいる。かりに、いまの世代が化石燃料や地下水を使いはたして地球の希少な天然資源を枯渇させたり、二酸化炭素を排出して海洋を酸性化したり、ほかの生物種を絶滅させたりすれば、来るべき世代の幸福を大きく損なうことになる。そのような未来の世代はまだ生まれておらず、現時点で自分たちの利益を守ることはできないのだ。

したがって、未来に向けて持続性や公平性を実現するためには、管財人の発想が必要になる。いまの世代は、来るべき世代のために地球の資源を管理しなければならないということである。これはむずかしい役割であり、なんの抵抗もなく引き受けられるものでもない。私たちは、会ったこともなければ今後会うこともない人びとの利益を守らなければならないのだ。しかし、彼らは私たちの子孫であり、同じ人類である。残念ながら、未来の人類のために、増大する危機をあらかじめ回避することは、私たちがいままでほとんど見て見ぬふりをしてきた役割なのだ。

自由至上主義者（リバタリアン）の極論

少数のアメリカ人は、政府が課税権限によって公平性ないし効率性までをも促進すべきであるという考えそのものに反対している。彼らの主張では、重んじるべき唯一の道徳的価値は自由であり、それは他人や政府から手出しされない個人の権利であるという。自由至上主義（リバタリアニズム）と呼ばれるその信条によれば、個人は他人の自由と財産を尊重する以外にはいっさいの社会的責任を負わない。この極端な信条を奉じてきたのは、チャールズ・コークとデヴィッド・コーク（合わせて四四〇億ドルの純資産をもつ兄弟）のようなアメリカの一部の大富豪である。彼らは相続で得た莫大な財産を利用して、自身のリバタリアニズム的な考え方を社会に浸透させようとしてきた。[8]

自由至上主義者（リバタリアン）によれば、アメリカの統治は社会的責任によってではなく、自由市場の力と随意の民間契約によってなされるべきであり、政府は法と秩序の維持に専念して、私有財産の保護などにあたるべきだという。そして、法の定める政府の役割が最小限の軍隊、警察、刑務所、裁判所にほぼ限定されるとすれば、税金は最低限におさえるべきだという。[9] リバタリアンは、道路などのインフラ整備のための課税にさえ反対しており、そのような投資は自由市場にまかされるべきだと考えている。

リバタリアンの主張によれば、課税は政府のゆすり行為も同然だそうだが、ほとんどのアメリカ人はこれに同意していない。私たちは喜んで納税しているわけではないが、税金が法律で適切に定められ、歳入が公平かつ賢明に使われるかぎりは合法だと思っている。二〇〇九年のギャラップ調査では、アメリカ人の三五パーセントがその年に支払った所得税額を「適正でない」と答えたのにたいして、六一パーセントは「適正である」と答えている。[10]

リバタリアンは、富裕層がその他の層にたいして負うべき社会的責任を免除させようとしている。思想における一つの流派としてのリバタリアニズムは、次の三つの主張にもとづいている。第一は道徳上の主張であり、人はみな自由にたいする最優先権をもつ、つまり、だれからも手出しされず、税金や規制をはじめとする国家の要求を免れる権利をもつという考え方である。第二は政治的、実践的な主張であり、自由市場のみが政府の圧政から民主主義を守るというものである。第三は経済的な主張であり、自由市場さえあれば繁栄を確保するのに十分だとする態度である。

このような考え方は、自由と民主主義と繁栄を約束しているとはいえ、大いなる幻想にすぎない。私たちが歴史的経験と経済理論の両方から学んで知っているように、自由市場だけで効率性と繁栄を確保することはできないし、政府がなければ、高速道路や安全な環境、公衆衛生、そして生産性を高める科学上の発見も現実のものにはならないだろう。歴史的経験から明らかなように、課税によってその国の民主主義が危うくなることはけっしてない。現に、高い税金を課しているスカンディナヴィア諸国は、統治の質と汚職の抑制に関するランキングでアメリカより上位にある。また、経験と伝統的な倫理観からもわかるとおり、自由の価値はたしかに重いとはいえ、自由だけが重要なのではない。かりに、納税を逃れる億万長者の自由と、飢えた貧しい子供の要求のどちらかを選ぶ必要があるとしたらどうだろう？　子供が必要とする食料が税金で（食料配給券などを通じて）まかなわれるとすれば、私たちの多くは、子供の救済を逃れる億万長者の「自由」ではなく、飢えた子供の要求を選ぶだろう。

社会の公平性という観念を厄介者扱いしてあざ笑うとき、リバタリアンの強欲さはとどまるところがない。いまのアメリカに野放図に広がる強欲さは、真の自由をもたらすのではなく、企業の犯罪や不誠実な態度の元凶となっている。強欲さがもたらしているのは民主主義ではなく、特殊権益集団に牛耳られる政治である。強欲さは繁栄につながらず、多くの国民の所得を低迷させる一方で、一握りの人間に莫大な富をもたらしている。幸いにも、ほとんどのアメリカ人はリバタリアニズムの辛辣さと極端さに反感をいだいている。ところが、裕福なリバタリアンたちは、大規模なロビー活動、宣伝攻勢、莫大な選挙運動資金の調達によって、現実の政治的決議を左右することができるのだ。

社会の三つの重要な目標を達成する

大多数のアメリカ人は、この国がめざすべきものは減税と小さな政府というリバタリアニズム的な単一の目標ではなく、効率性（繁栄）、公平性（万人のための機会）、持続性（現在と未来のための安全な環境）という三つの目標であるという考えを支持している。アメリカ人は、三つの目標を達成するために効率的な公共政策を支持しようとしている。問題は、どのように達成するのがベストかということである。

自由市場経済だけでは不十分だ。経済理論と市場経済に関する二世紀分の経験から重要な教訓を学ぶとすれば、並立する三つの目標を達成するためには市場の力と政府機能の「連係」が必要になるということである。政府の機能を停止させ、すべてを市場にまかせれば、社会は三つの重要な目標の一つですら達成できないだろう。民間と政府が主導権を分け合う混合経済だけが、三つの目標をすべて達成できる。国民はそれに同意している。ピュー・リサーチ・センターの調査によれば、「自由市場が最善のかたちで公益に資するためには規制が必要だ」と考えるアメリカ人は、そう考えない人の二九パーセントにたいして、六二パーセントと安定的多数を占めている[11]。

市場にはたしかに、基本的な公平性を構成するいくつかの要素がそなわっている。懸命に働けば収入が増えるとか、怠けていると泣きをみるといったことである。勉学に励み良い教育を受けるという人生設計によって、経済的な見返りや充実感が得られることもある。しかし、市場の公平性を過大視すべきではない。この世にはとにかく不運な人がたくさんいる。対外競争のような市場の力は彼らにとって不利にはたらくかもしれない（たとえば、技術の進歩が、経済学者ジョゼフ・シュンペーターのいう「創造的破壊」の嵐となって一つの産業を消滅させることもある）。また、貧困を脱するための教育やスキルをもたない両親のもとに貧しく生まれつく者もいるし、自分の落ち度ではない障害や病気を背負う者もいる。地震や津波、干ばつ、洪水などの被災地で暮らし、生存と復興を政府に依存する者もいる。アメリカ全土と諸外国は、だれの手にも負えない国際市場環境の変化によって深刻な経済危機に直面している。このような状況のもとでは市場の残酷なまでの非情さがあらわになり、社会が政府の援助や慈善活動を通じて手をさしのべないかぎり、貧困層は飢えたり病気や支援不足で命を落としたりすることになりかねない。

いわれのない貧困におちいっている者も多いが、分不相応な財産を得ている者も多い。莫大な財産は、コーク兄弟の場合のように相続されたものであることが多い。さらに、いかにも当然の報酬らしく見える財産の多くが、じつはまったくそうでない場合もある。二〇〇八年の金融危機が起こるまで、ウォール街の銀行家たちは毎年数百億ドルもの年末ボーナスをもらっていたが、その一方で自身の銀行を倒産へと向かわせていた。過去一〇年間に最高給の待遇を受けていたアメリカのCEOのなかには、自身の会社を違法行為や倒産、あるいはその両方に導いた者が何人もいる。

あきれたことに、二〇〇九年にウォール街が政府に公的資金の投入を求めて生き残りをはかったときでさえ、巨額ボーナスの支払いはつづけられた（しかも、二〇〇八年にウォール街からオバマの選挙資金を調達した弱みもあって、ホワイトハウスはこれを黙認した）。石油会社はその収益を（ハリバートン社がナイジェリアを舞台にくりひろげたような）収賄、割りのいい政府契約、特別措置による税額控除、環境規制の免除、中東の駐留アメリカ軍への支援から得ていることが多い。そのような収益は選挙献金に流れこむだけで、社会に還元されることはいっさいない。

自由市場の支持者がいろいろ主張したところで、歴史上のほぼすべての社会は政府主導の対策を講じることで貧困層を支えてきた。[12] また、ほとんどの社会は富裕層に特別な責任を課して応分の負担をさせてきた。しかし、過去二世紀より前には、貧困のおよぶ範囲が広すぎるために、社会が貧困層にたいしてできることは緊急援助（飢饉の場合など）に限られるのがふつうだった。いまの豊かさをもってすれば、私たちはもっと多くのことができるだろう。実際、私が『貧困の終焉』で論じたように、貧困層の教育、健康、生産性の改善につながる役割を富裕層が分担して引き受ければ、私たちはいまの世代で極度の貧困に終止符を打つことができるのだ。

自由市場は、同世代の人びとにたいして公平性を保証するものではないし、それと同様に、未来の世代にたいして持続性を保証するものでもない。これには二つの理由がある。第一の理由は、いかなる社会においても、水、空気、気候、生物多様性、森林、海洋といった自然資本の多くは社会全体（あるいは世界）の共有の財産であり、だからこそ政府による選択を通じて適切に管理しなければすぐに誤用されてしまうということだ。たとえば、地球の大気圏はいまのところ二酸化炭素の無料「廃棄場」になっているが、そのことで地球の気候は危険なまでに変化しはじめている。世界のおもな河口域は化学肥料の無料廃棄場となっている。無数の農場から主要河川に排出された化学肥料は、そのような河口域に流れついて堆積したり、そのまま外洋に流出したりしている。世界各国の政府が環境という共有地の利用を合意のもとで規制しなければ、このかけがえのない生態系は民間の経済活動によって蝕まれ、最終的には破壊されてしまうにちがいない。

第二の理由は、市場金利というちっぽけな問題である。金利がプラスになるのは、私たちがせっかちで、あとで消費するよりもいま消費するほうを選んでいるからだ。急いで所得を稼ごうとすればするほど、所得は目先の消費に多くまわされて貯蓄にまわされる分が少なくなり、結果的に金利が上昇する。しかし、金利がプラスであるがゆえに、営利目的の資源（森林、漁場、石油、帯水層など）を所有する者は生産を先送りするよりも前倒ししている。なにしろ、いまの一ドルのほうが将来の一ドルよりも価値が高いのだから。注意深く加減しながら環境を保護していかないかぎり、希少な資源がついに枯渇し、生物種までもが絶滅する恐れはますます切迫してくる。たしかに私たちがせっかちであることは否定できない。だが、その一方で私たちは、いまの市場で意見を表明できない未来世代のために管財人の役割を負っていることも忘れてはいけない。

好むと好まざるとにかかわらず、私たちは未来世代の運命を握っている。自由市場経済の理論には、未来の世代にとっての利益を真剣に考えさせるような要素がほとんどない。真の持続性を実現するためには、各世代が目先の消費を優先させずに未来の世代を守らなければならない。私たちは、個人的な欲求や欲望だけでなく、地球の管財人としての責任をもかえりみる必要がある。国立公園局や絶滅危惧種保護法といった革新的なアイデアを手本にすれば、一時の誘惑に負けて未来世代の幸福を危険にさらすこともなくなるだろう。長期的なエネルギー供給、飲料水や環境の保全に関していえば、私たちはまだその難題に正面から向きあっていないのである。

効率性と公平性はいかに補強しあえるか

市場結果がつねに公平だと確信しているのは、アメリカ人のおそらく一〇パーセントから二〇パーセントというごく少数の人だけである。このような厳しい見方からすれば、人びとが貧しいのは本人の責任ということになる。だが、大多数のアメリカ人はそうは考えていないし、[13] 状況によって事情が変わることも承知している。彼らは両親や祖父母から聞いた苦労話をおぼえている。大恐慌を乗り切った話、病気で働けなくなったときのこと、町の工場が閉鎖されて職を失ったこと、あるいは大学の授業料が払えずに中退したせいで低賃金の仕事につかざるをえなかったことなどだ。アメリカ人は貧困層の人びとに最大限の努力をしてほしいと期待するが、事態があまりにも厳しくなったときには手をさしのべるのが社会の義務であるとも考えている。

とくに、ほとんどのアメリカ人は、市場が決める貧富の差を政府の手で縮小すべきであるという意見に同意している。富裕層は重い負担を引き受けるべきであり、貧困層は救済されて当然である。しかし、政府はどこまで介入すべきなのだろうか？　よく議論になるように、効率性と公平性は二律背反の関係にある。富裕層が課税され、貧困層が収入移転で救われるということは、富裕層の努力が罰せられて貧困層の怠惰が報われるということだ。貧困層が棚ぼたを利用し、つけるはずの仕事につかずに失業状態をつづける一方で、富裕層は新規事業を控えるなどしてあまり努力しなくなる。その結果、所得再分配に反対する人びとがいうように、社会は、実際に貧困層の手に渡る政府支援を一ドル支払うごとに、一ドルをはるかに超える所得をふいにすることになる。反対派は、所得再分配の手法は厳しく制限されるべきで、きわめて深刻な貧困問題や飢餓問題への対処のみに使われるべきだと考えている。

スカンディナヴィア型の社会民主主義国などは、長いあいだそれとはまったくちがう見方をしてきた。それらの国では、大規模な再分配でも政府が実行できる、または実行すべきであり、そのような再分配を実行しても効率性はほとんど変わらないと考えられている。富裕層は税率が上がっても熱心に働きつづけ、貧困層は政府の補助によって生産力を伸ばすことになるという。たしかに、高い税率が労働努力を阻害するどころか促進するという考え方は、経済理論によって裏づけられている。具体的な所得目標額を（住宅を買ったり学費をまかなったりするために）達成しようとすれば、少なからぬ労働努力が必要だからである。

さて、この件をめぐって白熱するアメリカ国内の議論で見落とされがちな、一つの基本事項をおさえておきたい。多くの場合、効率性と公平性は両立するものであって、けっして二律背反の関係にはないということだ。公平性を高めれば効率性も高まる。その理由について説明しよう。

貧困層への援助は、短期消費向けに実施される収入移転だけでなく、貧困世帯の長期的生産力を高める政府給付金との二本立てであることが多い。貧困世帯向けのいくつかの重要な政府計画には、母親と幼児の食費、保育料、大学授業料、職業訓練のための援助も含まれる。これらはいずれも政府支援という形での「人的資本」への投資であり、貧困世帯の長期的生産力を高めるための具体策である。したがって、富裕層に課税して貧困層を助ければ、富裕層による過分な消費を減らし、貧困層からの見返りの大きい人的投資を支援することになる。その結果は、より公平であるばかりか、より効率的なものとなる。

教育に公的融資が必要であることは、自由市場の有力な推奨者であるフリードリヒ・ハイエクとミルトン・フリードマンも含め、アダム・スミス以降のすべての経済学者によって認められているといってよい。市場の力だけで若者を教育することは、少なくとも十分にはできないと彼らは考えていた。いま、事態はさらに深刻化している。教育費が高騰していることを考えれば、国民全員が質の高い教育を受けられるように政府が助成しないかぎり、貧困層は取り残され、そこから抜け出せなくなるだろう。(14)

市場と政府のバランスをどう保つか

市場と政府の適切なバランスは、アダム・スミスが自己組織化する市場について説明したとき以来、何世代にもわたって議論の中心となっている。二世紀あまりのあいだ、一つの激しい論争がつづいているのだ。この論争について、私自身の五つの結論を提示したい。それらはいまの時代にふさわしいものだと思う。

その一。多くの生産者と消費者がひしめき、それによって熾烈な市場競争がくりひろげられる製造分野においては、私たちは市場の力に依存すべきである。これはハイエクの見解であり、適切な見解である。市場にはいくつかの望ましい特性がある。市場は分権的であると同時に自発的であり、多くの人間を連携させるのにさほどむずかしい作業を必要としない。そして、消費者それぞれの好みに対応することができる。市場にまかせておけば産地から都会の食卓に食料が届くというなら、市場を利用すればいい。中央指令型計画の担当部局が農業生産や食品の加工、輸送、流通を管理する必要はなく、利潤目的の農家、工場主、運送業者、スーパーマーケットがあれば事足りる（かつて旧ソ連政府が食糧の生産と流通を管理しようとした結果、主要農産物は慢性的な不足状態におちいった）。

その二。市場結果の公平性と持続性を、社会への広範な所得分配も含めて保証するためには、政府に依存しなければならない。賃金水準を上下させる市場の力は、雇用の必要な部門に労働者を振り向けたり、雇用のいらない部門から引き離したりする役割をはたすが、結果として生じる所得の分配は不公平なものになる場合がある。かりに、自分の所属部門が市場需要の急激な衰退に直面したり、身につけた技術が急激に時代遅れになったりすれば、多くの人が貧困におちいるかもしれない。また、現在世代は誘惑に負けて天然資源を消費しすぎ、未来世代に大きな犠牲を強いるかもしれない。したがって政府は、困難を抜け出せない人びとを助け、未来の（まだ生まれていない）世代の幸福を守るために権限を行使して、的を絞った良識的な課税と収入移転を実行すべきである。

その三。私たちは、科学技術の知識が官民共同で大いに増進されるべき公益であることを認識しなければならない。市場単独で二一世紀の知識社会をつくることはできない。アメリカが知識の蓄積と普及によって莫大な利益を得るためには、研究開発、公教育、電子政治（eガバナンス）、特許権・

著作権市場システムを補完するオープンソース・オンライン・コンテンツへの十分な公共支出が必要である。その意味では、特許と著作権は両刃の剣といえる。私たちはそれらを利用して知的生産者を利潤追求に向かわせるが、特許と著作権があるために一時的な寡占状態が発生して薬価が上昇したり、研究が遅れたり(特許権で守られた知識がなければ研究を進められない場合)、持つ者と持たざる者のあいだに人為的な情報格差が生じたりすることも認識しなければならない。

その四。経済生活が複雑になればなるほど、政府の役割が拡大されるように私たちは要求すべきである。したがって、二一世紀の経済にふさわしい回答を一七八九年発効の合衆国憲法のなかに見つけようとするのは現実的ではない。建国の父たちはたしかに優秀だったが、彼らの考え方の最もすぐれていた点は、トマス・ジェファーソンの「大地は生きている者たちのものである」という有名な格言の意味するところにある。つまり、現代の私たちは近代以前の法律に無分別に縛られてはならないということである。私たちは、いまの状況、とりわけ急速なグローバリゼーションと環境上の脅威と知識基盤の経済の時代には、新しい考え方でのぞまなければならない。

その五。市場と政府のふさわしい役割については、国によって事情が異なることを正しく理解すべきである。市場と政府の役割を考えるとき、アメリカ、ヨーロッパ、中国、インドその他の国々がまったく同じ選択をする、あるいは選択すべきだと考える理由は何もない。歴史的に見て明らかなように、ブラジル、中国、インドのような新興経済国が政府の財源と政策を国際間の技術格差の縮小に向けなければならないのにたいして、経済的優位に立つ(アメリカのような)国々は、政府の財源を最先端の研究と開発に向けなければならない。したがって、中国とアメリカにはそれぞれ別個の産業政策が必要である。中国には短期間で遅れをとりもどすための、そしてアメリカには科学技術の主導権を強化するための政策である。そして、どちらの場合にも無批判な自由市場主義は通用しない。

バランスのとれた市場経済をめざす

かいつまんでいえば、現代の市場経済は人類のすばらしい発明品である。[15] この発明品は、世界中の数百万の企業と一〇億あまりの世帯に属する数十億人の利己心の歯車をきわめて分散的に嚙み合わせ、労働時間と天然資源を使って資本財（機械類や建造物など）をつくりだす仕組みになっている。しかし、効率性、公平性、持続性という三つの重要な目標を市場の力だけで達成することはできない。市場システムは、政府機関が担う三つの役割によって補完されるべきである。つまり、インフラや科学研究や市場規制などの公共財を提供すること。所得分配の基本的な公平性を確保し貧困からの脱出を長期にわたって支援すること。そして、未来世代の利益のために脆弱な地球資源の持続性を高めることである。これらは変化に乏しい単純な仕事ではない。各世代が工夫の才と創造力を発揮して目の前の難題に立ち向かわなければならない。

第四章　公共目的から手を引く政府

連邦政府が企業のロビー団体に取りこまれるような嘆かわしい事態は、どのようにして起こったのだろうか？　連邦政府はなぜ、国民が公平かつ持続可能な社会で国際競争力を維持していくのに必要な公共財を提供しなくなったのだろうか？　次の四つの章では、グローバリゼーション、国内政策、社会の変化、そして、この大崩壊の原因をつくったメディアの役割について考察したい。そうすれば、何本もの激流が合流して、この国の政治の軸足を公共の利益から特殊権益集団に移動させた経緯がわかるはずだ。事態を理解すれば、私たちは国家に真の民主主義的価値をとりもどさせることができるだろう。

ニューディールから貧困との戦いへ

一九三〇年代なかばのニューディール時代から一九六〇年代なかばの貧困との戦いにいたる約三〇年間、連邦政府は信頼と尊敬にたる民主主義国の一機関として国家経済の舵をとっていた。連邦政府はアメリカを導いて大恐慌と戦争をくぐりぬけ、戦後の経済成長をなしとげた。連邦政府は、全国に幹線道路網と送電網をはりめぐらす計画を立て、資金を調達した。ワシントンが科学技術の主導権を握ることで、過去半世紀において最も重要なテクノロジーである原子力、人工衛星、コンピューター、インターネットなどが誕生した。連邦政府は貧困や排他主義と戦い、一九六〇年代にはついにメディケア（高齢者向け医療保険制度）を実現させ、マイノリティや女性や障害者の利益となる公民権法を制定した。政府はまた、第二次世界大戦中にそうだったように、必要があれば産業界に動員をかけて国家に奉仕させた。そして、政府が産業界とうまく手を組んで新事業を（コンピューターやインターネットなどの分野で）開始したり、（航空機や人工衛星などの分野で）拡大したりすることも多かった。産業界は成長したが、この関係で誰が主導権を握っているかについては疑問の余地がなかった。

三〇年にわたって意欲的に経済を主導したワシントンは、その後しだいに舵取りをしなくなった。政府の政策決定のもとに協調行動をとるやり方は、国民の支持を得られなくなった。アメリカがグローバリゼーション、環境危機、移民の急増などの難題に次々と直面する一方で、政府は舵取り役をおりてしまった。一九八〇年代以降、連邦政府の権力という道具は少しずつ企業の既得権益集団に移譲され、私利私欲のために利用されていった。企業が政治を支配する新しい時代が始まったのだ。そして、私利私欲に導かれるようになった経済はたちまち分裂して不安定になり、ついには、二〇〇八年に起こったような金融危機にたいしてもろくなってしまった。

政府の役割は、一般市民を擁護することから一部の者の利益を実現することへと大転換したが、それは、一九三〇年代の大恐慌からの八〇年間に起こったなかで最も重要な政変だった。いま思い出してみて驚くのは、フランクリン・D・ローズヴェルトが第二回大統領就任演説で高らかに述べた言葉である。彼は、政府が経済を主導する時代の到来を告げていた。

政府は、文明の複雑化にともなって増大する諸問題を各人のために解決するという国家全体の目標を達成するための道具である。政府の助けを借りずにそれらを解決しようとする試みがくりかえされてきたあげく、われわれは挫折し、途方に暮れるばかりとなったのだ。(1)

このような考え方はもはや容認されない。レーガンが次のように宣言した一九八一年には、アメリカはすでに根底から変わろうとしていた。

現在の危機において、政府は問題解決の役に立っていない。政府こそが問題なのだ。……私の目的は、連邦制度の規模と権力を抑制することである。(2)

レーガンは経済の舵取り役としての政府の力を抑制しただけでなく、それと知ってか知らずか、権力のレバーを最高入札者に引き渡した。レーガンが政権をとって一五年後、民主党大統領のビル・クリントンは企業部門への権力移譲を超党派的に実現し、「大きな政府の時代は終わった」と宣言した。(3)クリントンがとりわけウォール街の権力を強化することに努めた結果、ウォール街は年間数百億ドルのボーナスを勝ち取ることができたうえに、二〇〇八年の大暴落のおりには世界中に数十兆ドルもの損失を与えるほどの存在になった。クリントンが去ったあと、アメリカに残ったのは中道右派の共和党と中道左派の民主党というよりはむしろ、別々の方向をめざすように見えてじつは共通の政策をもつ中道右派の二つの政党だった。富裕層に篤く貧困層に厳しいワシントンの姿勢は、いままでのところ党派を超えて維持されていることがわかる。しかし、その結果は大多数の一般市民にとってあまりにも実りがなく、したがって、いまわしい弔いの鐘が鳴りつづけることになる。(4)

図4.1　GDPに占める連邦政府の民間支出の割合（1930－2010年）

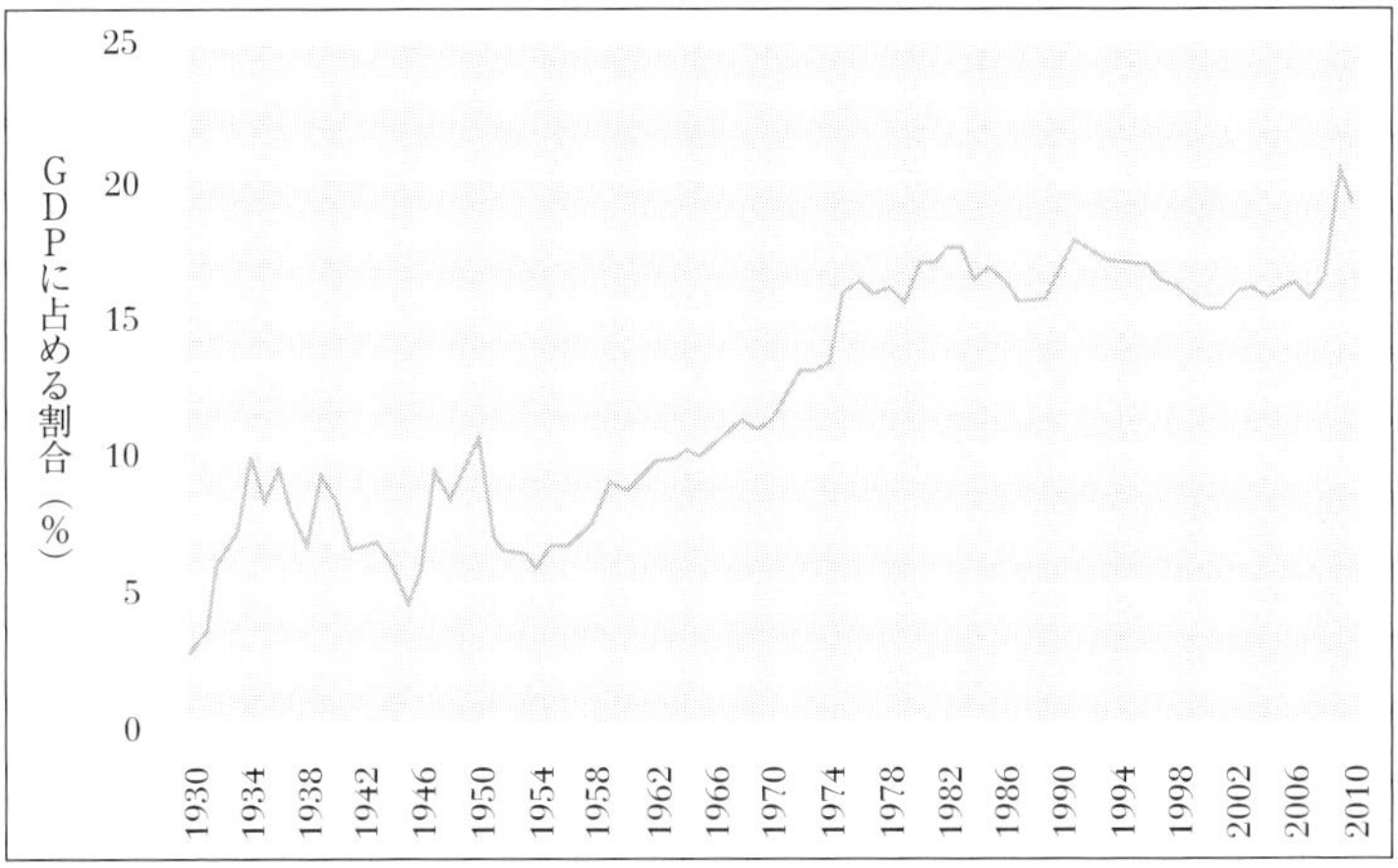

出典：行政予算管理局の経年変化グラフのデータ

公共支出の増加

ニューディール以降に連邦政府の経済面での役割が拡大したことは、一つの重要な統計値にはっきりと表われている。つまり、国民所得にたいする連邦政府の民間（非軍事）支出の割合である（図4・1）。一九三〇年にGDPの三パーセントほどだった民間支出は、ニューディールの庇護のもと、一九四〇年には八パーセントに増加した(5)。一九五〇年には、その割合はGDPの一〇パーセントに達している。民間支出は少しずつ増加して、一九七〇年にはGDPの一二パーセント、一九八〇年には一六パーセントになり、その後は二〇〇八年の金融危機までほぼ横ばい状態だった（二〇〇八年の危機をきっかけに民間支出は急増したが、それが一時的なものに終わるかどうかは、予算に関する私たちの選択しだいである）。長期的な支出増加は世界のすべての高所得国で起こっているが、実際のところ、増加率はアメリカよりもヨーロッパのほうが高い。GDPに

図4.2　GDPに占める民間支出の割合の推移（1962－2010年）

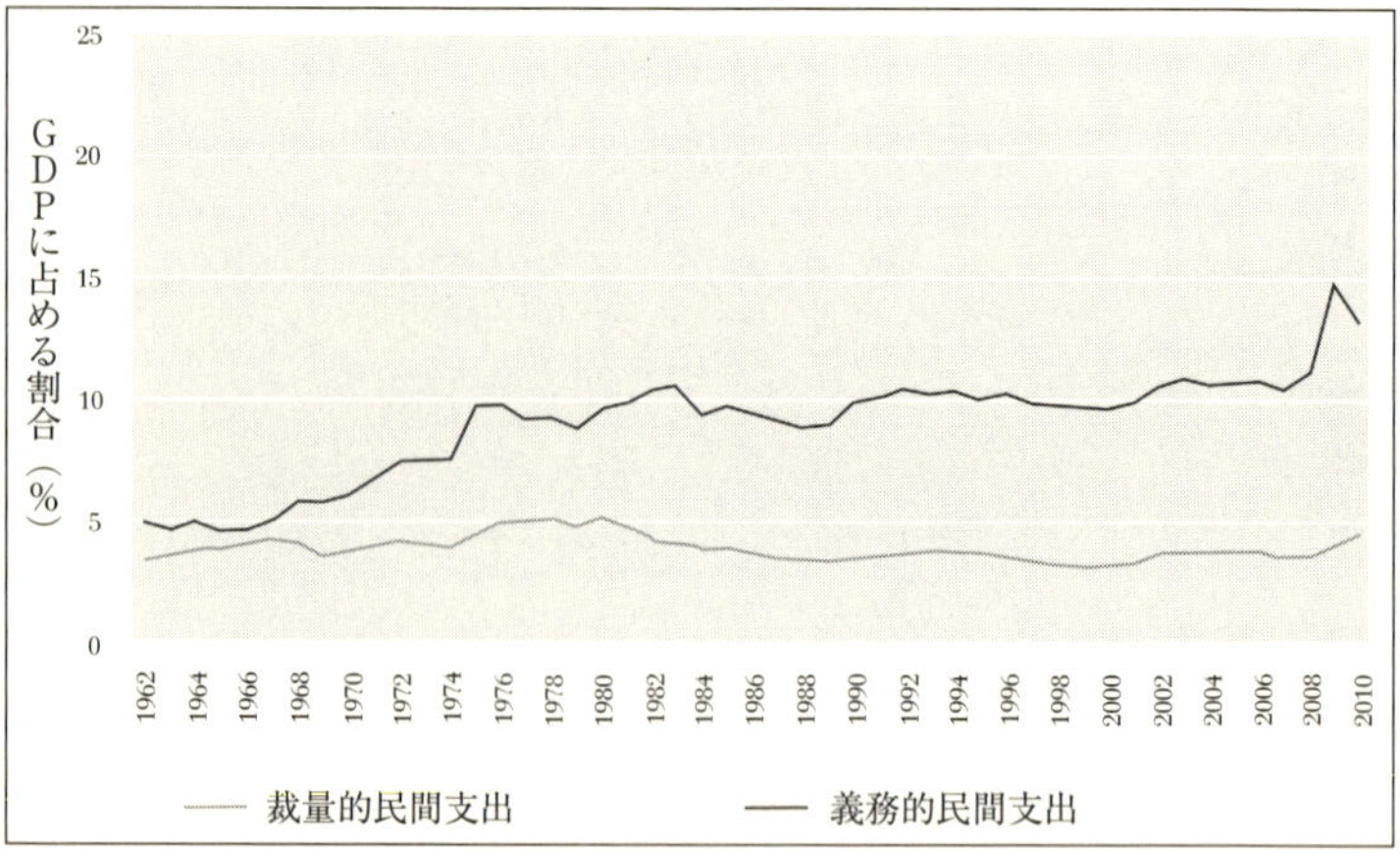

出典：行政予算管理局の暦年予算表のデータ

占める公共支出の割合が長期にわたって増加していることからわかるように、現代のアメリカ人はみな、政策上のいかなる工夫や転換よりも混合経済を強く求めているのである。

図4・2が示しているのは民間支出の割り当てであり、一方は社会保障やメディケアのように給付金が法文化された「義務的」計画を指し、もう一方はNASAの宇宙ミッションや政府のエネルギー研究のように、毎年の支出にさいして議会の承認が必要な「裁量的」計画を指す[6]。一九八〇年までは、義務計画と裁量計画の予算に占める割合はいずれも増加傾向にあった。一九八〇年以降、義務計画の支出はわずかに増加しているが、裁量計画の支出はGDPに占める割合から見て削減されている。今日のお粗末な国家統治が直面している危機の多くはここにある。

ニューディール政策によって導入されたあと、一九四〇年代から六〇年代にかけて拡張された連邦政府プログラムには次のような事業がある。物理的インフラストラクチャー（道路、橋梁、送電施設、ダム）の建設、地域開発（テネシー峡谷など）、公共サービス（医療や教育）の拡充、老齢年金と障害年金（社会保障制度）、科学技術支援、行政支援、所得保障（失業保険）、貧困層への所得移転（食料配給券）など。これらのプログラムのほとんどは、ローズヴェルトが大恐慌のどん底で大統領に就任した一九三三年より前には存在していなかった。

　当時、ローズヴェルトのニューディール政策は激しい論争を巻き起こし、反対勢力の多くは、政府の規模縮小を求める現在のリバタリアンと同様に、経済にはたす政府の役割が増えることを公然と非難した。とはいえ、一九三〇年代の大恐慌と一九四〇年代前半の第二次世界大戦を切り抜けたあと、アメリカの社会は新たな経済ビジョンのもとに一つにまとまった。民主党と共和党はともに、アメリカ経済が大恐慌に耐えて戦後に国家の安全を維持できるようにするためには、より大規模な新しい連邦政府が必要であるという意見で一致した。一九四〇年代から一九六〇年代を通じて、国民は、連邦政府が一九三〇年代と一九四〇年代にもっていたおもなイニシアチブが拡大されることを一貫して支持していた。

　この合意の時代が一九四〇年代から一九六〇年代にかけてつづいたことにはいくつかの理由がある。第一の理由は、アメリカ全体が二度の「瀕死状態」を経験して、ますます統一された社会となったことである。大恐慌と第二次世界大戦は、「最も偉大な世代の人びと《ザ・グレーテスト・ジェネレーション》」にとっての通過儀礼だった。大恐慌の時代に育ち、戦地に赴いた人びとを、ジャーナリストのトム・ブロコウはこの印象的な名称で呼んだ。第二の理由は、あまり広く認められていないが、一九二四年の移民法によって移民の流入が制限された結果として、入植者が政治的な非難の矢面に立たされたり、社会計画を進めるにあたって紛争の種になったりしなかったことである。アメリカの人口に占める移民の割合は、一九二四年の約一五パーセントから減少して一九七〇年には五パーセントを下回るようになったが、一九七〇年に移民法が改正されたためにふたたび増加に転じた(7)。

第三の、単純にして決定的な理由は、政府がきわめて有能な存在または多様な国益を代表する存在だと思われていたことである。アメリカ政府は大恐慌の時代に国民を守り抜き、第二次世界大戦では国民を勝利に導き、戦後には、NATOや欧州石炭鉄鋼共同体（のちの欧州連合）などの機関の発足に道をつけ、日本における戦後復興と想像を超えるスピードでの経済回復を助けた。政府は大いに信頼され、国家の繁栄を保証する存在と見なされた。政府が特殊権益を擁護していると思う人はいなかったし、ましてや政府が富裕層の利益を擁護しているなどと考えるひとはいなかった。一九四〇年以降に最高税率が八〇パーセント以上に跳ね上がったため、富裕層は法外な所得税を払っていたのである。

経済を牽引する政府の力が最高潮に達したのは、ジョン・F・ケネディが暗殺されて間もない一九六〇年代なかばのことである。リンドン・B・ジョンソンは一九六四年の初頭に貧困との戦いを宣言し、一九六五年には立法府としての新たな取り組みに次々と着手して国民を驚かせた。そのなかには、いずれも一九六五年に制定された投票権法、初等中等教育法、水質法、高等教育法、連邦紙巻きたばこ表示広告法、ごみ処理法、自動車大気汚染防止法があったほか、支出額から見て最も重要な一九六五年の社会保障修正法もあり、それによって高齢者向けのメディケアと貧困層向けのメディケイドが実現した。貧困との戦いは、高齢者とアフリカ系アメリカ人という二つのグループに最も持続的な影響をおよぼした。メディケアの実現と社会保障制度の拡充によって、六五歳以上の市民のあいだでつづいていた極貧状態は終息したといえる。一九五九年に三五・二パーセントだった高齢者の貧困率は、一九六九年には二五・三パーセントに減り、二〇〇七年には九・七パーセントとなった。アフリカ系アメリカ人の貧困率は、一九五九年の五五・一パーセントから一九六九年の三二・二パーセントに減り、二〇〇七年には二四・五パーセントとなった(8)。

一九六〇年代を通じて社会計画が急増したのにはもう一つの重大な要因があった。既存の政府財源をそれらの計画に使えたということである。一九六〇年代のなかばまでの政治家たちは、国民所得の負担分として税金を徴収しなくても、シンプルで納得のいく理由があれば新しい社会計画を立法化することができた。第二次世界大戦と朝鮮戦争（一九五〇〜一九五三年）をへて生まれた連邦税制では、GDPの一八パーセントから一九パーセントを歳入として徴収できたため、それとほぼ同額の支出を下支えすることが可能だった。朝鮮戦争が終わって国防支出が減った分、その他の支出を増やせるようになったのである(9)。

大転換

一九六〇年代なかばの時点で、ほとんどの政治評論家は、社会計画が今後ともさかんに実行されて繁栄を促進し、貧困と戦う力となるものと考えていた。その当時、経済にはたす政府の役割についての大いなる合意がじきに崩れはじめることや、一九八〇年には小さい政府と公共機能の民営化を求める対抗的な経済戦略が台頭してくることを、ほとんどの者は予測していなかった。公民権運動をめぐって社会に深い亀裂が走ったことが、国民の合意を崩す最初のきっかけだったが、それについては次章で述べることにしたい。しかし、経済的な打撃もまた、政府にたいする国民の信頼をゆるがす要因となった。

一九六〇年代末にインフレが起こり、一九七〇年代に経済の大変動がつづいたことで、国民は、経済の舵をとったり社会に負担をかけずに貧困と戦ったりする政府の能力を疑うようになった。最も重要な二つの出来事は、一九七一年に戦後の世界的な為替相場制が崩壊したことと、一九七三年から七四年にかけて石油価格が高騰し、それが一九七九年から八〇年にかけて再発したことだった。[10] レーガンに代表される保守的な政治家たちは、一九七〇年代の一連の出来事を、具体的な問題解決を必要とする一時的な異常事態と見なすのではなく、経済にはたす公共部門の役割が根本的に誤っていた証拠であると主張した。

ジミー・カーター大統領の任期であった一九七七年から八一年までが、あらゆる意味での転換点だった。[11] 大手労働組合が政治的な影響力を失った結果、サンベルト（合衆国南部を東西に延びる温暖地帯）の勢力が拡大し、その地域では組合労働者への反感が強まった。[12] 一九七八年の歳入法によってキャピタルゲイン減税のプロセスが始まり、のちのレーガンの時代を通じて大きく拡張されることになった。この租税措置は「階級間の平等という歴史的な原則と企業投資促進の手段を放棄する」ものだった。そして「それはたんなる資本の勝利ではなく、アメリカの政治に重要な役割をはたすことになる金融資本の勝利であった」。[13] 日本の鉄鋼、自動車、電子機器のアメリカへの輸出が急増したために、アメリカは新しいグローバリゼーションの時代につきものの激しい競争に初めてさらされた。

カーターは（とくに航空業、トラック輸送業、金融業の）規制撤廃にも着手し、そのプロセスはレーガン政権以降の時代を象徴するものとなった。カーターが試みた規制撤廃の多くは（たとえば輸送業の分野で）成功したが、やがて規制撤廃のプロセスは、とりわけ金融部門で歯止めのきかない状態になった。そして、誰の目にも明らかなように、カーターはエネルギー部門の改革を怠ったために石油およびガス産業部門の力に足をすくわれ、代替エネルギー部門で主導権を握ることができなかった。一九八一年には、この国は、サンベルト、金融資本、富裕層、大手石油会社を優遇する方向に大きく転換しようとしていた。

このような混乱状態がきっかけとなって、意外なことに、次のような達観した主張が聞かれるようになった。この国の繁栄を妨げる大きな障害は、特定の新しい問題（エネルギーや為替相場など）よりはむしろ「大きな政府」それ自体だというのである。なんとも奇妙な主張だった。私たちがそれまでに経験した重要な問題は、金本位制の崩壊、ヴェトナム戦争に起因する財政赤字、石油ショックであり、マクロ経済学で論じるべき性質のものだった。それらは世界経済の変動に関わるものではあるが、（ヴェトナム戦争は別として）政府の大きさとは明らかに無関係だった。

大きな政府が経済を不安定にしたという主張はいかにも眉唾ものだったが、レーガンが自信と魅力たっぷりに自説を展開したために、国民は進んで彼を大統領に選出した。真偽を明らかにする証拠が示されていれば、この主張の薄っぺらさが露呈していたはずだ。連邦政府の税収のGDPに占める割合は、一九五〇年代なかば以降、一七パーセントから一八パーセントでほぼ安定していた。連邦政府総支出のGDPに占める割合は、一九五〇年代末の約一八パーセントから一九六〇年代末の約二〇パーセントへ、さらに一九七〇年代末の二一パーセントへとわずかに増加していた。

いま当時を振り返っても、一九七〇年代に起こった衝撃的な出来事が、貧困との戦い、社会計画、インフラ投資、科学技術開発、地域開発、メディケア、社会保障などの政府計画と大いに関連していたという証拠はなかった。しかし、石油ショック、新しい変動相場制、連邦準備制度による金融緩和政策がもたらした大混乱は、予算政策に影響をおよぼした。減税、民政縮小、福祉削減といった政策が、方針転換を特徴づける原則として急にもてはやされるようになった。もう後戻りはできなかった。一九七〇年代の経済破壊についての解釈がいかにあやふやであろうと、政治の現実は厳然としてそこにあった。つまり、政府は力のオーラを失ったのである。この事実こそが、四〇年にわたって国家を導いてきた経済上の合意を決定的に崩したといってよいだろう。

レーガン革命

レーガンを権力の座に導いた政治的連合体は、より小さな連邦政府（「連邦制度の規模と権力を抑制すること」）という永続的な遺産を断固として築こうとし、それについてはある程度の成功をおさめた。レーガン革命には四つの重点的な施策があった。高所得者層にたいする減税、民間計画への連邦支出の（少なくとも経済成長に応じての）制限、基幹産業の規制撤廃、おもな行政サービスの外部委託である。この四つのおもな政策変更はすべて一九八〇年代に定着し、いまだに実施されている。

総合的に見て、レーガン革命によって連邦行政が縮小されることはなかったが、たしかに拡大が抑制されたとはいえるだろう。一九八一年、連邦政府の文民官庁は二一〇万九〇〇〇人の正規職員を抱えていたが、その数は一九八八年も同じであり、以後二〇年にわたってほとんど変わらず、二〇一一年には二一〇万一〇〇〇人になると予測されている。[14]

税収に関しては、金融恐慌前の二〇〇七年の国民所得に占める連邦総歳入の割合は一八・五パーセントであり、レーガン政権が発足した当時からほとんど変わっていない。二〇〇七年の総支出はGDPの一九・六パーセントで、一九八〇年の二一・七パーセントをやや下回った。二〇〇七年のGDPに占める民間支出の割合は一三・九パーセントで、一九八〇年の一四・八パーセントをやや下回った。

レーガン政権以降には、国内支出の全部門にもっと大きな変化が起こっている。[15]図4・2で見たように、GDPに占める裁量的民間支出の割合は一九八〇年の五・二パーセントから二〇〇七年（一時的な不況に関連して増加する前）の三・六パーセントへと減少している。個人への生活補助を主体とするメディケア、メディケイド、社会保障、復員軍人給付を含む義務的支出のGDPに占める割合は、一九八〇年の九・六パーセントから二〇〇七年の一〇・四パーセントへと微増した。このように、レーガン革命では、教育、インフラ、エネルギー、科学技術など、生産性向上に不可欠な分野への政府投資が削減される一方で、医療や退職年金などの生活補助は増加するままになることが多かったのである。

税金の悪者扱い

レーガン時代の政治的影響で最大のものは税金の悪者扱いだった。税金が歓迎されることはめったにない。納税者の反乱のもとに創建されたアメリカのような国ではなおさらである。税金を払うことはポケットから金を取られるようなものだが、それだけではない。アメリカでは一般に、税金を払うことは自由を否定することと考えられている。リバタリアンはよくこんなふうに主張する。政府は国民所得の約三分の一を徴収しているのだから、アメリカ人は毎年一月から四月まで政府に年季奉公、いや奴隷奉公しているようなものだ、と。その表現が的確かどうかはともかく、アメリカの政治は反税感情抜きには語れないのである。

レーガンのおもな目的は、富裕層の最高限界税率を下げることだった。最高限界税率の推移は図4・3に示すとおりである。連邦所得税が導入されたのは最近で、一世紀前のことだった。最初のうち、最高限界税率は七パーセントと非常にひかえめだったが、やがてアメリカが第一次世界大戦に参戦したため、一九一八年には七七パーセントに急上昇した。一九二〇年代、カルヴィン・クーリッジとハーバート・フーヴァーの保守政権は最高税率を二五パーセントにまで引き下げた。この税率は、一九二九年一〇月二九日の暗黒の火曜日に株価が大暴落して大恐慌が始まるまで変わらなかった。

図4.3　個人所得の最高限界税率（1913－2009年）

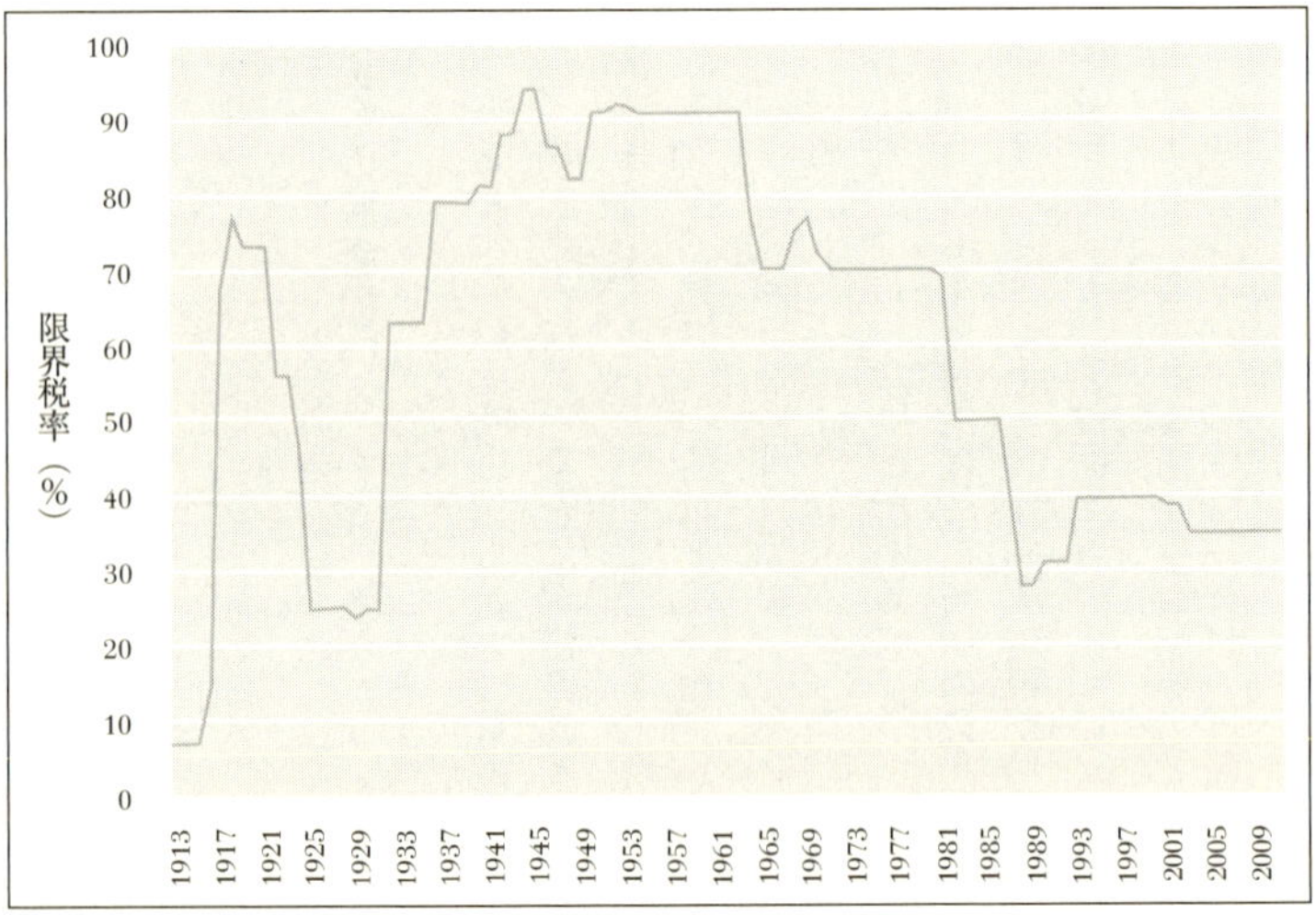

出典：税務政策センター（アーバン・インスティテュートとブルッキングズ研究所）のデータ

ニューディール政策によって最高限界税率は六三パーセントに上昇したあと、第二次世界大戦中にさらに上昇し、一九四五年には九四パーセントに達した。このとてつもなく高い税率は一九六〇年代までほとんど変わらなかったが、ジョンソン政権による減税で一九六五年には七〇パーセントに引き下げられ、レーガン革命まで同じ水準で推移した。レーガンの計画の焦点である一連の減税措置によって最高税率は段階的に引き下げられ、一九八八年までに二八パーセントとなった。それ以来、最高限界税率が四〇パーセントにすら届かないままになっていることは、レーガンが残した遺産の一つの特徴である。オバマが大統領に就任したときの最高税率は三五パーセントだった。

レーガンが減税を支持したおもな理由は次の三つである。最高限界税率を下げれば技術革新の機運が高まり、起業家精神が刺激される。減税がもたらす経済成長によって政府の歳入は減少するどころか増加する。税率を下げれば、税収と支出の両面で政府全体を縮小することにつながる。このメッセージは矛盾をはらんでいた。税収は増えるのか、それとも減るのか？　たとえ評判の良い社会計画であっても、それにたいする支出は削減しなければいけないのか？　レーガン政権は矛盾を両立させようとした。減税すれば経済成長が促進されて財源はおのずと調達できるうえに、政治的に困難な支出の削減を真っ先に実現できるというのだ。減税の影響については以下の各章でも引きつづき取り上げていくが、ここであえていうなら、減税によって財源がおのずと調達されるということはなかった。減税は、軍事支出の増加とあいまって財政赤字を引き起こし、国内の裁量計画にたいする政府支出の削減を余儀なくさせたのである。

民間支出の削減

レーガンとその支持者たちはまた、減税と同じくらい重要な目標として、軍事支出を増加させると同時に民間への政府支出を削減することを公然とめざしていた。民間計画は無駄で不要なものであり、貧困層への不相応かつ過分な所得移転であると見なされた。レーガンといえばきまって連想されるものの一つに「福祉の女王《ウェルフェア・クイーン》」があった。それは都市伝説的な存在であり、いくつもの偽名で年金の受給申請をして政府の福祉計画から金をくすねるアフリカ系アメリカ人女性というのが定番のイメージだった。こんな人物が実在するかどうかについてはさかんに議論されたが、福祉をめぐる不正がはびこっているという見方がすっかり定着したために、市民のあいだでは、さまざまな所得援助計画の中止や縮小を支持するムードが高まった。こうして、貧困との戦いは貧困層との戦いになったのである。

一九八〇年以降の変化が最も端的に表われているのは、各種公共財や公共サービスに費やされる予算の国民所得に占める割合である。図4・1は、GDPに占める連邦政府の民間支出全体の割合を示している。それを見ると、レーガン革命の当初の目標の一つが達成されたことがわかる。GDPに占める民間支出の割合の増加傾向に歯止めがかかったのだ。その割合は一九五五年の約五パーセントから増加し、一九八一年には最大値の一四・九パーセントに達したが、そこで伸びが止まった。その後、GDPに占める民間支出全体の割合は一三パーセントから一五パーセントの範囲内にとどまり、金融危機が起こって景気刺激策の支出が増える前年の二〇〇七年には一三・九パーセントに落ち着いた。

インフラを主体とする「物的資源」への支出は大幅に削減され、GDPの約二パーセントから約一パーセントへと半減した。[16] その結果、アメリカのインフラの性能と需要を追跡調査しているアメリカ土木学会によれば、未対処のインフラニーズの累積受注残高は二兆ドルあまり（GDPのおよそ一五パーセント）に急増したという。

ほかに支出が大幅に削減されたのは、教育、職業訓練、雇用計画の分野だが、とくにグローバリゼーションの観点から見れば、いずれも人的資源への投資が重要な意味をもつ分野である。教育支出の大部分は州レベルのものだが、幼児教育、高等教育、職業訓練、就職斡旋にたいする連邦政府の役割はきわめて重要だ。連邦政府の教育計画は一九八〇年代に縮小され、この分野の公共支出全体のGDPに占める割合は、一九八一年の〇・八五パーセントから一九八八年の〇・五〇パーセントへと減少し、金融危機の前年の二〇〇七年には〇・五三パーセントへと微増した。[17]

レーガン政権が下した最も重大な決定は、ジミー・カーターが着手した代替エネルギー供給関連の研究開発計画を廃止したことである。アメリカ人の石油への依存度はなぜ、最初のオイルショックが起こった一九七三年よりも二〇一〇年のほうがはるかに高いのか。そして、アメリカ人はなぜ危険な深海油田を掘削しているのか。それを知りたければまず、エネルギーの研究開発にたいする支出を示

図4.4　GDPに占める連邦政府のエネルギー研究開発費の割合

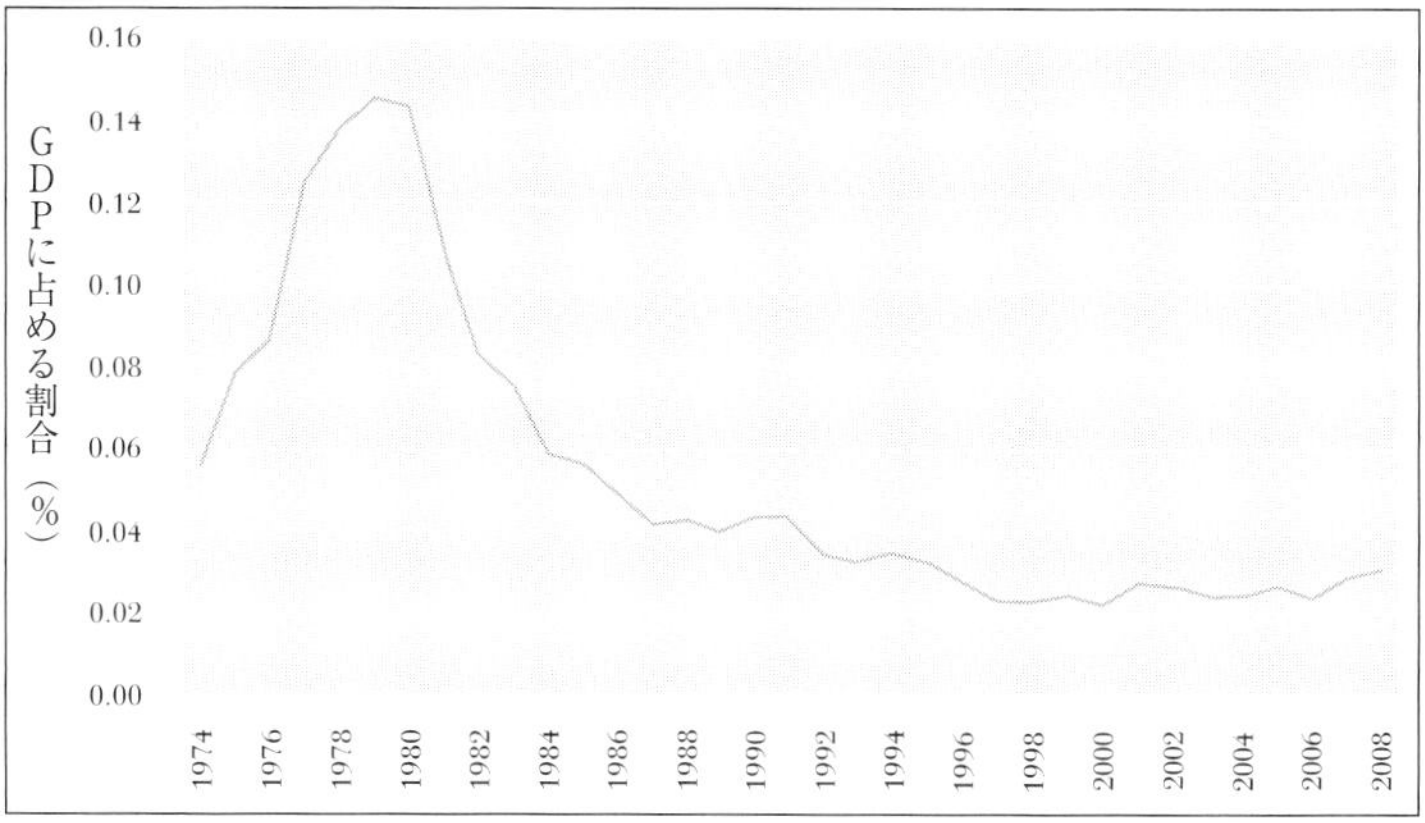

出典：国際エネルギー機関データサービスのデータ

す図4・4を見てほしい。ジミー・カーターはエネルギー危機を「道徳的に見て戦争に等しいもの（moral equivalent of war）」と断じた。自由市場主義を標榜する右派は、国家エネルギー戦略を提唱するカーターをあざ笑い、カーターの戦闘準備命令（moral equivalent of war）をMEOW（ネコの鳴き声を意味する語）という、巧妙だが残念な頭字語に置き換えてしまった。

カーターは、太陽エネルギー、バイオ燃料、石炭液化ガス、その他の科学技術についての研究開発を強力に後押しした。そのような研究開発費は、一九七四年の二九億ドルから一九八〇年の九〇億ドル（二〇〇九年の恒常ドル換算）へと約三倍に増加した[18]。大統領に就任したレーガンは、目についた計画を廃止して研究開発費を三〇億ドルほどにまで減額したが、実際のところ、そのほとんどは軍事と民生の両方に利用可能な原子力技術計画のために使われた。象徴的な出来事として、レーガンはのちに、カーターがホワイトハウスの屋根に設置したソーラーパネルを撤去し、再生可能エネルギーへの取り組みが終わったことをはっきりと見せつけた。四半世紀後のいま、私たちはレーガンがしたことの代償を支払っているのである。

大規模な規制撤廃

レーガン革命の担い手である自由市場論者たちは、規制を私有地への侵入として嫌い、もっと実利的にいえば、政府規制を短期収益性への障害と見なしていた。官僚たちは、市場の気風を乱して事業による莫大な収益を妨げる存在と見なされた。一九八〇年代の初頭から今日にいたるまで、公害、情報の非対称性、プリンシパル＝エージェント問題（経済学理論の一つで、一種のモラル・ハザード）、あからさまな不正行為、自己実現的な株式恐慌の危険性など、規制の根拠となる基本概念は、より起業家的な自由裁量をできるだけ早く認めることの利益と比べれば取るに足らないものと考えられている。

規制撤廃の最大の失敗は、金融市場と環境にたいするものだった。どちらも、市場単独では効率的に機能しない分野である。大恐慌の経験からアメリカは、不正と過度のレバレッジリスクを防止するためには金融規制を徹底しなければならないことを学んでいた。しかし、レーガン政権は金融規制を解除する作業に着手した。その第一段階が一九八二年のガーン・セント・ジャーメイン法だったが、この法律によって貯蓄貸付機関の規制が撤廃され、数年後には重大な貯蓄貸付危機が引き起こされることになった。一九八〇年代以降、金融規制の撤廃はウォール街に超党派の政治的恩恵をもたらし、ウォール街は恵まれた就職先や潤沢な選挙資金を提供することで政治家の恩にしっかりと報いた。重要な施策としては、商業銀行業務と投資銀行業務の障壁の撤廃、クリントン政権末期の決定によるデリバティブの規制の見送りなどがあげられる。連邦準備制度理事会議長のアラン・グリーンスパンは規制を軽視するあまり、金融機関には自身のリスクを管理する能力があると考えたが、この判断ミスは世界経済に数兆ドルの損失を与える結果となった。

一九六〇年代と七〇年代に導入された大気・水質汚染にたいする厳しい環境規制も、八〇年以降は部分的に緩和された。レーガン政権の内務長官だったジェームズ・ワットは、内務省内の規制機関への資金提供を大幅に削減し、政府が所有する未開地での鉱業生産と石油生産を擁護した。環境規制が一九八〇年以降に消滅したわけでないことはたしかだが、その適用は一貫せず、つねに議論の的になるうえに、共和党内のリバタリアンの組織が強硬に主張する私的財産権によって制限されている。

もう一つ、絶大な影響力をもちながら認識されにくい問題にメディア（とくにテレビ）の規制撤廃がある。一九八〇年代まで、テレビのキー局は公益的な番組編成と公正な報道姿勢、そして公平の原則による放送電波の利用を通じて、公共の利益を提供する権限をもっていた。この権限は、規制撤廃の波にのまれて完全に排除された。テレビ局のオーナーたちは、たった一つの重要な目標に興味を示すようになった。つまり、広告と高い視聴率によって収益をあげることである。学校教育を振興したり国民の意識を高めたりといった、メディアがかろうじて維持していた能力は放棄された。そして、現在のメディア飽和時代の到来へと、大きくはずみがついたのだ。

公共サービスの民営化

複数の政権をへて現在まで継続してきたレーガン政権の総意は、たとえ資金供給しているのが政府だとしても、民間の組織が政府に代わってじかにサービスを提供すべきであるというものだった。こうして政府は、基地オペレーションなどの軍務や連邦刑務所運営などの司法、医療、教育、所得補助を含む社会福祉部門を大幅に縮小してきた。以上の各部門ではいま、民間企業が政府の仕事を請け負い、かつて政府が直接たずさわってきた業務を引き受けている。規制撤廃と同様に、減税、政府支出の削減、外部委託といった異例の措置は、レーガン政権でとられて以来、超党派的な戦略となっている。

イラク戦争やアフガニスタン戦争の最中に国民の知るところとなったように、いまでは民間契約者が驚くほど多様な軍事活動にたずさわっている。この種の契約は非常に悪用されやすく、私情がらみの不公平な契約割当、贈収賄、受託業務の不履行、架空請求といった不正がついてまわるために油断がならない。

政府が直接提供するよりも民間契約者が請け負ったほうがおのずとコストパフォーマンスがよくなるという考え方は一連の誤解にもとづいている。問題になっているサービスのほとんどは公共財なのだから、そもそも民間競争とは無縁である。したがって、政府による外部委託は公的独占を私的独占に置きかえただけにすぎず、サービスの質をめぐって競争が起こることもない。また、自由市場イデオロギーは契約手順の不正が横行している事実を認めない。受託業者の選定は贈収賄の結果として、または選挙献金の見返りという政党にとっての損得からなされることが多い。議会は国防総省さえも疑義を呈する高額な兵器システムの費用を当然のように支払っているが、それは地元の軍事契約企業が議会に送り出している議員を通じて政党のバックアップを得ているからである。

国家の問題を解決できなくなった政府

最後にあげるレーガン革命の遺産はなによりも重要だ。一九八〇年代の初頭以来、アメリカ政府が国家的な経済問題を解決する役割をはたさなくなっていることである。一九三〇年代から七〇年代までは、重大な国家の問題が起こるたびに、連邦政府はそれを解決しようと努力した。たとえば、三〇年代には失業率を下げ、四〇年代には戦争に勝ち、五〇年代には国内のインフラストラクチャーを整備し、六〇年代には貧困と戦い、七〇年代には環境やエネルギー上の脅威に立ち向かった。重大な経済問題に対処するには政治的な指導力と連邦政府の関与が必要であり、それが当然だと考えられていた。

過去三〇年のあいだに、アメリカの国民生活はこんなにも変わってしまった。レーガンは、政府がアメリカの経済不振の解消に役立つどころか、政府こそが問題なのだと宣言することによって、新しい政策だけでなく新しい考え方を打ちだした。つまり、あなたが一般市民なら、政府がなんとかしてくれるなんて思わないでほしい。しかし、あなたが特殊権益集団側の人間なら、ここに来て規制に関する話し合いの席についてほしい。そうすれば、あなたの好みに合わせて規制を撤廃したり書きかえたりすることができる。グローバリゼーション、気候変動、金融不安、医療費の高騰といった新たな難題をつきつけられたいまこそ、国益よりも特殊権益のほうが政治の表舞台に立つ時代が来たのだ、と。

レーガンの誤診と不毛な結末

ある種の大胆さをもって下された診断の正否は、それが有効な処方につながるかどうかで検証される。レーガンは連邦政府の権限を縮小しなければならないという診断を下し、その処方として限界税率を大幅に引き下げ、規制撤廃を大々的に実行し、行政サービスを民営化し、税収の上限を原則としてGDPの一八パーセント前後に抑制した。しかし、関連するどの指標を見ても、一九八一年から二〇一〇年までのあいだに事態は改善されておらず、たとえば、一九五五年から悲惨な七〇年代を迎える前の一九七〇年までとくらべても、全体としてかなり悪化した（一九七〇年からオバマ政権誕生前

表4.1 経済動向（1955－2010年）

指標	1955–1970	1971–1980	1981–2010
最高限界税率	82.3%	70.0%	39.3%
GDPに占める連邦歳入の割合	17.7%	17.9%	18.0%
GDP成長率	3.6%	3.2%	2.8%
1人あたりのGDP成長率	2.2%	2.1%	1.7%
総雇用者数成長率	1.7%	2.7%	1.1%
平均失業率	4.9%	6.4%	6.3%
所得格差の推移：上位1％の所得の割合	-2.0%	0.6%	10.9%
全国的な貧困率の推移	-9.8%	0.5%	0.3%
男性正社員の所得増加率	2.9%	0.5%	0.2%
GDPに占める予算収支の割合	-0.7%	-2.4%	-3.0%
インフレ率	2.3%	7.7%	3.2%

出典：税務政策センター、行政予算管理局（Historical Tables）、国勢調査局、Saez and Piketty Data Set on Income Inequality、経済分析局のデータ(19)

夜の二〇〇八年までにかぎっても同じことがいえる）。表4・1からわかるように、経済状況は、失業率、収益成長、財政赤字、インフレなど、多くの分野で一九七〇年代に悪化した。

レーガンの処方のねらいは、一九七〇年代の趨勢を逆転させることだった。その意味では、彼の処方はあまり役に立たなかった。一九八一年から二〇一〇年の期間に限界税率はかなり低くなったが、この処方は経済全体にとってほとんどプラスにならなかった。雇用率が低下すると同時に経済成長率も低下し、失業率は平均して六パーセントを超えた。格差は拡大し、家計所得に占める上位一パーセントの富裕層の所得は、一九八〇年の一〇パーセントから二〇〇九年の二一パーセントに増加した(20)。所得は伸び悩み、財政赤字は拡大した。ただ一つ、インフレ率だけは一九七〇年代とくらべて明らかに改善された。しかし、結論は火を見るよりも明らかだ。レーガン革命は、経済成長、高雇用、国民共有の繁栄というかつての道をアメリカにとりもどすことができなかったのである。

第五章　分裂した国家

一九八〇年以降の政府の後退は、一つには、「大きな政府」が一九七〇年代の経済危機を招いたとするレーガンの診断が誤りであることを示していた。次章で説明するが、危機を招いた第二の要因はグローバリゼーションだった。第三の要因は、国内の社会的緊張が高まった結果、共通の原則や価値観を受け入れ、それにもとづいて行動するのがさらにむずかしくなったことである。一九八〇年代から現在にいたるまで、アメリカは分裂した社会を自認している。私たちは、社会の分裂ばかりに目を向けることで国家の膨大なエネルギーを無駄に費やしてきた。本当は国民を団結させる貴重な価値観に注目すべきだった。その価値観こそ経済政策の基盤であり、また基盤とすべきものなのだ。

現在の社会的分裂はアメリカ人の誰もがよく知っている。レッド・ステート（共和党支持者の多い州）とブルー・ステート（民主党支持者の多い州）、郊外と都心部、農村部と市街地、原理主義者と主流派の宗教団体、保守派とリベラル派、サンベルトとスノーベルトといったぐあいだが[1]、そのような分裂は現実的なものだ。アメリカ人は多くの重要な事柄についてじつに多様な考え方をもっており、宗教の選択も、社会正義の解釈を決める文化的基準もまちまちである。さらに、人生のたいていの事柄がそうであるように、「自分の立ち位置は座る位置によって決まる」（もっと正確には、住む場所によって決まる)。南部の郊外に住む白人と北部の都会に住むアフリカ系アメリカ人とでは、文化的態度も社会規範も政治観も異なるからこそ、つくりあげる現実も異なるのだ。

このような分裂傾向が、国家をとりまく状況によって弱まった時期もある。一九三〇年代から四〇年代にかけてのアメリカは、最初は大恐慌に直面したとき、つづいて第二次世界大戦を経験するなかで「一つに」まとまった。時代を画するこれらの事態は、国民の合意をつくりあげる巨大な坩《る》堝《つぼ》といえた。冷戦時代には、国民が同じリスクと責任を負っているという意識も生まれたが、それは、ハリー・トルーマン、ドワイト・D・アイゼンハワー、ケネディ、ジョンソンといった人びとに、少なくとも一九六五年ごろまでは、一定の基準を共有する社会を統率している自覚があったことを意味する。このような合意の感覚は一九六〇年代の初めに崩れはじめ、一九八〇年代には失われてしまった。

その原因は無数にあって、くわしく探っていたらきりがないが、ここにいくつかあげてみよう。冷戦時代の緊張がゆるんだことで、皮肉にも、鬱積する社会的緊張が付け焼き刃的な合意のもとに鎮まるというよりは、はっきりと認識される状況が生まれた。社会における女性の役割が急激に変化した。そのこと自体は第二次世界大戦や産児制限の結果であり、経済状況によって女性の大学進学や職場への進出が促された結果だが、そこから新たな社会的分裂が起こり、ついには一九六〇年代以降の「文化戦争」が引き起こされた。ヴェトナム戦争がアメリカをタカ派とハト派に分裂させ、この分裂がのちのさまざまな紛争へと引き継がれることになった。一九六〇年代のカウンターカルチャー運動によって、伝統的な家庭とより実験的なライフスタイルとの対立の構図が生まれた。性習慣の変化がさかんな論争を引き起こし、それはいまもつづいている。

以上のほかに、ワシントンの変化に重大かつ持続的な役割をはたし、より直接的に結びついていると思われる四つの動きに注目してみよう。第一は公民権運動である。それは、アフリカ系アメリカ人の経済的、社会的地位を大いに改善することにつながっただけでなく、とりわけ南部の白人による政治的な巻き返しにもつながった。第二は、ヒスパニック系移民の増加によって新たな民族の分裂が生じたことだ。第三にしておそらく最も重大な変化は、サンベルトの人口増加と経済発展である。それはアメリカの政治の中枢に新たな活動領域と価値観をもたらした。そして第四は、アメリカの郊外化と階級による住み分けが政治の分裂を招いたことである。

公民権運動と政界再編

公民権運動を契機に、政治勢力はスノーベルトからサンベルトに移行した。私は、一九六〇年代のミシガン州デトロイトに育ったおかげで、社会や政治の風向きが変わりはじめたことにそれとなく気づいていた。私の父は労働問題専門の弁護士であると同時に地元の公民権運動のリーダーでもあり、わが家は進歩主義的な政治運動の集会所になっていた。私たちは当時の緊張の高まりをひしひしと感じていた。しかし、一九六七年に近隣のアフリカ系アメリカ人が破壊的な暴動を起こしたことは、私の家族やデトロイトのコミュニティにとって寝耳に水の出来事だった。数十人が死亡し、街は焼かれ、デトロイトは貧困とあきらめの淵に沈みはじめた。一連の暴動ののちに、多くの白人は郊外に脱出し、驚くべき政治的巻き返しが起こった。人種差別主義者のアラバマ州知事ジョージ・ウォレスは、地元の労働者階級の圧倒的な支持を得て、一九六八年に第三政党から大統領選に立候補し、一九七二年にミシガン州の予備選挙で勝利した。

私の考えでは、一九八〇年のレーガンの当選で最高潮に達した反政府および反税革命はここから説き起こす必要がある。公民権運動が起こると、その直後から断固たる政界再編の動きが全国規模で始まった。南北戦争から一世紀にわたって民主党の堅い基盤だった南部は、突如として共和党支持に寝返った。深南部と南西部（ともにサンベルトにあたる地域）はいまや、共和党の大統領を誕生させたことで政治勢力を拡大し（一九六八年のニクソンを皮切りに、一九八〇年にレーガン、一九八八年にジョージ・H・W・ブッシュ、二〇〇〇年にジョージ・W・ブッシュを当選させた）、連邦政府プログラムに対抗する白人が人種的優位に立つ時代が来たことを告げていた。公民権運動が起こる以前、連邦政府の社会的支出はおもに白人有権者に向けてのものだった。一九三〇年代から五〇年代にかけて導入された農家、住宅所有者、退職者向けの連邦政府支援は、多数派である白人コミュニティを大いに助け、意図されたとおりの効果をあげた。一九三〇年代に導入された社会保障制度は農場労働者を除外していたため、南部の貧しいアフリカ系アメリカ人の多くは対象外となった。[2]

一九六〇年代に公民権運動が成功し、貧困撲滅計画がさかんになったことで、連邦政府からの補助金はマイノリティのコミュニティにもしだいにいきわたったが、その政治的反応として、多くの白人有権者のあいだには政府の指導的な役割にたいする不満が生じた。[3]このような反発は、リベラル派のリーダーが続々と台頭してきたことで増幅された。人種差別の廃止は白人の労働者階級に広く歓迎されたが、多くの白人は差別是正措置になかなか踏みだせなかった。近隣の学校の差別廃止は容認されたが、それを実現するために子供を遠方の学校までバス通学させるという、行きすぎた措置もとられた。公民権運動の時代が、人種暴動と都市部で急増する凶悪犯罪の二つに象徴されていたのも無理はない。

白人の福音主義キリスト教徒が、筋金入りの共和党員としてブロック投票をするようになったことにも人種的な背景がある。一九七〇年代末まで、福音派の白人有権者の支持政党は二分されていた。一九七〇年代末、神学校の差別廃止を求める連邦政府の圧力が強まったことを受けて、福音派の白人

図5.1　アメリカの総人口に占める外国生まれの割合（1850－2010年）

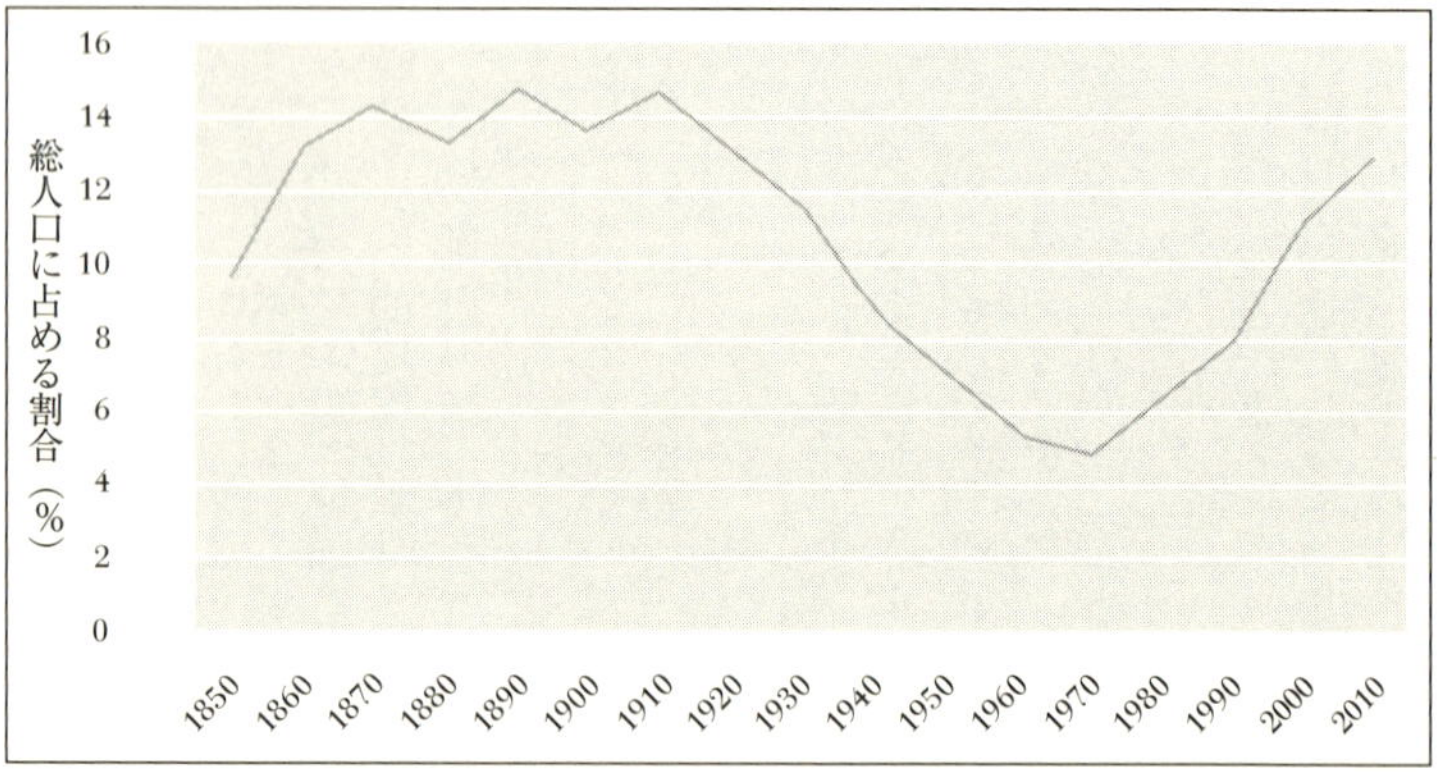

出典：国勢調査局のデータ

たちはこぞって共和党支持に寝返った。[4] このような中間所得層の白人有権者が共和党支持にまわったため、一九八〇年から二〇〇八年までの二八年間のうち、二〇年にわたって共和党の大統領が政権をとるという大きな変化が起こったのである。

ヒスパニック系移民の急増

わが国でヒスパニック系の人口が急増したこともまた、政治の分裂と民族の分裂を引き起こし、白人有権者に減税と連邦政府の縮小を意識させる大きな要因となった。一九六五年、アメリカは移民国籍法を制定した。一九二四年の移民法で採用された国別割当を廃止するこの法律によって、アメリカの人口統計値は大きく変化した。図5・1でわかるように、わが国の外国生まれの人口の割合は一九二四年以降にめだって減少したが、一九六五年を過ぎると急激に増加しはじめている。一九七〇年の時点では、ヒスパニック系の人口はおよそ一〇〇〇万人でアメリカの人口の約五パーセントを占め、その分布はカリフォルニア州とテキサス州にかなり集中していた。一九九〇年までには、一九六五年の移民国籍法の規定が緩和されたことを受けて、ヒスパニック系の人口は二二〇〇万人に倍増して総人口の八・六パーセントを占め、二〇〇九年までには四八〇〇万人へとふたたび倍増して総人口の一五・七パーセントを占めるようになった。彼らの大規模なコミュニティは南西部、フロリダ州、ニューヨーク州、ニュージャージー州、北西部にある。[5] ヒスパニック系の票は、二〇〇八年の大統領選挙でオバマに一極集中するなど、重要な国政選挙や州選挙の結果を左右するようになった。

ヒスパニック系移民が急増したことで人種間の緊張は強まり、移民政策はふたたび国政の最優先事項となり、一九七〇年代を境に反税感情の高まりにたちまち拍車がかかった。国税に反対する動きがきわめて強く表われたのは、一九七八年にカリフォルニア州で提案一三号（固定資産税の課税権限を縮小する条例案）が住民投票にかけられたのが最初だった。カリフォルニア州の納税者を反乱へと大きく突き動かした要因は、州内のヒスパニック系の人口が急増したことと、白人コミュニティのほとんどが、増加するヒスパニック系学生の教育費として徴収される固定資産税の増税に反感をいだいたことだった。[6]

不法移民にまつわる特殊な悪感情を理解することも重要である。貧困層の援助計画（医療、教育、所得補助、食料配給券）にたいする政治的支援はすべて、社会のメンバーに共同体意識があることを前提に成り立っている。人種的にも宗教的にも分裂しているアメリカのコミュニティでそのような意識をもつことは非常にむずかしい。不法移民の流入が放置されている状況ではほとんど不可能である。数十億とはいわないまでも数億もの貧しい人びとがアメリカへの入国を望んでいるのだから、わが国の中産階級と労働者階級の納税者たちは当然、国境の穴がふさがれなければ財政需要と称して際限もなくカネをせびられるはめになると思っている。このような悪感情が向けられる先はおそらく、ヒスパニック系などの特定のグループというよりは、懸命に働いているうえに、無数の、しかも増える一方の赤の他人を援助しろといわれる不公平感のほうだろう。

この感情は真剣に受け止められるべきだ。社会保障給付などによる所得の移転プログラムを進めるためには、明確な移民政策と、新たな（合法または不法）移民が社会プログラムに参加するさいの明確な基準が必要である。いままでのところ、アメリカ政府はこれらの問題をまともに取り上げることができず、結果として国民の信頼を裏切っている。幸いなことに、不法移民も含めた移民の財政コストは、反移民団体が考えているほど有害なものではない。かなりの数の不法移民は、いずれ恩赦が与えられることも期待して連邦税を支払っている。社会保障費として不法移民から徴収される額は毎年数十億ドルにのぼっており、数百万の不法移民は個々に所得税を申告している。[7]

スノーベルトをしのぐサンベルト

公民権運動と移民の急増は、アメリカを人種や民族によって分裂させただけでなく、政治の勢力図を塗りかえることにも一役買った。南北戦争後の一世紀のあいだ、アメリカの国力は北部諸州――とくに北東部と中西部――に集中していた。アメリカ大統領はほぼ全員が北部の出身者だった。莫大な富と同様、産業も北部に集中していた。南部は、南北戦争での敗北という明らかな理由のほかにも、多くの複雑な理由で立ちおくれていた。南部は産業経済よりも農業経済に依存しており、技術的スキルが低く、学校教育が不十分であり、黄熱病やマラリアや鉤虫症といった熱帯病にも苦しんでいたのである。これらの要因はすべて、経済力の中心がいぜんとして北部にあることを意味していた。

その後、大きな政治的変化が起こった。一九〇〇年から一九六〇年まで、アメリカ大統領は一人の

図5.2 a　サンベルトの発展（1940－2010年）

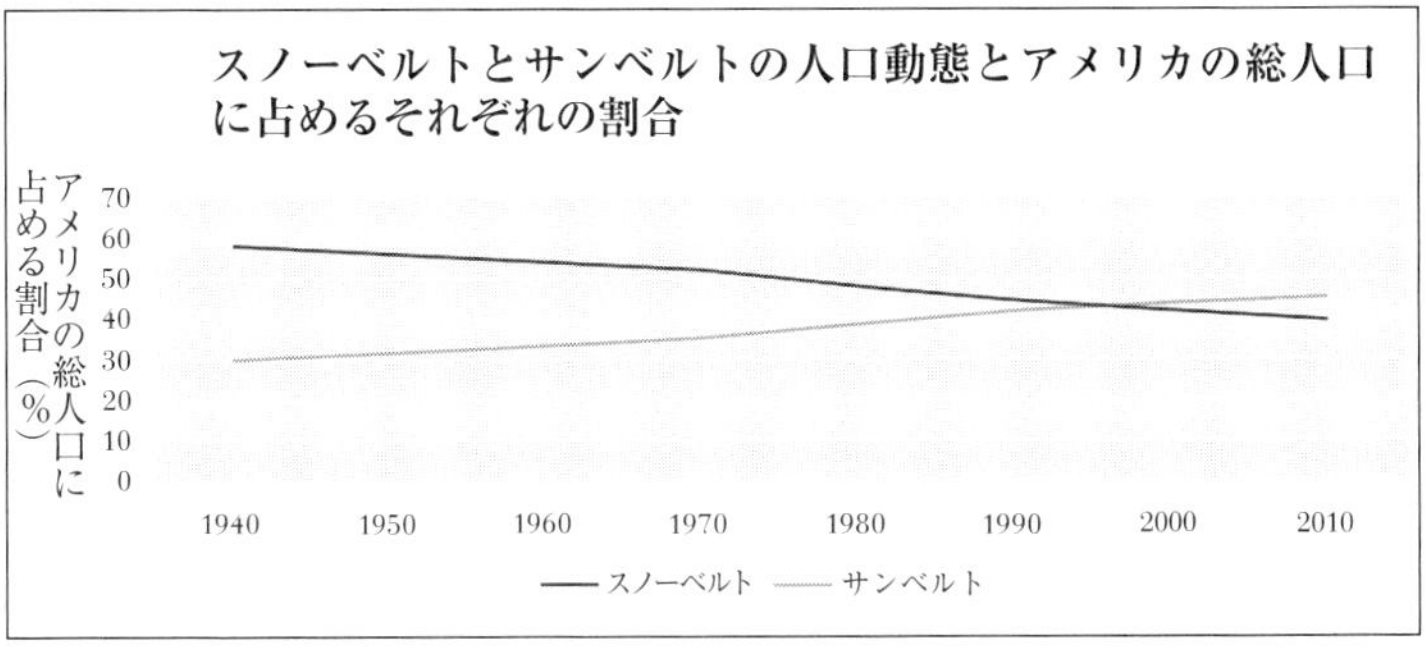

出典：国勢調査局のデータ

例外をのぞいて全員がスノーベルトから選出された。しかし、一九六四年からオバマが当選した二〇〇八年までは、全員がサンベルトから選出されている。[8] 公民権運動を機に、大統領の選出州はスノーベルトからサンベルトへと完全に入れ替わったのだ。ニクソンをはじめとする共和党の大統領候補は、南部の選挙人票の大多数を勝ち取った。オバマ以前に、現在の共和党の大票田で少数ながら選挙人票を引きはがすことができた民主党候補は、サンベルト選出の二人（カーターとクリントン）だけだった。北部の民主党候補者は南部の白人ミドルクラスの抵抗にあうことが多く、選出の見込みがほとんどなかった（低所得の白人有権者は、ひきつづき民主党を支持する傾向にあった）。

しかし、一九六〇年代以降にサンベルトが大統領を輩出するほどに勢力を伸ばしたことは、たんなる公民権運動の巻き返しにとどまらなかった。それはまた、南部の経済力が第二次世界大戦後しだいに拡大し、とくに鉄道の電化、空調設置、インフラストラクチャー（西部のダムや大規模な水道事業など）への公共投資が進んだことを示すと同時に、医療と教育の大幅な改善によって、繊維や衣料などの産業を、高コストで高度に組合化された北部から組合化されていない南部に移

図5.2 b

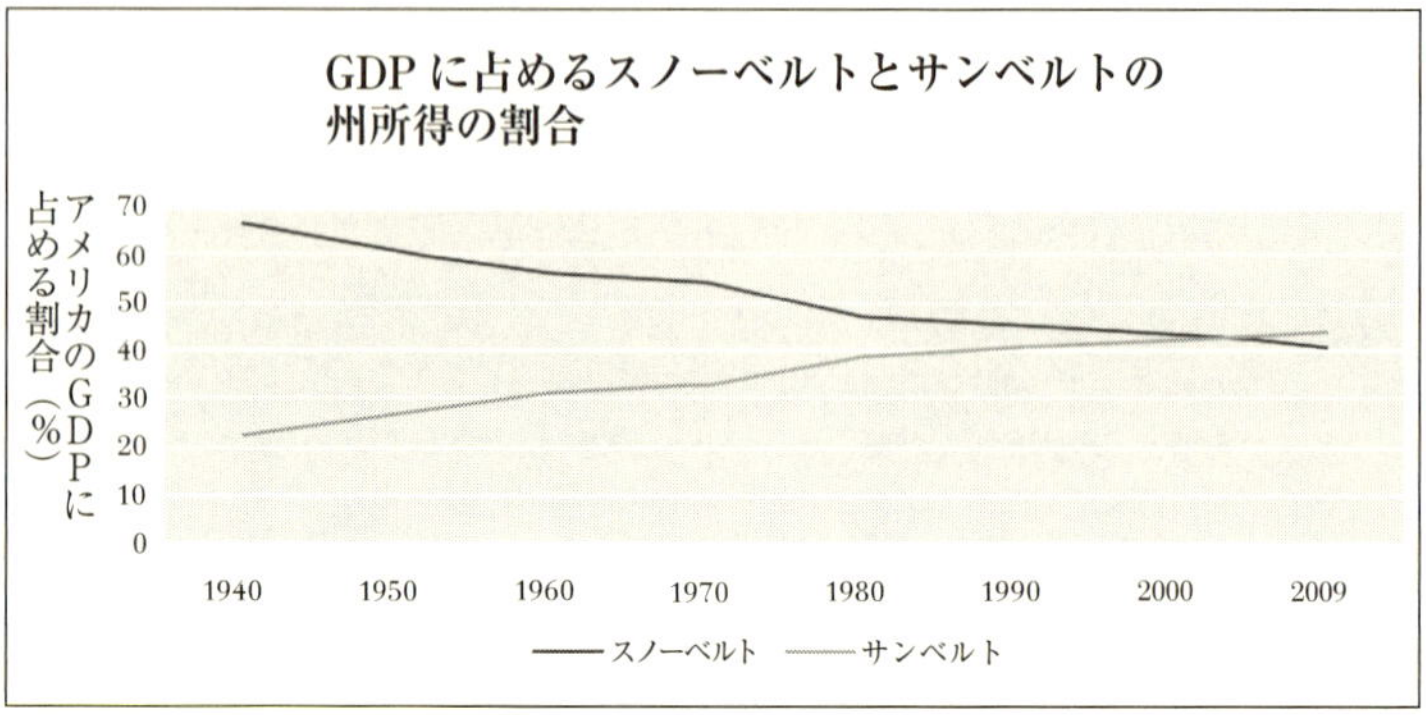

出典：国勢調査局のデータ

図5.2 c

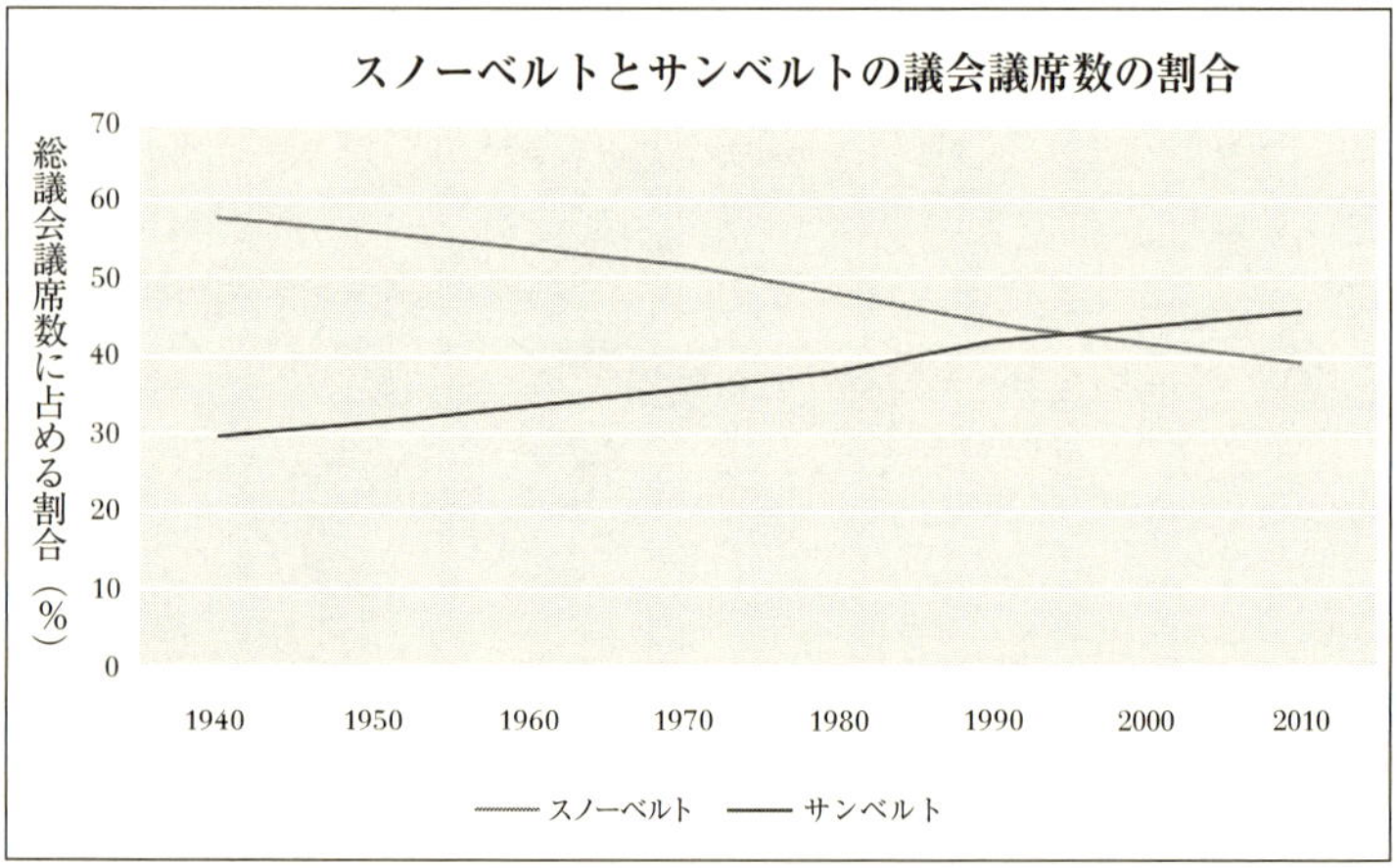

出典：国勢調査局のデータ

転できるようになったことを示していた。スノーベルトからサンベルトへの産業移転はさまざまな意味で、高賃金のアメリカから低賃金のアジアへの産業移転にそなえたリハーサルのようなものだった。サンベルトの経済が活気づき、南部に定住する人口が（生粋のアメリカ人とヒスパニック系移民の両方を含めて）増えるにつれ、政治勢力は必然的に南部に引き寄せられていった。図5・2a〜cを見ると、サンベルトがスノーベルトにくらべて三つの重要な点でいちじるしく成長していることがわかる。つまり、総人口に占める割合、GDPに占める割合、議会の総議席数に占める割合（大統領選挙での選挙人票の割合をも示す数字）の三点である。

三点のすべてについて、サンベルトは一九四〇年代から六〇年代にかけてスノーベルトをはるかに下回っていたが、じょじょに追いつき、二〇〇〇年にはスノーベルトを追い越した。政治勢力は、人口と所得の割合が増えるにつれて拡大した。

サンベルトで政府の政治権力にたいする抵抗が強まったことについては不思議な現象が見られる。そのような抵抗感によって、サンベルトは全国規模での価値観の変化をともなわずに勢力を伸ばした。サンベルトの人口と経済の重みが変わるだけで国政の方向性を変えるのに十分だったのである。人口動向の変化が国政に大きく影響することを、単純な数字の比較を使って説明したい。

かりに、スノーベルトの有権者が連邦政府の社会計画に七〇対三〇の割合で賛成し、サンベルトの有権者が七〇対三〇の割合で反対しているとしよう。話をわかりやすくするために、合計一億人の有権者のうち、最初に六〇〇〇万人がスノーベルトにいて、四〇〇〇万人がサンベルトにいるとしよう。つまり、議会の議席数の六〇パーセント、すなわち選挙人票の（約）六〇パーセントがスノーベルトにあり、四〇パーセントがサンベルトにあることになる。ここでは簡単に、全国の有権者の五四パーセントが社会計画に賛成し、四六パーセントが反対しているとする。

そしていま、ランダムに混合された二〇〇〇万人の北部人がサンベルトに移住するとしよう。これらの移住者の七〇パーセント（一四〇〇万人）が政府の社会計画に賛成し、三〇パーセント（六〇〇万人）が反対しているとする。さらに、一億人のアメリカ人の政治的価値観に変化がないと仮定すれば、全国的には五四対四六パーセントの過半数がひきつづき政府の社会計画に賛成することになる。しかし、人口動向が変わったいま、議会は社会計画を投票で否決する可能性がある。理由は次のとおりだ。

「新しい」サンベルトにはいま六〇〇〇万人の有権者がいることになる。「かつての」サンベルトの四〇〇〇万人の住人は、政府の計画に二八〇〇万票対一二〇〇万票で反対しているとする。そして、「新しい」住人（スノーベルトからの移住者）は政府の計画に一四〇〇万票対六〇〇万票で賛成している。したがって、新しいサンベルトでは合計三四〇〇万人（五七パーセント）の有権者が政府の社会計画に反対し、二六〇〇万人（四三パーセント）の有権者が賛成していることになる。

南部が反政府色の濃い地域であることに変わりはないが、北部からの移住が起こる前にくらべればその色彩は薄くなるだろう。それでも、南部は議会の過半数の議席と選挙人団を支配して反政府的な多数派を議会に選出し、大統領の座に送り出すはずだ。たとえ全国的な世論に変化がなくても（いまだに大多数が社会計画に賛成している）、サンベルトの人口が増加するだけで、ワシントンを親政府的な支配から反政府的な支配に変えるには十分である。人口動向がすべてを決めるわけではないが、それは重要な役割をはたしているのだ[9]。

サンベルトの価値観

サンベルトの発展にともなって、アメリカの政治は文化の面で、新たに大きく分裂した。一九六〇年代よりずっと以前には、南部の州政府と地方自治体は、地元経済にはたす連邦政府の大きな役割に久しく抵抗していた。なにしろ、南部は「州権」の発祥地であり、南北戦争の負け組だったのだ。さらに、反ワシントン志向は、マイノリティであるアフリカ系アメリカ人を多く含む集団のなかで公共財に資金を供給することにたいして、南部の白人有権者が昔から反感をもっているしるしだった。サンベルトが台頭するにつれて反政府感情は影響力を増し、実際に有力な多数派を国政に引き入れていった。反ワシントン志向が根づきやすかったのは、歴史的な理由から連邦政府にずっと強い恨みを抱いてきたうえに、公民権運動、移民問題、一九六〇年代の文化の激変に新たに心を乱している地域だったからである。

南部はキリスト教原理主義の拠点でもある。南部人の三七パーセントがプロテスタント福音派であり、六五パーセントが主流派と福音派を含むプロテスタントである[10]。これにたいして、プロテスタント福音派に属する北部人は一三パーセントにすぎず、プロテスタント諸派は三七パーセントである。サンベルト選出の大統領は福音派による強力な支持基盤をもつために、妊娠中絶反対、学校などの公共施設での礼拝、産児制限反対、同性婚反対、進化論教育反対など、福音主義的な文化にもとづく問題が全国に知れわたり、アメリカの文化を過度に分裂させた。

文化戦争は多くの分野で始まった。一九六〇年代は、公民権運動や市街地での暴動が起こり、犯罪率が上昇した時代だっただけでなく、ドラッグと性の解放というカウンターカルチャーが生まれ、女性の権利が向上し、ゲイの権利が主張されはじめた時代でもあった。このような文化の大変動はほんの数年のうちに起こり、強制バス通学、差別是正措置、最高裁による妊娠中絶の合法化（一九七三年）などのより踏みこんだ社会的規制によって頂点を迎えた。こうしてさまざまな変化が積み重なった結果、宗教的保守派は、リベラル派が貧困や差別と戦おうとしているだけでなく、新しい社会秩序を押しつけようとしていると感じるようになった。文化の鍋はぐらぐらと煮立ちはじめた。サンベルトの保守派は、実力行使を重視する連邦政府が伝統的なキリスト教の価値観をおびやかしていると考え、叛旗をひるがえしたのだった。

郊外への脱出

一九六〇年代の公民権運動と都市部での人種騒動は、大規模な地理的変化をも加速させた。裕福な白人家庭が都市部から郊外へ脱出したのである。郊外化の動きはすでに、人種政策が重視される前の一九五〇年代に始まっていた。自動車の増加に戦後のベビーブームと一九五〇年代の復興が重なったことで、郊外化はますます急速に進んだ。つづいて一九六〇年代以降には、社会的・経済的な要因に後押しされた白人が大挙して郊外に脱出した。社会的な要因とはおもに、多くの白人が同じ白人同士のコミュニティで暮らしたいと望んだことであり、経済的な要因とはおもに、裕福な（大部分は白人の）家庭が子供に質の高い教育を受けさせようとしたことである。(11)

もっと裕福な家庭はそれとは別に、高い税収によって良質な公立校を支援する郊外地域の高級住宅街に移っていった。裕福な家庭が望ましい郊外の住宅地に流入した結果、不動産価格が上昇して労働者階級の家庭は手を出せず、あまり望ましくない都市部や郊外地域に住まざるをえなくなった。貧困層のほとんどは、都市中心部の最も望ましくない低家賃住宅街にとり残された。このように、アメリカ人は自分たちを階級別・人種別に仕分け、今日のような住み分けによる国家の分裂を引き起こしたのである。

郊外と都市部の分裂が経済におよぼす影響は、都市中心部の貧困層と郊外の富裕層の教育費の格差にはっきりと現われた。居住地による分裂は、教育格差と所得格差が一つの世代から次の世代に引き継がれることを決定づける要因となった。貧困の罠にはまりつづける事態を避けるには、きわめて貧しい学校にたいする連邦政府と州の財政支援がますます重要になった。

政治への影響も同じくらい明確に現われた。裕福な郊外住宅地区は共和党への支持を強め、より貧しい都心部は民主党への支持を強めた。その結果、下院議員選挙区は共和党や民主党にとっては浮動票の少ない「安全地帯」となった。どれか一つの政党に支配されている安全な選挙区では、実際の政治的競争が起こるのは一一月の選挙ではなく予備選挙の最中だが、このとき安全地帯の共和党員はさらに右傾化し、安全地帯の民主党員はさらに左傾化する傾向がある。しかし、ここで思い出すべきは、大企業のカネによって両方の政党が右傾化してきたということだ。全体として見た結果、共和党はきわめて保守的になり、民主党はおおむね中道的に（あるいは、とくに莫大な選挙資金が注ぎこまれる選挙区では中道右派的に）なるのである。

それでもなくならない水面下での合意

本章の一つの解釈として可能なのは、アメリカで新たな経済的合意を追求してもしかたがないということかもしれない。なにしろこの国は、文化、地理、人種、階級の違いによって深く引き裂かれ、それらの違いは最近の数十年でさらに大きくなっているのだ。ティーパーティー運動は、リベラル派と保守派、北部人と南部人、白人とマイノリティとのあいだでつづく闘争が最近になってエスカレートしてきたことを象徴しているように見える。このような状況のもとで、どうして新しい共通の価値観が成り立つというのか？　私は、国家が根本から分裂して修復不能になっているというこの見方は正しくないと思う。見た目よりもはるかに大きい合意が存在するからだ。

合意について本当に問題なのは、アメリカ人が自分たちの生活にとって重要なすべてのことに合意できるかどうかではないし、これにたいする答えは明らかにノーである。本当に問題なのは、アメリカ人が国の経済政策に合意して、経済全体の効率性、公平性、持続性を増進できるかどうかである。それならば、アメリカ人はいくつかの事柄について大筋で合意に達している。

彼らはみな、アメリカ国民にとって機会は平等であるべきだと考えている。彼らはみな、一人ひとりができるだけ自助努力すべきであり、政府は本当に困っている人びとを、本人も自助努力しようとしているかぎりは助けるべきだと考えている。彼らはまた、富裕層がより多く税金を納めるべきだという意見でもほぼ一致している。核となるそのような価値観を土台にすれば、経済政策の基本的な方向について大まかだが有効な合意を形成することができるはずだ。

二〇〇七年に政治学者のベンジャミン・ページとローレンス・ジェイコブズが調査したところでは、アメリカ人の七二パーセントは「所得格差が大きすぎる」と考えており、六八パーセントは所得と富の分配が公平であるという意見を否定していた[12]。大多数のアメリカ人が、政府は「食料や衣類や家のない人をなくすべきだ」と考え（六八パーセント）、「政府は必要な支出を惜しまずに、すべての子供が真に良質な公立学校に通えるようにすべきだ」と考えている（八七パーセント）。彼らはまた、「自分の税金が幼稚園や保育園での教育を支援するために使われることに賛成」であり（八一パーセント）、「自分の税金が失業者のための再訓練計画を支援するために使われることに賛成」であり（八〇パーセント）、「すべての国民に医療を受けさせるのは連邦政府の責任だ」と考えている（七三パーセント[13]）。

ページとジェイコブズのデータでは、九五パーセントものアメリカ人が「自分よりも恵まれない人を助ける手立てをつねに模索すべきだ」という一般原則に同意していた。政府は「富裕層に重税を課すことで富を再分配すべきだ」という意見に同意する人の割合は、一九三九年の三五パーセントから上昇して一九九八年には四五パーセント、二〇〇七年には五六パーセントになっている。アメリカの所得格差がとてつもなく広がってしまった現実こそが、再分配課税への支持を増やす一因になっていると見ていいだろう。

このような平等主義的な考え方は、ピュー・リサーチ・センターによる最近の調査で確認されている。[14]アメリカ人の八七パーセントは「誰もが平等に成功の機会を得られるように必要な措置をとるべきだ」と考え、六三パーセントは「自立できない人びとを援助するのは政府の責任だ」と考えている。しかし、例によって、アメリカでは第一義的な責任は本人にあるとされている。「人生の成功は私たちの手に負えない力で決まることが多い」と考える人の割合は三二パーセントにすぎず、「懸命に働いても成功するとはかぎらない」と考える人は三三パーセントにすぎない。アメリカ人の価値観では、政府は必要なときに助けてくれるべきだが、国民は本人主体のまま自分の運命を決められるし、決めるべきだということである。

貧困層にたいする公的責任を支持する意見がある一方で、人びとは一様に、大企業の一人勝ちが許されてきたことを強く実感している。圧倒的多数の国民は民間企業が経済に重要な役割をはたすことを認めているが、同じく圧倒的多数の国民は「過大な権力が少数の大企業に集中している」と感じており（二〇〇九年四月の時点で賛成七七パーセント、反対二一パーセント）、「企業はあまりにも多くの利益をあげている」と感じている（二〇〇九年四月の時点で賛成六二パーセント、反対三三パーセント）。[15]富裕層の税率アップに賛成する国民もあいかわらず大多数にのぼっている。

調査では、自然環境がひきつづき重視されていることもわかった。連邦政府はそのかぎりでないとしても、アメリカ人は環境意識が高いのである。ピュー・リサーチ・センターの調べによれば、アメリカ人の八三パーセントが「環境に関する法律と規制を厳格化して環境を保護すべきだ」と考えている。[16] 二〇一〇年六月に行なわれた『USAトゥデー』紙とギャラップ社の世論調査では、アメリカ人が「地球温暖化の抑制をめざして民間企業のエネルギー出力を規制する」ための法律制定に五六パーセント対四〇パーセントの差で賛成していることがわかった。ABCニュースと『ワシントン・ポスト』紙の世論調査でも、アメリカ人が七一パーセント対二六パーセントの差で、連邦政府は「地球温暖化を緩和するために、発電所、自動車、工場などからの温室効果ガスの排出を規制すべきだ」と考えていることがわかった。[17] 二〇一一年一月のラスムッセン社の世論調査では、回答者は六六パーセント対二三パーセントの差で、化石燃料よりも再生可能エネルギーのほうが長期投資先として望ましいと答えた。[18] 全体的には、環境保護と経済成長の優先順位はほぼ同等と考えられているが、若年層は環境保護を優先し、高齢者層は経済成長を優先している。包括的な最優先事項として上回っているのは、どちらかといえば環境保護のほうである。

有権者がもっと情報を得られるようになれば、意見の相違もしだいになくなっていくだろう。多くの研究と調査からわかっているように、国民はアメリカでの所得分配の詳細や、公共政策がそれにどう作用するかについてほとんど知らない場合が多い。アメリカ人は、対外支援などの「無償財政援助」プログラムや貧困家庭への「福祉事業」（貧困家庭向け一時援助金プログラム）用の連邦支出をかなり多く見積もりすぎている。そのようなプログラムは予算の大部分を占めていると思われがちだが、現実には支出のごく一部を占めているにすぎない。

最大にして最も興味深い誤解は、連邦税と所得移転という実際的な負担と給付に関するものである。

サンベルトのレッド・ステート（共和党支持者の多い州）はよく連邦政府の課税と支出に強く抵抗しているが、それは南部諸州が連邦政府の統治に反感を抱いてきた名残でもあるのだろう。しかし、レッド・ステートの居住者のほとんどは、自分たちが現在の連邦税と所得移転の最大の純受益者であるということを理解していない。大富豪たちは、カリフォルニア、ニューヨーク、コネティカット、ニュージャージーといったブルー・ステート（民主党支持者の多い州）に住んでいるが、彼らの所得税はレッド・ステートの居住者のメディケイドを支え、障害者プログラムや高速道路建設プログラムを支えているのである。

表5・1でわかるように、かりに連邦政府が休業すれば、まさに連邦政府のプログラムを先頭に立って攻撃している州の暮らしや福祉が切りつめられることになる。この表の州のランキングは、居住者がワシントンに支払う連邦税一ドルにつき、各州が連邦支出からいくら受け取っているかによるものである。連邦税一ドルにつき一ドル以上を受け取っている場合、その州の居住者は他州の税金でまかなわれた連邦支出の純受益者ということであり、連邦税一ドルにつき一ドルに満たない場合は、その州の税収は他州の居住者の純益になっているということである。最大の純受益者である一〇州のうち、二〇〇八年の選挙でオバマが制したのはニューメキシコとヴァージニアの二州だけだったが、最大の純負担者である一〇州のうち、オバマはすべてを制している。理屈に合わないのは、いま反税運動を先導している各州が実際には連邦支出の最大の純受益者だということである。それらの州の住民はこのような実態を把握していないのだ。

新しい合意をめざして

表5.1　納税額１ドルあたりの連邦支出（州別）

	納税額１ドルあたりの連邦支出	州別受益順位	オバマの得票率
受益州トップ10			
ニューメキシコ	$2.03	1	57%
ミシシッピ	$2.02	2	43%
アラスカ	$1.84	3	38%
ルイジアナ	$1.78	4	40%
ウェストヴァージニア	$1.76	5	43%
ノースダコタ	$1.68	6	45%
アラバマ	$1.66	7	39%
サウスダコタ	$1.53	8	45%
ケンタッキー	$1.51	9	41%
ヴァージニア	$1.51	10	53%
純負担州トップ10			
コロラド	$0.81	41	54%
ニューヨーク	$0.79	42	63%
カリフォルニア	$0.78	43	61%
デラウェア	$0.77	44	62%
イリノイ	$0.75	45	62%
ミネソタ	$0.72	46	54%
ニューハンプシャー	$0.71	47	54%
コネティカット	$0.69	48	61%
ネヴァダ	$0.65	49	55%
ニュージャージー	$0.61	50	57%

出典：タックス・ファウンデーション（2005年）とCNN 選挙センター（2008年）のデータ

一見したところ、アメリカはどうしようもなく分裂している。しかし、よく見ると、アメリカ人を結束させる要素のほうが分裂させる要素よりもいぜんとして大きいことがわかる。わが国の政治が対立を生んでいるように感じられるのは、中西部で政治闘争が激化しているからではなく、次の三つのあいだに大きなギャップがあるからだ。（1）アメリカ人の信念。（2）マスメディアがアメリカ人の信念として国民に伝えていること。（3）アメリカ人の信念とは無関係に政治家たちが実際に決定していること。居住地、階級、人種、民族による相違があっても、アメリカ人は概して穏健派であり、広い心をもっている場合がほとんどだが、メディアは過激な行動を強調しようとする傾向がある。そして、政治家たちは富裕層や特殊権益集団の意に沿った主張をする。その結果、私たちは自国にたいして非常に偏った見方をするようになっている。公共政策が、企業主導のメディアによってでっちあげられたアメリカ人の価値観に沿うのではなく、真の価値観に沿うようになれば、この国はいまよりずっと良くなるだろう。

しかし、そうなるためには、国民はより高いレベルの政治的責任を新たにはたさなければならないだろう。特殊権益集団が政治を支配しているのはカネがあるからだけでなく、一般市民の多くが公的審議に関わってこなかったからでもある。たしかに、政治家と大企業は国民に何も知らせまいと躍起になるものだが、そうなってしまうのは、国民の多くが不勉強で何も知らずにいるからなのだ。

第六章　新しいグローバリゼーション

グローバリゼーションは、過去四〇年のあいだ決着がついていない経済学上の問題である。レーガンは、アメリカの病の原因が大きな政府にあると誤診しただけではなかった。彼は、確実に勢力を増していた一九七〇年代と八〇年代の嵐を軽く見るという過ちまで犯したのだ。一九七〇年ごろから、アメリカをはじめとする世界中の国々は三つの世界的な変化にさらされはじめた。第一の変化は、デジタルエレクトロニクス世代によってコンピューター、インターネット、携帯電話通信などの技術革命がもたらされたことであり、第二の変化は世界経済においてアジアが時代を画する発展をとげたことであり、第三の変化は、世界的な環境危機が新たに発生したことである。この三つの変化は、アメリカを含む全世界で所得、雇用、投資の大変動が進行する原因となっている。この変化の規模と影響はあまりにも大きい。そこで連邦政府による能動的な方針として絶対に欠かせないのは、グローバリゼーションの負担と恩恵がアメリカ国民に広く共有されるようにすること、そしてアメリカの国際競争力が維持されるようにすることである。

すべての世代が、効率性と公平性と持続性を並立させようとして新たな課題に直面している。二〇〇年前に西欧とアメリカが直面したおもな課題は、第一次産業革命を牽引し、血の通ったものにすることだった。一五〇年前のおもな課題は、大規模な工業都市で人口が急増しはじめたことから、安全で住みやすい都市環境をつくりあげることであり、七五年前のおもな課題は、大恐慌を乗り越えることだった。いまの私たちが抱えているおもな課題は、新しいグローバリゼーションをうまく利用することである。私たちは、煩雑をきわめると同時に相互のつながりが密になった世界で、効率性と公平性と持続性のもとに生きる道を新たに模索しなければならない。

新しいグローバリゼーション

グローバリゼーションとはつまり、貿易と投資と生産のネットワークによって世界のすべての地域が結びついている状態を指す（このネットワークでつくられる携帯電話や自動車などの最終製品は、多くの国――たいてい一〇カ国以上――での製造工程をへて生み出された結果である）。グローバリゼーションは数千年にわたって進行してきたともいえる。二〇〇〇年前、漢時代の中国はローマ帝国に絹を輸出するのとひきかえに金製品とシリア産のガラス製品を得ていた。一五世紀末、クリストファー・コロンブスとヴァスコ・ダ・ガマは、ヨーロッパとアジアおよび南北アメリカ大陸を結ぶ航路を発見することによって、世界のすべての地域を経済面で初めて連携させた。アダム・スミスは、この航路の発見を「人類史に刻まれた最も偉大かつ重要な出来事」と見なしている。(1) 国際貿易はこれほど長い歴史をもっているとはいえ、現代のグローバリゼーションには、新しいグローバリゼーションと形容できるほど質的に異なる点がある。

異なる点とは、画期的な技術と地政学的な変化とが重なって、経済上の相互関係が以前よりもずっと密になったことである。新しいグローバリゼーションの最も重要な技術は、情報と通信と輸送に関

図6.1　アメリカ企業の総収益に占める海外収益の割合（1948－2008年）

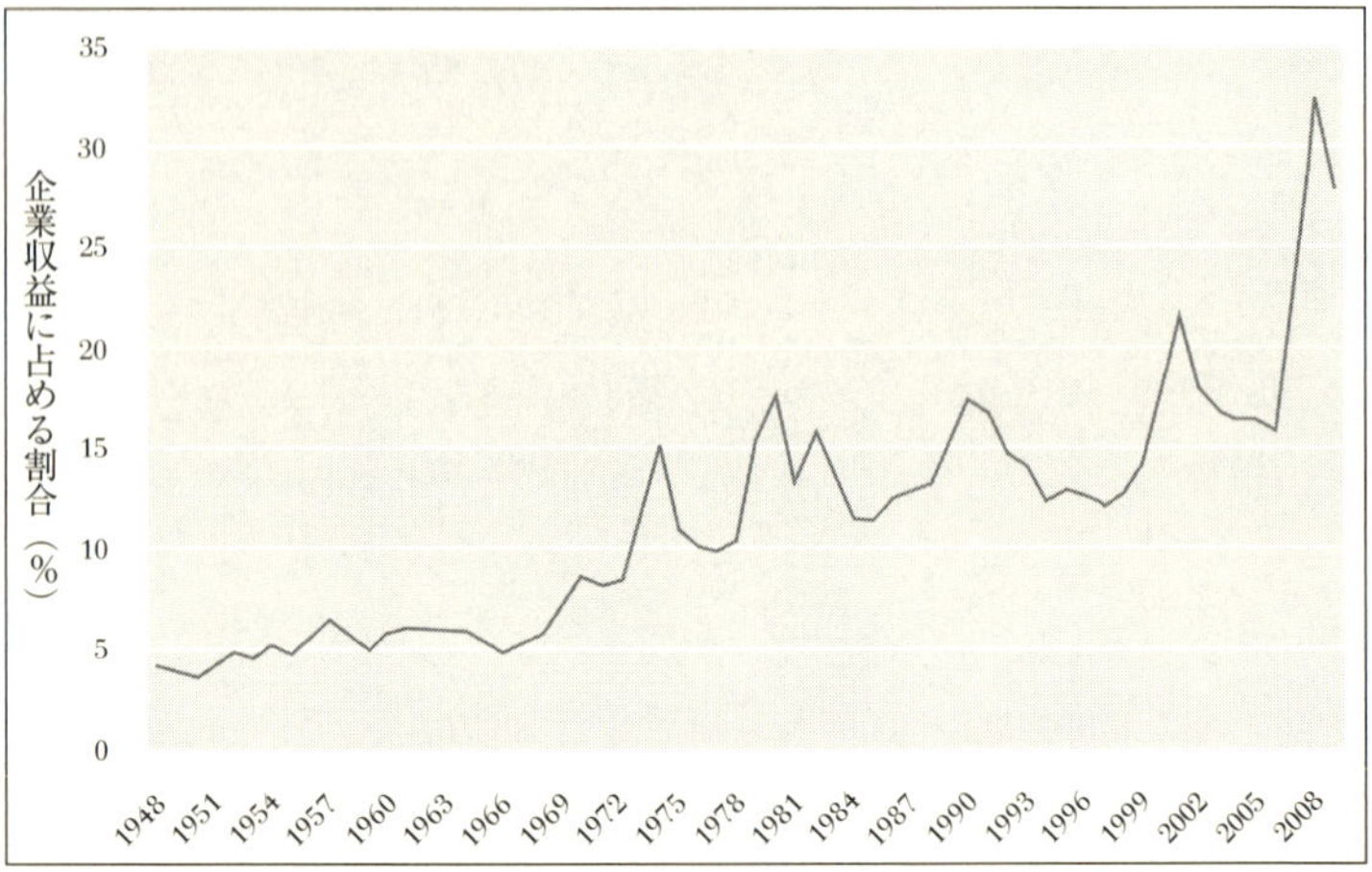

出典：アメリカ経済分析局のデータ

するものだ。新しいグローバリゼーションは、デジタル時代のグローバリゼーションである。情報を蓄積し処理するコンピューター、情報を世界に向けて迅速かつ円滑に発信するインターネットと携帯電話通信、低コストの国際貿易を可能にする海上コンテナ輸送と世界的な航空輸送のおかげで、世界経済は以前よりも密接に関連しあうようになり、過去に例を見ないほど高度で複雑な分業化が世界規模で進んでいる。一九世紀には、いや一九五〇年にいたるまで、工業生産は、少量の原材料を世界各地からヨーロッパ、アメリカ、日本の生産拠点に輸送することで成り立っていた。現在の工業生産は、原材料から最終梱包にいたる価値連鎖の全段階において、複雑なネットワークをもつ複数の拠点で行なわれている。このようなネットワークでは、世界中に拡散する何十もの生産施設が結びついている場合が多い。

　新しいグローバリゼーションの主役は、二カ国以上（ときには一〇〇カ国以上）で事業を展開する多国籍企業である。アメリカの大規模な多国籍企業には（二〇〇八年に外国資産が多かった順に）、ゼネラル・エレクトリック（GE）、エクソンモービル、シェヴロン、フォード・モーター、コノコフィリップス、プロクター・アンド・ギャンブル、ウォルマート、IBM、ファイザーなどがある。[2] これらの企業はたいてい、全従業員の半数以上をアメリカ以外の国で雇っている。たとえば、GEは二〇一〇年にアメリカ国内で一三万三〇〇〇人、海外の六〇カ国以上で一五万四〇〇〇人を雇用しており、一五五〇億ドルの収益の半分以上（八三〇億ドル）をアメリカ以外であげている。[3] アメリカ経済にはたすグローバリゼーションの役割が拡大していることを示すもう一つの重要な指標は、アメリカ以外の国からあがる企業収益の割合（図6・1）である。データからは判断しにくい部分もあるが、企業収益がしだいに国際化していることはまちがいない。国民所得勘定を見ると、海外での企業収益の割合が一九六〇年代の五パーセントから、二五パーセント以上にまで増えていることがわかる。[4]

情報技術、通信技術、輸送技術の一大進歩に加えて、地政学上の変化もグローバリゼーションの発生に重要な役割をはたしてきた。最初の大きな出来事は、第二次世界大戦後にヨーロッパのかつての植民地が独立したことである。独立の動きは、その後の経済発展を支える政治的基盤をつくりあげた。そして一九六〇年代以降、香港、台湾、韓国を中心とするアジアの発展途上の経済国は、アメリカ、ヨーロッパ、日本からの投資を歓迎し、特別に指定された輸出製品加工区に輸出用の製造施設を誘致することによって、世界市場を基盤とする貿易システムに参入するようになった。その後、一九七八年に最も大きな変化が起こった。当時一〇億人（現在は一三億人）の人口をかかえていた中国が、国際貿易、国際金融、外国からの投資にたいして自国の経済を開放したのである。一九九一年にはインドがこれにつづいた。現在では世界のほぼ全域が、貿易、金融、製品生産を通じて結びついている。

グローバリゼーションのおもな経済的影響は、かつてアメリカとヨーロッパと日本だけで展開されていた高度な経済活動が驚異的な規模で急激に範囲を広げ、中国、インド、ブラジルなどでもっと効率的に展開されるようになったことである。かつてアメリカとヨーロッパで生み出されていたモノとサービスは、いまや世界中の発展途上国で生み出され、中間生産物や最終生産物として高所得の経済国に輸出されている。さまざまなモノとサービスの生産地が新興経済国へと移るにつれて、アメリカの雇用と所得は多大な影響をこうむっている。

一九八五年、中国とアメリカの貿易取引額は双方ともに三九億ドルで釣りあっており、アメリカのGDPの〇・〇九パーセントを占める程度だった。二〇〇九年には、中国の対アメリカ輸出額は二九六四億ドルに急増してアメリカのGDPの二・一パーセントを占め、アメリカの製造業の付加価値（生産額から投入額を差し引いたもの）のおよそ一九パーセントを占めるようになった。アメリカの輸出額も大幅に増えて六九五億ドルとなった。中国の対アメリカ商品輸出は圧倒的に製造品で占められ（約九八パーセント）、さまざまな分野におよんでいる。[5] しかし、商品輸出の半分以上は、コンピューター、電気通信機器、テレビなどの電子機器、繊維製品、衣料品、履き物、玩具といった少数の重要な分野に集中している。一九九八年から二〇〇九年までのあいだに、アメリカはそれらの分野で約二〇〇万人の雇用を失った。[6]

新しいグローバリゼーションは、世界の経済と政治を根本から変えつつある。二〇一〇年、中国は日本を追い越して（両国の国民所得を市場為替レートで共通通貨に換算した場合）世界第二位の経済大国となった（両国の国民所得を市場為替レートではなく購買力で比較すれば、中国は早くも二〇〇一年に日本を追い越している）。おそらく、中国は今後二〇年のうちにアメリカを追い越すだろうが、購買力で比較しなおせば二〇二〇年までにはそうなっているかもしれない。この事態が、貿易と投資のパターンだけでなく地政学のパターンをも変えようとしていることはいうまでもない。多くの国から貿易と金融の重要なパートナーと見なされるにしたがって、中国は世界外交における存在感をますます強めている。北大西洋地域が二〇〇年あまりにわたって世界政治を支配した時代は、大西洋から太平洋およびインド洋に権限が移るにつれて終わりに近づいているといえるだろう。中国はまた、石油、石炭、銅、大豆などの天然資源の輸入国としても存在感を増しており、近ごろではアメリカを追い越して、気候変動を起こす温室効果ガスの世界最大の排出国となっている。

軽視されがちな新しいグローバリゼーション

このように、現在、類を見ないほどの壮大な経済ドラマが展開しているにもかかわらず、アメリカの政治家や研究者までもがグローバリゼーションの影響を軽視しつづけ、大きな力が地球規模で事態を動かしているときに、それを内向きに解釈しようとしている。アメリカは、注目される存在であることや「ナンバーワンの国」であることに慣れきっているために、まわりで起こっている世界的変化の重大性がよくわかっていないのだ。

グローバリゼーションの影響を軽視するこの態度は、第二次世界大戦後のアメリカの優位性に初めて陰りが見えはじめた一九七〇年代にさかのぼる。一九七〇年代は、アメリカが国際舞台で何度も当然の報いを受けた時代だった。まずは一九七一年、政府が外国保有のドルを一オンスあたり三五ドルの固定価格で金に兌換する公約を放棄したため、アメリカ中心の国際通貨制度が崩壊した。その二年後、中東産油国の力が新たに組織化されたことと、従来の石油供給量では世界経済の成長を支えるのが困難になってきたことが原因で、石油価格が急騰しはじめた。そして一九七五年、アメリカはヴェトナム戦争に敗れ、わが国の従来型の軍事力が限界にきたことを客観的に理解した。さらに一九七〇年代後半には、日本が自動車と電子機器の分野でアメリカの消費者市場に進出しはじめ、アジア産業界への技術移転とアジア中心の新機軸によってアメリカの誇る技術的リーダーシップが急速に奪われかねないことを強く印象づけた。

国際舞台でのこのような現実は、一九七〇年代末にはアメリカの政治の焦点となっているべきだったのに、そうはならなかった。アメリカの政治論争はほとんど国内問題に関することに終始していた。レーガンの「診断」は、金融政策、資源不足、対外競争など、わが国が一九七〇年代に国際舞台で新たに直面したさまざまな経済危機に注目しようとするものではなく、もっぱら連邦政府の規模縮小をめざすものであり、連邦政府は熾烈化する外国との競争という難題に取り組む立場にないといわんばかりだった。

アラン・グリーンスパンはなぜグローバリゼーションを見誤ったのか

アラン・グリーンスパンは一九八七年から二〇〇六年まで連邦準備制度理事会の議長をつとめたが、それはまさに新しいグローバリゼーションが起こっている最中のことだった。しかし、レーガンと同様、彼もこの重大な現象をたびたび見誤ったり軽視したりした。グリーンスパンはアメリカを国内経済の視点から見ていたために、自身の政策がはらんでいる重大な危険性に気づかず、結果的には二〇〇八年の大暴落を含む何度かの金融危機を招いた。

グリーンスパンは一つの重要なポイントにこだわっていた。つまり、消費者支出と住宅購入を促進するために金利を下げたにもかかわらず、インフレ率が低く抑えられているということだ。彼はこれをアメリカの驚異的な生産力のおかげと見なし、ＩＴ企業に代表される「ニュー・エコノミー」に技術革新の波が押し寄せていることから、アメリカの経済には新たな成長の可能性があると考えた。彼の補佐役たちは、そのような生産力の伸びはデータから読み取れないとして何度も異議を唱えたが、グリーンスパンは自説を曲げず、低インフレは目に見えない生産力のなせる業としか考えられないと主張した。

彼は真のポイントをとらえそこない、完全にまちがった結論を導いていた。インフレが抑制されていたのは生産力のなせる業ではなく、中国から輸入される消費財が急増していたからだったのだ。アメリカで消費財の需要が高まるにつれて、中国は供給を増やし、アメリカの飽くなき欲求につけこんで短期間のうちに工場を建設した。グリーンスパンが金融政策に踏みこめば踏みこむほど、消費の暴走と住宅バブルは煽られた。したがって、彼の政策がアメリカの過剰支出のおもな原因であり、二〇〇八年の金融恐慌につながったということになる。

アメリカが生産力ブームに沸いているという認識をグリーンスパンが改めていれば、わが国のGDP、賃金、雇用率は急増していただろう。国民生産高は消費支出を上回っていただろうし、貯蓄率も上昇していただろう。当然、現実には逆のことが起こりはじめ、アメリカのGDP成長率は低迷し、賃金は伸び悩み、雇用は減少した。製造業の雇用は、一九九〇年から一九九八年までは一七二〇万人で比較的安定していたが、一九九八年から二〇〇四年にかけては労働市場の底が抜け、製造業の三二〇万人の雇用が失われた。[7] このような不都合な結果はすべて、低インフレの主たる原因が生産力の拡大ではなく外国からの輸入品にあったことを示唆している。連邦準備制度の安易な金融政策は製造業の雇用創出に成功したが、それはアメリカではなく中国での話だったのだ。

連邦準備制度の政策によって、二〇〇二年から二〇〇六年のあいだにアメリカの建設業で一〇〇万人の雇用が創出されたことはたしかだが、それは一過性のものでしかなかった。[8] 連邦準備制度が金融緩和を進めたことでアメリカの金利は底を打ち、結果的に抵当権付き住宅ローンの需要が急増した。

ウォール街は抵当権を証券化し、年金基金や外資系銀行や保険会社といった他の金融プールに売り払うようになった。いまや周知のとおり、抵当権の売却に関わる誰もが多額の手数料を得られるようになったことは、住宅ローン部門における貸付基準——倫理基準——の崩壊につながった。

ここには学ぶべき二つの教訓がある。第一の教訓は、アメリカの雇用問題が金融政策では解決できないということだ。グリーンスパンは金融緩和による解決を何度も試み、いまではベン・バーナンキ議長が同じことをしている。これは望みのない自滅的な方策だ。連邦準備制度が先頭に立って住宅バブルを煽れば建設業の臨時雇用は創出されるが、バブルがはじけて私たちが直面しているのは、アメリカが対外競争の重圧に負け、国際競争力を失ったために製造業の雇用がさらに落ちこんでしまったという現実である。第二の教訓は、グローバリゼーションを無視したり軽視したりしたツケは何度もまわってくるということだ。アメリカがいまや世界経済にしっかり組みこまれ、世界的な生産ネットワークを形成する六〇億あまりの人びととつながっている現実を直視しないかぎり、私たちは、意味のある持続的な方法で繁栄をとりもどすことができないままになるだろう。

新しいグローバリゼーションの長期的影響

新しいグローバリゼーションは近年のアメリカで景気の波を引き起こす一因となったが、その影響はますます深刻化している。中国やインドなどの新興経済国が世界経済に統合されることによって、所得分布、雇用、投資、貿易に根本的な変化が生じはじめているのだ。わが国の国内政策にも多大な影響がおよんでいる。ここでは、世界を変える力をもつ新しいグローバリゼーションの三つの重要な効果に注目したい。その三つは、収束効果、労働力効果、移動効果と呼ぶことができる。

収束効果とはつまり、新しいグローバリゼーションのおかげで今日の新興経済国が一足飛びにさまざまな技術を習得し、それによって、アメリカに代表される豊かな国々との所得格差を急速に縮めていることを意味する。生産システムが国際化されれば、発展途上国はヨーロッパや日本やアメリカの先端技術をすばやく吸収する。中国は多大な努力をして、外国から導入した先端技術をもとに自国の生産システムの改良を進めるだけでなく、導入された技術を実践形式でマスターしようとしている。中国政府が重要な戦略として主張してきたように、中国市場への参入をねらう外国資本も、合弁事業で中国とパートナーシップを結ぶときには同じことをしている。ビジネス・パートナーである中国は導入した技術をたちまちマスターし、独自に事業の手を広げているのだ。計画的かつ意図的なこの技術移転（技術吸収といったほうがいいかもしれない）のプロセスによって、中国はめざましい経済成長と技術的進歩をとげているといえる。一九八〇年以降、中国経済は平均して年一〇パーセントの割合で成長し、ＧＤＰは一九八〇年から二〇〇九年までのあいだに二〇倍に増えている。

　労働力効果とはつまり、中国が一九七八年に対外貿易を自由化したために、スキルの低い数億人の労働者を世界規模の労働力プールに送りこんだも同然となったことを意味する。これによって、世界的に見た低スキル労働者の総供給は急増し、世界中の低スキル労働者の賃金が低下した。もちろん、それはいっせいに起こったわけではない。中国が対外貿易を自由化した当初、中国の潜在的な製造業従事者のほとんどは農村部の小作人だった。彼らは教育やスキルがなく、相補技術や企業資本を持ちあわせず、港湾都市から遠く離れていたために、ノースカロライナ州の衣料産業労働者をおびやかす存在にはならなかった。しかし、中国政府が教育の推進に本腰を入れ、意欲的で勤勉な中国人自身もがんばった結果、彼らはやがて高いスキルを身につけた。

「経済特区」に指定された中国の沿海都市に外国人投資家が進出したために、このような新しい産業労働者を雇うための技術と資本のほとんどは外国から導入された。新しい雇用の場が身近になったのは、およそ一億五〇〇〇万人の中国人労働者が農村部を離れて都市部に移り、新しい製造企業でよりよい仕事を得られるようになったためである。[9] このように、教育、スキル、技術、資本、地理的近接といった要素が深圳《シンセン》のような場所で融合した。香港のすぐ北に位置する沿海都市の深圳は、人口二万人の小さな漁村だった一九七五年当時から発展して、二〇一〇年には人口九〇〇万人を数えるまでになった。[10]

移動効果とは、グローバリゼーションにつきものの非対称性を指す。つまり、世界規模で移動できる資本と移動できない労働者とのちがいである。資本が世界規模で移動するようになると、複数の国がそれを求めて競争を開始する。資本を求める国々は、法人税率を下げ、規制を緩和し、環境汚染を容認し、労働基準を無視するなどして、他国よりも収益性が高いことをアピールしようとする。それにつづく政府間の競争において、資本は一種の「徹底抗戦」による恩恵を受けることになるが、各国政府は他国より一歩でも先んじようとして課税と規制の下方スパイラルにおちいる。こうして経済の運営に必要な税収と規制を失うはめになり、ついにはすべての国が敗者となる。結局のところ、最大の敗者は世界規模で移動できない労働者である。彼らは、資本税のロスを埋めあわせる目的で増税を押しつけられる恐れがあるからだ。

所得格差と新しいグローバリゼーション

原則として、新しいグローバリゼーションはいずれ世界全体の利益となりうる。中国やインドなどの新興市場で生産力が拡大し、世界中の輸送コストと通信コストが下がることで、世界各国の所得は増加する。[11] 新興経済国がまちがいなく大勝利をおさめられるのは、彼らが技術の流入によって生産力を大きく伸ばし、世界規模で移動する資本を引き寄せ、労働者が新たな輸出産業に雇用されるにしたがって実質賃金を上げることができるからだ。このような成功はすでに実証されている。グローバリゼーションのおかげで、中国やインドなどの新興経済国は史上まれにみる高度経済成長をとげてきたのである。

アメリカ、ヨーロッパ、日本などの高所得国もまた勝者になることができる。新興経済国は、私たちが求める低コストのモノとサービスを多岐にわたって生み出すが、私たちのほうも多岐にわたるモノとサービスを新興経済国に輸出することができる。強力なスケールメリットを有する（生産規模の増大にともなって製品単位あたりのコストが下がる）分野は、世界市場への進出によって利益を得るだろう。その分野に含まれるのは、最先端の技術革新に従事し、情報にもとづくモノとサービスによって収益をあげるハイテク企業（製薬会社や情報技術関連企業など）であり、グーグル、マイクロソフト、アップル、アマゾン・ドット・コムなどがこの例にあてはまる。つまり、相互のやりとりによって専門化と技術革新が進み、高所得国の消費者はさらに多様なモノを手にできるということだ。

ただし、高所得経済では利益の分配が不均等になるおそれがある。スキルの高い（ゆえに高収入の）労働者はただちに利益をこうむるが、スキルの低い（ゆえに低収入の）労働者は外国との熾烈な競争によるプレッシャーを感じやすくなる。したがって、社会の幅広い層がグローバリゼーションの恩恵をこうむるとはいえ、勝者は敗者の力不足を補う必要がある。グローバリゼーションのおかげですっかり豊かになった高所得層は、敗者のためにより多く納税して、増大する所得移転や公共投資（職業再訓練など）をまかなうべきである。

新興経済国の所得の急増が世界的な環境破壊につながれば、世界全体がグローバリゼーションの負け組になる可能性もある。たとえば、中国が発展をとげた結果、石炭使用による二酸化炭素の排出量が大幅に増え、世界的な気候変動が途方もなく加速した場合などだ。そういうわけで、グローバリゼーションの恩恵を受けるためには、積極的な国内協調はもちろん国際協調も必要である。

注目してほしいのは、世界規模で移動する資本（中国に投資するアメリカのヘッジファンドや、外国に移転できるアメリカの衣料品企業など）が、中国の発展から三つのプラスの影響を受けているということだ。第一の影響は、技術の流入（収束効果）によって中国の生産力が唐突に高まったことを受けて、高い利益率をうたう大きな投資チャンスが生まれたことである。第二の影響は、労働供給が世界規模で急増したために（労働力効果）、世界中の賃金水準が低下して企業収益が増えたことであり、第三の影響は、各国の政府が世界規模で移動する資本を競りあって法人税を引き下げたり規制を緩和したりしたために、企業への課税が急激に減少したことである。

これら三つの影響はすべて、アメリカの法人投資家にとってはプラスになるが、労働者にとってはマイナスになる。アメリカの企業投資が新興経済国にシフトしたことで、アメリカ国内の賃金と雇用の伸びは鈍ってしまった。同様に、中国とインドからの労働者の参入によって世界的な労働力プールが大きく広がった結果、アメリカの賃金は押し下げられてしまった。さらに、企業への課税と規制をわれ先に緩和しようとする動きに乗って、アメリカ政府は法人税を引き下げると同時に、労働者の利益となる政府計画（職業再訓練など）を縮小することになった。

勝者のなかには、物的資本の所有者（事業を海外に移転できる者）と金融資本の所有者（資金を海外に投資できる者）が含まれるだけでなく、技術集約的なサービスを新興経済国に輸出できる人的資本の所有者も含まれる。たとえば、ウォール街の銀行家、企業弁護士、ハイテク技術者、デザイナー、建築家、企業の経営幹部のほか、高学歴の者やハイテク分野で働く者などだ。最後に、スポーツ選手、

図6.2　高所得国の平均実効税率（1979－2005年）

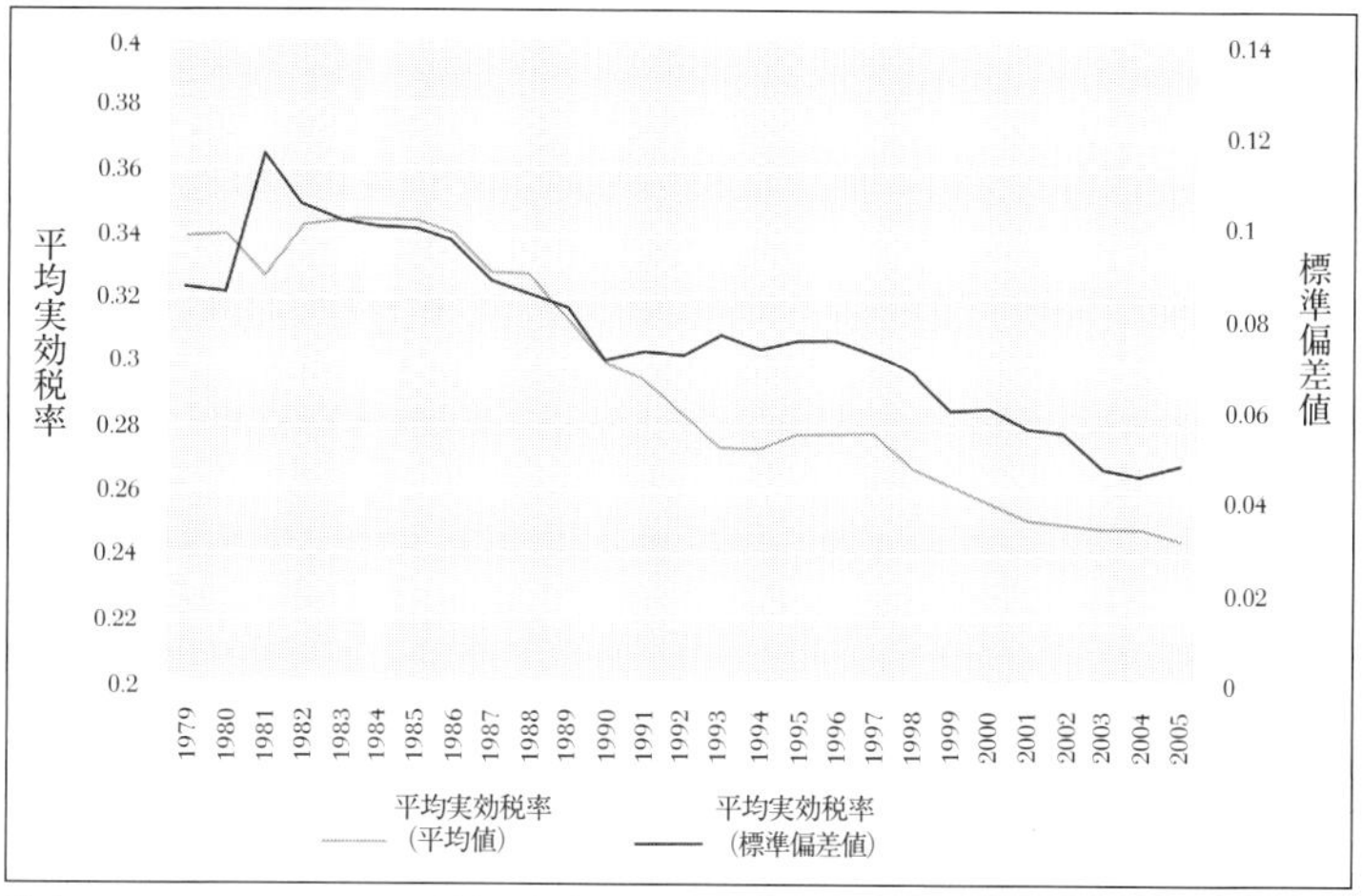

出典：Alexander Klemm、「法人税率データ」財政問題研究会（IFS）（2005年8月）

芸能人、あるいはブランド品もみな、世界市場の拡大に後押しされている。アメリカとヨーロッパの多くのブランドはいまや、新興経済国への進出によって急成長をとげている。それらの国では、にわかに高収入を得るようになった数億もの消費者が欧米のビジネス相手を見習おうと躍起になっているのだ。

アメリカの労働者のなかでも圧倒的な敗者といえるのは低学歴の者である。これは、中国とインドからの世界労働市場への新規参入者の多くも高卒かそれ以下であるからだ。このような新興経済国の労働者は、衣料品の裁断・縫製、製靴、家具製造、電子機器組立などの労働集約型の輸出部門や、プラスチック射出などの規格化された生産プロセスに参入している。世界的に取引されるこのような労働集約型製品の価格が引き下げられると、アメリカでもスキルの低い労働者の賃金が引き下げられる。これらの部門に属するアメリカの企業も中国に事業を移しているが、それによって自国の労働者を失業に

図6.3　アメリカの法人税（1950－2010年）

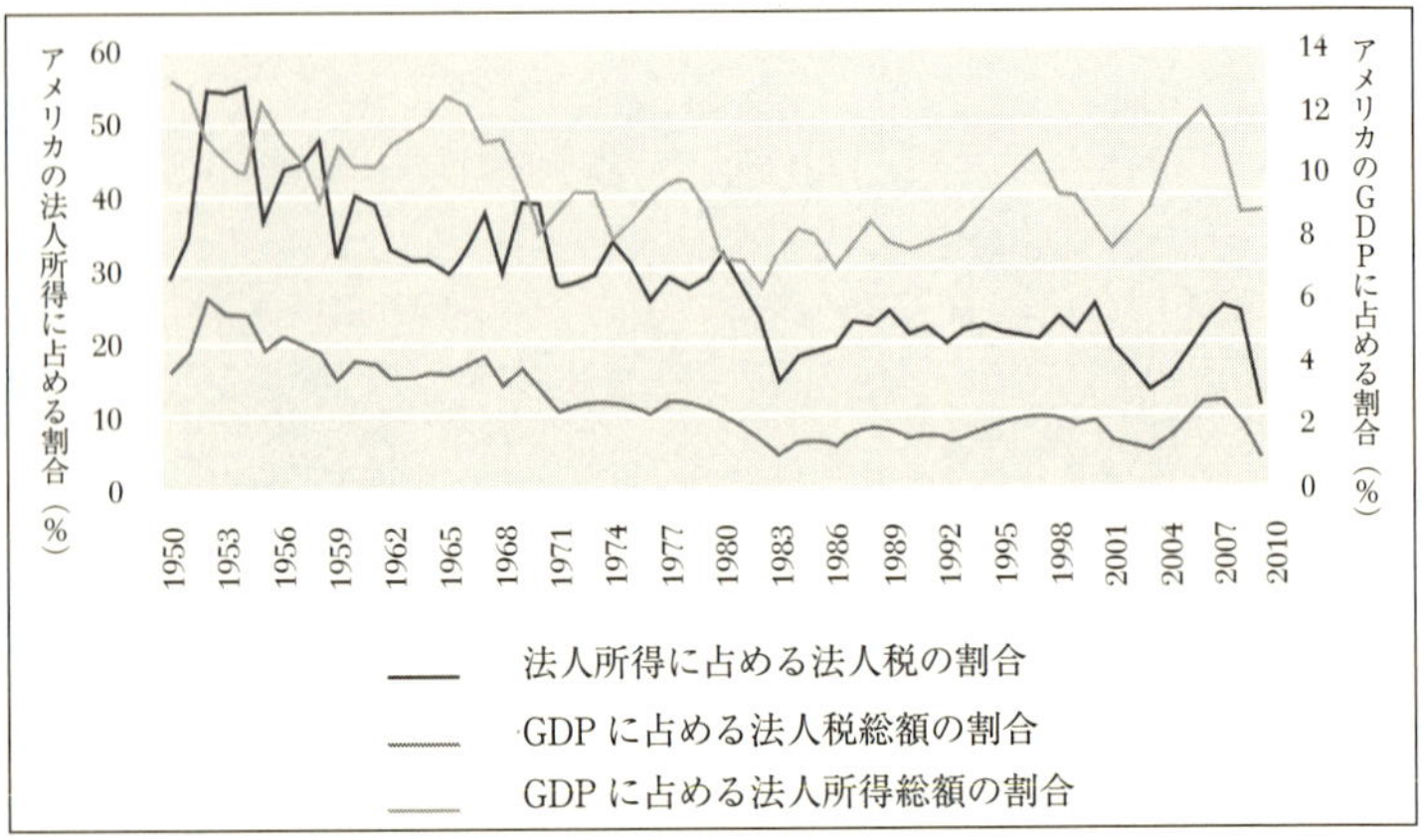

出典：アメリカ経済分析局のデータ

追いこんだり、雇用を守るために賃金を大幅にカットせざるをえなくなったりしている。

新しいグローバリゼーションの重要な実態の一つは、アメリカと新興経済国の労働者間の競争が際限もなく拡大していることである。半世紀前、アメリカの労働者は外国との競争をさほど恐れなくてもよかったし、低賃金国との競争などまったく考えていなかった。輸送や物流のコストが高すぎるために、アメリカの企業がアジアの低賃金国に生産拠点を置くことはできなかった。しかも、そのような国のほとんどはアメリカからの投資を禁じていた。しかし、輸送、通信、物流のコストが下がりはじめ、貿易や投資が自由化されると、一部のローテク産業は海外に工場を移すことができるようになった。コストがさらに下がると、コンピューターその他の先進的な機械類を製造するハイテク産業でも、工程の一部である最終的な組立作業などを海外に移すことができるようになった。おもにインターネットのおかげでコストがさらに下がると、ネット環境があれば可能な会計作業や人事管理などの事務処理業務をアメリカからインドに移すことができるようになった（インドは英語を話す労働者がいるために中国よりも好都合である）。いまや、企業が人的資本を移すまでもなくインターネットに接続しているだけで、アメリカの労働者は新興経済国の労働者とじかに競合しているのだ。

　したがって、新しいグローバリゼーションがもたらした結果として重要なのは、アメリカの所得分配に大きな変化が生じたことである。資本所有者は、税込収益率のアップや税率の引き下げという恩恵に浴して大勝利をおさめているが、低学歴の労働者は、新興経済国との競争に直接さらされているために敗者となる場合が多い。そして、連邦政府はこのような傾向に拍車をかけている。まずは市場原理によって富裕層の所得が増え、次にライバルとの「底辺への競争」（国家が外国の企業を誘致したり国内産業の国際競争力を高めたりするために、減税、労働基準や環境基準の緩和などで他国と競いあい、それによって労働環境、社会福祉、自然環境などが最低レベルへと落ち込んでいくこと）に巻きこまれた政府によって個人と法人の所得税が引き下げられた。その結果、富裕層はますます豊かになり、貧困層のための公共支出は大幅に削られたのである。

　高所得経済圏の政府は法人所得の平均実効税率を引き下げており、各国間の平均実効税率の差も小さくなっている。図6・2を見ると、アメリカを含む一九の高所得国で平均実効税率が低下し、各国間の平均実効税率の差も縮まってきたことがわかる。この図のもととなった詳細な統計調査では、「資本移動（外国直接投資）の拡大が法人税率に悪影響をおよぼす」ことが立証されている。[12]

　アメリカの実効法人税率も、ほかの高所得国と同様に下降線をたどっている。アメリカの平均実効税率は、一九六〇年代の三〇～四〇パーセントから減少して一九七〇年代なかば以降に三〇パーセントを割りこみ、最近では二〇パーセントを下回っている（図6・3）。こうして税率が下がるのは、一つには、アメリカの企業が陰に陽に国税庁の協力を得ながら租税回避地《タックスヘイブン》に収益をうまく隠匿しているからだ。結果的に、ＧＤＰに占める連邦法人税の歳入の割合は、一九六〇年代に平均三・八

図6.4　（インフレ調整後の）一次産品価格（1992－2010年）

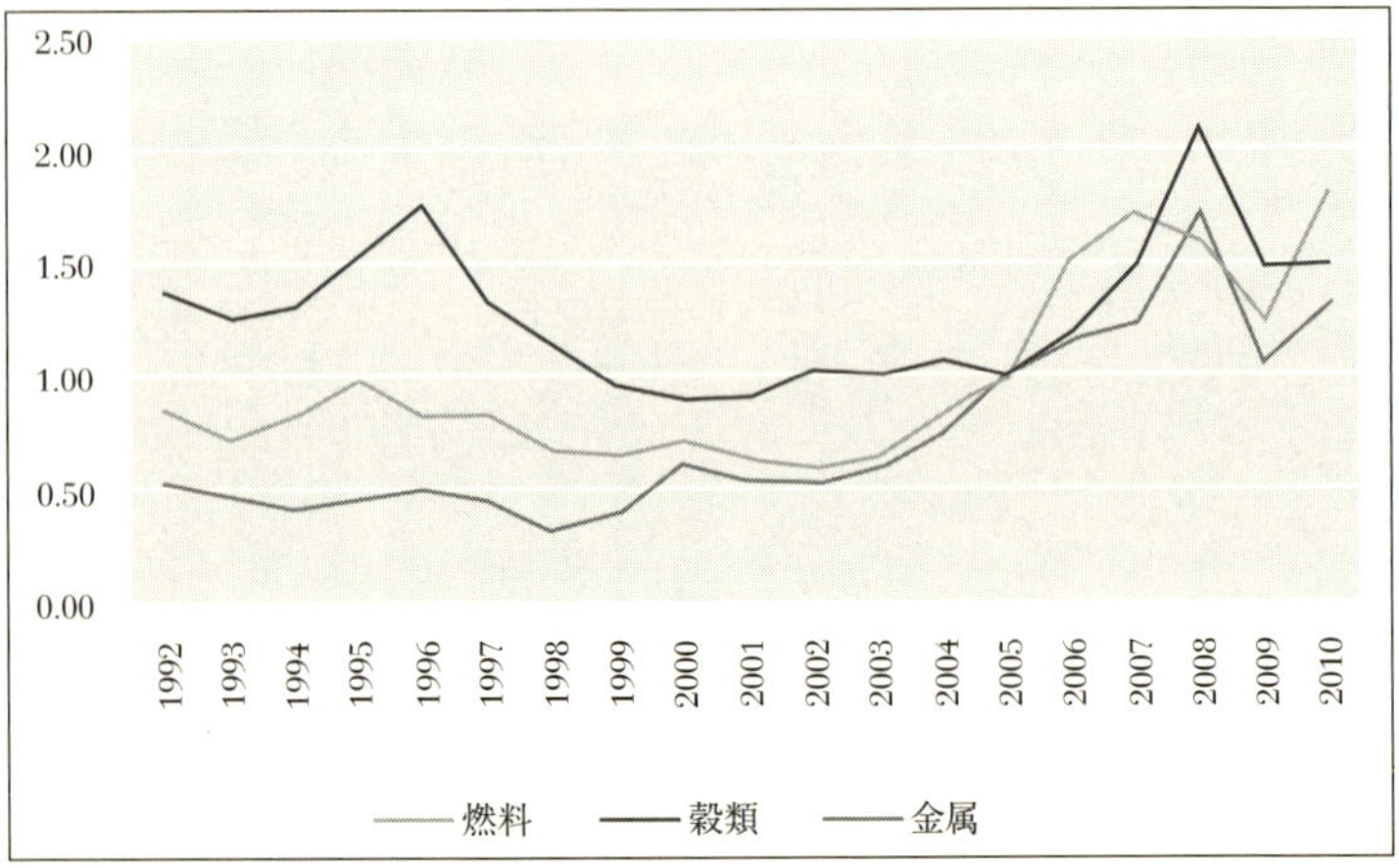

出典：国際通貨基金世界経済見通し（2011年）のデータ

パーセントだったものが二〇〇〇年代にはわずか一・八パーセントにまで減ってしまった。[13]

底辺への競争の結果は、法人税率の低下だけでなく、労働基準の弱体化、金融部門への規制緩和、環境基準の強化不足といった多くの側面にも現われている。重大な実例をあげれば、ニューヨークとロンドンは金融自由化をめぐる底辺への競争を過去二〇年にわたって大々的にくりひろげ、ウォール街とシティの金融業者を喜ばせた。その結果、金融バブルが大きくふくらんで、二〇〇八年にとうとうはじけたのである。ダブリンからドバイにいたるまで数十の都市は法人税率を大幅に下げ、方針転換して脱税をめざすようになった。

底辺への競争の重要な解決策に国際協調がある。いまやすべての国が、法人税率の低下や、金融、環境などの規制基準の緩和による悪影響をこうむっている。タックスヘイブンの排除に共同で取り組んだり、共通の金融規制や環境規制を決めたりするなど、国同士が団結して最低限の国際基準を定めることは、すべての国の利益になるだろう。たしかに、権力を笠に着た企業の圧力団体が政府間の対立をうまく煽っては、そのような国際協力の試みを妨害するというのがいつものパターンではあるのだが。

天然資源の枯渇

新しいグローバリゼーションはもう一つの深刻な問題を引き起こしている。世界的な経済開発という多大なストレスのもとで、生きていくのに欠かせない水や化石燃料といった資源が枯渇しつつあることと、地球の生態系に長期的なダメージがおよんでいることである。長いあいだ、経済学者たちは有限の天然資源と脆弱な生態系の問題を無視していたが、それはもはや許されない。世界経済はさまざまな環境限界を圧迫しているが、経済成長はさらに進行しており、したがって環境破壊と資源の枯渇も進行している。中国やインドをはじめとする新興経済国の生産量が爆発的に増えたことで、食料品、飼料用穀物、石炭、石油などの一次産品の価格はすでに急騰しはじめ、はるかに厳しい食糧難と資源枯渇の時代の到来が予見されている。燃料（石油、ガス、石炭）、鉱物（銅、アルミニウム、鉄鉱石など）、穀類（小麦、トウモロコシ、米など）といった一次産品価格の高騰は図6・4に示すとおりである。この図では、商品価格指数をアメリカのGDPデフレーターで割って、商品グループごとにインフレ調整後の指数を算出している。物価が二〇〇八年のピークから下落したのは、二〇〇九年に経済が急速に悪化したためにすぎない。

食糧難の問題は、市場価格から環境危機を予見できない分野でさらに深刻化するおそれがある。気候変動、森林伐採、生物多様性の損失、土壌浸食、さまざまな大規模汚染がそれにあてはまる。これらすべての事例において前例のない環境破壊が進行し、事態はさらに悪化しているが、私たちが持続可能な技術とビジネス慣行を取り戻せるように導いてくれるマーケットシグナルは存在しない。

環境保全の問題は非常に大きく、どこから手をつけてよいかわからないほどだ。私は前著『地球全体を幸福にする経済学』のなかで、相互に関連した複雑な課題を提示しようと試みた。しかし、いまの状況に即して私が強調したいのは、アメリカが持続可能な繁栄を実現するためには、急速に深刻化する資源の問題を解決する必要があるということだ。

持続可能な繁栄への道には二つの大きな障害がある。まず、より持続可能な技術（太陽光発電による低炭素エネルギーの大量供給など）を展開する科学技術的なノウハウを得るためには、いぜんとして大がかりな研究開発が必要だ。次に、私たちは企業のロビー団体の圧力をはねのけ、持続可能な解決につながるような規制を課し、市場のインセンティブを喚起しなければならない。いままでのところ、公害産業のロビー団体はそのような方策を阻止している。

自由市場主義を奉じるハイエクやフリードマンのような経済学者たちは、市民レベルの活動で自然環境を保護する必要性を認識してきた。そして、アメリカ人はそれに一貫して賛同し、環境保護をめぐる広範な課題に強い関心を寄せてきた[14]。しかし、石油・石炭大手の立場が強いせいで、アメリカではこの基本的な事実が政治の場で表明されるにはいたっていない。第一〇章では、このような特殊権益団体の支配を脱するための政策をいくつか提案したい。

新しいグローバリゼーションへの対応を誤ったアメリカ

本章の要点をまとめれば、アメリカは新しいグローバリゼーションのつきつける課題にうまく対処できずにいるということになる。工場と雇用が海外に移されるにつれて製造業部門は縮小し、とりわけ労働者階級が苦労を強いられている。経済政策はまったく無力だったというわけではなく、的はずれだったというのが実状である。富裕層の税金は引き下げられ、製造業部門は外国との競争にさらされて衰退した。建設業の雇用は、連邦準備制度による金融緩和策とサブプライム融資によって一時的に促進されたが、この急場しのぎの方策は、サブプライム・バブルがはじける二〇〇七年までしか通用しなかった。したがって、二〇〇八年の金融危機は、グローバリゼーションへの完全な対応ミスによる危機だった。アメリカは、住宅ブームという一時しのぎの手段によって製造業の長期的な競争力の低下に対処しようとした。ブームが去って株価が暴落すると、アメリカの失業率は急上昇し、アメリカの短期主義の無意味さが誰の目にも明らかになった。驚いたことに、バブルがはじけたあともなお、ワシントンは競争力の低下に長期的かつ本格的に対処する方法を見出せないどころか、失敗に終わったのと同じポリシーミックスをなぞって金融緩和を実施し、減税し、巨額の財政赤字におちいっている。さらに二〇一一年からは、教育、インフラ、科学技術への政府支出をカットしたが、これらはまさに、アメリカが長期的な競争力を取り戻すために投資すべき分野にほかならないのである。

第七章　八百長試合

　さて、難問だ。健全な経済とは混合経済であり、そこでは政府と市場がともにみずからの役割をはたしていなければいけない。ところが、アメリカ政府は過去三〇年間、その役割をはたしてこなかった。グローバリゼーションの荒波を乗り切るための舵取りが必要だったとき、政府はその職務を放棄した。もっと正確にいえば、企業の圧力団体のいいなりになって方向転換したのである。したがって、アメリカ経済の衰退は、控えめにいっても経済と同じくらい政治が原因なのである。この章では、アメリカ政治のコーポレートクラシー（企業統治体）について検討する。すなわち、有力企業などの圧力団体が政策アジェンダを支配するような統治の形態である。

　コーポレートクラシーが生まれた背景には、以下の四つの流れがあったと考えられる。一つめは、アメリカの政治機構において全国政党の発言力が弱く、むしろ地方選出の議員の発言力が強いこと。結果として、特殊権益団体は地方選出の議員たちを通じて大きな政治的発言力をもつことが可能になる。二つめは、アメリカの巨大な軍事組織が第二次世界大戦後すぐに大規模圧力団体の最初の存在ともいうべき軍産複合体を形成したことである。三つめは、大企業がアメリカの選挙活動に多額の資金を投入したこと。そして四つめは、グローバリゼーションと「底辺への競争」により、力の均衡が労働者から企業側へと傾いたことである。この四つの流れが混ざりあったあげく、いまや政治は混乱の極みにおちいり、議会は圧力団体の干渉を受け、ついに乗っ取られてしまった。富と力の悪循環が政治の惨状をさらに悪化させている。

この章のおもな目標は、今日、金にまみれたアメリカの政治機構がどのように働いているかを説明することだ。そして、私たちの怠慢さという習癖を払拭することも、本章のもう一つの目標である。私たちの怠慢さとは、議会で下される決定が、われわれ国民の意思を代弁し、社会の基本的な価値観を反映しているものと、なんの根拠もなしに思い込むことである。大衆は二年に一度、大きな発言の機会を手にする。選挙の投票日だ。二大政党のどちらかを選ぶわけだが、皮肉なことに、その二大政党は選挙の翌日には早くも選挙民を無視し、投票してくれた人びとよりも、権力者や金持ちに有利な政策を実行する。

もちろん、有権者は国の政治を真の民主主義に立ち返らせるという重大な責任を――いまだ実現されていないが――負っている。しかし、大半の有権者はほんのわずかな情報しか与えられず、選挙に先立つ数カ月間に企業のプロパガンダの集中砲火を浴びて、あっさりと心を変えてしまう場合が多い。その結果、私たちは低レベルの政治的な罠にはまって抜け出せずにいる。政治への不信感から国民が政治離れを起こす。国民の政治離れによって、企業の横暴にたいする歯止めがきかなくなる。そして、企業の横暴がさらに国民の不信感を募らせる、という悪循環だ。

アメリカの脆弱な政党システム

政治学者によれば、選挙制度には多数決型と合意形成型の二つの種類があるという。多数決による選挙制度のもとでは、政党は二つか三つの有力な党だけになりがちで、選挙となればたいていの場合、投票によって明らかな勝利政党が決まる。勝利政党(一党ないし連立する二つの党)が政権をになう一方で、負けた政党は政権からはずれる。合意形成型の選挙制度のもとでは、たくさんの政党が生まれやすく、一般に複数の政党がゆるやかな連立政権を形成することが多い[1]。

アメリカの選挙制度が多数決型だとされる大きな理由は、連邦議会の選挙制度にある。連邦議会の議員は多数得票制度(FPTP)によって一人区から選出される。つまり、最も多くの票を得た候補者が議員として当選するのである。二位以下の政党は議席を獲得できない。多数得票型の選挙では、大きな政党が少数(おそらく二つだけ)残るという結果になりやすく、これは政治学ではデュヴェルジェの法則[2]として知られている。多数得票型の選挙では中小の政党は踏みつぶされてしまう。

多数得票型の選挙制度は、アメリカ社会に二つの大きな影響をおよぼす。その一、二大政党体制では、浮動票を構成する層は所得分布および政治イデオロギーの両方において、だいたい中央付近を占める。そこで二大政党はこの浮動票を得ようと努力する。つまり、所得分布では中産階級を、そして政治イデオロギーでは無党派層を標的として彼らの票をとりこもうとするのである。浮動票としてあてにならない貧困層は選挙運動で働きかける対象とは見なされず、選挙期間中の話題にすら上らない。二〇〇八年に実施された三回の大統領候補者討論会では、「貧しい」とか「貧困」という言葉が一度も聞かれなかった(候補者と質問者の双方とも言及しなかった)。貧困層のニーズや意見が話題になるのは貧困率の高い地区だけである。

それにくらべて、ヨーロッパの比例代表選挙では、全国の貧困層の票をより多く集めれば、それだけ多くの議席を獲得できる。貧困層は自分たちの支持政党から議員を出すこともあり、また中道左派の労働党に大きな影響力をふるうこともありうる。たとえ国中に分散していても、貧困層は依然とし

て強力な票田なのである。(3)

　このような基本的な違いは、投票制度ごとの社会支出のあり方をくらべてみるとはっきりする。比例代表型の制度では、社会支出の割合が高く、貧困層への再分配も多くなる傾向がある。その一例として、三つの選挙制度（多数得票制、比例代表制、両者の混合）のそれぞれを採用している一四の高所得国を対象に、二〇〇七年の国内総生産（GDP）における公共部門の社会支出の割合を見てみよう。多数得票制の国（アメリカ、イギリス、カナダ）では、社会支出は平均してGDPの一九・九パーセントである。比例代表制の国は、社会支出の割合が最も高く、平均二八・一パーセントである。混合型の選挙制度を採用する国は両者の中間で、社会支出の平均は二四・六パーセントとなっている。これだけでは、多数得票制の国が社会支出を低く抑えるという証拠にはならないし、多数得票制の国のなかでもアメリカの社会支出がとくに少ないことの理由にはならない。とはいえ、この比較の結果から、多数得票制のもとでは貧困層のニーズが無視されがちだという推論はまちがっていないといえる。

　アメリカの多数得票制がもたらすもう一つの影響は、二つの大政党の内部に強い結束が見られないことである。比例代表制の場合、全国規模の大政党は議会の採決にあたって、かならずといっていいほど協力体制を固める。イギリスやカナダのように、議会の採決で多数得票制をとる国の場合、与党ないし連立与党は、重要な議決にたいして意見の一致をはかる。それというのも、重要な政策が否決されると、新たな国政選挙につながることもあり、また政権崩壊のきっかけになりかねないからだ。

　これとは対照的に、多数得票制のアメリカでは、議会と政府が別々の道を行き、政府の提出した法案が議会で否決されても政府が転覆することはないので、政党内での結束は限られたものとなり、脆弱である。連邦議会の議員は各地区から選出されるので、国家の利益よりも地域の利益を優先させがちだ。二大政党の党首が強力なリーダーシップを発揮すれば、議会においても党の団結がかならうかもしれないが、たとえそうなっても地方の利害が衝突すれば、党の結束など簡単に壊れてしまうだろう。

そんなわけで、連邦議会において安定した多数派を形成し、それを維持していくのはむずかしい。(4)さらに、議会の手続き上、議員の一人ひとりが勝手に、行政部や監督官庁の指名を妨げたり法律の制定を遅らせたりすることができる。上院では、議事進行を妨害する少数派の議員が四一人いれば、たいていの場合、多数派が提案した法案の成立を阻止することができる。議事進行が寸断され、拒否権が乱発され、特殊権益団体の要求ばかりが重んじられ、議会で可決され、めでたく法律として成立することになる。

財政に関する法案を通すためには、大統領はどうしても地域の利害という地雷原を駆け抜けなくてはならない。大統領は政策を立案する省庁にたいしてかなりの力を行使し、調整プロセスにたいしても多少の影響力をふるうが、大統領府はかならずしも計画案や予算案が議会を通過するという確信がもてない。主要な予算案が通るかどうかは毎回冒険であり、大統領は勝つこともあるが負けることも多い。

全国政党があまり力をもたず、議会選挙が小選挙区制で一地区につき一人が選ばれるという方式のため、各地区の主要な産業および裕福な有権者は選出された議員に大きな影響力をもつことになりやすい。炭鉱のある地区では、議員は党や総合的なイデオロギーに関係なく、石炭産業の利益になるような法案を支持する（そして、地球温暖化防止をめざす法律には反対する）だろう。その地域に軍事基地、鉱山、大工場、金融市場などの主要産業があれば、その地区から選出された議員の行動はそれらの意向に影響されがちである。その結果、議会は特殊権益が複雑に絡み合った迷路のようになる。国の法令を通過させるには、各地域の権益団体のあいだで調整をはかり、おたがいの妥協点を見出さ

図7.1　1998年から2010年までの選挙サイクルごとの国政選挙費用総額（2008年恒常ドル）

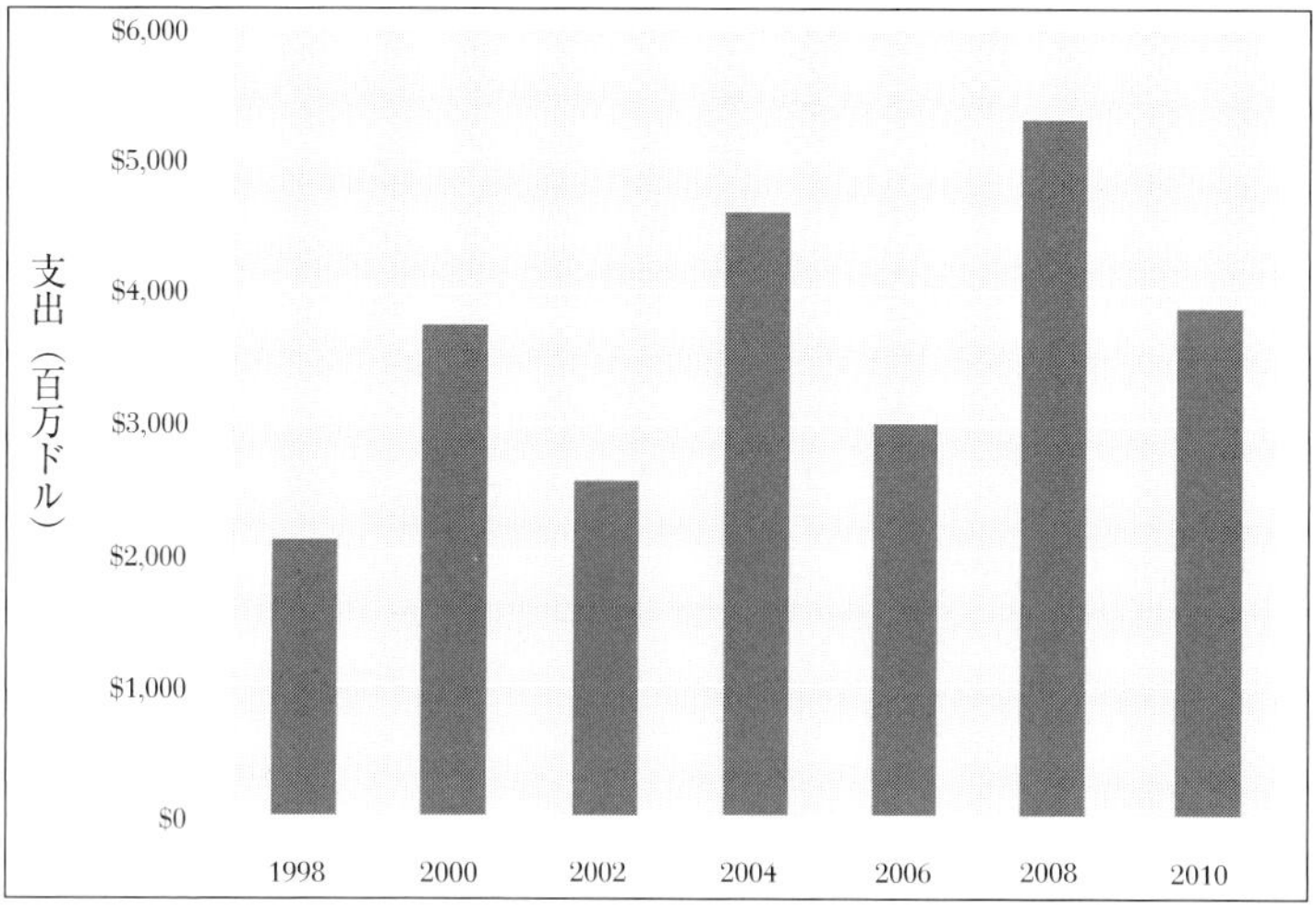

出典：有権者の期待にこたえる政治センターのデータ

なければならない。こうした駆け引きのために、特定の利益を代表する団体はおのずと力をもつことになる。

特殊権益団体の力をさらに強めるのがアメリカ政治のもう一つの特殊性、すなわち休みなしの選挙運動である。一七八九年の制定というきわめて時代遅れの合衆国憲法によって、アメリカでは二年ごとに国政選挙が実施されているが、これは高所得の民主主義国のなかでもとくに短いサイクルである。一九六〇年から二〇〇九年までに、スウェーデンでは国政選挙が一五回あり、イギリスでは一二回だった。これにたいしてアメリカは二五回をかぞえる。[5] 連邦議会の議員選挙が二年に一度のサイクルということは、アメリカではつねに選挙運動がくりひろげられているも同然で、議員は次の選挙に向けた資金集めに追われて消耗してしまう。そんなとき、特殊権益団体は、選挙資金を提供するのと引き換えに、議会で重要な問題を採決するときには自分たち

図7.2　1998年から2010年までのロビー活動の合計支出（2008年恒常ドル）

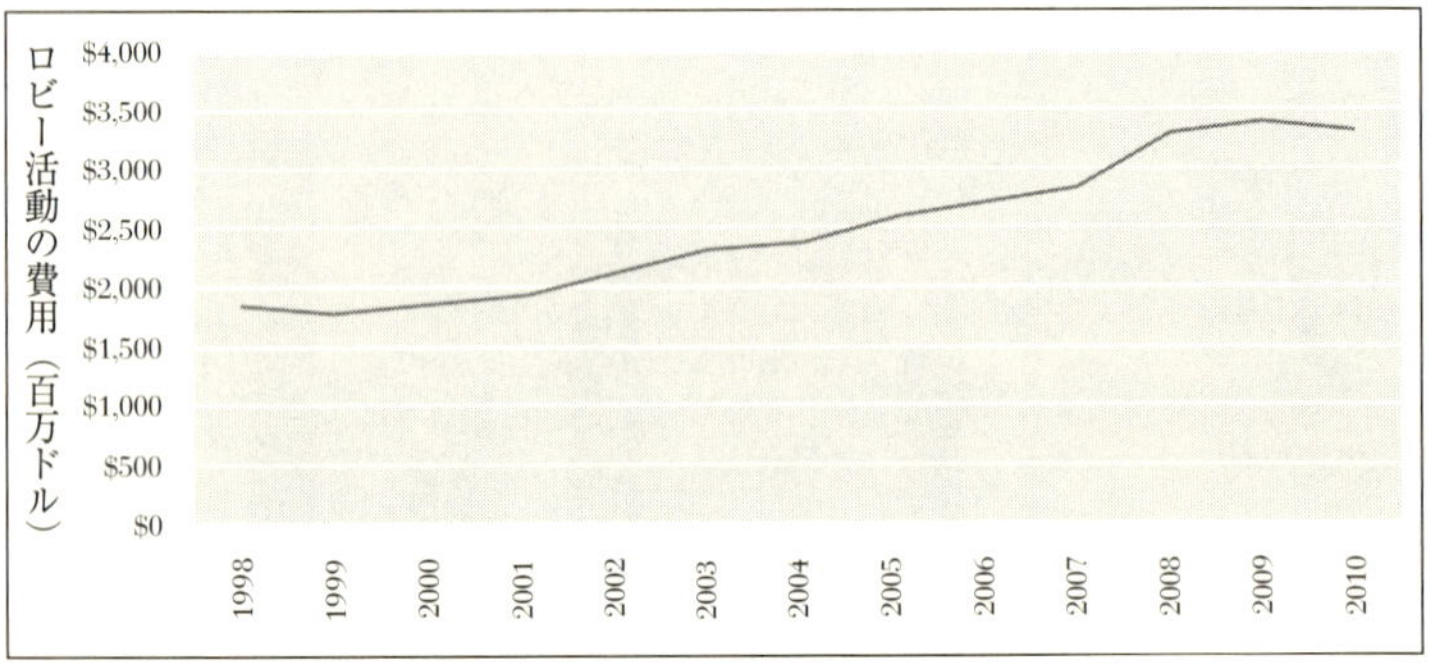

出典：有権者の期待にこたえる政治センターのデータ

に有利な投票をするという約束をとりつけようとする。

ビッグ・マネーの力の伸長

政治においてこうしたビッグ・マネーのはたす役割は大きく、さらに増大しつつある。これは現代政治のぞっとするような現実だ。このことは、コーポレートクラシーの影響力の拡大を理解するうえで鍵となる。図7・1からわかるように選挙運動の費用は急上昇しており、なかでもメディア用の費用は高くつく。一九九八年から国政選挙ごとに選挙運動で使われた資金の合計を示したこのグラフは、「有権者の期待にこたえる政治センター」（ワシントンに拠点を置き、政治と金の結びつきおよびその影響を調査する無党派のNPO）の推計による。その費用には、候補者自身が直接使った金、政党の支出、第三者グループによるメディアおよびマーケティング用の支出が含まれる。全般的に上昇傾向が見られ、選挙サイクルの二年ごとに選挙運動の費用は約四億五〇〇〇万ドルずつ増加している。[6] 大統領選挙がない年でも、今日の国政選挙では約四〇億ドルが費やされている。これは一世帯あたりおよそ五〇ドルに相当し、国の大きさを考えれば莫大な金額というわけではないが、主たる資金提供者は富裕層であり、その結果として、富裕層が大きな政治的影響力をもつことになる。公的資金は、これらの私的な献金に容易にとってかわれるだろう（連邦予算のわずか〇・一三パーセントでよいのだ）が、富裕層はこの影響力を失いたくないので、公的融資の役割が少しでも大きくなるのを断固として阻止する。

図7・2からわかるように、ロビー活動の出費も年におよそ二億ドルの割合で急増しており、これは選挙運動の費用に匹敵するレベルである。また、二〇〇九年から一〇年にかけての選挙期間中には五〇億ドル以上が使われた（選挙のサイクルは二年なので、選挙運動への献金とロビー活動の費用を比較するには、後者を二年分合算しなくてはならない）。ロビー活動の出費の一部は、じつをいえばロビイストに払ったと見せかけた選挙運動への献金にほかならない。企業はロビー会社に金を支払い、その金は自社のスタッフによる選挙運動への協力活動、候補者と関係の深い政策キャンペーンへの資金提供という形をとって選挙運動資金に流れる。ロビイストはまた、実入りのいい仕事を政治家、高級将校、監視官のためにとっておき、彼らが職を離れたときに、新しい就職先として提供したり、政治家の家族を雇ったりすることで恩を売る。

ロバート・カイザーは企業のロビー活動に関する卓越した近著『ソー・ダム・マッチ・マネー（とんでもない大金）』でそのような天下りの動きを次のように要約している。

二〇〇七年まで、体制内の誰もが、いずれ議員とスタッフはかなりの確率で天下りをするものと、当然のように思っていた。これまでの前例がそうだったからだ。二〇〇七年のワシントンのロビイスト名簿には、ロビー団体に所属する上下院の元議員一八八人の名前があった。権利擁護団体パブリック・シチズンの調査によれば、一九九八年から二〇〇四年に連邦議会から退いた上院議員の半数、下院議員の四二パーセントがロビイストに転じたという。別の調査では、元連邦

表7.1　業種別のロビー活動（1998－2011年）

業　種	1998年から2011年のロビー活動の合計支出（10億米ドル）
金融・保険・不動産	$4.5
医療	$4.5
分類不能の事業	$4.5
通信と電子機器	$3.7
エネルギーと天然資源	$3.3
運輸	$2.4
その他	$2.3
イデオロギー／単一争点	$1.5
農業関連産業	$1.3
防衛	$1.3
建設	$0.5
労働組合	$0.5
弁護士およびロビイスト	$0.4

出典：有権者の期待にこたえる政治センターのデータ

議員補佐官三六〇〇人が天下りしたことがわかっている。行政部門の職員にも同じく天下りの道がある。二〇〇八年の初め、政治献金監視団体「有権者の期待にこたえる政治センター」（CRP）は、ジョージ・W・ブッシュのもとで働いた元職員三一〇人が、ロビイストないしワシントンの下院議員になったことを確認した。同センターはクリントン政権で職員だった二八三人についても同様の事実をつかんだ。(7)

ロビー活動の上位を占める業種のリストは、まるで悪徳企業を並べたかのようだ。表7・1は「有権者の期待にこたえる政治センター」の作成で、一九九八年から二〇一一年にかけてロビー活動に費やされた金額の合計を業種別に示している。上位には、金融、医療、運輸、農業関連産業など、経済的にきわめて深刻な状況にある業種が並び、しかもこれらは政府の規制と密接な関係をもつ業種である。いずれの業種も、国を相手にした有利な契約、補助金、優遇税制措置、規制緩和、目こぼしといった恩恵にあずかってきた。ギャラップ世論調査では、金融、不動産、医療、製薬会社にたいして国民の支持率が最も低く、あらゆる項目で最低の評価を受けた（二〇〇九年八月の調査）が、これも驚くにはあたらないだろう。[8] こうした業界のあり方は、コーポレートクラシーによって生まれた破壊的な政策の見本であり、国民にはそのことがよくわかっている。

アメリカの二つの中道右派政党

大統領といえども、最近は議員たちと同じように、選挙運動の資金調達と裕福な特殊権益団体の網の目から逃れられない。どの候補者も同じ資金源に頼っており、自分の政治的な立場をそれなりに調整しなくてはならない。メディアで中継される討論で政策論争が白熱しているときでも、実際には政策的な対処法の幅は驚くほど狭い。オバマは保守派から、アメリカを社会主義に引きずりこもうとしていると非難されてきたが、オバマの政策の内容は実際のところ、前任者のそれとほとんど見分けがつかないことがよくある。ワシントンの行き詰まりについてはあれこれいわれているが、ブッシュとオバマの違いは本当のところなんなのだろう。

・ブッシュは一〇〇パーセントの世帯の減税をめざした。これにたいしてオバマは富裕層をのぞく九五パーセントの世帯の減税を掲げて選挙運動をくりひろげたが、二〇一〇年一二月にブッシュによる減税政策の期限が近づくと、その期間延長に同意した。

・ブッシュは減税と多額の軍事支出を維持するために、大幅な財政赤字を大目に見た。オバマも、主としてマクロ経済的な景気刺激策としてではあるが、大幅な財政赤字を容認した。

・ブッシュは銀行と自動車メーカーを救済した。オバマもその政策を継承した。

・ブッシュは移民制度改革を支持したが、自身の党に阻まれた。オバマも移民制度改革に賛成していたが、二大政党の両方に阻止された。

・ブッシュは原子力発電と深海石油掘削に賛成だった。オバマもその両方を好意的に見ている。

・ブッシュは金融大手のゴールドマン・サックスとシティグループの幹部を次々にホワイトハウスの要職に登用し、オバマも同じことをした。

もちろん、このようにわずかな違いしかないのは、いくつか理由があってのことだ。いちばん重要なのは、両党とも選挙運動資金の出所が同じであり、そのため、資金源となっている企業部門と個人富裕層の意向の核心部分から大きく逸脱できないということだ。したがって、アメリカは「中央」に引き寄せられているのだが、じつのところ、それは政治的にきわめて保守的であり、国民の本当の価値観よりずっと右寄りなのだ。どんな問題についても、ワシントンの政策は幅広い公共的価値よりも、特殊権益団体を支援するのである。

今日のアメリカの政治システムは真の民主主義というより、支配的な二つの政党による固定的な二党独占（複占）と考えられる。そして、二大政党のメンバーはときには怒鳴りあうとはいえ、企業の利益、富裕層、軍事に関わる問題となると、多くの点で同じ立場をとる。どちらの党も有力な企業や富裕層の道具でしかない。二大政党が戦うさいの教科書的な選挙理論とは異なり、両党は平均的な有権者を狙うのではなく、選挙運動に献金してくれる高所得層をとりこむために実際のターゲットを保守派に定めている。共和党にとってこれは容易だし、自然なことである。一方、建前としては貧しい人びとのニーズを代弁することになっている民主党では、クリントンとオバマという二人の大統領をはじめとする党のリーダーがつねにウォール街や富裕層と手を組み、自分たちの支持基盤にたいしてたえず言い訳をしているようなありさまだ。

　政治において金が過度に大きな役割をはたしてきたため、過去三〇年のあいだに、既得権益にたいする忠誠心を反映する政策の主要な五つの点に関して、政治家たちのあいだでは（かならずしも幅広い民意と合致するものではない）かなり確実な超党派の合意ができた。その五つとは、次のとおり。その一、選挙資金の提供者である富裕層のために限界税率を低く保つ。その二、公共部門での契約は、有力なコネをもつ私企業と結ぶ。その三、税や財政支出の問題で決議するさいには、財政赤字を容認し、将来の世代に借金をゆだねる。その四、たとえ内需が圧迫されようとも、巨額の軍事費を支持する。その五、真剣に財政の長期的な計画を立てようとする姿勢を欠く。政策におけるこの五つの偏向は、レーガン以来、すべての大統領によって変わることなく維持されてきた。

　オバマとクリントンの有名な「三角型戦略」（右にも左にもかたよらない政策をめざすもので、従来の民主党の路線から離れ、共和党の価値観をとりいれた）は保守的な立場にたつもので、中道派の票を獲得するためというより、選挙用の金庫を企業の資金でまかなうために考えられたものである。企業と富裕層の利益を過剰なまでに代弁するものであるコーポレートクラシーは、この二党独占の本質をなす特徴である。選挙資金の提供とロビー活動は、このシステムを無傷のまま保つために欠かせない要素なのだ。

　富裕層との妥協はつねに世論とあいいれない。富裕層にもっと重い税を課してほしい、軍事支出を減らしてほしい、石油にとってかわる再生可能エネルギーを開発してほしい、と国民は願っている。ところが結果的には、富裕層のために減税が実施され、軍事支出に歯止めがきかず、石油、ガス、石炭にとってかわるエネルギーの開発は停滞したままだ。

どちらの党も、財政バランスの重要さを一貫して軽視し、別の政治目標を支持してきた。レーガンに資金を提供する側の顧問たちは、減税してもそれによって経済成長が促されるので、税収は減らないと主張した。オバマの景気刺激策を支持する人びとも似たようなことをいっている。景気低迷のさなかでさえ、財政赤字などまったく、あるいはほとんど失費ではなく、不況のさいに赤字削減などすべきでないとすらいう。どちらの主張にも経験的な裏付けはなく、イデオロギーという思い込みで支えられた魔術のようなものだ。さらに重要なのは、これらは都合のよい主張であり、両党とも短期的な利益（よりいっそうの減税、または財政支出の増加）を餌に支持者のご機嫌取りはできるが、その結果として、かならず借金がかさむという事実を軽んじている。財政赤字を無視する慣行の例外としては、短期的なものが二つあるだけだ。一つはジョージ・H・W・ブッシュの例で、一九九〇年に財政赤字を減らすため、一九八八年の選挙運動のさいに掲げた「新たな税は設けない」という公約を破ったこと。もう一つはビル・クリントンで、所得税の最高税率（三一～三九・六パーセント）のわずかな引き上げを断行し、一九九〇年代末に、予算を一時的に黒字に転じさせるうえで助けとなる共和党主導の予算削減案に同意した。ただし、その予算削減のうち一つは、ジョージ・W・ブッシュ政権になるとすぐに覆された。

二党独占は外交政策にもあてはまる。両党とも中東とその周辺地域（西はアフリカの角およびイエメンから、東はアフガニスタンにいたるまで）をアメリカ外交政策の中心地と見なしており、いちばんの関心事は、中東の石油を途切れることなく世界経済に流通させることである。カーターは、中東の石油の流通にたいする脅威はいかなるものであれ合衆国への安全保障上の脅威とみなす、という軍事ドクトリンをはっきりと表明した。両党の軍事面での傾向は多少異なり、ブッシュ・ジュニアは近年の大統領のなかでは最も攻撃的だったが、この違いを大げさにとらえてはいけない。オバマはブッシュ政権下の国防長官を留任させたばかりか、イラクからは撤兵したものの、アフガニスタンでは戦闘を拡大させている。元陸軍大佐で著作家のアンドリュー・ベースヴィッチが指摘するように、アメリカの核となる軍事ドクトリンは、四〇年以上変わることなく──グローバルな軍事計画にもとづき──超党派的な土台のうえになりたっている。(9)

過去三〇年にわたる二党独占体制の特徴として最後にあげられるのは、政府が意図して、長期的な視点をもつまいとしてきたことである。多少なりとも長期的な予算編成がなされている唯一の場は連邦議会の予算事務局であり、通常一〇年、ときにはそれ以上の期間を対象として、法案にまつわる偏りのない予算の見積もりを行なう。しかし、この予算見積もりは、インフラ、連邦予算収支、教育、エネルギー政策、気候変動といった長期的な諸問題についての体系的な考察といえるようなものではない。どちらの党の政権であれ、合衆国政府がなにか長期的な課題を量的に評価し、その評価にもとづいて、よく考えたうえで政策改革をやりとげたという最近の例を一つ思い出そうとしても、なかなか思い当たるものがない。ワシントンは何十年にもわたって政権交代をくりかえしながら、つねにその場しのぎでやり過ごしてきたのだ。

四大圧力団体

コーポレートクラシーはフィードバック・ループの典型的な例である。選挙運動への献金、企業のロビー活動、政府と産業界における回転ドア人事（民間から政府要職へと天上り、その後ふたたび民間へ天下って、職歴が回転ドアのように一回転すること）を通じて、企業の富が政治的な力に変わる。そして、減税、規制緩和、政府と産業界とのなれあいを通じて、政治的な力がさらに大きな富へと変わる。フィードバックをくりかえすことで結果が増幅されるループ現象さながらに、富が力をもたらし、力が富をもたらすのだ。

アメリカ経済の四つの主要部門が、このフィードバック・ループのよい例となる。なかでも、軍産複合体が最も悪名高い例だと思われる。一九六一年一月にアイゼンハワーが離任演説で警鐘を鳴らしたことで有名だが、軍と私企業の結びつきから生まれる政治力が強大になった結果、アメリカは軍事化が進み、無益な戦争にかりたてられ、何十兆ドルという規模の税金の浪費を余儀なくされている。(10)

二つめの強力な圧力団体はウォール街と議会の複合体であり、その先導によって、金融システムは、強い政治権力をもついくつかのウォール街の企業、とりわけゴールドマン・サックス、JPモルガン・チェース、シティグループ、モルガン・スタンレーといった少数の金融会社に支配されるようになったのだ。金融業界と議会が緊密に結びついた結果、無謀なまでの規制緩和が実施され、しかも政府が監視を怠ったことから、二〇〇八年の金融危機を招き、つづく大規模な公的救済という事態をもたらした。ウォール街の企業が政権にトップクラスの経済政策立案者を送り込んでくることもあった。レーガン政権ではドナルド・リーガン（メリルリンチ）、クリントン政権ではロバート・ルービン（ゴールドマン・サックス）、ブッシュ・ジュニア政権ではハンク・ポールソン（ゴールドマン・サックス）、オバマ政権ではウォール街とコネのある数人の高官（ウィリアム・ダリー、ラリー・サマーズ、ジーン・スパーリング、ジャック・ルーなど）である。

三つめの部門は石油大手＝運輸＝軍の複合体である。この部門からの圧力のせいでアメリカ社会は石油の輸入に大きく依存せざるをえなくなり、中東におけるたえまない軍事介入という落とし穴にはまる結果になった。一世紀前、ジョン・D・ロックフェラーがスタンダード・オイル・トラストを創設した時代から、大手石油企業はアメリカの政治と外交政策において大きな位置を占めてきた。大手石油企業は自動車産業と手を組んで、アメリカの公共交通機関を衰退させ、国が出資した幹線道路網を走る、ガソリンを大量に消費する車へと誘導した。大手石油企業は原子力、風力、太陽光発電など、石油以外のエネルギー源をあつかう競争相手の侵略とたえず争い、勝ちのこってきた。大手石油企業はペンタゴンと結託して、アメリカが確実にペルシャ湾に至る海上交通路を守れるよう手はずを整えた。石油が不足すると国家安全保障上の危険をもたらすことから、実際に毎年一〇〇〇億ドル以上の補助金をそのために費やしてきた。また、大手石油企業は、アメリカがとりくむべき重要課題として気候変動が話題になるのを阻止するために大きな役割をはたしてきたことでも悪名高い。エクソンモービル、コーク・インダストリーズなど、この業界の大企業は数々の非科学的なプロパガンダに資金を投入し、アメリカ国民を混乱させてきた。

政府と強力な結びつきのある産業の四つめは、今日まさにアメリカ最大の産業であり、GDPの一七パーセントも占めている医療産業である。この部門を理解するさい、政府がこの業界と手を組むのは、体系的な管理や規制をほとんど受けない医療コストを払い戻すためだという事実に留意しなければいけない。特許権に守られた製薬会社は医薬品にとほうもない高値をつける。メディケア（高齢者向け医療保険制度）、メディケイド（低所得者向け医療費補助制度）、民間保険会社などは、原価加算基準で医者や病院に支払う。米国医師会は医学部での就職斡旋を規制することによって、新人医師の供給を制限している。この疑似市場システムは、結果として天井知らずのコストを生じさせ、民間の医療部門には大きな儲けが流れこむが、政治の側にはそれを改革しようという意思が見られない。

コーポレートクラシーの最近の事例研究

さて、ロビイストがいかに国家を食い物にし、またアメリカ国民のもつ意見を無視しながら政策立案にどのような影響をおよぼしているかを理解するために、ここでコーポレートクラシーの活動を見てみよう。以下では、最近の四つの事例研究を参考にして、コーポレートクラシーの行動をさぐろうと思う。

事例一　富裕層の減税措置の延長

二〇〇八年の選挙運動の期間中、オバマ大統領はブッシュ時代に始まった高所得者上位五パーセントにたいする減税打ち切りを宣言し、ただし残り九五パーセントの国民にたいするブッシュの減税措置はそのまま受け継ぐと約束した。彼が公約した富裕層への課税とは、年収二五万ドル以上の世帯にたいする限界税率を三五パーセントから三九・六パーセントに引き上げることでしかなかった。税制についてあれほど大げさに派手な議論を戦わせたにもかかわらず、じつはジョン・マケインもオバマもほとんど相違がなく、実際のところ、最も所得の多い層に課す税率に四・六パーセントの差があっただけなのだ。

さらにいえば、二〇一〇年、富裕層にたいするブッシュの減税措置を延長するかどうかという問題がいよいよ差し迫ると、オバマはさっさと共和党に同調し、最も裕福な世帯も含めたブッシュ時代の減税政策をそっくりそのまま延長することに賛成した。赤字を食い止めるために歳入を増やす必要が切迫しているというのに、二大政党の独占はびくともしなかったのだ。

オバマはやむなく世論にしたがったのだという意見もあろうが、それは明らかに事実に反している。富裕層のための減税を延長することでオバマと共和党が合意するまでの数ヵ月、国民の大多数は最高所得層への減税打ち切りに賛成していた。ピュー・リサーチ・センターによれば、二〇〇四年九月から二〇一〇年一二月まで一貫して、アメリカ人の過半数は富裕層にたいする減税政策の撤廃、あるいは減税全般の撤廃を求めていた（表7・2参照）。

二〇一〇年一二月、連邦議会が機能不全に陥っている正念場で、アメリカ人大富豪への減税措置の延長をはっきりと支持していたのは国民の三分の一にすぎず、残りの約六割は反対だった。だがここでは、少数派の意見が勝った。アメリカの政治体制は国民の意見を無視したのだ。

オバマとその最高顧問たちには、大統領の租税政策と、教育、科学、インフラ面における社会運動家としての目標のあいだに大きな矛盾があることが、政権の発足当時からわかっていた。彼らは当選するために税率を低くとどめることを約束し、それを守った。非公式の場では、最高顧問たちもつねづね税収増加が必要だと認めながらも、政治的に実行不可能だと断言している。彼らの態度は、基本的な事実を国民に説明し、自分たちの立場の正当性を述べるのではなく、国民におもねるようなもので、とくに選挙資金を寄付してくれる富裕層の意をくんでいるにすぎない。オバマは二〇一二年の選挙資金としておそらく一〇億ドルを集めるつもりであり、そのためには選挙運動に献金してくれる富裕層が喜ぶような政治環境が必要になる。

こうした迎合の証拠は、有力な顧問が退職したあとの動きに見られる。行政管理予算局（OMB）局長のピーター・オルザグはホワイトハウスを去るやいなや、GDPにたいする税収の割合をもっと上げる必要があるといいだしたが、これは局長時代にはけっしてとらなかった立場である。[11] 経済諮問委員会の委員長クリスティーナ・ローマーもまた、辞職したあとで、次のように増税を要求した。

いよいよ大統領は税収増加の必要性を率直に認めなくてはならない。支出を大胆に削減しても、なお巨額の財政赤字が出るだろう。不足を補う唯一の現実的な手段は、歳入を増やすことだ。[12]

表7.2　ブッシュ減税終了にたいする態度

	9月 2004	10月 2006	10月 2007	10月 2008	7月 2010	9月 2010	12月 2010
減税をすべて継続	27%	26%	24%	25%	30%	29%	33%
減税の一部ないしすべてを廃止	59%	62%	61%	62%	58%	57%	58%
廃止の対象：							
富裕層の減税を廃止、その他は継続	31%	36%	31%	37%	27%	29%	47%
減税はすべて廃止	28%	26%	30%	25%	31%	28%	11%

出典：リチャード・オークシャー、ピュー・リサーチ・センター・フォー・ザ・ピープル＆ザ・プレス「もう税金はたくさん？」2010年9月20日。ピュー・リサーチ・センター「減税、STARTの支援、ゲイの公然たる兵役の許可に関する賛否」2010年12月7日

率直になれとは、おかしな話だ。二年ごとに政治家を選出するために何十億ドルもの大金が使われ、選ばれた政治家は次にトップクラスの学識経験者をワシントンに呼び寄せる。それはたんに、すぐれた学識経験者ならアメリカ国民の目から真実を隠せるからなのだろうか。そして、彼らは職を解かれたとたん、また真実を告げはじめるのだろうか。

事例二　医療改革の大失敗

医療改革をめぐる状況も特殊権益団体の圧力を示す一例となる。オバマはこの分野で前進しようと力を尽くし、少なくとも一定の成果をあげたとはいえ、その一方で国民の意気込みを大きくそぎ、企業の力の前に大きな譲歩を余儀なくされた。二〇〇九年の初めに、オバマ政権は医療法案の立法化に向けてのとりくみに着手したが、結局のところ改革案を提出しないことに決めた。というのも、オバマの前に、就任一年目のクリントンが医療保険改革のための立案を試みたが、それが失敗に終わっていたからである。医療改革案はあまりにも多くの難題をロビイストの気まぐれにゆだねることになるという意見もあった。

オバマは医療保険会社と製薬産業という二つの重要な業界との対立を避けることにした。たとえば、本格的にコストを抑制するための計画、あるいは民間の医療保険の市場に、政府の競争相手を（いわゆる公的医療保険オプションというかたちで）導入するという計画を提出したら、民間の医療保険業界は市場から撤退するだろう。そこで、オバマは最初から医療保険業界にはひそかに現状維持を約束し、コストと市場での競争という大きな問題については大胆な行動をとらないと請け合ったのだ。オバマは自分に投票した人びとや一般市民にはそのことをいわず、世間に向けて約束したのは、コストの抑制こそ中心的な課題であり、また公的医療保険オプションについては大いに議論を進めているところだという話だった。同様に、オバマは大手製薬会社とも早い時期から停戦交渉をしており、アメリカ政府は医薬品の価格のつけ方を新たに検討するつもりはないと製薬業界に確約していた。この事実も国民にはっきり伝えられることはなかった。

その後一五カ月間、医療保険をめぐる議論は不可解な空気に包まれた。医療業界との暗黙の合意の大筋は、オバマの属する民主党の見解に反していたし、それどころか全国民の大多数の意見とあいいれないものだったので、オバマは改革案を提出できなかった。二〇〇九年の一年間、たびかさなる世論調査でも、国民は公的医療保険オプションを導入して民間の医療保険と競合させることを支持すると表明していた。CBSテレビと『ニューヨーク・タイムズ』紙の合同世論調査によれば、二〇〇九年六月から七月にかけては公的医療保険オプションの導入への反対が二七パーセントだったのにたいして、賛成は六六パーセントだった。ピュー・リサーチ・センターの調査では、反対が三七パーセント、賛成が五二パーセントである。[13] オバマは公的医療保険オプションの支持者を満足させておくために、そうした政策を引きつづき検討していると請け合ったが、ホワイトハウスと民間の医療産業のあいだで実際にどのような合意ができているのかという概要を国民にはっきり説明することはなかった。

さらに状況は悪化していた。というのも提案のうち費用のかかる部分、つまり医療保険の適用範囲を拡大するのに必要な補助金の年間支出額が、二〇一〇年代後半にはGDPの約一パーセントずつ増える計算だったが、その費用を高所得層にたいする増税でまかなうという案は、強い政治力をもつグループから猛反発を受けたからだった。結局、寄せ集めの金融パッケージがまとめられ、そこには将来のメディケア費用の削減予定も盛り込まれていたが、将来それが実行される可能性は小さいし、高所得世帯にたいする給与税（給料から天引きされる社会保険費）と、主として高所得世帯が加入している掛け金の高い民間の医療保険にたいする消費税のわずかな増税についても同様である（この二つの税収は二〇一五会計年度にGDPの約〇・一パーセント、二〇一八会計年度には〇・二パーセント、二〇二一会計年度には〇・三パーセント上昇する見込みである）[15]。

医療保険をめぐる論争のさなか、私は医療保険改革法案の惨状について連邦議会の有力女性議員に質問した。彼女は文字どおり両手で頭をかかえて、こう打ち明けた。「ロビーよ、ロビー」そのようすは、私にはジョゼフ・コンラッドの小説『闇の奥』の幕切れで、クルツが「地獄だ！　地獄だ！」とつぶやく場面を連想させた。

医療保険改革をめぐる議論によって、実際、アメリカの政治は特殊権益団体という厄介な深い溝にはまっていて自由に舵取りができないのだということが、あらためて明らかになった[16]。一五カ月にわたる議論を通じて足りなかったのは、国民の信頼と、改革に向けた一貫した努力だった。最初から最後まで、オバマは一貫したプランを提出できず、国民を蚊帳の外に置いていた。彼は精力的に「医療保険改革」を説いてまわったが、週ごとに変わりゆく改革法案が現時点でどのような内容なのかを追いかけられる者は（私自身を含めて）ほとんどいなかった。また、公的医療保険オプション、コスト管理のためのシステム改革、増大する対象者に補助金を給付する手段として考えられるさまざまな可能性といった主要な変更点について、国民は率直なところを知らされていなかった。この過程で政府と連邦議会は自分たちのお気に入りの専門家に頼っていたが、アメリカはさまざまな代替案のメリットとデメリットについて専門家集団の意見を組織的に聞く機会を失ってしまった。要するに、私たちは連邦議会での「ソーセージ作り」から目を背けるようにいわれ、その後、好むと好まざるとにかかわらず、できあがったソーセージを食べさせられたのだ。

事例三　エネルギー政策の行き詰まり

アメリカには一貫したエネルギー政策がなんとしても必要だ。それというのも、この国は以下のような三つの問題に直面しているからだ。世界的な石油不足、世界の不安定な地域からの供給をめぐる競争の激化、化石燃料の使用量の急速な増加がつづくことによる環境面でのリスクである。オバマ大統領は就任にあたって、気候変動対策での行き詰まりを打破し、アメリカのエネルギー安全保障の新たな道筋を示すと約束した。しかし、就任後二年以上たつというのに、新たな包括的枠組みの形成に向けたオバマの足取りはじつに遅々たるものである。再生可能エネルギーの研究開発、原子力への新たな財政的支援、都市間高速鉄道へのささやかな資金提供など、こまごました政策は決まっていくのだが、包括的な方針はなく、明快さにも欠けている。オバマが二〇〇九年末に表明したように、二〇二〇年の時点での二酸化炭素排出量を一七パーセント削減するという政府の計画について説明するよう私がラリー・サマーズ（一九五四年生まれの経済学者・政治家。クリントン政権後期に財務長官を務めたあと、ハーヴァード大学学長を経て、オバマ政権で国家経済会議委員長に就任したが、二〇一〇年末に辞任）に求めたところ、彼はこう応じた。「アメリカに計画などない」。それは事実なのだろうが、そうなるとアメリカはエネルギーに関しても環境問題に関しても目標を達成できないことになる。

わが国にエネルギー政策が必要なことは一目瞭然なのに、なぜ私たちはエネルギー政策を立てないのだろうか。ここでも、理由の鍵となるのは企業の影響力だ。私がこの事実を目の当たりにしたのは、ホワイトハウスでの別の会合のときで、このときの相手は元エネルギー問題担当補佐官のキャロル・ブラウナー（一九五五年生まれの弁護士・実業家・環境問題専門家。クリントン政権で環境保護庁長官を八年間務め、オバマ政権でもエネルギー・気候変動担当の大統領補佐官に就任したが、二〇一一年三月に辞任）だった。私は彼女がエネルギー計画を公表したがっているだろうと考えた。なんといっても、それこそが彼女の職務だろうと思っていたのだ。ところが、実際に話をしてわかったのは、彼女の役割はそんなものではなく、ひたすらコーポレートクラシーへの対応にあたっていたという。ブラウナーはエネルギー政策について私と話し合うのではなく、上院議員の名前を長々とあげて、個々の議員が地球温暖化防止法案に賛成票を投じる約束と引き換えにどのような個別の要求をしてきたかを逐一説明した。ある上院議員は自動車業界のための特別な資金提供を求めた。またある議員は、海洋掘削にかかわっている州にたいしてより好条件の援助を要求した。三人目は、原発への特別援助だった。さらにリストは延々とつづいた。ブラウナーは国家の政策を作っていたというより、政策を守るために特典の詰まった景品袋を作っていたのである。しかし、結局のところ、そんな努力もまったくの無駄に終わった。石油大手と石炭大手が立法を妨害したからである。

事例四　金融ロビーの企業救済と補助金

金融界をめぐる物語からも同じように学ぶところが多い。二〇〇八年の金融危機は、規制撤廃措置、資金運用の誤り、自分たちの株主や従業員や顧客をまったく無視してなんとしても利益をあげようとするウォール街の最上層部による無謀かつ無責任な行為など、いくつかの要因が重なって生じたものである。もちろん、それらすべての背後にあるのは、ウォール街のとほうもない富と権力であり、それは膨大な金が力に変わることを示す典型的な例でもある。二〇〇八年の金融危機にさいして、ウォール街の力は巨額の財政的緊急援助を引き出すことに成功した。

ウォール街が救済措置をまんまと手に入れただけでなく、企業のトップは、会社がワシントンの生命維持装置につながれているときでさえ、莫大な額のボーナスをもらいつづけることを許された。二〇〇九年の一年間、市場の力にとっても、倫理的な意味でも、まったくメリットのない言語道断のボーナスを制限する必要性について、私はラリー・サマーズとたびたび意見を交換した。彼は断固として政府の「不干渉」の立場を擁護した。公的な救済措置を受けながら、CEOがその金を懐に入れることを黙認するという、奇妙な意味での「不干渉」である。ばかげたことに、財務省が何百億ドルもの緊急援助資金をアメリカン・インターナショナル・グループ（ＡＩＧ）に投入したあと、サマーズは大惨事を引き起こした張本人であるトレーダーに会社が巨額のボーナスを支払うのをやめさせる方法が見つからないといった。「ここは法治国家だ。契約がある以上、政府はその契約を無効にすることなど、とてもできない。あのボーナスを制限するうえで可能なあらゆる法的措置が、ガイトナー財務長官と連邦準備制度によって講じられているところだ」

　そのような制限はまったく行なわれなかった、とだけいっておこう。ウォール街のとてつもない政治力が諸方面から立ち現われたのだ。ルービン（クリントン政権の財務長官。ゴールドマン・サックス共同会長。シティグループ経営執行委員会会長）、ポールソン（ブッシュ政権の財務長官。ゴールドマン・サックスの元会長兼ＣＥＯ）、サマーズ、ラーム・エマニュエル（オバマ政権の元大統領首席補佐官。現シカゴ市長。ユダヤ・ロビー）、オルザグ、ジャック・ルー（オルザグの後任として財政予算管理局長。元シティグループ重役）、デイリー（オバマ政権の元大統領首席補佐官。ＪＰモルガン・チェース執行委員。兄は元シカゴ市長）など、数えきれないほどの最高政策立案者が片足をウォール街に、片足をワシントンに置いている。いうまでもなく、ウォール街はオバマの非常に重要な選挙資金提供者である。オバマの選挙運動は小口の寄付者によるインターネットを用いた寄付金集めで有名であり、それはそれで適切な評価ではあったが、それでも、彼が受け取った寄付金のうち六五パーセントは二〇〇ドル以上寄付した個人からのもので、四二パーセントは一〇〇〇ドル以上寄付した個人からだったというのが事実だ。オバマも、他のもっと伝統的なタイプの候補者と同様、ウォール街などの大口の選挙資金提供者を頼りにしていたのである。[14]

　ワシントンでウォール街とつながりがあるのは、ホワイトハウス、連邦準備制度理事会、財務省に限ったことではない。業界は驚くべきロビイスト軍団を擁しており、それについては、有権者の期待にこたえる政治センター（ＣＲＰ）が詳細に報告している。[17] 二〇〇九年から一〇年にかけて、金融サービス業界（銀行、投資会社、保険会社、不動産会社など）は「連邦議会および連邦政府関係機関にロビー活動をするよう、一四四七人の元連邦政府職員に依頼した」。そのなかには、驚くことに「元連邦議会議員が七三人含まれており、その時期にロビー活動をしたと報告した一五六人の元議員のうち四七パーセントを占めていた」のである。この七三人の元議員のなかには「上院ないし下院の銀行委員会の委員を務めた元議員が一七人いた」。さらに「金融サービスのロビイストのうち、少なくとも四二人はなんらかの立場で財務省に勤務していた。そして、少なくとも七人が通貨監督庁での勤務経験があり、二人は元通貨監査官だった」[18]

事例五　タックスヘイブンの急増

資本市場のグローバル化により、企業が利益を海外のタックスヘイブンに隠すこともずっと容易になった。これは「底辺への競争」の一部である。タックスヘイブンの利用はこの三〇年で急増しており、かつては裕福な個人が国税庁の目を逃れるための手口だったが、やがて企業の収益を課税されないように隠すための組織的な手段になった。しかし、もっと注目すべきは、国税庁がしばしばこのような行為をすすんで手助けしているということである。グーグルに関する最近のレポートで、そのことが少し明らかになった[19]。

グーグルはアメリカを拠点とする企業だが、世界中で収益をあげている。その主要な資産は知的財産（IP）、とりわけ強力な検索エンジンである。合衆国の税法のもとでは、グーグルが世界中であげた収益を国ごとに割り振るさいには、同社の中核となる知的財産がアメリカを拠点としているという事実を反映すべきとされる。具体的にいうと、グーグルの海外の子会社が海外の顧客に検索エンジン・サービスを売った場合、海外の子会社はその収益の大半を、知的財産の利用にたいする使用料の内部支払いという形で、アメリカの親会社に戻すべきとされているのだ。アメリカで課税できるようにグーグルの国際事業間で収益を割り振るためには、つながりのない企業間での対等な立場での商取引にならったロイヤリティ料率で、子会社から親会社へと収益を移動しなければならない。

グーグルはそうせずに、国税庁を味方につけた。二〇〇六年、グーグルと国税庁は秘密の合意に達し、グーグルの全額出資子会社は収入と利益を海外に置いておけることになった。具体的には、グーグルはみずからの知的財産をグーグル・アイルランド・ホールディングスという海外の子会社に、営利を度外視した使用料で利用させてもよいと認められたのだ。グーグルの海外事業所は知的財産の使用料をグーグル・アイルランド・ホールディングスに支払い、したがって同社はヨーロッパ、中東、アフリカであがったグーグルの利益のほとんどすべてを帳簿に記載する。厳密にいえば、その三つの地域におけるグーグルの事業は、ダブリンにある別の事業体、グーグル・アイルランド・リミテッドに本部を置いている。グーグル・アイルランド・リミテッドは、それらのマーケットでグーグルがあげた一二五億ドルの収入のうち、ほぼ九〇パーセントを得て、それからその利益を使用料の支払いとしてグーグル・アイルランド・ホールディングスに渡すのだ。このすばらしい連鎖の最終段階は、グーグル・アイルランド・ホールディングスがその名に反してバミューダに本拠を置いており、そこでは使用料として受け取った数十億ドルにたいする課税を免れられるというものだ。

ほかにも、ヘッジファンド・マネジャーのためのいわゆる成功報酬の供与など、大金持ちのための税金逃れの手段はいくらでもある。典型的なヘッジファンド・マネジャーは報酬として、運用する資産やポートフォリオから生まれた利益の一部を受け取る。たとえば、標準的な「二アンド二〇」のルールでは、資産の二パーセント、利益の二〇パーセントである。国税庁の複雑でわかりにくいルールのもとでは、そうした利益はマネジャーの通常の収入、つまり三五パーセントの課税対象としてではなく、税率一五パーセントのキャピタル・ゲインとして扱われる。[20] 信じがたいことに、この規定は最近のウォール街にたいする大衆の抗議行動のあとも存続しており、このことは、ヘッジファンドによる選挙運動資金の寄付が不健全な税制の不都合な点をうやむやにするうえで力を発揮しているという、きわめて明確な証拠だ。

もちろん、一般大衆である私たちは、この異常なプロセスにおいて罪のない存在だ。税金専門の弁護士やその顧客は別として、どれほどの数の人間が「ダブルアイリッシュ」（法人税の安いアイルランドに二つの法人を設け企業間取引の形で利益移転する脱税手法）による税金逃れや、同種の数多いカラクリについて知っているだろうか。そして、「自由市場」の支持者がグーグルの驚異的なテクノロジーを称賛するとき（私もその点は称賛するが）、そのうち誰が、グーグルの検索エンジンの生みの親であるセルゲイ・ブリンの独創的な業績は全米科学財団のサポートを受けていたと知っているだろうか。

グーグルの税金逃れは、国税庁の便宜とサポートにより機能する企業向けタックスヘイブンとタックス・シェルターという巨大システムの一例だ。この問題に関する政府説明責任局（GAO）の最近のレポートを読むと恐ろしくなる。[21] アメリカの株式会社上位一〇〇社のうち、八三社がタックスヘイブンを利用しており、しかも多くの場合、同時にいくつかのタックスヘイブンを利用していると報告されているのだ。議会調査部の調査からは、企業収益が振替価格操作などの方法でアメリカ国外に移された結果として、年間数百億ドルの歳入が失われていることがうかがえる。[22]

本当に重要なのは誰の意見か？

政治における金に関して最も興味深い洞察をもたらしたものの一つに、連邦議会での議員の採決が選挙区の有権者の考え方とどのように結びついているかを調べた研究がある。ラリー・バーテルズは上院での採決が、高所得者層、中所得者層、低所得者層に分類された選挙区民の世論調査に示された意見とどの程度一致しているかを研究した。結果は、じつに驚くべきものとはいわないまでも、明快だった。

共和党の上院議員が中所得者層の選挙区民の声に反応している証拠はなく、低所得者層にたいしてはなおさらである。しかし、高所得者層の意見は共和党上院議員に「調査対象となった論点に関しては」重視されているようだった。民主党上院議員とくらべると……共和党議員は高所得者層をほぼ三倍も重視していた。一方、民主党議員は中所得者層の意見にたいしても、少なくとも高所得者層の意見と同じ程度には強く反応した。ただし、こちらも低所得の選挙区民の意見になんらかの反応をした証拠はなかった[23]。

大切なのは、選挙区民の要望を議会での採決に反映させるときにさえ金がものをいい、貧困層は事実上のけ者にされるということだ。これはたんに議員が中産階級の票をねらっているということではなく、選挙運動資金を寄付してくれる人びとのために、偏った配慮をしているということなのだ。少なくとも民主党議員は、所得分布上の中間層にある程度反応していることを明らかに示している。

このように有権者の声を反映するさいに偏りがあると、どのような結果をもたらすかを示す事例は、いくらでもある。富裕層のための「一時的な」減税措置の延長。アフガニスタンでの不人気な戦争の継続。公的医療保険オプション案の撤回。代替エネルギー技術が未開発のままになっていること。最大規模の銀行が巨額の緊急援助を受け、その援助のなかからCEOが法外なボーナスをもらいつづけていること。こうした事例のすべてにおいて、世論はワシントンの超党派の議会多数派が下した決定と真っ向から対立している。

企業の情報操作の役割

コーポレートクラシーの力を支えているのは、選挙運動資金の提供とロビー活動だけでなく、しつようなPRによる情報操作である。近年、いくつかの研究により、軍事関係の請負業者、石油と石炭、医療保険業者、ウォール街といった社会の要となる部門でも、広告会社を利用し、偽の情報を流すなどして、自分たちが社会に与えている損害を隠蔽しようとする動きのあることが明るみに出され、その手口についても解明されている。新聞やテレビ・ネットワークを有するルパート・マードックの巨大なニューズ・コーポレーション帝国に率いられた企業用マスメディアは、そのプロセスを支援し、助長している。マードック自身、個人的に（前副大統領ディック・チェイニーとともに）石油産業をはじめとするもろもろの産業に投資しているので、広告の利益は多くの場合、彼の企業の利益であるばかりでなく、彼個人の直接的な利益にもなっている[24]。

石炭火力発電所がもたらす酸性雨、フロンガスによるオゾン層の破壊、化石燃料の消費による気候変動など、産業活動が環境破壊や公衆衛生面で害をもたらす原因となっている最近の多くのケースでは、産業ロビイストが豊富な資金をつぎこんで巧妙なPR活動を展開し、国の規制の機先を制するために、非科学的なプロパガンダを広めてきた。そうしたPRを乱用している例として、最も悪評が高いのは石油産業および石炭産業の大手企業であり、非科学的なプロパガンダに最も継続的に手を貸しているのが『ウォールストリート・ジャーナル』紙である。産業界の圧力団体のおもな戦略は、定評のある科学的な研究結果にもじつは重大な疑いや科学的議論の余地があるかのように見せかけることによって、国民の心に混乱の種をまくというものだ。産業界は、これまで何度となく見せつけてきたように、博士の肩書をもちながら、相応の報酬さえ受け取ればどれほど虚偽にみちた科学的主張にも承認のサインをする人物をつれてこられる。また、私たちがくりかえし経験してきたことだが、不十分な情報しか与えられていない国民は、確固たる意志をもった企業側の圧力団体による情報操作にきわめてだまされやすい。

このような企業による科学への容赦ない冒瀆の最新の例は、気候変動である。エクソンモービル、コーク・インダストリーズ（合衆国最大の民間石油会社）、ニューズ・コーポレーションなどの企業は協力して、気候変動に関する非科学的なナンセンスを何年にもわたって広めており、おもにその中心テーマは、人間の活動が気候変動の原因だというのはまだ科学的な合意として定着していないという主張である。ロス・ゲルブスパンのような何人かの不屈のジャーナリストや、ナオミ・オレスケスらの研究者は、現在行なわれているこうしたPR活動に資金提供している大企業の資金網をあばいてきた。専門家の目には、そうしたPR活動はかなり情けないものに映る。はなはだ非科学的で、基礎的な事実を誤用している点で子供だましとすらいえる。しかし、混乱した大衆には効力を発揮する。人間の活動はすでに危険なほど気候をかき乱しており、さらにひどいダメージを与えようとしているということは抗しがたい科学的な多数意見なのだが、それでも約半数のアメリカ国民は、人間が気候変動を引き起こしているという事実を否定している。

企業部門は大勝をつづける

コーポレートクラシーに関して覚えておくべき最も重要なことは、それが私利を図るものだということだ。アメリカの産業界は危機に瀕してなどいない。企業で働く被雇用者の動向とは対照的な企業部門の動向を見てみよう。

・二〇一〇年の企業の利益は過去最高だった。[25]
・二〇一〇年のCEOの給与は、金融危機から力強く回復した。[26]
・二〇一〇年のウォール街の給与は過去最高だった。
・ウォール街の企業数社は経済的な不正にたいして民事制裁金を支払ったが、銀行幹部で刑事罰に問われた者は一人もいない。
・金融、医療、軍需品、エネルギーといった業界の収益に損失をもたらすような不都合な規制措置は存在しなかった。

アメリカの富裕層（年収四〇万ドル以上で上位一パーセントに入る人びと）と大富豪（年収八〇〇万ドル以上で上位〇・〇一パーセントに入る人びと）は、三〇年におよぶコーポレートクラシーの成果として生まれた。もう手口はわかった。ことの起こりはグローバリゼーションだ。グローバリゼーションは資本所得を増やし、賃金を減らした。こうした変化は富裕層への減税によってさらに進んだ。減税のおかげで、彼らの手取り収入が増え、増えた分の金を貯蓄にまわすことで、より大きな富を蓄積できるようになった。そしてCEOは、多くの場合、自分で選ぶ味方の報酬委員会による自社株購入権に関する常識はずれな裁定を通じて、コーポレートクラシーの所有権の一部を勝手に行使し、証券取引委員会はそれを見ないようにしてきた。二大政党のいずれもが、いつでもいいなりになるのだから、これはさほどむずかしいことではない。

第八章　注意散漫な社会

昨今の経済危機を説明しようとする試みの大半は、一貫性のない金融緩和政策をもっぱら俎上にのせ、あとの少数は規制対象をでたらめに選ぶワシントンの腐敗した政治のせいだと主張する。国民の意識に注目する人もやはり少数派である。政治家や強欲なCEOを責めるのは当然とはいえ、いかにも安直である。大衆は政治家やCEOの実態を察しており、そんな状況を嫌っている。しかし、結局のところ、リーダーを選んだのは自分たちなのだ。アメリカ国民は企業のプロパガンダを甘んじて受け入れ、流されてきた。家計管理にも近視眼的な態度でのぞみ、そのあげく借金まみれになって、いままさに破産の瀬戸際にある。何千万ものアメリカ人が性懲りもなく過剰な消費にふけっては、翌日になると後悔する。飽食し、借金を重ね、ギャンブルにのめりこみ、テレビ漬けになり、中毒性のあるその他さまざまな習慣に熱中する。

アメリカ政府は長期的な経済の舵取りを完全に放棄したようだが、同じように個々の家庭も自分たちの家計について冷静に考えるのをやめてしまった。一般家庭は連邦予算についても態度が一貫しない傾向があり、事実をよく知ろうとせず、しばしば矛盾した立場をとる。一般に、有権者は中産階級の減税と政府支出の増加を支持するが、その一方で財政赤字にたいする強い懸念を表明する。彼らはまた、ときとして、富裕層の相続税の減税を支持するなどして、富裕層にフリーパスを与えたりもする。有権者は短期的な増収を約束されるとあっさりその餌に食いついて、長い目で見るとどういう結果を招くかなど、まったく考えもしないようだ。

このような行動や態度を理解するためには、自分たちの心理にもっと深く踏み込んで、消費者としての行動と市民としての行動の両方を理解する必要がある。圧力団体から政治力を取り戻すために、そしてアメリカにとって有意義な解決策を構築するために、長期的な視点をもつ必要がある。しかし、長期的な視点をもつのはきわめてむずかしく、とりわけ、経済活動の多くが昼夜の別なく行なわれ、誘惑に屈するよう消費者を促している状況ではなおさらである。この章の目的は、日々、思考し、計画し、決断するうえでの、人間の心理的なもろさを理解することである。頭のなかの欺瞞を捨て去れば、私たちは経済再建に手を貸すこともできるだろう。

豊かさの心理学

社会全体が貧しいときには、消費者の行動はどちらかといえば単純だ。消費者には自分に必要なものがわかっている。食べ物、住まい、衣服である。各地の生産者はそうしたニーズにこたえようとする。貧しい家庭では主となる収入では食べていくのがやっとで、蓄えなど、たとえあったとしても、それほど多くない。しかし、貧しい家庭が最低生活水準を脱すると、収穫が少なかった年に悲惨な目にあわないよう、収入の余りを予備のための蓄えにまわせるようになる。

消費者の行動が一筋縄ではいかなくなるのは、社会がもっと豊かになって、基本的なニーズが満たされたときである。アメリカのような高所得国では、中産階級および富裕層に関して、消費者の「ニーズ」という言葉はもはや適切ではなくなり、消費者の「欲望」についてのみ語ることができる。エコノミストは、そうした欲望が確固たるものであり、心の奥底にある固有の好みにもとづいた生来のものといってもよいと主張する。だが、ブランド・マネジャーや宣伝担当重役のほうが、人間心理をずっとよく理解している。成功する事業は商品を作るだけではなく、欲求も作りだすのだ。今日のビジネスは毎年推計三〇〇〇億ドルを宣伝に費やし、消費者の需要を作りだし、また操作している。(1)

実際に、必要ではないものをあれこれ迷いながら買う消費者にとって、購入の動機は強い欲望、気まぐれ、熱中、錯乱、宣伝文句、ステータスの追求などである。たとえば、節約しようと思っているのに誘惑に負けてしまうことは珍しくない。それどころか、豊かさによって、かえって不合理な問題が増えることもある。本当に貧しい人びとは、生きていくために何が必要なのかを知っている。食べ物、住まい、衣服、飲み水、医療などである。豊かな消費者は、どうすれば自分が幸せになれるのか、明確なイメージがもてないのかもしれない。消費すべきか、それとも節約すべきか。最新の流行を追いかけるか、同僚と同じものを買うか。お気に入りのセレブを見習うか。それともテレビやコンピューターの画面に次々と現われる新製品を買うべきか。

アメリカ人の消費支出のかなりの部分は、消費自体の楽しみのためではなく、富やステータスや性的魅力を見せびらかすためのものである。経済学者で社会批評家でもあったソースティン・ヴェブレンの有名な言葉を借りれば、これは「顕示的消費」、つまり自分が楽しむためというより、他人の気を引くことをおもな目的とする消費である。(2)この現象は動物界でもよく見られるもので、生存競争に勝ち残り、進化してゆくなかで、ある動物種のオスが、序列の上位に立ってメスを引きつけるために、めだつ「装飾」を発達させることがある。クジャクの雄の見事な羽や、ヘラジカの大きな枝角はこのような、いわゆる性淘汰の結果である。

つまり、顕示的消費はライバル同士の二つの国がくりひろげる軍拡競争のようなものなのだ。投資の大部分ないしすべてが無用の武器（あるいは枝角またはヨット）のために浪費される。経済における軍拡競争はいわゆる「ラット・レース」になりやすい。誰もがひたすら、ほかの人におくれをとるまいとして、ぼろぼろになるまで働きつづける。神が安息日を定めた理由の少なくとも一つはここにある。自分で休みをとらねばならなくなったら、休んでいるあいだに隣人や競争相手に出し抜かれはしないかと、気が気ではないだろう。結局のところ、自分もライバルも休みをとらずに働きつづけることになるのがおちである。ヨーロッパ諸国の多くは（アメリカはまだだが）、こうした「自己搾取」を防ごうとして、すべての労働者に年間、最低でも四週間の有給休暇をとるように政令で義務づけている。

これと似ているが、また別の種類の「社会的消費」は、個人が自分の望む社会集団に加わるために特定の消費財が必要だという場合に起こる。その例となりそうなのは、暴走族に加わってバイクを走らせるためにハーレーダビッドソンを買う、ソーシャル・ネットワークに参加するためにスマートフォンを買う、あるいは裕福な隣人と地元の優良な公立学校を手に入れるために郊外の家を買うといったことだ。しかし、このなかでも最後の、郊外に家を買うという選択には、たんに周囲への合図やステータスの獲得以上に重要な意味がある。裕福な人びとの集まる地域に住むという決断が、もっと重要な結果につながることは大いにありうる。たとえば、子供をよい学校に入れることもその一例だろう。

アメリカ人にとって、最も重要な社会的消費は家を買うことである。住む場所の選択は家そのものとはほとんど無関係かもしれないが、その家をとりまく近隣の人びとや地域は少なからず考慮に入れなければならない。すでに指摘したように、アメリカの地域社会は収入、人種、民族によって、はっきりと分かれている。他の多くの国々と違ってアメリカの公立学校は経費の大部分を地元の固定資産税でまかなっているため、質のよい学校教育を受けるためには、豊かな居住区に住むことがなにより重要だ。子供をよい学校に入れるために、家族は進んで余分な金を費やし、上品な土地柄と立派な家を手に入れ、高級住宅地の住民になる。こうした動きは連鎖反応を起こす。富裕層がある地区に移り住むと、そこの地価が上昇する。それが誘いとなって裕福な家族がさらに流入し、やがては貧困層を締め出すことになる。貧しい人びとは、貧しい人びとが集まる地域に引き寄せられるが、そこは質の悪い学校しかなく、労働市場への連結にも不便な場所である。

こうした消費行動のはてに行きつくのは、人におくれをとらないように必死で走りつづける社会である。社会を構成する一人ひとりが働きすぎることで、他のメンバーにも重荷を負わせることになる（これを負の外部性（ある経済主体の意思決定や経済行為が、ほかの経済主体にとって不利に働くこと）という）。そして、他のメンバーもおくれをとるまいとして懸命に走らざるをえない。消費者もまた、他の人びとが走っているという理由で走りだし、気がつくと、やりたくもない競争に参加させられている。

大衆を説得するテクノロジー

昨今、主流をなすエコノミストたちは、消費者の行動についてまったく時代遅れの見方に縛られている。あふれるほどの消費財を際限なく買い集めても、もはや幸福という大きな恩恵が得られないことはわかっているのに、それでもエコノミストたちは、個人消費の拡大こそ人の幸福にとって最も大切なものであり、また究極の目的だという意見を捨てようとしない。いまだに、国民総生産——その八〇パーセントが消費支出——の成長こそが、経済効率の指標と見なされている。消費に的を絞ることはエコノミストにとってはけっしておかしなことではないが、同じくアメリカ社会の動向を観察している心理学者、社会学者、哲学者にとっては衝撃として受け止められる。

この現象を理解するためには、現代のメディア、とりわけテレビの誘惑に向きあわなければいけない。一世紀以上にわたって、コマーシャル、PR活動、公的なプロパガンダがたえず波のように押し寄せ、人びとの心を動かし、際限のない消費へと駆り立ててきた。大衆を説得するテクノロジーはますます人を囲い込み、とりこむようになってきた。二〇世紀前半は新聞の時代であり、やがてラジオと映画の時代へと移行した。二〇世紀後半になると、テレビの黄金時代がやってきた。いま、私たちは完全にデジタル化され、通信回線でつながれ、マルチメディアに包囲されて、毎日何時間もさまざまなスクリーンの前で過ごしている。その画面からはノンストップでメッセージが流れてくる。買え、消費せよ、金がなければ借りろ、そして買え、と。そのようなメッセージを送ってくるのは、きわめて高いプロ意識をもち、きわめて効率のよいPRやマーケティングをくりひろげる広告業界である。

近代になって人間の無意識の衝動について解き明かしたジグムント・フロイトは、近代的なPRの創始者であるエドワード・バーネイズのおじ（じつは父方と母方の両方のおじ（バーネイズの母親はフロイトの妹で、父親はフロイトの妻の兄））だった。マーケティングの天才だったバーネイズは、大衆操作の基本的なプロセス（彼はそれを「合意の製造」と呼んだ）がどのように進行するかを予測した。そのプロセスは、より広範な大衆への説得であり、タバコの広告でも、選挙の立候補者の応援でも、軍事クーデター（一九五三年のグアテマラ）でも同じように進行するのだった。大衆操作の秘訣とは、人びとが無意識に抱いている欲求をよみとって刺激し、集団行動に走りたがる心理的傾向をそこに加味することだった。[3]

現在に目を向ければ、広告業界、政治家、選挙運動アドバイザー、ロビイストなどが大衆を操作するためにデジタル・テクノロジーの力を最大限利用しているというのが恐ろしくも明らかな現実である。一九一〇年代から三〇年代まで、バーネイズがおもな手段としたのは、新聞、宣伝目的の派手な見世物、口コミなどだった。バーネイズの人心操作には新聞に載せたモノクロ写真が大きな役割をはたしていた。

やがて一九四〇年代に入ると、テレビが並はずれた力を発揮するようになり、町の広場に集まっていた人びとを家のなかに閉じこもらせ、やがて一人ずつ分断した。新しいテクノロジーとしては前例のないスピードで、テレビはアメリカ人の生活の中心になった。一九五〇年には、テレビのある家庭は全世帯の九パーセントだったが、一九六〇年になると、その割合はなんと八七パーセントに達していた。歴史のうえでも、画期的な新技術がこれほどすばやく受け入れられたことは前例がなかった[4]。初めから、アメリカ人は自由に使える時間のうちの相当な部分をテレビの視聴のために費やし、その時間は一九六〇年代には一人あたり一日三時間から四時間だった。そのうち約三分の一はコマーシャルである。いま、世論を操作しようとするなら、さまざまな方法を組み合わせることができる。テレビ、インターネット、ビデオ、広告板、新聞、雑誌、特別なイベント、そのほかにも、従来の手段がある。二歳から七歳までの平均的な子供は、年間平均一万三九〇〇のテレビ・コマーシャルを目にしているといわれ、八歳から一二歳の子供の場合は三万一〇〇〇と推計されている[5]。

もちろん、大衆の心を操作するテレビの力については早い時期から警告が発されており、一九四〇年代にはジョージ・オーウェル、一九五〇年代にはジャーナリストのヴァンス・パッカード、一九六〇年代にはエコノミストのジョン・ケネス・ガルブレイスおよびメディア研究の第一人者マーシャル・マクルーハン、そして過去二〇年間には言語学者のノーム・チョムスキーが警鐘を鳴らしてきた。一九六八年、文筆家のジョー・マクギニスは、いまやテレビを中心に選挙運動をくりひろげるイメージ・メーカーが「大統領を売って」いると慨嘆したものである[6]。だが、こうした警告にもかかわらず、

っている。

アメリカ人は「大統領を買い」つづけ、さらにテレビで売っている商品を手当たりしだいに買いあさっている。

いまや電子メディアとともに過ごす時間は驚嘆すべき量になっている。二〇〇四年の調査によれば、八歳から一八歳の子供は一日およそ三時間もテレビの前にいる。これに加えて、DVDや映画に一時間、コンピューターやテレビゲームや携帯端末に二時間、さらにオーディオ機器に一時間を費やす。そうすると、読書に残された時間は一日二三分しかない。並行作業（二つ以上のメディアを同時に使うこと）を考慮に入れれば、メディアに費やす時間の合計は、平均して一日に八時間三三分という驚異的な長さになる。(7) 子供たちがバーチャルな電子世界に住む時間はしだいに長くなり、その世界はノンストップのメッセージや宣伝であふれていることが多い。親の場合は、子供たちほどの熱中ぶりは見られず、テレビの視聴時間は一日平均三時間から四時間である。

当然ながら、そのような宣伝やマルチメディア・キャンペーンのどれ一つとして、買い物を減らせとか、もっと節約しろと、人びとに語りかけることはない。有権者の票を獲得するために制作された三〇秒の選挙運動用スポットに疑いの目を向けるよう警告してくれるものもない。派手な色彩、気の利いたコピー、きれいな顔、思わせぶりな身振り、感情をかきたてるスローガンに簡単に影響されてはいけないと警告してくれる広告など一つもない。スポンサー企業のPRが日々送りつけてくる似非科学のメッセージを無視するように教えてくれるものもない。テレビを消し、本を読むか散歩に出かけるか、炊き出し所でボランティアとして働きなさいというスポット広告などありえない。理由は明白だ。そんなメッセージを送っても一銭の得にもならないからだ。三〇〇〇億ドルもかけて広告を打つのはそんなことのためではなく、候補者を当選させたり、商品を売ったりするためである。スポンサーは出した金にたいして相応の儲けを期待しているのだ。

テレビの影響力は、広告が送る直接的なメッセージを超えて、もっとずっと遠くまで広がる。

テレビはまた、地域社会の中心を移動させた。人びとの居場所は公園やボウリング場から、個人の家の私的な空間へと移った。つまり、大画面の前に陣取ったカウチポテト族の誕生である。時代をへるにつれ、居間にテレビが一台という状態から、寝室ごとにテレビが一台という状況へと移り変わった。家族はよその家族とつきあうのをやめ、やがて家族のメンバー同士も一人ずつばらばらに過ごすようになった。政治学者のロバート・パットナムは、市民同士の交流の減少を論じた名著『孤独なボウリング――米国コミュニティの崩壊と再生』で、市民活動に費やす時間が長期にわたって減少しつつあることとの最大の要因はテレビを見る時間が増えたことだと結論づけている。

外国の事情と比較してみた結果はじつに興味深い。テレビの視聴は社会的健康（健全な社会性を備え、周囲の人と良好な人間関係を築けること）に悪い（さらにいえば、個人的な健康にも悪い）。テレビはソーシャル・キャピタル（社会関係資本）を食いつぶす。国民がより長時間テレビを見る国では、社会にたいする信頼度が低レベルにあり、政治の腐敗度は高い。テレビの視聴と社会にたいする信頼度が反比例するという仮説は統計的に有意であり、その関係を図8・1（a）に示した。この図によれば、成人一人あたりのテレビ視聴時間の推計は、スイスの一日約一六七分から、アメリカの二九七分（一日に約五時間）という驚くべき長さまで、さまざまである。比較的視聴時間の短いグループ（スイス、フィンランド、スウェーデン、ノルウェー、オランダ）、視聴時間が中程度のグループ（フランス、ドイツ、日本、スペイン、イタリア）、そして視聴時間の長いアメリカに分けられる。テレビの視聴時間と社会にたいする信頼の度合い（世界価値観調査による測定）に負の相関がはっきり見てとれる。一方では、図8・1（b）に示したように、政治腐敗の認識（トランスペアレンシー・インターナショナルの調査）の度合いが高い国では、テレビの視聴時間も長いという正の相関関係がある。たとえばイタリアは、しつこい汚職疑惑につき

図8.1 (a)　テレビの視聴と社会にたいする信頼度の関係

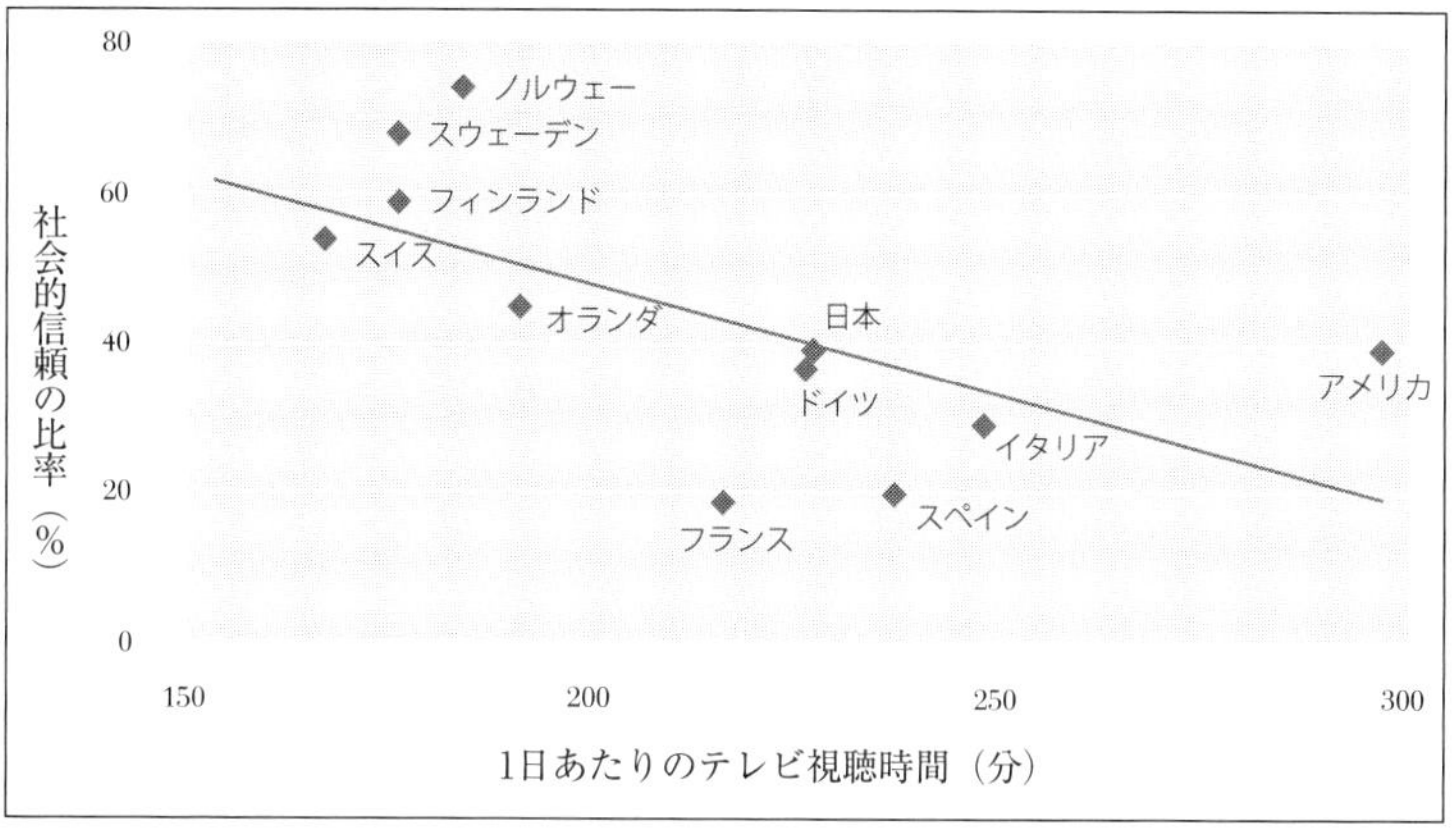

出典：世界価値観調査のデータバンクと RTL グループのデータ

まとわれるメディアのオーナーによる長年の支配を正確に反映して、政治腐敗の認識と視聴時間の両方で非常に高い数値を示している。それとは対照的に、北欧諸国の市民はテレビの視聴時間が短く、社会にたいする信頼度もきわめて高レベルである。好運にもこの件では、アメリカは最適ラインのわずか下に位置している。テレビの視聴時間がきわだって長いにもかかわらず、アメリカの政治腐敗の度合いは他の国々と比較して、中程度にすぎないと評価されている（おそらく、アメリカの政治腐敗は、企業のロビー活動や選挙資金の提供というかたちでそのほとんどが事実上合法化されているためだろう）。

長いあいだテレビを見るのは心身の健康にも悪そうだ。世論調査からわかるのは、テレビを長時間見る人は概してあまり幸福ではなく、それどころかテレビを長時間見たせいで不安が増すことさえあるという事実だ。こう見てくると、長時間のテレビ視聴は健全な消費行動というより、心理的な依存症のパターンにあてはまるようだ。さらにまた、当然かもしれないが、テレビの視聴時間と肥満のあいだにも

図8.1（b） テレビの視聴と政治腐敗の認識の関係

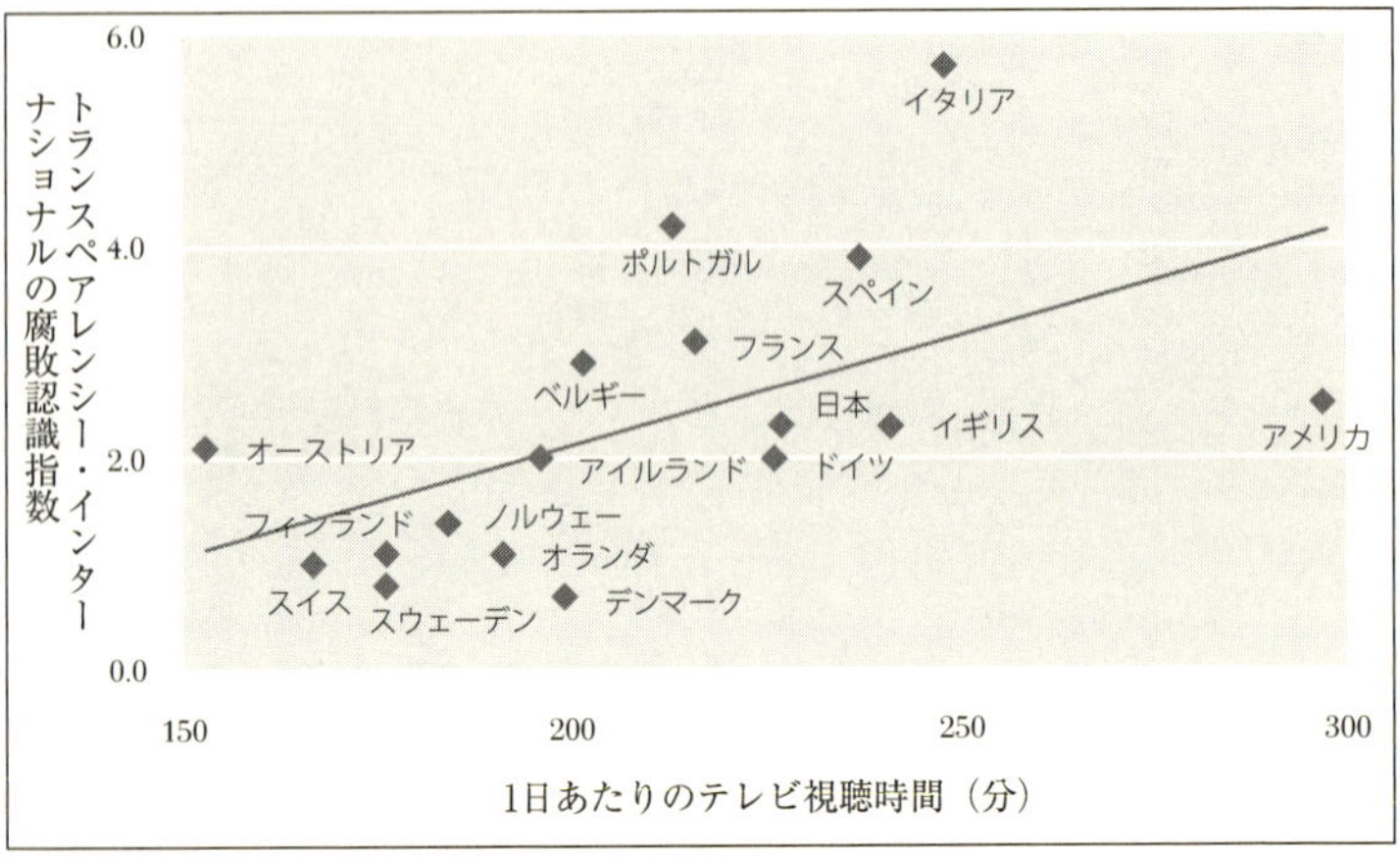

出典：トランスペアレンシー・インターナショナルおよびRTLグループのデータ

正の相関が見られ、その結果が図8・2である。この相関関係はたぶん、坐ったままでいるせいで（長時間のテレビ視聴により）肥満になるという端的な因果関係をある程度反映していると思われる。また、テレビをよく見る人はテレビのコマーシャルで宣伝されるジャンクフードを食べる傾向が強いことも反映しているはずだ。また、食べすぎもテレビの見すぎも自制心の欠如という点で共通するという心理学的な説明もある。

長時間のテレビ視聴と社会・個人的な悪影響の相関関係は、もちろんはっきりした因果関係を示すものではない。テレビを長時間見ることは、社会に複雑な結果をもたらす複数の要因の一つにすぎない。それでも、こうした関連性は示唆に富んでおり、憂慮すべきものでもある。

日々、送られてくるイメージの奔流やメディアのたえまないメッセージは、人間にとって最も重要な意思決定の過程に影響をおよぼそうとするプロの手で考案され、作りだされている。人は、理性ではなく、衝動や幻想にもとづいて行動しろとせきたてら

図8.2　テレビの視聴と肥満の関係

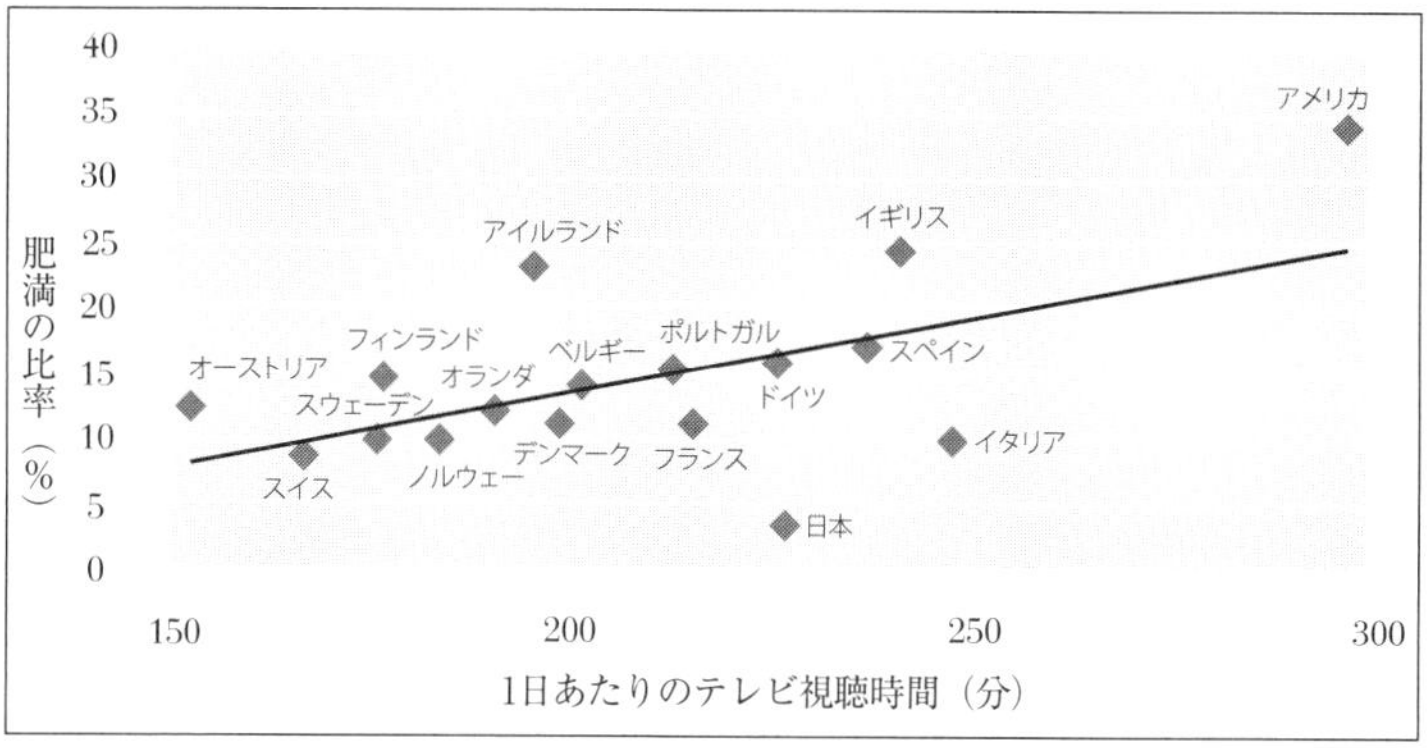

出典：RTL グループと OECD のデータ

れる。だからこそ、私たちは理解しなければいけない。繁栄するメディア経済のなかでバランスを保つことは、一〇年か一五年前におかれていた状況にくらべてはるかにむずかしい。現代の神経生物学および心理学の発達によって人間の驚くべき脆弱さが明らかになったが、それはフロイトやバーネイズですら予想しなかったほどである。

問題はさほど単純ではない。人間は合理的な動機と不合理な動機の両方をもちあわせており、自覚的な認識だけでは行動を制御できず、したがって無意識を操作されると抵抗しにくいということが、すでにわかっている。フロイトもその甥のバーネイズもそのことは承知していたし、それ以後、リサーチ専門の心理学者が何世代にもわたって研究を重ね、実験者の操作によって気分、周囲の状況、無意識の働きかけなどを少し変えただけで、被験者の決心がどれほど簡単に揺らぐかを明らかにしてきた。近年、新たにわかったのは、人間は生物としても「発展途上の作品」であり、年をとってもそれは変わらないということだ。人間の脳は——ということは、同時に人格、決断力、価値観なども含めて——時間とともに大きく、また継続して起こる神経回路の修正によって変化してゆく。人間はたんに食べたものでできているわけではない。見たり聞いたりしたもので、人間はできている。なぜなら、見たり聞いたりしたものは、人間の脳を作りかえ、心や将来の決断を文字どおり左右するからである。

こうして人間の脳がたえず作りかえられ、また操作にたいして私たちがとても弱い存在だからこそ、いまの宣伝だらけの経済がどれほど異様なものかを知っておく必要がある。これまで、人間が操作に弱いことについてはさんざん学んできたが、そんな弱さにつけこむために考えだされた巨大な広告宣伝産業を育ててきたのも、私たち自身なのだ。神経科学者によれば、自分で考えている以上に人が宣伝や大量消費社会に影響されやすい理由は四つあるという。

その一、人間の脳には適応性がある。受け取る刺激の種類と選んだ行動によって、脳の回路はたえず変化してゆく。科学者はこの現象を「神経可塑性」という用語で表現する。心の静けさをとりもどすのに瞑想はよい助けになるが、テレビを見ると、そんな心の静けさが妨げられる。とくに幼い子供の場合はその傾向が強い。その二、動物行動学者は「超正常刺激」の重要さを強調する。「超正常刺激」とは、ごく単純な色彩や性的刺激、その他、ちょっとした感覚情報がきわめて複雑な行動の引き金になりうることを意味する。動物研究におけるめざましい発見から説得力のある推測を導きだしたハーヴァード大学の心理学教授ディアドリ・バレットによれば、生物としての人間もまた、特定のきっかけに強く反応するようにできているという(8)。食品産業は、人が好まずにいられない油脂分の多い食べ物と甘い砂糖で誘惑する。マーケティング業界は、モデルにセクシーなポーズをとらせて私たち顧客の目を引き、車やビールやタバコを買わせようとする。もちろん、これらは誘惑の手段としてはおなじみのものだが、それでも人はいたるところに仕掛けられた宣伝の罠にかかって、財布のひもを緩めてしまう。その三、人間は依存しやすい存在なので、マーケティング業界は子供たちに狙いを定め、生涯つづく消費や過剰消費へと簡単に引きずりこむことができる。現代の若者にとって麻薬は脅威だが、若者たちを中毒に引き込んでいるのは麻薬密売人ではなく、むしろ広告業界の大手ではないだろうか。その四、たいていの場合、人は無意識のうちに決断をくだす。ある商品をなぜ買ったのか、なぜそれに惹かれたのか、自分でもわかっていないことが多い。気づかないうちに、見た目や匂いや刺激によって、脳が「その気」にさせられ、自分でもよくわからない理由で商品を買えとそそのかされるのだ。

二〇年ほど前にも、私はこうした問題について考えたが、そのときは買い物依存症や「理性の放棄」について、深刻な社会問題ではあるが、マクロ経済学にとってはさほど重要な問題ではないと結論づけた。依存症はソーシャルワーカーや麻薬取締官が対処すべき問題だ。マクロ経済学が扱うのは圧倒的多数の行動であって、少数派や哀れな例外はとりあえず考えに入れずにおくしかないと自分を納得させたものである。しかし、いまの私は、心理学と経済学の分業をよしとしない。わずか一世代で、アメリカ人は唖然とするほど多種多様な依存行動（喫煙、過食、テレビの視聴、ギャンブル、買い物、借金、その他）をとるようになり、自制心のなさを露呈している。これらの不健全な行動はまちがいなくマクロ経済でとりあつかうべき規模に達しており、あくなき宣伝と過剰さがあふれる時代における人間の幸福とは何かという難題を突きつける。私たちが作りだしたのは、本当に個人としてのバランスを根底からくつがえすようにプログラムされた世界なのだろうか。現代社会は過剰消費への依存にはまり、家計は借金まみれになっている。ひどい食生活に依存したあげくが、肥満率三三パーセントというとんでもない数字である。アメリカ社会はテレビ中毒でもあり、一人あたり一日四時間から六時間をテレビの前で過ごし、結果として、不幸になっている。

マスメディアとハイパーコマーシャリズムの結婚

アメリカのメディア・システムに関して驚嘆すべき事実は、社会的な統制のきかない巨大な力となっていること、そしてアメリカをどん底に突き落とした責任の一端を担っていることである。メディアの巨大な力は、家庭を乗っ取り、国の政治を支配し、戦場にさえも及んでいる。さらに、メディアはアメリカ社会を揺るがすもう一つの大きな不安要素でもある。いまや、メディア、大企業の利益団体、政治家は緊密に結びついて力をたくわえ、際限のない幻想を生み出すことによって保身をはかっている。メディアは幻想を売り歩き、その幻想によって中毒症状がさらに進む。その中毒には、メディアそのものへの耽溺も含まれる。

多くの記録から、テレビ時代のアメリカが独自の発展をとげてきたことがわかる。それが原因で、アメリカ社会は、民間企業と公的なものとを問わず、プロパガンダという邪悪な技にたいして、長きにわたり、きわめて脆弱になったのだという。原因として最も大きかったのは、テレビ時代の草創期に、政府がテレビ放送網をほぼ全面的に民間部門にゆだねると決定したことだった。つまり、アメリカは広告収入によって放送を成立させるというモデルを採用したのである。一九三四年、連邦議会は通信法を可決したが、そのとき官民の混合システムというもう一つの選択肢を採用しなかった。

連邦政府は数十年にわたり、おもに連邦通信委員会（FCC）を通じて、民営放送に少なくともなんらかの規制を設け、公共性を守らせ、適正な競争を促した。[9]ところが、一九八〇年代から九〇年代にかけて、アメリカ社会のさまざまな場面において、企業の所有するメディアは公的規制の網の目をくぐりぬけた。その結果、二一世紀の初めごろには、メディアは政府など恐れるに足らずという存在になり、それどころか、おおっぴらにワシントンのプロパガンダの片棒をかつぐようになった。

民間部門が放送を完全に支配するようになる過程で重要な区切りとなったのは、一九九六年、クリントン大統領の署名によって電気通信法が成立したことだった。このときも、企業に力を与えるという点では共和党も民主党も大差がなく、超党派的なものだということをクリントンの行動が証明した。この新しい法律は、テレビおよびラジオ界でのメディア・コンセントレーション（ある特定の資本が複数のメディアを所有する状態）を防ぐためにかろうじて残っていた障壁を完全にとりのぞき、企業合併の流れを加速させ、結果としてメガ＝メディア企業が誕生した。今日、メディア業界の巨人としては、ウォルト・ディズニー・カンパニー、コムキャスト、ウェスティングハウス・エレクトリック、バイアコム、タイム・ワーナー、ニューズ・コーポレーションなどがあげられる。

メディアと政治家はいま、見事な共生関係にある。放送は企業の製品を売り込み、消費者の価値観を誘導し、友好的な政治家のキャリアを伸ばそうとする。一方、政治家はメディアにたいする規制の撤廃に賛成し、減税政策を進め、業務の監視をゆるめ、公共サービスへのチェックを甘くする。

ハイパーコマーシャリゼーションを規制する

わが国において、社会の価値観を市場が蹂躙するにまかせる趨勢を招いた根本的な原因が、マスメディア文化、氾濫する宣伝、テレビの一日の視聴時間の長さだと証明することはできない。だが、先進諸国のなかで、アメリカが極端なコマーシャリズムの不幸な実例であることは私にも示せる。そのために、私はコマーシャリゼーション指数（CI）というものを考案した。各国の経済が集合的な（公共の）消費や未来への配慮よりも、個人消費と目先の利益を優先する度合いが高いほど、この指数も高くなる。私の仮説では、アメリカをはじめとして、テレビの視聴時間が長い社会ほど指数が高くなる。さらに、CIの高さはアメリカ社会を苦しめている悪条件のいくつかと関連があるはずだ。私はコマーシャリゼーション指数に六つの項目を組みこんだが、これらの項目は社会的な選択において、それが「公共か、民間か」、そして「現在と未来のどちらを重んじるか」を測定するためのものである。各項目とも、数値が高ければコマーシャリゼーションの度合いが高いことになる。

- 国内（個人プラス公共）総消費に占める個人消費支出の割合（消費の主要形態としての個人消費）
- 国内総教育費に占める民間教育費の割合（公共財というより私的財としての教育）
- 国内総医療費に占める民間医療費の割合（公共財というより私的財としての医療）
- 国内棄権率（国民の政治参加不足）
- 常勤労働者一人あたりの平均年間労働時間（少ない余暇、市場消費志向の高さ）
- 国内消費率（個人消費と政府消費の合計をGDP比で算出）

わかりやすくするために、これらの評価はどれもゼロから1までの数値であらわし、最も商業志向が高いものを1とした。各国のコマーシャリゼーション指数の総合点は、六つの項目の測定値を単純に平均したものである。総合ランキングと六つの要素は表8・1に示した。

サンプルとした国々のうち、群を抜いてコマーシャリゼーションの進んだ国はアメリカで、次がスイスである。アメリカは六つの項目のうち一つ（民間医療費の割合）が首位で、残る五つの項目では三つが二位である。全般的に、どの国でも各項目の順位には高い相関性が見られる。オーストラリア、カナダ、ニュージーランド、イギリス、アメリカはコマーシャリゼーションの大半の項目でランクが

図8.3　コマーシャリゼーション指数と国内貧困率の関係

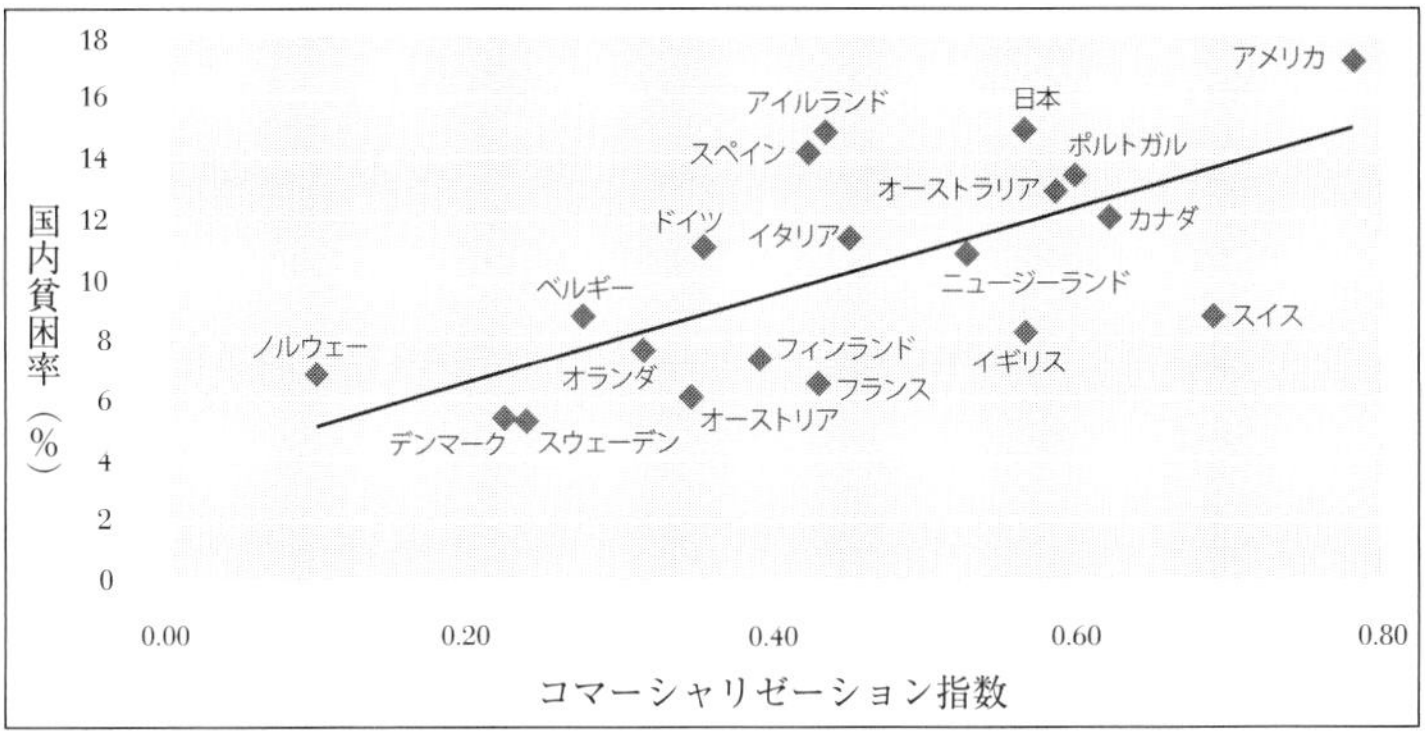

出典：RTL グループと OECD のデータ

高くなる傾向がある。デンマーク、ノルウェー、スウェーデンなど、社会民主主義の北欧諸国は全項目においてランクが低くなる傾向がある。

アメリカのようにコマーシャリゼーションの進んだ社会は、貧困層を置き去りにしがちである。図8・3に見られるように、CIの数値が高い国は、国内貧困率（OECDの調査による、平均収入の五〇パーセント未満しか収入のない家庭の比率）も高いという明らかな関連性が見られる。さらに、CIが高い国は、公的な開発援助のGDP比によると、貧困国への開発援助も少なくなりがちである。CIが高い国では、高所得者の上位一パーセントが、国内の世帯収入の総額のうち最大の割合を得ていることがわかる。コマーシャリゼーションの進んだ経済では、市場価値が社会的な価値に勝るといってよいだろう。多かれ少なかれ貧困層は——国内であれ国外であれ——存在を無視される。そのような社会では、個人が市場価値（取引、私利私欲、競争）に圧倒され、それ以外の価値（同情、信頼、誠実さ）を見失ってしまうのではないだろうか。

いずれにせよ、アメリカの場合、一人ひとりは裕福だ

表8.1　コマーシャリゼーション指数

国	CIの数値	国内消費率	平均年間労働時間	国内棄権率	国内総消費に占める個人消費支出の割合	国内総医療費に占める民間医療費の割合	国内総教育費に占める民間教育費の割合
アメリカ	0.90 (1)	88% (3)	1,681(8)	58% (2)	79% (2)	54% (1)	32% (2)
オーストラリア	0.56	76%	1,713	17%	76%	33%	28%
オーストリア	0.35	74%	1,581	24%	71%	23%	11%
ベルギー	0.26	76%	1,550	14%	66%	27%	6%
カナダ	0.60	76%	1,699	46%	71%	30%	26%
デンマーク	0.20	78%	1,536	17%	61%	16%	8%
フィンランド	0.39	82%	1,697	32%	65%	26%	3%
フランス	0.42	81%	1,554	45%	69%	22%	9%
ドイツ	0.35	78%	1,419	28%	73%	23%	15%
アイルランド	0.45	89%	1,584	31%	72%	23%	6%
イタリア	0.49	84%	1,773	21%	74%	23%	8%

日本	0.55	73%	1,714	33%	74%	18%	33%
オランダ	0.28	78%	1,378	23%	61%	38%	16%
ニュージーランド	0.51	84%	1,729	22%	73%	20%	20%
ノルウェー	0.06	65%	1,403	23%	63%	16%	2%
ポルトガル	0.57	91%	1,719	33%	74%	29%	8%
スペイン	0.43	80%	1,653	23%	71%	28%	11%
スウェーデン	0.21	77%	1,602	19%	62%	18%	3%
スイス	0.70	69%	1,640	60%	81%	41%	NA
イギリス	0.55	85%	1,646	42%	71%	17%	25%

出典：OECD 統計データベースおよび国際民主化選挙支援機構（IDEA）
注：(　) 内はアメリカの順位

が、社会は貧しい。富の追求には情熱を燃やすが、取り残された人びとには目を向けようとしない。アメリカ社会は、たぶん他のどの社会にもまして、個人主義と個人の富の追求に重きをおくが、そのような生き方がより大きな幸福をもたらすとは思えない。

もちろん、ハイパーコマーシャリズムを危惧する言説は昔からあった。カール・マルクスが取り残された側の視点に立って、「商品化」された社会を批判したことは周知のとおりだ。さらに行きすぎた消費主義にたいしては、宗教および道徳における正義という観点からも厳しく糾弾されてきた。自由市場について考察したドイツの有名なエコノミスト、ヴィルヘルム・レプケが二〇世紀半ばに著書『ヒューマニズムの経済学』で、無情な宣伝と大量消費主義を精力的に批判したことは有名である。レプケはこういっている。宣伝は「現代とそれ以前のあらゆる時代を明確に分けるという点で、他の何ものも比較にならず、したがって、今世紀を宣伝の時代と呼んでもかまわないだろう」。[10]

さらに現代の偉大な社会学者やエコノミストは、大量消費社会に屈したのが大衆だけではなく、金持ちも同じだということを思い出させてくれる。初期の近代資本主義は、富裕層による贅沢な消費ではなく、むしろ起業家の慎重な消費と高い倹約精神という美徳のうえに成立した。ドイツの社会学者マックス・ヴェーバーは初期の資本主義の基本となった高い倫理観について「人生のあらゆる自然発生的な楽しみを厳格に避けることが、より多くの金を稼ぐことと結びついた」と書いているが、それは当時のプロテスタントの価値観と一致していた。[11] イギリスのエコノミスト、ジョン・メイナード・ケインズも一九世紀後半のイギリス資本主義の土台となった倫理について同様の意見を述べた。ケインズによれば、一九世紀後半の社会が金持ちに寛容だったのは、彼らが莫大な富を浪費せず、勤倹節約を重んじる正しい生活を送っていたからだということを忘れてはならない、という。ケインズは次のように述べている。

実際、資本主義体制を正当化するおもな理由はここにある。金持ちが新たに築いた財産を自分自身の楽しみに使っていたら、世の中の人びとはとうの昔に、そのような体制を耐えがたいと思っただろう。しかし、金持ちはミツバチのように節約と貯蓄に励んだ。それが少なからず地域社会の全体を利することになった。というのも、彼らは築いた富のごく一部しか取らなかったからだ……資本家階級は本来、ケーキの最も美味しい部分を自分のものにする権利があり、理論的にはいくらでも食べてよいはずだが、社会の暗黙の制約により、実際にはごくわずかしか食べない。「貯蓄」の義務が美徳の九割を占めるようになり、ケーキを大きくすることが本物の信仰の対象となった。[12]

もう一つ例をあげると、一九世紀後半のアメリカで最も偉大な資本家、「鉄鋼王」と呼ばれたアンドリュー・カーネギーも同じように、金を稼ぐという尊い使命と、ひとたび成した富を適切に使うことを区別した。カーネギーは大きな影響力をもつ有名な著作『富の福音』で、「富める者の義務」という概念を定義した。

見せびらかしたり浪費したりすることを避けて、つましく質素な生活の手本を示すこと。自分を頼ってくれる者には、妥当な範囲内で必要とするものをほどよく与えること。そしてその後、よく考えなくてはいけないのは、手元に残った余剰収入はすべて、たんに信託財産として自分が預かっただけであり、管理・運用するよう求められているものなので、使命として、コミュニティに最も有益な結果をもたらしそうだと自身が判断する方法でぜひとも運用しなくてはならないということだ。富める者はこうして、たんなる受託者となり、貧しい仲間の代理人となって、自身のすぐれた英知、経験、運用能力を提供し、彼らが自分で運用するよりもっとうまく運用してあげるのだ。[13]

こうすれば、資本家の富は分配され、地域社会全体が恩恵をこうむるだろう、とカーネギーは書いた。カーネギーはアメリカとヨーロッパ各地にカーネギー国際平和基金、カーネギー工科大学（現カーネギーメロン大学）などの大規模な慈善施設をいくつか設立し、アメリカ中におびただしい数のカーネギー図書館を建てた。さらに彼の慈善活動はジョン・D・ロックフェラーを感化し、近代史上、最も成功し、大きな影響力をふるった慈善団体であるロックフェラー財団設立のきっかけにもなった。ロックフェラー財団は貧困、飢え、病気との戦いにさいして活動の基礎固めに貢献し、科学および行政においても画期的な発展をもたらした。カーネギーの提唱した富の福音は今日まで引き継がれ、ビル・ゲイツ、投資家のウォーレン・バフェット、ジョージ・ソロス、実業家のテッド・ターナー、財務管理者のビル・グロスといった現代アメリカの富豪たちは、貧困の撲滅、公教育、疾病対策、民主主義の発展および支援のために多額の寄付をしている。しかも、ゲイツとバフェットは、同じく億万長者の数十人にたいして、少なくとも財産の半分を慈善行為に寄付しようではないかと働きかけている。

とはいえ、引き継がれなかったものもある。それは、本来、資本主義の基本となっていた倫理観である。今日の大富豪に関していえば、少数の主導的な企業慈善家が目につく以外は、禁欲主義よりも浪費ぶりが有名である。誕生パーティー、結婚式、記念日などの派手なお祝いに数百万ドルが費やされて話題を呼び、パパラッチや大衆の好奇心を満足させる見世物となっている。大衆のほうも望まれるとおり、二四時間放送のケーブルテレビにかじりついて見物人としての務めをはたす。社会の最上層まで浸透したハイパーコマーシャリズムのせいで、大富豪は目が見えなくなり、社会を構成する大多数の切迫したニーズに気づかない。

フェイスブック時代の宣伝

テレビ時代はあっというまにブロードバンド時代へと移り、インターネットにつながった、くらくらするほど多種多様なデバイスを介して、情報が私たちの生活に送られてくるようになった。そして、大論争が始まった。私たちの社会にとって、インターネットや常時接続はどんな意味をもつのだろうか。

インターネットが最初に発明され、やがてワールド・ワイド・ウェブを新しい流通経路として大量の情報が伝達されるようになったとき、この新しいテクノロジーの先駆者の多くは、これこそ、きわめて民主的かつ反商業的な世界になるはずだと信じた。アクセスは無料か、ほぼ無料になり、新たな地球規模の討論や話し合いに誰もが平等に参加できるだろう。従来のような情報の寡占はすぐに消えうせ、新しいグローバルな共同作業が始まるだろう、と。

ところが悲しいかな、そんな希望はたちまち色褪せつつある。インターネットは公共の場を一つにまとめるどころか、むしろ寸断したように見える。ネット上には、同じような意見で固まった自己満足にふけるグループばかりができやすく、そのため、これまで以上に分極化が進み、公開討論でも無愛想で好戦的な態度がめだつようになっている。

コマーシャリゼーションについていえば、広告主やマーケティング業者にとって、いまのところ、インターネットはメッセージをターゲット・グループに送る最高の道具となっている。訪れるウェブサイト、オンラインでの買い物、ソーシャル・ネットワークの友人リストなど、インターネット上の行動を監視することによって、広告主はメッセージを広めるための新しいツールを手にする。さらに、ネット上の人間関係から顧客の行動を追跡し、流行を生み出し、仲間うちの対抗心を煽る。グーグルやフェイスブックなど、大手のウェブサイトはバーチャルなコミュニティで収集した情報をマーケティング業者に引き渡すことに、それほどためらいがない。注目すべきことに、二〇一〇年の広告収入がグーグルは二五〇億ドルを超え、フェイスブックは一八億六〇〇〇万ドルに達した。ヴァンス・パッカードはかつて「隠れた説得者」が商品を売ると論じたが、いまや「目につく説得者」が新しいソーシャル・ネットワークという驚異を通じて、人びとの暮らしにいつのまにか入りこみ、弱点につけこもうとしている。(14)

毎日のようにプライバシー侵害の恐れやウェブがらみのマーケティングにまつわる新たなリスクが発見される昨今だが、利益追求のためならタブーを破ることもいとわないという企業があることを考えれば、それも驚くにはあたらない。最も新しい動きは、ウェブ・ユーザーについて、氏名、年齢、住所、学歴、世帯構成、所得、購買パターン、ソーシャル・ネットワーク、支持政党など、さまざまな個人情報を含むデータを収集してデータベースにする会社がたくさんできていることである。この情報は「クッキー」や「ウェブバグ」という小さなコンピューター・コードを通して集められる。このコードは、ユーザーが特定のウェブサイトを訪れたり、割り込みを許可したりしたとき、いつのまにかパソコンに送りこまれるもので、企業はこれを通じて個人のインターネットの使用状況を監視し、協力企業とのウェブ上でのネットワークによって情報をつなぎあわせ、何百万人ものユーザーの詳細な個人データを得ることができるのだ。このデータは商品として売られ、選挙運動に利用され、政党の手に渡ることもある。『ウォールストリート・ジャーナル』紙の記事によれば、こうしたデータマイニング会社の一つであるラップリーフは「六億以上のメールアドレスをデータベースに溜めこんでおり……一カ月に三五〇〇万件以上の割合で追加していた」という[15]。

インターネットと人間心理の関係はさらに深刻な事態になっている。これまでにもテレビ、DVD、オンデマンドの映画、MP3プレーヤー、どんどんバージョン・アップするスマートフォンなどに翻弄されている人びとにとって、インターネットはソーシャル・ネットワークだけでなく、神経ネットワークの回路の配線まで変えてしまうように思える。近年、脳神経学者が最も危惧しているのは、ネットサーフィンをしていると刺激に関する短期的な反応がよくなる半面、長時間の集中力が低下するのではないかということである。インターネットでは画面にざっと目を走らせるだけで、じっくりとは読まない。ネットサーフィンと読書は、感情的にも認識の上でもまったく別ものである。ネットサーフィンでは、すばやく事実を拾いあげられるが、記憶にとどめておける時間は短い。

心理学者と社会学者は今後まちがいなく、人間の知覚全般にたいする重い負担に注目することになるだろう。デジタル時代の情報伝達に関する研究から、一人あたりの受け取る情報量がいちじるしく増えていることはわかっているが、それが人の心の健康にどんな影響をおよぼすのか、さらに社会にどんな結果をもたらすのかは、まだわかっていない。グローバル・インフォメーション・インダストリー・センター（カリフォルニア大学サンディエゴ校）の注目すべき研究は、情報量の驚異的な増加と媒体の変化について検証している[16]。二〇〇九年、平均的なアメリカ人は一日に約一一・四時間「情報」を消費したが、一九八〇年には一日に七・四時間だった。それ以前はまちがいなく、もっと少なかったはずである。こうした情報の流れはさまざまな伝達システムを通じて提供される。テレビ（従来のネットワーク放送、衛星放送、ケーブルテレビ、DVD、ワンセグなど）、印刷物（書籍、雑誌、

表8.2　日々の情報の流れ（2009年）

	1日あたりの受信時間	合計に占める割合	受信された語数	合計に占める割合
テレビ	4.91	41.6	44,850	44.8
ラジオ	2.22	18.8	10,600	10.6
電話	0.73	6.2	5,240	5.2
印刷物	0.6	5.1	8,610	8.6
コンピューター	1.93	16.4	26,970	27.0
コンピューターゲーム	0.93	7.9	2,440	2.4
映画	0.03	0.2	200	0.2
録音された音楽	0.45	3.8	1,110	1.1

出典：グローバル・インフォメーション・インダストリー・センターのデータ（2009年）

新聞）、ラジオ、電話（固定電話と携帯電話）、映画、録音された音楽、コンピューター（ゲーム、携帯端末、インターネット、電子メール、オフラインプログラムなど）といった具合だ。

この研究では、情報の流れが三通りの方法で計測されている。その一、情報の受信に費やす時間、その二、伝達された語数、その三、伝達された情報のギガバイト数。三つ目の方法では、テレビゲームとコンピューターゲームを重視した。二〇〇九年にアメリカ人一人あたりが受け取った情報の合計および各カテゴリー内での割合は、表8・2に示した。注目してほしいのは、費やされた時間（一日に四・九一時間）と受信された語数（一日に四万四八五〇語）でテレビが依然として首位に立っている点だ。ただし、ギガバイト数ではテレビゲームに次いで二位になっている。私が「依然として」といったのは、現在、若者のあいだではテレビの利用が減少し、コンピューター、携帯電話、電子書籍など、他の情報伝達の後塵を拝しているという証拠があるからだ。電子スクリーンは時間を問わず、ユビキタス（どこにでもあたりまえのようにある）の状態になっており、しかもいまや、デバイスの種類もますます広がっている。

無知の蔓延

印刷媒体は長期にわたって低落傾向がつづいている。一九六〇年、印刷物はメディアが伝達した語数のうち推定二六パーセントを送り届けた。ところが二〇〇八年になると、九パーセントに減少した。平均的なアメリカ人が情報を受け取るのに費やす一日あたりの時間では、テレビが四二パーセントを占めるのにたいして、印刷媒体はわずか五パーセントでしかない。若者のあいだでは読書を楽しむ習慣が消えつつあり、書籍の購入は一〇年ほど前から急激に減りはじめた。アメリカ人が読書をしなくなるにつれて、基礎的な知識をもたない人が増えてきた。とくに気候変動のような政治論争の的になっている問題について、科学的な事実を知らない人が多すぎる。同時に、読書力も急激に落ちている。[17]

これはじつに皮肉なことだ。新たな「情報の時代」といわれるいま、じつは国家の重大事というときに――個人としてまた市民として私たちは危機に直面している――国民のあいだで基礎知識の崩壊が起こっているのだ。インターネットなどの接続機器のせいで社会がいずれ愚かなままで終わるのか、それともより豊かな情報社会になるのか、その判断をくだすのはまだ早い。テレビゲームや娯楽番組のオンライン・ストリーミングが、より有意義な読書や情報収集を押しのけてしまうのだろうか。少なくとも、近年、次々と刊行された書籍によれば、その危険は十分にありうる。たとえば、マーク・バウアーレインの『最も愚かな世代（*The Dumbest Generation*）』、チャールズ・ピアスの『愚かなアメリカ（*Idiot America*）』、スーザン・ジャコビの『アメリカの不条理時代（*The Age of American Unreason*）』、リック・シェンクマンの『アメリカ人は嘆く　われわれはどこまでバカか？』（和田まゆ子訳、扶桑社）などがその一例である。

最近の世論調査や学術研究でも、アメリカ人の大多数に基礎的な知識が欠けているということが論証されている。先にあげた著者の一人がいうように、「歴史や公民についてほとんど知らず、本を読んだことも博物館を訪れたこともない人の、知識から隔絶した考えが急速に一般論として広まるというのは、恥知らずな事態というべきである[18]」。アメリカの高校における試験の成績が、よその国よりも低いままだったら、アメリカ経済の繁栄、財政上の安心感、世界における立場も低いままであるしかない。もっと不吉なことをいえば、連邦予算の赤字解消や、人間が原因の気候変動への対策といった難題にとりくむときに必要不可欠な知識を十分に共有することができなければ、私たちの市民としての資格は完全に崩れ落ちるだろう。

ピュー・リサーチ・センターは折にふれて、ニュースIQテストでアメリカ国民の基礎的な知識を調査する[19]。二〇一〇年末、イギリスの首相を知っていたのはわずか一五パーセント、四人のうちから次期米国下院議長を正しく選べたのはたったの三八パーセントだった。共和党が連邦議会の下院では多数派だが上院ではそうではないことを知っている人は、半数をやや下まわった（四六パーセント）。国防、社会保障、債務利子、メディケアの四択で、連邦予算に占める割合が最も大きいものとして国防を正しく選んだのは、三九パーセントだった。こうした知識の欠落はけっして大きな罪ではない。ピューがいうように、「国民は政治経済の基本的な知識はもっているが、詳細については苦戦している」のだ。しかし、国が税金、歳出、軍事費などの複雑な選択にとりくまなければならないとき、基礎的な知識の不足は危険につながる。正しい情報をもたない国民は、プロパガンダによって簡単に動かされ、ワシントンを陰であやつる特殊権益団体のずるがしこい策略にあっさり引っかかる。

心の平衡をとりもどす

要するに、アメリカはその歴史上初めて、メディア漬けの社会となったのだ。私たちは毎日、コンピューターの画面に向かって仕事をする。家に帰れば毎日、何時間もテレビ、DVDプレーヤー、テレビゲーム、インターネットのチャット、フェイスブックにどっぷり浸かり、その他のさまざまな活動や社交は電子メディアの奔流に押し流されてしまう。アメリカ社会は、テクノロジーと宣伝だけは豊かにあるが、知識に乏しい社会だ。メディア・ネットワークとソーシャル・ネットワーキング・サービスは、巨大な複合企業体に所有され、運営されており、それらの企業体と政治体制の結びつきはますます緊密になっている。そのような大企業とその裏にいるオーナーたちは、より多くの儲けを得たいという私欲のために、企業PR、個人向け広告、気候変動のような問題についての科学的デマを意図して、たえまなく垂れ流すのだ。

利潤最大化のロジックと、情報通信技術の先例のないほどの飛躍的進歩が重なって、いまだかつて存在したことがないほど注意力散漫な経済が導きだされた。その結果として生まれた社会につきまとうのは、買い物依存、個人的な不安、電子機器が媒介するソーシャル・ネットワークのただなかで増す孤独、財政難である。こうした状況は、貧しい人びとだけでなく、大富豪も含めた社会全体にあてはまる。

アメリカはとても豊かだが、商品やサービスや情報の消費者として私たちがくだす決断は、心から欲する幸福や心の平安を与えてくれない。アメリカ国民はいますぐ、本来の立場をとりもどさなければいけない。出発点は、経済が私たちの心を陥れるために仕掛けた罠に気づくことである。個人として、消費者として、市民として、そして社会の一員として、バランスを回復することから始めなくてはいけない。次章でその課題にとりかかろう。

第二部　豊かさへの道

第九章　共感にみちた社会

ここから先は、新しいアメリカ経済、より健全な社会、倫理的な基盤に立った経済の研究およびその実践に向けて、実行可能な段階を説明する。それらの段階はまず単純な前提から始まる。つまり、アメリカが抱える問題は家庭に起源があること、私たちが個人として下した選択から始まるということである。思考をより明確にすることで、私たちは個人としても市民としてもよりよく能力を発揮でき、一致団結することでかつての力をとりもどすだろう。アメリカ経済そのものは依然として生産性が高く、テクノロジーの分野でも活発だ。問題は、生産性の低下ではなく、私たちがその生産性を自分の生き方にどう反映させているか、ということだ。生活の隅々にまで行きわたったコンシューマリズムの思想は、極端な近視眼的思考をもたらし、中毒的な消費行動へと誘い、他人への共感を忘れさせる。少しでもよそ見をすれば、本来は市民のものだったはずの力をロビイストたちに持ち逃げされてしまう。個人としての私たちは、自分の暮らしのなかでバランスをとることを思いださなければならない。労働と余暇、貯金と消費、利己心と他人への思いやり、個人主義と市民主義のバランスである。わが国が一つの社会として二一世紀の複雑な難問にとりくむためには、市場、政治、市民社会の正しい関係を築きあげなければならない。

未来はティーパーティーの手にはなく、わが国の若者たちの手にある。今日のアメリカにおいて、若者たちは最も進歩的で、最も多様性に富んだ世代である。この挑戦の主体になるのはおそらくミレニアム世代と呼ばれる若者たちだろう。二〇一〇年に年齢が一八歳から二九歳の若者たちである。彼らは社会や仲間たちとの連携にすぐれ、インターネットを駆使し、社会改革および政治参加の新しい形を追い求めている。オバマ大統領は彼らの代表になるはずだったが、今後の方針に大きな変化がないかぎり、彼は変革する人物というよりも、むしろ移行期の人間といったほうがよさそうだ。

必要なのは、今日提案されているものよりも、もっと深い変化である。個人としてのバランスを正し、社会にたいする信頼の基礎を修復できるような変化だ。いま必要なのは、共感によって成り立つ社会である。私たちはもう一度、自分たちの幸福、他人との関係、政治のあり方について真剣に考えなければいけない。

中庸の道

人類の歴史における二大賢人、東洋のブッダと西洋のアリストテレスは、人間にとっての長期的な幸福について驚くほど似たようなことをいっている。紀元前五世紀にブッダが説いた「中庸の道」の考え方によれば、一方に禁欲主義、もう一方に快楽主義という、偽りの輝きを放つ二つの誘惑をおき、そのあいだでうまくバランスをとることこそが人間らしい生き方だという。その二世紀後、地球のほぼ反対側で、アリストテレスは同胞のギリシャ人たちに向かって似たような教えを説いた。「森羅万象において中庸を行く」ことこそ、エウダイモニアすなわち人間の幸福にとっての鍵だと教えたのだ。ブッダと同じように、アリストテレスの時代にも、二つの極端な思想があり、アリストテレスはその中間を行こうとした。一方にストア学派、そしてもう一方にはエピクロス派である。

ブッダとアリストテレス、この両者の教えに共通する肝心な点はといえば、中庸の道は幸福の鍵ではあるが、それを得るのはむずかしく、生涯にわたっての努力、訓練、反省を通じて身につけていかなければならないということである。中庸の道はけっして簡単でも単純でもない。そこには罠や気を散らすものがたくさんあり、人は往々にして極端へと誘われ、道をそれやすい。ハイパーコンシューマリズム（超大量消費主義）の中毒になるのはたやすいことだ。感覚的な喜びを追い求め、利己心に溺れ、いずれは不幸になるとわかっていながら一時の高揚感に身をまかせるのは簡単である。他者を顧みない自滅的な哲学をわがものにするのはなんと楽なことだろうか。禁欲主義や社会からの孤立という逃避の道も、いまや満足できるものではない。その解決は、勤勉と自己認識によって築かれる中庸の道にある。ブッダもアリストテレスも、その中庸の道が楽だなどという幻想は抱かなかった。アリストテレスはこういっている。「自分の欲望を抑えられる男のほうが、敵を倒す男よりも勇敢だと思う。なぜなら、自分が相手のときほど困難な勝利はないからだ[1]」

したがって、古代の道徳は弱さの自覚から始まる。自分たちの心の弱さ、幸福を求める道のはかなさが基盤になっている。人は誰しも誘惑に弱く、欲望に流され、幻想に惑わされる。そんな魅力や罠のただなかに道を見つけなければいけないのだ。そのような洞察は、テレビやバーネイズの強烈なプロパガンダ手法の登場より二〇〇〇年も前から必要とされてきた。経済活動の多くが、まさに意図的にそのような罠を設けようとしている今日、そのメッセージははるかに重要なものとなる。

現在、ブッダやアリストテレスのいう中庸の道に異を唱えているのは、自由市場経済を支持する保守右派の未熟なリバタリアンである。彼らは、個人の自由こそ道徳や政府の唯一の正当な目標だと主張する。こうした未熟な考え方のなかでは、個人は自分に有利なことしか知ろうとせず、国税も払わず、社会への道義的な責任にもわずらわされず、他人に直接的な危害を加えないかぎり、なにをしてもよいと思いこむ。こうした考えを表明するのがティーパーティーであり、アメリカの最も富裕な層の多くなのである。彼らは自分のことにかまけて、この社会を構成する他の人びとにたいする道義的な責任には目もくれない。

リバタリアニズムの思想には多くの間違いがある。なかでも大きな間違いは、その立脚点にある。自分だけ孤立したまま、他者にたいする道義的および政治的な責任を負わずして、人が本当に幸せになれるという前提そのものが間違っているのだ。ブッダやアリストテレスは人間のことをもっとよく知っていた。社会にたいする義務や政治への責任を負わないでいるかぎり、人は本当の意味で幸福にはなれない。幸福とは人がどれだけの富を築いたかではなく、何人かの経済学者がはっきりと指摘するように、他者とどのような関係を築いたかにかかっているのだ。共感のある社会、相互扶助、集合的な意思決定は、援助を受ける貧困層にとってありがたいだけでなく、援助をさしだす富裕層にとっても恩恵がある。

政治は、人それぞれの目的意識にとって不可欠の要素である。政府が役割をはたさなければ人は自分の行くべき方向を見失う。無政府状態のなかでは、永続的な幸福を保つことができない。道義的な責任をなくしたら、人は孤独に陥り、道に迷うだろう。共感、協調、利他主義は人類の幸福にとって必須である。したがって、政治社会の一員として責任を負うということは――国があなたのために何ができるかではなく、あなたが国のために何ができるか――個人が社会のために譲歩を強いられるのではなく、一人ひとりが個人として満足を得られるようなものでなければならない。基本的に、私たちの幸福は、人間につきものの二重性を認め、それをどう育てるかにかかっている。独自の好みと野心をもった個人としての自分、そして他の人びとと価値観を共有し、責任を負っている、社会の一員としての自分である。

アメリカにはまだ立ち直るための時間が残っており、人間、科学技術、自然などの資源も豊富にある。富は減りつづけているとはいえ、資源はまだ十分に豊かなので、私たちは質の高い生活を維持できるだろうし、みんなで力を合わせて大切に守っていけば、将来への備えもできるはずだ。だが、そのためには、現在の強迫観念から脱却しなければならない。なによりもまず、メディアによるたえまのない、そして非情なプロパガンダから自由になること。このプロパガンダでくりひろげられる主要なメッセージは、買い物に熱中せよということ、そしていかにして儲けを増やすかということである。

要するに、いまの私たちに必要なのは、自分の欲望だけでなく社会が必要とするものにも共感をもてるようになること、幸せになるためのもっと確実な道を見つけることである。ブッダの教えによれば、涅槃に至る修行の基本には八正道《はっしょうどう》があるという。周囲への心配りは、その段階の一つであり、そこを経て正定《しょうじょう》に到達する。自分のまわりの存在を注意深く観察し、静かに思いをめぐらし、不断の努力を重ねることによって、周囲への共感はやがて内省へと向かい、無用な欲望からの脱却が可能になるのだ。

消費と貯蓄、労働と余暇、個人主義と社会の一員としての責任といった対立概念の均衡をとるために、個人として自分なりの判断をくだそうとするとき、私たちはこのような共感を立脚点にすべきである。こうした共感はさらに、私たちの社会的な関係や社会にたいする責任についての考え方にまで広げてゆかなければならない。一人の働き手、市民、地域社会の一員である私たちの暮らしにとって、こうした共感は、八正道のなかでもとりわけ大事なものだといいたい。

・自分への共感——自分を慎ましく律し、大量消費主義から脱却する。

・仕事への共感――労働と余暇の均衡を保つ。
・知識への共感――教育の機会を増やす。
・他者への共感――他者への思いやりと協調を実行する。
・自然への共感――世界の生態系を守る。
・未来への共感――責任をもって未来のために無駄をなくす。
・政治への共感――公共の話し合いの場を増やし、政治団体を通して集合的な活動の価値観を共有する。
・世界への共感――平和への道として、多様性を受け入れる。

富の追求を超えて

自分への共感とは、自分の幸せがどこにあるかを、きちんと時間をかけて考えることである。今日のごくふつうのアメリカ人は、手取り賃金が高いほど、そして消費できる金が多いほど、幸せなはずだと考えている。その結果、幸せになるのに節税は欠かせないということになる。だが、経験と反省から、まったく別のことがわかってくる。貧しい家庭にとって、収入が増えることで得られる最大の恩恵は、基本的な欲求が満たされることである。中流家庭と、とりわけ富裕層にとって、個人的な幸福を得るのに必要なのは、収入よりもむしろそれ以外の多くの要素である。良い統治《グッド・ガバナンス》、地域社会における信頼、良好な夫婦関係、友人や仲間との親しいつきあい、そして、どんな階層にせよ、やりがいのある安定した仕事。こうしたもののほうが、自分の収入を数パーセント上げるよりもずっと重要なのだ。しかし、長期的な幸福につながるこれらの条件を達成するには、ほとんどの場合、政治も含めた集合的な行動が必要である。市場でくだされる個人の決断だけではけっして達成できない。さらに興味深いのは、今日、個人が自分の稼いだ金を費やした対象の多く――テレビの視聴、ファーストフード、タバコ、ギャンブル、長距離通勤など――は、心からの満足をもたらすものではなく、むしろ「バイヤーズ・リモース」（買い手の後悔）の原因になっている。

しかも収入（または富）を増やすことと、たえまなく増収を求めることのあいだには、大きな違いがある。収入が増えることは――正しく展開されれば――個人の幸福と安定の源になりうる。だが、収入を増やすという一点だけに精力を注いでしまうと、それは欲求不満の原因になり、不幸をもたらす。この違いはじつに大きい。収入が増えれば、ほとんどの場合、一時的とはいえおだやかな満足が得られ、それ以外の生活はまず変わらない。だが、金持ちになるという目標に人生のすべてをかけ、激しく邁進するとき、大きな不幸に陥り、しかもそれが長引くことになりかねない。極度な「物質主義」に走る人びとにとっては、たくさん金を稼ぎ、ふんだんにその金を使うことが人生の目標になる。そんな人びとは、物質面にこだわらない人びととくらべて、おのずと幸福や安心を感じる度合いが少なくなる。

ここで朗報なのは、人間の基本的な欲求を満たすには、ささやかな収入で十分だということである。この水準の収入を地域社会全体に行きわたらせることができたら、その社会のエネルギーの多くを、市場だけでは得られない幸福の源泉に向けてもっと活用する機会が増えるだろう。たとえば幸福の鍵ともいえる平均寿命について考えてみよう。ある社会で一人あたりの所得がおよそ三〇〇〇ドルに近づいたとき、平均寿命はふつう七〇歳以上になる（二〇〇九年のアメリカの平均余命は七八・三歳だった）。アメリカよりはるかに貧しい多くの国々でも、アメリカの平均余命を上回るか、ごく近い数字となっている。たとえばチリは、二〇〇九年の一人あたりのGDPが九四〇〇ドルで、アメリカの四万六四〇〇ドルのおよそ五分の一だが、平均寿命はアメリカよりやや上の七八・七歳である。コスタリカ、ギリシャ、韓国、ポルトガルは、一人あたりのGDPを見るかぎり、アメリカよりかなり貧しいが、平均寿命はアメリカより高い(2)。

同じように、一人あたりの所得という点で、アメリカは世界でもとくに豊かな国の一つではあるが、生活満足度の調査では一七位程度にしかならない。フィンランド、ノルウェー、スウェーデンがアメリカより上位にくることは当然考えられる結果だが（これについては二章でとりあげた）、意外なことに、コスタリカやドミニカ共和国にさえ抜かれているのだ。実際のところ、生活満足度の調査で、満足度を上げる最も大きな要素は収入ではなく、健康と平均寿命ではないかと思うくらいだ。アメリカにくらべて一人あたりの所得水準がずっと低い国々でも、良好な健康状態と長寿は達成されており、だからこそ生活満足度も高くなる。マーケティングの専門家は、やや誇張を交えつつ、次のようにいっている。

生存のための基本物資は安く手に入る。ところが、自己愛の発露でもある自己刺激や顕示的な商品は高価である。生きるための経費はわずかですむが、見せびらかしには金がかかる(3)。

したがって、豊かな社会の場合、個人の幸福は収入よりもむしろ、個人および集団としての収入にたいする態度と金の使い方に左右される。物質的な欲望がささやかで現実的なものなら、そして消費行動が心の底からの欲求に応えるものなら、人が感じる幸福の度合いは増す。しかし、これまでの章で見てきたように、人は自分の望みや欲求のごく一部しか自覚していない。忍耐と訓練によってやみくもな欲望や中毒に打ち勝ったとき、長期的な満足が手に入るのだ。とはいえ、たえず襲ってくるさまざまな中毒の誘惑から逃げるのは、昔よりもいまのほうがずっとむずかしい。もともと自分のなかにある欲求を制御するだけでなく、四六時中、甘い言葉とともに忍び寄って誘惑と欲望をかきたてる広告や行商人の声にも抵抗しなければならないからだ。

この混乱した騒がしい時代に、自分への共感を回復するには、大きく分けて三つの方法がある。最初の方法は、認識である。私たちは自分自身の幸福と、他人の幸福の源泉について研究しなければならない。研究してみると、幸福度における収入の役割は思ったより重要ではないことがわかる。たとえば、社会の共通の目的を達成するために、収入の一部を納税にまわすのは、幸福度における個人の財産の役割が限られていることを視野に入れれば、もっと寛大に受け入れられる。認識の訓練を通じて、終生の計画という考え方を育てることができる。自分の人生を長い目で見れば、消費の習慣を控え目に抑え、将来に備えて堅実に貯金をするようになる。フィナンシャル・アドバイザーの助言や資産運用プランは、一生涯のサイクルを通した消費と貯蓄のバランスを保つのに役立ち、子供たちの教育資金や老後の支えも確保できるだろう。

リサーチを専門とする心理学者は、十分な収入がありながら、十分な幸福感をもてない人びとのために、認識をテーマにした興味深いガイドブックを提供している。近年、ハーヴァード大学の心理学者ダニエル・ギルバートとその同僚が作成した「お金の使い方」によれば、収入からより多くの幸福感を引きだすには八つの原則があるという[4]。1、モノより経験を買う。経験（休暇、美術館巡りの旅行、コンサート、外食など）は、いつまでも忘れられない思い出となり、長いあいだ楽しめるからである。2、これはとくに大事な項目とされているが、自分のためではなく、他人を助けるためにお金を使うこと。人間はきわめて社会性の高い動物なので、「他者とのつながりを強める行為はなんであれ、自分自身の幸福を増すことになる」からである[5]。3、大きな快感を少なく得るよりも、小さな喜びのもとになるものをたくさん買うこと。つまり、足を止めてバラの花の香りを楽しもうということである。4、あまり高額の保険（商品保証のような）にお金を費やさないこと。人はいざとなれば、不利な事故にも予想以上にうまく適応できるからだ。5、支払いはその場ですること。クレジットカードで買い物をすると、あとで支払わなければならない。買い物を先に延ばせば、そのときが来るまで、待つことを楽しめる。ギルバートとその共著者は、これを「ただで」幸せになれる方法と呼んでいる。一方、あわてて買い物をすると、楽しみは一瞬で終わり、長期にわたる借金が残る。6、何かを買うときは、細かいところまでよく吟味すること。幸せな経験が小さな後悔で台無しになってしまうこともあるからだ。7、店による価格の違いにこだわりすぎないこと。わずかな差はそれほど重要ではない。8、なにによって幸せを感じるか、他人の話をよく聞くこと。そこから新たな発見と有益な考え方のヒントが得られるかもしれない。

二番目の方法は、思索ないし瞑想と呼べるかもしれない。私たちは、緊急を装った広報活動や広告の波に押し流されそうになっている。これを買えとわめきたてる広告。侵略せよと大声で訴える大統領の記者会見。その構造は同じだ。プロパガンダは人の感情に働きかけ、とくに恐怖や官能的な喜びを呼び起こすことで本当の関心から目をそらさせる。大昔から仏教では、欲望や日々の感覚のバランスをとりもどすための特別な方法を生みだし、広めてきた。それが瞑想である。瞑想とはいわば心理状態をコントロールする訓練であり、日常の感覚的な刺激による負担が大きくなりすぎたとき、いったん心のスイッチを切り、長期的な必要に合わせてバランスを回復するというものだ。現代では、テレビや携帯電話の電源を切り、フェイスブックのページを閉じることが同じような効果をもつ。規則正しくスイッチを切り、心を穏やかにして静かな時間をもつことは、中毒性の強い情報の波にさらされている現代人にとって、強迫的な心理状態から脱するのに不可欠である。

三番目の方法は実践である。美徳を育てるには実践あるのみだとアリストテレスはいっているが、これはまさしく正しい。美徳の質はみずから補強していかなければならない。その点は、有害な中毒と同じである。共感を行動に移すことで、もっと共感を示したいという気持ちが芽生える。貯蓄に励み、時間を無駄にせず、より多くの共感を実行に移すなど、中庸の精神から来る行動をとることで、人はもっと勇敢になり、持久力がつき、善行の喜びを知る。

意義のある仕事の大切さ

幸福論のほとんどは、人が幸せを感じるためには意義のある仕事をもつことが大事だと強調する。失業は、人びとを不幸にする最も大きな要因であり、政治的にも大きな難題である。だが、この四半世紀で、アメリカの労働環境は目につくほど劣化してきた。失業率は上がる一方で、いっこうに解決の兆しが見えない。失業への不安が社会に広まっている。不正行為に手を染める企業の多さは衝撃的なほどだ。職業人のスキル不足はいまや国家的な危機を招き、スキャンダルになっている。生産性を旧に復すには、これまでとはちがう、共感のもてる仕事が必要だ。

平均的な労働者の就業環境については、大いに改善の余地がある。アメリカの労働者の大多数は失業保険に入っておらず、有給休暇がなく、就業時間には融通がきかず、組合の保護も期待できず、給料、雇用、ワークシェアリング、職業訓練といった問題について、企業の役員会に代表を送りこむこともできない。リバタリアンは、これ以上、労働者の代表が企業の決断の場につらなるようなことになれば、アメリカ産業の競争力が失われると主張する。だが、北欧諸国では従業員が会社の理事会に参加し、決定に関与しているが、それで生産性が落ちたという話は聞いたことがないし、むしろ勤務時間のフレックス制や休暇の時期など、より創意に富んだ提案がなされている。

ヨーロッパの多くの政府は、積極的労働市場政策を先んじてとりいれ、その政策に効果があることを証明してきた。この政策では、政府が公的資金を用いて労働者に仕事を紹介し、その仕事に必要な職業訓練の機会も用意する。昨今、アメリカの労働市場はしだいに格差が広がってきている。高いスキルをもった労働者はよい職に就けるが、スキルの乏しい労働者は貧困レベルの生活しか維持できず、または完全に労働市場から脱落する。短大卒の失業率は四パーセント前後だが、高卒以下の失業率はその三倍にもなる。(6) だが、アメリカ政府はろくに職業訓練を受けたことがない若年労働者を労働市場に次から次へと送りだすばかりで、彼らを職業訓練所に通わせるための援助はほとんどしていない。

複雑性の時代における知識

知識への共感は人生と科学にたいする態度に示され、そのお手本がダライ・ラマである。ダライ・ラマが折にふれて何度も語り、また書いてきたことだが、彼の信仰するチベット仏教は科学にたいしてつねに門戸を開いており、さらに仏教の教義はすべて、新たな科学的根拠をもとに見直す用意があるという。この言葉をさらに推し進めて、彼は仏教の僧侶と西洋の科学者による合同会議をいくつも主催し、自身も出席してきた。神経科学と人類の幸福の接点について新たな推論が導きだされたのも、このような会議からだった。今日のアメリカにとって緊急に必要なのは、科学にたいするこのようなオープンさである。

アメリカ人の大半は、自分たちの生活や公共の問題がいかに科学の基盤の上になりたっているかをほとんど自覚していない。コンピューターのキーを叩いて電子メールを送信するとき、この一見単純な動作が科学技術の歴史における二〇世紀最大の発見、すなわち量子力学、固体物理学、光物性、コンピューター科学などを体現したものだとは誰も考えない。また、電子メール技術の基礎となる自然法則が、気候変動の科学の基礎になるものと同じだとは夢にも思わない（たとえば、量子科学と光物性の法則によって、二酸化炭素が赤外線を吸収し、したがって地球温暖化を招く）。二酸化炭素が熱エネルギーを吸収するといった温室効果ガスについての基礎物理学が、量子力学の始まりより四分の三世紀ほど先んじていたことも一般の人びとは知らない[7]。

電話、コンピューター、新品種の種苗など、さまざまな分野において、科学技術がじつに有能かつコンパクトに導入されているため、アメリカ人は科学的に無知なままでいられ、ときには科学嫌いにさえなる。科学嫌いだと公言しながら、最先端のテクノロジーから大きな恩恵を受けているのだ。それらの便利な道具を使うために、科学技術を理解しなければならないとしたら、私たちの科学知識はどれほど向上していただろうか！　要するに、科学知識や、もっと一般的な専門知識が、私たちの幸福に欠かせないものであり、さらにいえば生存のためにも必須だということを、私たちは同胞のアメリカ国民に納得させなければいけない。幸いなことに、たとえ自分の科学知識を増やそうとしなくても、アメリカ人は科学をとても高く評価している。最近のピュー調査によれば、アメリカ人の八四パーセントが「科学は社会におおむねプラスの効果を与えてきたと考えている」という。

したがって、知識への共感に関しての正しいスタート地点はまず現在の経済の複雑さを認識し、それをうまく処理するために科学技術の専門家に助けを求めることである。すでに前例のない環境ストレスにさらされているこの人口過密な惑星で、七〇億の人が豊かな暮らしの足場を確保し、あるいは維持しようともがいているときには、高収量の食糧生産、エネルギー資源の再生、産業廃棄物の高度なリサイクル、効果的な資源活用といった先端技術だけが、私たちの希望である。世界の人口がいまより数十億ほど少なければ、シンプルな暮らしに戻ることも考えられただろう。そんな暮らしに惹かれる人も少なからずいるが、いまとなっては時代錯誤な考え方である。熱心に、また大急ぎで仕事を進め、最良の科学技術を用い、この惑星を豊かで、公平で、存続可能なものにしなければいけない。

悪意のないアンチ科学の一例が、もっとシンプルな暮らしに戻るべきだという幻想である。彼らは有機農業、地産地消、産業革命以前の知識を重んじる。だが、そんな思い込みは幻想でしかなく、気候変動を否定するようなものだ。産業革命以前の知識では、現在の世界人口の一〇分の一しか支えられないだろう。人類の歴史をかえりみても、いまとなってはもはや先端科学技術の恩恵をフルに利用するしか選択肢はない。科学技術をよく理解し、民主的に用い、人類共通の目的のために活用できるよう努力すべきなのだ。

知識への共感とは、専門家にすべてをまかせればよいということではない。専門家は多くのことに意見を同じくするが、社会的な価値やリスクや優先権といったことになると、かならずしも人類全体のためになる大事な決断を下す能力があるとはかぎらない。専門家には専門家なりの偏見や特殊な価値観があり、それればかりか専門家ならではの盲点もある。したがって、知識への共感とは、専門家に敬意を払うだけでなく、民主的な統治にも敬意を払う必要がある。複雑な問題解決にも一般大衆が参加できるような新しい手段を考えなければいけない。専門家の助言を受けながらも、自分たちの未来を決める中心的な存在は市民であるべきだ。

近年、こみいった政策の選択について実り多い議論を促すという点で、アメリカ政府はきわめてまずい対応をしてきた。たとえば、二〇〇九年から一〇年の医療保険に関する議論の大方は非公開のうちになされた。秘密の政策会議に特別に呼ばれた少数の専門家をのぞいて、アメリカに多数存在する有能な公衆衛生関連の団体はほとんどが傍観するしかなく、その点は一般大衆も同じだった。公衆衛生を専攻科目にもつ学校の教授である私にとってさえ、この評議のいきさつは不可解である。大きな利害関係が絡んでいるため、率直な意見は一つも聞かれなかった。

共感をとりもどす

今日のアメリカで最もむずかしい課題は、他者への共感である。社会のセーフティーネットは破れかけている。貧しい人びとが苦しんでいるのに、政治家たちはそのセーフティーネットをさらに切り取ろうと相談している。他者への共感は、同種のグループ内ではより強くなり、人種や民族的な境界線を越えたところでは弱まるのがふつうだ。たとえば宗教においても、原理主義者の集団は、世界の主流をなす宗派の信者たちにくらべて人種差別的な志向がより強くなる。社会学者の長年におよぶ類推によれば、白人の福音派プロテスタントのあいだに見られる強い人種差別の傾向は、原理主義の信仰で結びついた家族や地域社会に見られる強い仲間意識と同種のものではないかという(9)。この問題は、地域社会における住民の階層化によってさらに悪化する。すでに私たちが気づいているように、アメリカでは人種、階級、さらにいえば政治的な信条によって地域の住民が分けられつつある。その結果、「異なる」他者の生活についての現実的な理解が妨げられる。

アメリカが抱える「貧困の罠」についてはすでに論じた。それは、いうなれば施し物の制度であり、そこでは貧しい人びとに、貧困を克服するのに十分な援助を与えるのではなく、貧しいままの暮らしをやっとのことで維持できるだけのものしか与えない。結果として、永続的な価値のある真の解決策を講じられず、社会には施し物に頼って暮らす人びとへの蔑みだけが生まれる。

永続的にわずかな施しを与え、その補いとして高価な社会的費用（犯罪や刑罰など）を投じるかわりに、本当の意味で他者にたいして共感をもつ社会であろうとするなら、単純に金をばらまくのではなく、貧困の罠から抜け出すための手段を視野に入れて、貧しい人びとの欲求に関心を向けるべきである。短期的には、公的資金をより多く費やす必要があるだろう。貧困家庭の子供たちが健康な食生活を送れるよう配慮し、幼稚園や保育園、それに公立校の質を高め、高等教育を受けられる機会も、より裕福な家庭の子供たちと同じくらいに確保しなければいけない。そうすれば、貧しい家庭の子供たちが成長したあかつきには、より高度な技術を身につけ、高い収入が得られ、ひいては彼ら自身の子供たちに同じような恩恵を分け与えることができる。こうして、親から子へと引き継がれた貧困の悪循環が断ち切られ、少なくとも、かなりの程度まで減少させられる。費用が増えるのは一時的なことであり、その金が費やされる対象はいま貧困家庭で育っている子供たちである。その子供たちが成長したら、現状と同等の援助は必要がなくなる。貧困撲滅のために要する長期的な費用は、いまのような貧困を「処理する」だけの費用よりずっと少なくてすむはずだ。

他者への共感は貧困撲滅という問題をはるかに超えて広がる。これまで見てきたように、アメリカ人は公共の広場から個人の空間へと引きこもり、毎日何時間もテレビを見ている。しかも家族そろってではなく、自分の寝室で一人きりで見る。アメリカは他人ばかりの国になってきている。周囲が他人ばかりになると、おたがいの信頼も育たない。社会学者ロバート・パットナムの言葉をかりれば、私たち、とりわけ大都会の住民は「ちぢこまって」おり、民族的なグループに分かれて、おたがいに知ろうともせず、信用もしていない[10]。市場でさえ、この不信の念を打ち崩すことはできない。それどころか市場はこの区別を助長する。私たちには、新しい社会規範と、より参加型の政治のあり方——たとえば、地域社会においてより広範かつ民主的な意思決定など——を見つけなければいけない。もう一度、知らない者同士が話しあい、行動をともにすることが必要なのだ。

環境への過干渉について

人類の歴史が始まって以来、道徳家や導師たちは人びとに向かって、自然は生命にとってかけがえのない源泉なのだから大事にしなければいけないと説き、さらに人間の運命は自然の網の目の一部なのだと語ってきた。人類の大多数が農業に従事していた時代、自然の役割がきわめて大きかったのは当然のことである。雨水の貯水、灌漑用水路の掃除、土地の養分の補充はすべて、人間の生死を分ける問題だった。自然の気候の変化、たとえば長引く日照りは、ときには巨大な文明を衰退させる理由にもなった。命のもとになる水が干上がったせいで、都市や地域全体を捨てなければならないことさえあったのだ。

現代は基本的に二つの点に関して違いがある。その一、今日のグローバル社会は過去の時代とくらべて、自然との距離がはるかに遠くなっている。現在、世界人口の半分以上が都市部に住んでおり、日常的には現実的な自然から切り離されている。とりわけ、力をもった裕福な人びとほど、その傾向がある。その二、そしてさらに危険なのは、地球の歴史の上で初めて、自然におよぼす人類の影響力があまりにも大きくなったせいで、地球の核となる生物物理学的な機能が脅かされていることである。近い将来、人類の活動そのものが地球という惑星の生命を脅かすという危険な領域にさしかかるだろうし、あるいはもうその段階に入っているのかもしれない。

したがって、自然への共感はたんに樹木を愛する人の訴えではなく、二一世紀を生き延びるのにまさに必要なことなのだ。差し迫った危機は先例のないものであり、人類の知識、価値観、社会制度はその潮流からはるかにおくれをとっている。グローバル経済が急激に拡大したせいで——年間七〇兆ドル規模の経済が二〇年ごとに約二倍の成長率を示す――地球の空気、水、土地、気候がすべて危機にさらされている。これまでのところ、グローバルな対応はあまりにも鈍く、不合理なうえに近視眼的な態度に留まっているので、人類はみずから死を望んでいるかのように見える。そんな無知と先見の明のなさは、大惨事につながりかねない。もちろん、そこにあるのは自殺願望だけではない。大きな既得権益への欲望が社会の混乱や近視眼的態度よりもはるかに重大だ。

環境問題の危機に直面したときのアメリカの対応はとりわけ控え目だ。アメリカ国民が地球環境に与える一人あたりの影響は最大なのに、行動はといえば他のどの国よりも少ない。アメリカは一九九二年に国連の気候変動条約に署名し、承認している。ところが、それ以後、アメリカの上院は気候に与える影響力を制限するという小さな一歩すら拒否している。アメリカの上院議員の多くは、科学的な理論に激しく反発したり、否定したりすることで悪名高い。オクラホマ州選出の上院議員ジェームズ・インホーフェがよい例である。彼は人類が原因で気候変動を招くという説にたいし、「アメリカ国民をだまそうとする史上最大のインチキ」だといっている。[11] たとえちゃんとした知識をもっている政治家でも、孫の世代の幸福より目先の選挙資金を集めることのほうが大事で、正直になれないことがある。有権者の前でつらい現実を語って困難な政治的選択を迫ったり、選挙資金を出してくれる石油・石炭産業の機嫌を損ねたりするくらいなら、むしろ陰鬱に垂れこめる惨事の予兆には喜んで目をつぶるのだ。

不幸なことに、環境危機はいまも多方面で進行しつつあるのに、アメリカはなかなか腰をあげず、行動を起こさない。残念ながら、市場の力もこれらの危機を解決することはできず、むしろ悪化させるだけだ。それを防ぐには、社会が共感の心をもって団結し、危機に瀕した地球のまわりに保護のための警戒線を築くしかない。

未来への責任

これらの問題にとりくむには、未来について体系的に考えなければいけない。そして、その未来とは、次の選挙をはるかに超えたところにある。アメリカでは公開協議のさいの長期的な展望が、考えられないほど先の短いものになってしまった。インフラストラクチャーを築くなら、目標は「ショベル・レディ」（失業者にとりあえずの職を与えるために着工する土木工事など、その場かぎりのもの）計画である。だが、建設する価値のあるインフラストラクチャーは着工すればよいというものではない。二〇〇九年に景気刺激策としてそのような計画を推進したあとで、オバマ大統領も二〇一〇年の暮れにこのことを認めている。同じように、戦争をするときの目的は短期決戦であり、その仕事に向かって「突撃」する。私たちはくりかえし――予想されたとおりだが――そのような短期的な手段を選んでは、悲しいほどに目的を達成せずに終わる。

そこで、未来への共感を実践するには、特別な意思を働かせる必要がある。自分たちの行動の長期的な結果について道義的かつ実際的な責任を負い、その行動が遠い未来にどのような影響をおよぼすかを注意深く追跡しなければいけない。偉大な哲学者ハンス・ヨナスは、未来のためにまったく新しい倫理が必要だと主張した。人類の一世代が、将来の世代を豊かにするか滅ぼすかの命運を握ったことはかつて一度もなかったからである。[12] 私たちは「持続可能性」をめざして、次の世代が必要とする知識、資本、環境が将来になっても得られるように努力するという。だが、私たちがなんとかなるさという希望に頼って、あいかわらず地球の資源を奪いつづけたならこの先、持続可能性がどうなるか危ういものである。

未来のために道義的な責任を負い、自分たちのいまの行動がこれから生まれてくる子供たちの運命を決めるという事実を受け入れるのは、たしかに気が重い。具体的に責任をとることも同じように困難だ。私たち人類はこの地球にとほうもない危害を加えているが、それらの害の関連性について正確に記述し、あるいは高度な科学で解明する能力に欠けている。「未来学」はこれまで疑似科学としてばかにされていた。だが、いま、私たちはそれを戦略的に用いなければいけない。少なくとも、私たちの理解と可能性という領域においては有効活用すべきである。

現在のアメリカ政府について、残念ながら真実といわざるをえないのは、未来に向けて体系的な計画を立て責任を負うまともな部署が存在しないことである。大統領府の行政管理予算局は年に一度、予算教書を作成するだけだ。財務省には長期的な経済戦略を展開させる能力も権限もない。他の国々とちがって、政府による種々の公共投資を調整するための機関もなければ、立案を専門とする機関もない。省庁はそれぞれの特別な管轄権のもとで、個々の公共投資を運営管理する。エネルギー、気候、水、人口変動といった問題は放置されるか、あるいは政府のさまざまな部署の仕事として分断されている。

アメリカには、世界情勢についてきわめて質の高い分析を行なってきた重要な部署がいくつかある。国家情報会議は、アメリカ合衆国が二〇二五年に直面するであろう世界規模の課題について調査を重ねてきたが、なかでも有名なのが二〇〇八年に刊行された『グローバル・トレンド2025——変貌する世界』である。[13] そこで語られる未来は厳しい。

・気候変動のために資源不足はさらに加速する。
・次の一〇年ほどで、入手可能な物資（エネルギー、食糧、水などの戦略物資）の需要は供給を上回る。

・水の安定供給が阻害されて危機的なレベルに近づく。
・こうした風潮によって、大きな断絶、衝撃、驚きがもたらされる。

だが、最も危険なのは、このような不吉な予言にたいして政府が実質的な政策の必要性を認めないことである。警鐘が鳴っているのに、誰もそれに応えず、気にしてもいないようだ。しだいに、これが当たり前のことになりつつある。医学研究所、米国科学アカデミー、全米技術アカデミーなどをはじめとするいくつもの機関や科学団体、それに先端的な大学の研究施設やシンクタンクが綿密な研究成果を発表している。ところが、それらの研究は世間に出るやいなや無視される。専門知識は顧みられないまま、政治の中身は政治家と彼らを支持する権益団体にとって都合がいいように決められる。気候変動や水不足、エネルギー転換といった厄介な問題は後回しにされ、放置される。

未来に共感をもつ新しい社会を築くには、専門家の予測とそれにふさわしい政策とを結びつける必要があり、責任をもって真剣にとりくまなければならない。政府は一〇年から二〇年という長期的な視野のもと、将来の国家的な課題についての報告書を定期的に作成すべきである。国家情報会議のような機関によって作成された報告書をもとに、大統領と議会がよく話しあい、しっかりと議論を重ねるべきである。さらに大統領府はその議論の結果を議定書にまとめ、議会はその議定書を議題にするよう義務付けられるべきである。協議から政策設計までにかける時間には期限を設け、未来を想定するにあたっては、道義的にも政治的にも真摯さをもってしなければいけない。

道義的な責任としての政治

政治への共感を実現するには、先のないコーポレートクラシーによく効く解毒剤が必要だ。アメリカ国民は、政府と市場がたがいに補足しあい、平衡を保たなければならないということを正しく理解すべきである。私たちは市場経済における民間企業の大きな役割を支持するが、その一方で、力のある大企業がたえまのないロビー活動とプロパガンダ行為をくりかえすことには反対すべきだ。いきすぎたロビー活動やPRによって、科学的根拠や道義的責任、長期的な計画が否定されるとしたら、社会は深刻な被害をこうむるにちがいない。

わが国の政治は、三つの危機を乗り越えたときにふたたび息を吹き返すだろう。その一つめはイデオロギーの問題である。わが国の経済問題を解決できるのは自由市場しかないという誤った思い込みをまず払拭しなければいけない。市場と政府が経済を支える二本の柱となり、たがいに補足しあって初めて、私たちの求める豊かさと公正さが得られるのだ。

二つめは、制度上の問題、すなわち政治における大企業の役割を見直すことである。ここではあくまで慎重な見方をしなければいけない。わが国の大企業は社会にとってかけがえのない存在である。きわめて高度に洗練された組織体であり、世界中のいたるところで先端技術を駆使しつつ大規模な活動をくりひろげている。それでも、そのような大企業がロビー活動という力を通して立法や法制の分野にまで口出しするのは、社会にとって一種の脅威にほかならない。一企業としての経済活動が認められたとしても、国の政治を汚染することまで許されたわけではない。

三つめは、道義的な問題で、現代の民主主義そのものの性質に関係する。今日のアメリカでは、公共の場で一貫した討議を重ねる機会がほとんどない。政治を実践する過程で、国民の意見がまともにとりあげられることはめったにない。重要な政策は、国民の目の届かない密室で次から次へと決められてゆく。その決定が国民の意見とは正反対のものであることもしばしばだ。私たちは、社会のあらゆる階層において、真の意味での話し合いの精神をとりもどすべきである。それがあって初めて、政治はたがいへの敬意と共通する価値観にもとづいた、集団による問題解決の手段として機能する。

グローバルな倫理をめざす

経済の回復に向けた八つめの段階は、世界への共感である。とりわけ重要なのは、今日、ありあまる不和や混乱にもかかわらず、経済面でも社会という点でも、世界の国々や地域がたがいに深く関連しあっているという現状をはっきりと自覚することである。世界のどこかで経済に重要な動きがあれば、それ以外の地域にもかならず波及する。二〇〇八年にウォール街を襲った金融危機は、たちまち世界経済全体を揺るがした。太平洋で起きたエルニーニョ現象は世界各地に気候変動をもたらした。その気候変動が引き金となって、世界の食料価格にも目に見える変化があった。たとえば二〇一〇年の穀物価格の高騰などもその一例である。

広告とプロパガンダにむしばまれたアメリカ経済によって国民の幸福が脅かされているとしたら、今日の世界経済に欠けているのは安定と平和をもたらすはずの協力関係だといえる。かつて前例がないほど、経済的な相互関係が強まっている一方で、国家や地域の境界をはさんで深刻な不信が存在するという状況こそ、今日の世界経済の矛盾をあらわしているのかもしれない。私たちの抱える地球規模の難問、たとえば気候変動、世界人口の増加、大量移民、地域紛争、金融規制などに対処するとき、世界の主要国のあいだでは、これまで以上により高度な政治的協働が必要になる。国同士に強い信頼関係がなければ、ますます不足しつつある資源をめぐる国家間の争奪戦は簡単に、大規模な武力衝突へと発展するだろう。信頼がなければ、貧困、飢餓、病気との戦いに必要な国家同士の連携した活動など望むべくもない。信頼がなければ、政府は気まぐれなグローバル企業のなすがままになるだろう。それらの企業は儲けた金を世界中のタックスヘイブンに移し、税率、労働基準、環境破壊の抑制、金融規制といったものが自分たちにとって有利になるよう、政府に圧力をかける。したがって、共感のある世界を作りあげるには、善良さという世界基準を新たに受け入れようとする覚悟が必要だ。豊かな国だけでなく貧しい国々も、強い国だけでなく弱い国々も、平等に守ろうとする態度をもたなければいけない。

偉大な神学者ハンス・キュングは過去四半世紀にわたって、世界のおもな宗教にもとづくグローバルな経済倫理を定義しようと熱心な研究を重ねてきた。キュングは長年におよぶ調査の結果、世界各地の宗教的な伝統には、経済活動や経済にたいする態度に関して、基本的な倫理観が共通して存在することを論証した。キュングによれば、その共通する考え方とは、「人道的考慮」だという。「あらゆる経済活動において、人間的であることが倫理的な尺度となる」[14]。経済とは人類の基本的欲求を満たすためのものであるからこそ、「人は高潔であらねばならない」。こうした人道的な基本原則をもとに、キュングは普遍的に良しとされるいくつかの倫理上の課題を定義した。他者にたいして敬意をもち寛容であること。公正さと連帯を広めること。誠実さ、正直さ、信頼性といった美徳を重んじること。そして、なによりも大事な、たがいを尊重するという態度。

キュングのこうした主張を目にし、また近年、彼の学説が他の大勢の倫理学者に支持されていることを思うと、大いに励まされる。キュングの学説は、世界の多様性を認めながらも、一見ぜったいに越えられないように見える相違の根底に共通の基盤があることを教えてくれる。ただの専門用語ではなく、人道的な基本原則にもとづくグローバルな人間生活という枠組みのなかでの経済活動がありうるという自信を私たちに与えてくれるのだ。グローバルな市場経済は人間味のある目的意識によって導かれるべきであり、経済そのものを目的にすべきではない。

なにより大事なのは、「人道的考慮」が私たちに、おたがいを尊重するようにと教えていることである。自分たちが人類として共通の運命のもとに生きており、高潔さと連帯と持続可能性という共通の希望をもっていることに私たちはようやく気づき、高く評価するようになった。世界各地の宗教的な伝統に注目したキュングの研究によって、私たちは世界中の人間を分けるものよりも、人類としての共通点のほうがずっと重要だという肝心な点に気づいた。

私はまた、このことからジョン・F・ケネディ大統領の演説を思い出した。キューバのミサイル危機のあと、彼の生前最後の年に世界平和を訴えたすばらしい演説である。

現在、人類を分断する隔たりや障壁を越えて、永久的な敵など存在しないことを私たちは思い出すべきです。今日、敵意はたしかにありますが、それは従わねばならない掟ではありません。この時代の究極の現実とは、私たちがみな神の子として分割不能の存在であること、そしてこの地球の上に生きる、はかない者としての一体感です。(15)

では、平和への道はどこにあるのか？　ケネディは理想家であると同時に、実際家でもあった。

われわれの違いに目をつぶるのはやめようではありませんか――そうではなく、われわれの共通の利害をしっかり見据え、それらの違いをのりこえる方法について考えることにしましょう。そして、いまはわれわれの相違を終わりにできないとしても、少なくとも、多様性が許容される世界を作る手助けはできます。というのも、結局のところ、われわれすべてに共通するのは、この小さな惑星の上に住んでいるということにほかならないからです。私たちはみな同じ空気を吸っています。私たちはみな子供たちの将来を大切に思っています。そして、私たちはみな死すべき運命にあるのです。[16]

これらの言葉、そしてその背後にある力強いビジョンに導かれて、一九六三年夏の部分的核実験禁止条約が誕生した。これによって、世界は核の深淵から一歩遠ざかることができた。テロリズム、政情不安、極度の貧困、気候変動、飢餓、諸国家の力関係の変化など、今日の世界に緊張をもたらすものは昔とは違っているかもしれない。だが、共通の利益と相互の敬意にもとづいて築かれたこの世界への共感を通じて平和を求める道は、いまもケネディの時代と変わっていない。

個人として、そして市民としての美徳を生き方の指針とする

共感にみちた社会とは、特別に意図して作るものではなく、むしろ人生や経済にたいする考え方である。そのような社会は私たち一人ひとりに善い人間であれと要求する。個人としてのふるまい（貯蓄や倹約に励み、破滅的な欲望を抑えること）でも、市民としての、また大学であれ企業であれ、強力な組織の一員としての対社会的な行動でも、善良さが求められる。個人にとってはハイパーコンシューマリズムが、そして社会においてはコーポレートクラシーが猛威をふるっている現在、私たちは危険な場所に置かれている。いまの私たちは、いっときの快楽を求めてレバーを押しつづけ、疲れはて、やがて飢えて死んでいく鼠のようだ。私たちは、すばらしい富と生産性をもつ国家を作りあげた。

だが、この国は、貧しい国民を惨めな生活環境のなかに放置して恥じず、世界の最貧国の人びとについては完全な無視を決めこんでいる。私たちが作りだしたのは、いわば集団中毒にかかった社会である。コンシューマリズム、洪水のような広告、狡猾なロビー活動、国民のまともな討議を骨抜きにする政治に、私たちは麻痺している。

共感にみちた社会——その共感を私は八つに分けた。自分自身への、仕事への、知識への、他者への、自然への、未来への、政治への、世界への共感である。そのような社会は、私たちの個人としての優先順位を考えなおさせると同時に、社会における組織にとっての優先順位についても再考を迫る。その結果、経済はふたたび、人間の幸福という究極の目標のために機能するようになる。共感とは、もともと自己破壊的な消費行動とはあいいれず、コーポレートクラシーのような政治的束縛と矛盾するものである。共感について意識することで、ふたたび活力をとりもどした善意あふれる市民が誕生する。彼らはアメリカの民主主義を再建し、それを民衆の手に戻そうと、意欲満々で待ちかまえている。

第一〇章　豊かさをとりもどす

この章と次章では、現在から二〇二〇年までの道のりを図解しようと思う。アメリカ社会に希望と目標と品位をとりもどすまでの道である。われわれはまちがった道にいると、アメリカ国民は声をそろえて叫んでいる。舵を正しい針路に戻し、繁栄と目標をとりもどせるということをはっきりと示そうではないか。その第一歩は、われわれの社会がめざすべき目標をより明確にし、それを達成するための具体的な方法を示すことだ。

目標を定める

表10・1には経済的な目標と時間割を示した。第一の目標は昨今の失業問題である。現在の九パーセントを二〇一五年には五パーセントまで下げ、その低い率を二〇二〇年まで維持すること。それを達成するには多くの政策が助けになるだろう。労働市場の改革、余暇の増大、労働者のスキルを向上させるための長期的な支援である。それについては、このあとすぐに述べる。

第二の目標は、一とも密接に関係するが、教育危機への対策である。二〇二〇年までに、二五歳か

表10.1　2011年から2020年までに達成すべき目標

目標1　雇用の促進と労働環境の向上
・2015年までに失業率を5パーセントにする
・CEO の報酬のもらいすぎを抑制するための規制を設ける
・従業員100人以上の企業で有給の出産・育児休暇を保障する

目標2　教育の質を高め、教育の機会を増やす
・2020年までに、25歳から29歳の学士号取得者の割合を50パーセントまで上げる
・国際学力テストの全ジャンル（読解力、科学、数学）でアメリカの順位を5位以内に上げる

目標3　貧困を減らす
・2020年までに、国内の貧困率を2010年の半分の7パーセントに下げる
・2020年までに、国内の貧困家庭で育つ子供の割合を10パーセント以下にする

目標4　環境破壊を避ける
・2005年から2020年までのアメリカの温室ガスの排出量を少なくとも17パーセントまで減らす
・国内の総電力供給量に占める低炭素エネルギーの割合を、2020年には少なくとも30パーセント、2030年には40パーセントにする
・2020年までに500万台の電気自動車を走らせる

目標5　国家予算のバランス
・2015年までに、赤字予算を GDP の2パーセント以下にまで減らす
・2020年までに、赤字予算をなくす
・国家のヘルスケア関連予算を GDP の10パーセントに安定させる

目標6　ガバナンスの向上
・すべての国政選挙には公的な選挙資金を提供する
・選挙運動やロビー活動にたいする企業の寄付金を制限する
・回転ドア状態を終わらせる
・議員の任期と選挙の頻度を定めた憲法修正条項を考えなおす

目標7　国家安全保障
・イラクとアフガニスタンの軍隊駐留をやめる
・防衛、外交、開発に関する経費のバランスをとる
・2012年までに、国家情報会議の『グローバル・トレンド2025』の趣旨に沿った国家安全保障のための戦略を作る

目標8　国民の幸福と人生の充足度を高める
・国民にとっての人生の充足度をはかる測定基準を設ける
・平均寿命を少なくとも80歳まで延ばす
・最も汚職の少ない国の順位を22位から5位以内に上げる（トランスペアレンシー・インターナショナルの汚職度指数）

ら二九歳の国民の少なくとも五〇パーセントが大卒かそれ以上の学位をもつようにし、二〇〇九年の三一パーセントからの上昇をはかる。[1] 二一世紀の世界経済において競争に勝とうとするなら、それが不可欠だ。それを達成するには、現在の生徒たちが数学、科学、読解力という主要科目によい成績を収めることが必須になるだろう。ここでも、私たちは世界的な基準をもとに目標を立てる。二〇一五年までに、この三つの主要教科でトップ一〇位の成績をとり、二〇二〇年にはトップ五位に入ることが目標だ。

第三の目標として、貧困問題に正面からとりくまなければならない。貧しいのは本人の責任だといって、運命のままに放置しておいてはいけない。私たちは知っている。貧困の悪循環を断つための最も重要な鍵は、いま貧困のなかで育っている子供たちが、彼らにも本来備わっているはずの可能性を十分に発揮できるようになればいいのだ。そのために、アメリカ社会は、生まれが裕福であろうと貧乏であろうと関係なく、この国に生まれたすべての子供たちに、健康、栄養、認知技能、教育などへの投資を惜しまず、人的資本を育てなければいけない。二〇一五年までに、この国のすべての子供たちが総合的な幼児教育プログラムを受けられるようにし、貧困家庭や労働者階級の両親のために育児環境をととのえ、十分な栄養、安全な保育所、質の高い幼稚園を用意する。これから述べるように、国家に長期的な健全さを望むとき、子供たちへの投資ほど大切なものはほかにない。

この三〇年間、貧困率は停滞していたが、二〇〇八年以降上昇しはじめている。今日、子供たちの五人に一人は貧困家庭で育っている。二〇二〇年までに、それを一〇パーセント以下に減らしたい。二〇一〇年現在、アメリカ国民の一四パーセント以上が貧困ライン以下の暮らしをしている。二〇二〇年までにその数字を半分にしよう。これを達成するための鍵は一つではない。教育、職業訓練、雇用の促進、医療などがそれぞれ有効に機能しなければいけない。

第四の目標。このまま環境破壊を放置し、自然資源をやみくもに浪費しつづけていたら、これらの目標を努力して達成したとしても、それを長くは維持できないだろう。いずれにしても、アメリカが全般的にインフラストラクチャーの再点検を必要としていることはたしかなようだ。道路、橋、堤防、上下水道、電力網は古くなり、荒れている。だが、中核インフラストラクチャーへの再投資には、もっと重要な理由がある。基礎的なインフラストラクチャーの徹底的な再点検が必要とされる理由は、二一世紀において、より賢明かつ持続可能なエネルギー利用と輸送法を導入し、複雑に絡みあった三つの目標を達成するためである。効率性、輸入石油への依存を減らすこと、低炭素経済への移行である。オバマは二酸化炭素の排出量について二〇二〇年までの目標を定めた。二〇〇五年比で一七パーセントの削減である。私はもう一つ別の目標を定めたい。二〇二〇年までに、電力網と輸送インフラストラクチャーに少なくとも五〇〇万台の電気自動車を導入することである。これが「転換点」となって、電気自動車は政府の特別な支援がなくても、それ自体の性能によって商業的にも定着するはずである[2]。

第五の目標。ますます増えつつある国庫の財政赤字をなんとか解決しなければいけない。二〇一〇年の予算赤字はGDPのおよそ一〇パーセントだった。その一部は周期性のもので、例外的な税収入の少なさと、異例なほどの失業率の高さ、そして経済の弱体化によるその他の補塡が原因である。しかし、多少の回復があったとしても、中期予算赤字はGDPのおよそ六パーセントのまま動かず、累積赤字はぞっとするほど膨大な額になっていて、数年のうちに予算危機に陥る恐れがある。増税は避けられないだろうが、とりわけ高所得者への増税は必須である。過去三〇年、彼らは前例がないほど気前のよい特別待遇を受けてきたのだから。

第六の目標。機能的に働く政府をもう一度とりもどすこと。わが国の政府は、企業のロビー活動のいいなりになっているばかりか、基本的な管理機構そのものが腐敗している。政策立案はいつも目先のことしか見ていない。そもそも、プランといえるものがほとんどない。しかも、この国がもっているはずの広範な専門知識も活用されていない。効果的に働く政府機関がなければ、たとえ潤沢な予算をもった政府でも失敗は目に見えている。

第七の目標。成功の鍵はより賢明な外交政策にある。とりわけ、「強硬な」（軍事）力による外交から、「柔軟な」（円滑な、または支援にもとづく）戦略へと転換すべきである。アメリカは無用な戦争のために何兆ドルも無駄に費やし、それによって国家財政を破綻させ、国民の士気をくじいてきた。つまらない戦争を終わらせ、そのような衝突を引き起こすことになったそもそもの原因――蔓延する不安、極度の貧困、資源の争奪戦、環境ストレスの増大――に国民のエネルギーを向ければ、今日の軍事出費よりもはるかに少ない費用で安全保障が得られるだろう。二〇一五年までに、軍事予算を少なくとも半分は削るべきである。GDPの五パーセントから、二～三パーセントに減らし、それで余った予算を世界平和に役立つ、もっと有効な投資にまわせばよい。

最後にして、第八の目標。これまでにあげた目標はすべて、社会全体の究極の目標を達成するためのものである。いま生きている人びとと将来の世代の両方にとって、人生の充足度を上げることが目標である。そのためには、人が生きるうえでの充足が何に支えられているかをよく測らなければいけない。ただの金儲け以上に、余暇、健康、安全な環境、そして公正さと信頼のある社会が欠かせないことがわかるだろう。幸福とは何かと考えるとき、よい案内となり、指針となるのは、一九八〇年の大統領選でジミー・カーターと対抗したレーガンの有名な質問である。気のきいた答えを出すのではなく、自分の心に問いかけて、正直に答えてみてほしい。「四年前の自分とくらべて、あなたは今日一日をよりよく終えられるだろうか？」

中期的な経済政策への新たなとりくみ

こうした中核となる目標を達成するために必要なのは、経済政策に新しい方針をとりいれることである。この先、わが国は政府と市場を二本の柱とした混合経済の導入が必須となるだろう。効率を追うだけでなく、公正さと持続可能性を大事にしなければいけない。投資と構造的な変化にもとづく長期的な展望が必要になる。そして、全体論的《ホリスティック》に行動することが求められる。問題は社会の複数の分野にまたがっているので、政策についても考えを新たにしなければならない。なかでもとくに重要な政策案について、簡単に述べてみよう。

新しい労働市場の枠組み

アメリカの就職危機はおもに、労働市場そのものの破綻に影響されたものであって、マクロ経済の破綻から来るものではない。つまり、私がいいたいのは、就職問題の永続的な解決のためには、連邦準備制度の信用度とか予算の「景気刺激策」による総需要の底上げではなく、むしろ労働力全体のスキルと労働環境を向上させ、労働市場の正しい機能を回復させるほうがずっと重要だということである。ヨーロッパのいくつかの国々、たとえばスカンディナヴィア諸国、ドイツ、オランダなどでは、職業訓練、フレキシブルで満足のいく労働条件への改善策、労働者にふさわしい仕事を斡旋する職業紹介などを目標にした「積極的労働市場政策」で大きな成功を収めた。アメリカもいまこそ、この積極的労働市場政策をとりいれるべきだろう。

アメリカの就職状況を悪化させるきっかけは労働者のスキル不足である。二〇一〇年一二月の失業率を見てみよう。失業率は労働力の九・四パーセントで、完全失業者と不本意ながらパートタイムの職についている人を合わせると、一七・五パーセントになる。だが、失業率は年齢と教育水準によって大きな差が見られる。一六歳から二四歳では、一九・三パーセントという驚くべき数字になっているが、二五歳以上ではその半分以下の八・三パーセントにとどまっている。

これまでくりかえし述べてきたように、今日、労働力は大卒とそれ以下とで、はっきり分かれている。住宅バブルがはじけたあと、建設業界の職がなくなり、高いスキルが不要な労働力を受け入れていた製造業もずいぶん前から中国やメキシコといった新興経済国に移っている。その結果、高いスキルをもたない労働力はきわめて低い賃金に甘んじ、職場への愛着をもてず、正規労働の就職口へ転じる機会にも恵まれない。すでに見たように、高卒未満の労働者の年間所得の中央値はわずか二万ドルだが、高卒の場合は二万七四〇〇ドルである。大卒の平均は四万七八〇〇ドルで、それ以上の学位保持者は六万三二〇〇ドルとなる。教育と所得の相関はこれまで以上に明らかになっており、高いスキルをもたない底辺の労働力は労働市場から事実上排除されつつある。

若い世代にとって就職危機はより深刻だ。とくにマイノリティの一六歳から一九歳の労働力には不利である。したがって、長期的な就職戦略で重点をおくべきは、教育の達成とスキルの形成でなければならない。全体として、全員が高校を卒業すること、大学または職業訓練校への進学率を九〇パーセント以上にすること、大学の学位取得者を五〇パーセント以上にすることが目標となる。二〇二〇年までに、一九歳から二三歳までの少なくとも半数が大学を卒業できるようにすべきである。最近、議会顧問団が「アメリカの国際競争力は、高卒者の能力にかかっており、少なくとも大学の学位が取れる程度でなければならない」といったが、私たちもこれに賛同する。[3] すでに中退した生徒のためには、少なくとも高卒者と同じ資格が得られることを目標にし、その後、できれば専門学校や職業訓練校に行かれるようにする。労働市場は厳しく、余裕がない。短期的な景気の動向に左右されず、労働市場でこの先の四〇年を生き抜くには、なんらかの技能が必要だが、これらの若者たちにはそれがない。

アメリカの労働力の技能を支えるには長期的な展望が必要になる。だが、現在の就職危機は急を要する。失業率九パーセントという現状をどうしたらいいのだろう。たとえ景気が回復してもほとんど影響はなく、失業率はたぶん七～八パーセントに下がるくらいだろう。数でいえば一〇〇〇万人から一二〇〇万人であり、それ以外におよそ一〇〇〇万人の潜在的失業者（働きたいのに仕事がない場合や、ひと月あたり数時間しか働いていない人びと）がいる。(4) これらの労働者の場合、解決策は状況によって異なる。現在、就職できていない何百万もの若者たちは、そもそも労働力に含めるべきではない。それよりもまず、高校を卒業し、職業訓練校や専門学校に通い、あるいは大学に進学すべきである。問題は、彼らに教育資金がなく、とりあえず食べるために稼がなければならないということだ。したがって、短期的な方法としては、公的な助成金によって、二五歳未満の若年失業者のうち少なくとも一〇〇万から二〇〇万人を学校に戻すことである。これで失業率はおよそ一パーセント下がる。これにかかる予算は生徒一人あたり年間およそ一万五〇〇〇ドル、合計で一五〇億から三〇〇億ドルである。年間の国民総生産を一五兆ドルと見積もれば、これは総額でＧＤＰの〇・一パーセントから〇・二パーセントにあたる。

短期的な解決策のもう一つは、実際は長期的な利益にもつながるもので、労働時間を短縮してワークシェアリングを増やすことである。今日、アメリカのフルタイム労働者の労働時間は年間およそ一七〇〇時間で、ヨーロッパのフルタイム労働者とくらべて、約二〇〇時間、つまり五週間ほど多い。

たとえば、この労働時間を五パーセント減らすと、その時間を失業者にわりふって、新たな労働力を五パーセント増やすことができる。とりあえず有効なこの処方は、ただの一時しのぎではない。アメリカ国民に労働と余暇のバランスを考えなおさせるという意味で、これは長期的にも役に立つ。

労働時間の短縮に加え、雇用の形態をさまざまに工夫してワークシェアリングを進め、成功を収めたのがドイツである。ドイツ政府はさまざまな社会保障（たとえば失業給付金など）を整理し、最近の不況にあたって、労働者の数を減らすよりも労働時間を少なくするよう企業に働きかけた。ドイツの失業率はワークシェアリングによっておよそ一パーセントかそれ以上減った。アメリカはこれまでこの方法を試したことがない。アメリカでは、調整は全面的に企業にまかされており、不況になってまず減らされるのは労働時間ではなく労働者の数である。

ヨーロッパ諸国の積極的労働市場政策では、アメリカが職業再訓練や労働者に適切な職を斡旋する職業紹介にかける費用より多額の予算が費やされる。世界経済やテクノロジーの変動の激しさを考えると、この先、昔の仕事が戻ってくることはまずないと思われる。中年の労働者は新しい経済に必要とされる情報通信技術（ＩＣＴ）をもたないことが多い。彼らを雇用条件にかなう労働者にするには職業再訓練が必要だ。だが、それには費用がかかる。ヨーロッパ諸国は積極的労働市場政策に総計でＧＤＰの一パーセントをあてているが、アメリカではわずか〇・二パーセントである。若者を学校に戻すための奨学金、中高年労働者のための再訓練、職業紹介サービスといった手段のすべてをまかなうには、さらにＧＤＰの〇・五パーセントが必要である(5)。

連邦準備制度が推奨する総需要の底上げ、財政面からの景気刺激策、量的金融緩和政策といったマクロ経済学の手法は、ひとまず棚上げにしておこう。それらはアメリカの就職危機の解決にはならないし、金融相場の停滞を招き、長期的な予算の支払い能力を劣化させるだけである。それでも、インフラストラクチャーに公的資金を投入することは、正しいやり方をしさえすれば、一種の「刺激」効果にはなるだろう。総需要だけを目的にするのではなく、比較的スキルの低い建設労働者の雇用を促進するからである。インフラストラクチャーに関する問題については以下で説明する。ここで銘記すべきは、わが国に必要なプロジェクトはけっして「ショベル・レディ」ではないということだ。この先の一年ではなく、十年先を視野に入れて考えるべきである。

貧困の罠と教育の罠を打ち壊す

アメリカの教育制度の嘆かわしい現状について、私はくりかえし強調してきた。低所得世帯の子供や、ときには中所得世帯の子供にとってさえ、大学卒業の道が閉ざされている(6)。貧しい子供たちの多くは高校さえ中退する。高校を卒業しても、大学に進学するための資金の壁を乗り越えられない。進学した者の多くは卒業までたどりつかず、借金に追われ、働かざるをえなくなって中退する。就学前教育から大学の学位にいたるまで、教育と所得の厳密な相関関係はいたるところで見られる。貧しい若者は社会でおくれをとる。教育資金の負担を引き受けるのは、社会全体というよりむしろ個々の家庭や地元のコミュニティである。

個人や地域が教育資金を負担することから、生徒一人あたりにかける費用は、裕福な地域と貧しい地域で大きな格差が生じる。ある州の公立学区における生徒一人あたりの出費を百分位階級別にして並べたとき、第九五階級（上から五番目）の出費は第五階級（下から五番目）の出費の二倍になることも多く、また中央値の金額の五割増しになることも珍しくない。たとえば、私の住むニューヨーク州では中央値の学区では生徒一人あたり一万六〇〇〇ドルを費やし、第九五階級の学区は生徒一人あたり二万九〇〇〇ドルである。[7] たいていの場合、貧しい子供たちには、貧困地区での育ち、学習を始める時期の遅さ、教育水準の低い両親（一人親の家庭も多い）から家で教えてもらう機会の少なさなど、深刻な障害を乗り越えるために、平均以上の予算が必要になる。

　教育における連邦政府の第一の役割は、低所得地区における生徒一人あたりの予算の不足を補うことであり、革新的な教育プログラムなども含めて、その金を有効に使わせることである。現在、政府は小学校および中学校教育への総予算のおよそ八パーセントを小学校教育にあてており、二〇〇六年から二〇〇七年度は五八四〇億ドルのうち五〇〇億ドルが費やされた。[8] 貧困のなかで暮らす学齢期の児童の数はざっと一〇〇〇万人である。生徒一人につき年間合計五〇〇〇ドルの補助予算を組み、教育バウチャー（学校教育に用いるクーポン券）、チャーター校（教育費を税金でまかなう公立民営校）への支援、補習といった手段を講じて、学校と家庭と近隣の環境を改善したときにどんなことが起こるか、大まかな見取り図を描いてみよう。このためには、年間およそ五〇〇億ドルの予算が必要で、現在の小中学校にあてる連邦予算のおよそ二倍、GDP比では〇・三パーセントの増額になる。これはあくまで大雑把な試算にすぎないが、とりわけ小中学校ではいま以上の教育予算が必要だということは伝わるだろう。

　さまざまな推計によれば、大卒の若者の比率を増やすには、高等教育により多くの資金を投入する必要があるという。現在の若者全員のうち、大学をきちんと卒業するのは三〇パーセントから三五パーセントである。年齢群にすればこれらの若者の数は年に四〇〇万人ほどなので、そのうち学位を取る若者は年に一二〇万から一五〇万人である。できれば、この数字をあと一〇〇万人増やしたい。年齢群のうち、学位取得者を五〇パーセントから六〇パーセントにまで高めたいところだ。近年のマッキンゼーの調査によれば、生徒一人あたりにかかる高等教育の費用、つまり政府が支払う授業料は、現在の年間三〇〇〇億ドルに加えて五〇〇億ドル、すなわちGDPの〇・三パーセント分を増額する必要があるという。[9] 初期には、この予算の一部は現在一〇〇万から二〇〇万人と推計される失業中の二五歳未満の若者を学校に戻し、大卒の資格を取らせるために使うべきである。

教育改革を有効に進める正しい道はいまだ定まっていないので、より全体的な教育予算、すなわち年間GDPの〇・五〜一・〇パーセントについても試行錯誤を重ね、新機軸をとりいれるべきである。学習の多くは最良の訓練から得られるものだ。目下の趨勢としては、哀れな教師たちに責任の大半を押しつけ、劣った教師を組合が甘やかしていると責めることが流行している。しかしそれも、単純かつ魅力的な「万能薬」への期待でしかない。問題は複雑に絡み合っていて、たった一つの解決策ですむことはない。異なる種類の対応策が必要なのだ。教員組合を責めるのは簡単だし安くすむが、それで何かが解決されるわけではない。高校を中退する生徒のほとんどが小学四年生になる前に落ちこぼれるという証拠を見ると愕然とする。そのような状況では、個々の教師が悪いのではなく、教師をとりまく環境のすべてに問題があるといわざるをえない。近年のある報告はこう要約している。

中退予備軍の大半は思春期の初めごろから学校になじめなくなる。中学年（一〇歳から一四歳）から成績に格差ができはじめる。高校に入るころには、すでに学校から半歩踏み出したような状態で、よりむずかしい大学受験や高校の職業コースの進み具合についていけなくなる。高校の卒業率がとくに低い学区では、中学年のころから授業に落ちこぼれないよう教師が世話をすれば、生徒全員が高校を卒業できるだろうし、そのうえ学習の習慣が身について高校進学のためにもよい準備となるはずだ。[10]

高校中退が長期にわたってじわじわと生じる原因については、次のように書かれている。

中退という現象は、生徒が高校に入学するはるか以前に原因がある。調査によると、生徒が中退しようと思うのは、中学年で授業に興味がもてなくなり、やる気が失せるからだという。たいていは授業の内容がわからなくなり、結果として留年（原級留置）せざるをえなくなったことが引き金となる。調査ではさらに、留年のおもな理由は周囲の進み具合についていけないことだが、多くの場合、その理由は四年生（一〇歳）という早い時期に、必要な読解力が身についていないことが原因だという[11]。

教員組合を厳しく糾弾するのは、ほかの理由からも不適切に思える。教員組合が問題となるのは、高所得家庭の多い郊外ではなく、低所得家庭の子供が集まる学校だけである。都市部では、教員組合がかっこうのスケープゴートになる。というのも、都市部の貧困という本当の病害から注意をそらせるからだ。さらに、表面的には、組合を叩いておけば、低コストで高い質が得られるように見える。これもまた、魅力的だが実体のない万能薬への期待である。子供たち全員、とりわけ貧しい子供たちに、よりよい教育を授けるためには、厄介な仕事に忍耐強くとりくむ覚悟がなければいけない。

たしかに、教育を普及させ、優秀な教師を集め、授業の質を高めるには、新しい工夫が必要だ。優秀なチャーター校は前例のない画期的なモデルとなっている（ただし全体としてのチャーター校の実績は成否さまざまだが[12]）。それでも、この新機軸を成功させるには、校長と教師と地域社会のあいだに強い信頼関係が必要だということは明らかだ。教員組合のある公立校であろうと組合のないチャーター校であろうと、そのような信頼関係を築きあげることは可能だ。教員組合が被害者意識を捨て、共同参画者という自覚をもちさえすれば、教育の刷新と改良に一役買えるはずである。

早期教育の大切さ

しかし、小学校に上がる前から、子供たちの状況には目を配っておくべきである。ゼロ歳から六歳までの乳幼児は社会の構成員のなかで最も弱い存在である。アメリカは乳幼児の段階から子供たちを粗略に扱っている。六歳を超えてからそれまでの粗略な扱いを取り返そうとしても、生まれたときから大切にするのとくらべて、ずっと費用がかかるし、成功するチャンスも少ない。ノーベル賞受賞者のジェームズ・ヘックマンとその同僚たちによれば、人的資源からのリターンが最も大きいのは初期投資、すなわち人生が始まってすぐに資金を投じることだという(13)。ところが、投資するどころか、アメリカの子供たちはその大半が放置され、貧困のなかで育ったことの不利を生涯ずっと背負いつづける。

今日、わが国の若者たちは最も傷つきやすく、貧困という苦難に悩まされる集団である。ずっとそんな状態だったわけではない。半世紀前、貧困度が最も高い社会集団は高齢者だった。一九五九年、貧困ライン以下で暮らす六五歳以上の人口は三五・二パーセントだった。その後、社会保障が拡大し、メディケアが導入された。高齢者の貧困率は下がって、一九六九年には二五・三パーセント、一九七九年には一五・二パーセント、一九八九年には一一・四パーセント、二〇〇八年には九・七パーセントになった。ところが、子供たちの場合は事情が違った。一八歳未満の貧困率は、一九五九年には二七・三パーセントだった。一九六九年にはその数値が一四パーセントに下がったが、それから長期にわたってじわじわと上がりつづけ、一九七九年には一六・四パーセント、一九八九年には一九・六パーセントまで行き、二〇〇八年には一九・〇パーセントだった。現在、アメリカの子供たちの五人に一人が貧困のなかで暮らしている。[14]
私たちのほとんどは、幼い子供たちが貧困によってどれほど大きな害をこうむるか、きちんと理解していない。それは想像以上に大きなマイナスである。だが、貧しい人びとに心からの共感をもたなければ、その実情はわからない。人間の成長に関する近年の科学的な研究における最大の発見は、初期教育の大切さである。この時期、妊娠中から六歳までを幼児期発達（ＥＣＤ）と呼ぶ。乳幼児期はその後の人生の基礎になるのである。母親が健康で、妊娠中に適切な栄養を摂り、安全に出産ができ、生まれた赤ん坊が十分な栄養を与えられ、質の高い医療を受け、才能を伸ばせる安全な環境で育ち、就学前に学習と社交性を伸ばす機会を与えられれば、その子供は生涯ずっと健康にすごせ、高度な学校教育を受け、労働市場での収入も高くなるという恩恵を受けられるだろう。一方、標準体重以下で生まれ、ストレスの多い危険な場所で育ち、汚染や騒音など、環境からくる危険にさらされ、貧困のせいで就学前の教育や質のよい保育が受けられないとしたら、その結果は、子供時代にかぎらず、その先何十年も悲惨なことになるだろう。たとえば、乳幼児期に栄養不足だと、大人になっても慢性の病気になりやすく、仕事の生産性も大幅に減じる。
もう一つの重要な発見は、この大事な時期、ゼロ歳から六歳までの子供たちに投資しそこなうと、あとからそれを補うのがむずかしいということである。ぐらぐらしている土台の上に超高層ビルを建てたら、上の階にいくら手を加えても、その建物は安全にならない！　要するに、現在のアメリカでなされている多くの教育政策、たとえば高校の改革などはすでに遅すぎるということだ。恵まれなかった若者たちのために埋め合わせをする手段はあるし、そうすべきだろうが、もっと早く始められたら、もっとうまくいくだろう。すべての子供たちに乳幼児期の健康を確保すべきである。
スウェーデンの社会福祉を専門とする社会学者のイエスタ・エスピン＝アンデルセンは、すぐれたエッセイのなかで、今日、社会的流動性がアメリカよりスウェーデンのほうがずっと高い理由を問いかけている。[15]それによると、すべての高所得国家において両親の社会・経済的地位が子供の教育や成績の見通しを決定するが、なかでもスウェーデンはその度合いが他のどの国よりも低く、一方、アメリカはその度合いがとくに高いという。スウェーデンでは、比較的貧しい環境で育った子供でも、収入曲線のトップにいる子供とほぼ同じ教育を受け、成績の見通しも同程度である。エスピン＝アンデルセンの説得力のある記述によれば、スウェーデンの特徴は公教育の支援にあるのではなく――それは他の諸国とほとんど変わらない――子育て中の家族を、その子供たちがまだ小さいときから、つまり公立の小学校に入る前から、支えることだという。

スウェーデンでは、すべての家庭が質の高い公立の託児所に子供を預けられる。子供を安全な場所に置いておけるので、母親は安心して働くことができる。アメリカでは母子家庭が貧困層のかなりの部分を占めるが、スウェーデンの母子家庭は貧しくない。エスピン＝アンデルセンによれば、驚くべきことに、スウェーデンにおける母子家庭の貧困率はわずか四パーセントである。それにたいして、アメリカの国勢調査によると、二〇〇九年のアメリカの母子家庭の貧困率は三〇パーセントにもなる。[16]同じように、スウェーデンの子供たちは全員、高度な就学前教育を受けられる。

エスピン＝アンデルセンによれば、重要なのは、これらの手段がすべて公共サービスであることだ。誰もが手ごろな料金で保育園に子供を預けられることは、家族手当を現金で支給するよりも意味がある。子供のいる家庭を貧困から救う鍵がここにある。スウェーデンの公共サービスはだいたいにおいて質が高いが、そのおかげですべての子供が人生の出発点から順調に歩きはじめられる。

保育園、幼稚園、就学前教育にあてるスウェーデンの公的資金供給はGDPの一パーセントだが、それにくらべて、アメリカはGDPの〇・四パーセントにすぎない。[17]もちろん、貧困のなかで育つ子供の数がずっと多いことを思えば、アメリカでのニーズのほうがスウェーデンよりもはるかに大きい。だが、アメリカではそれらのニーズの少なくとも半分は中流階級および富裕階級の家族が自分たちの収入でまかなっており、一貫した政策による公共投資はあてにしていない。アメリカの子供のために一貫した早期教育プログラムを二〇一五年までに確立するには、ざっと計算してGDPの〇・五パーセントを追加しなければならない。ここでも、正確な予算案は実践と並行して広範な情報を集め、一歩ずつ段階を踏んで成功モデルを拡大していく必要がある。

真の医療改革

アメリカの低所得および中所得者層は賃金の横這い状態に苦しみ、国際的な競争と医療費の高騰にストレスを感じている。過去二〇年のあいだに医療費はつねに上がりつづけてきたが、たまたまこの時期は、オバマ政権発足当初のほぼ一六カ月におよんだ医療改革推進運動と重なった。オバマの改革は二つの重要な目的を達した。医療の対象を貧困層まで広げたことと、改革以前から医療を受けていた人びとには改革後も同じ医療が受けられるよう保護したことである。その一方で、改革案のうち、立法までこぎつけたものはごくわずかで、その結果、医療関連の予算はなかなか増額できず、現場で十分な医療を供給することができなかった。この先、新しい医療政策が実施されたら、医療費は下がらず、むしろ上がるかもしれない。なにが起こったのかは一目瞭然だ。民間の医療保険会社と製薬業界と米国医師会が、医療費の高騰を抑止しようとする真の改革を妨げた。業界のあるトップがいみじくもいったように、既得権益があまりにも大きすぎるので、いまのままでは「医療改革などとうてい無理」なのだ。(18)

いくつかの綿密な調査からわかるように、医療部門の民間の特殊権益団体は政府からの払い戻し（メディケアおよびメディケイドによる）、または民間の医療保険しかほとんど選択肢のない保険加入者からの支払いを見越して、医療費および医薬品の価格を引き上げた。ある研究によると、二〇〇三年のアメリカの医療関連赤字は国民一人あたり推計一六四五ドルにもなるというが、これはGDPのおよそ四パーセントにあたる。[19]この研究によれば、アメリカの医療システムは全体として驚くほど高額であり、入院費、外来診療費、医薬品の価格、医療経営管理まで、すべてに大金がかかるという。アメリカの医師が受け取る俸給は、他の国々とくらべてはるかに多く、医薬品の価格も高い。個人経営の外来医院は診療費が高いうえに混んでいる。医療経営管理と医療保険にかかる費用（たとえば、請求の処理など）は、ＯＥＣＤ（高所得の）諸国の平均にくらべて六倍にもなるのである！[20]

スカンディナヴィア諸国の医療システムは、アメリカのざっと半分の費用で運営されている。それなのに平均余命や乳幼児の死亡率ではアメリカよりも好成績を収めている。それというのも、スカンディナヴィア諸国では医療にたいする「システム的アプローチ」が重視されるからである。医療は全体として国家の出費で支えられるが、現場での供給は個人にたいしてなされる。システムにおけるアメリカとの違いの一つは、スカンディナヴィアが初期治療に重点を置いていることである。初期治療を見逃して手遅れになると、病気は慢性化して長引き、そこから治療を始めても高くつくし、治る見込みも少なくなる。初期治療の医師は、患者と専門医をつなぐ「連結器」なのだ。医療システム全般の運営管理はもっと透明である。請求書の作成や管理には、民営の保険会社によくある杓子定規な面倒さがない。医師たちが流れるような連携作業で複雑な症例に対処するとき、繰り返しの多い面倒な事務仕事や高くつく検査などはおのずと回避される。

医療改革の議論のさなかにオバマ自身が述べたように、アメリカにも成功した例はあり、たとえばカイザー・パーマネントやクリーブランド・クリニックがそうである。それを強調するため、オバマはクリーブランド・クリニックを訪問したほどである。だが、改革法案の成立という点では、とても成功とはいいがたい。オバマのクリニック訪問よりずっと前に、ロビイストは高すぎる医療システムの基本構造に手をつけないかぎり、この法律制定を支持する（または、少なくとも反対はしない）と約束することで最初から勝利していたのである。

安全なエネルギーを確保するための道筋

この先何十年にもわたって、アメリカのインフラストラクチャー再構築にとって最大の難関になるのは、化石燃料からの脱却である。問題は二つ、温室ガスの排出量削減と、急速に枯渇しつつあり、また供給がきわめて不安定な化石エネルギーへの依存を断ち切ることである。これはこみいった課題であり、クリアすべき四つの目標がある。国家の安全保障、安全なエネルギー（量が豊富で、低コストのエネルギー）、環境保全、産業の競争力である。いまのところ、これらの目標のうち一つでも、アメリカが国家として達成できる見込みのあるものはなく、いわんや四つを同時になしとげるのは至難の業だ。包括的な戦略には、いくつかの種類のエネルギー（太陽、風力、原子力、炭素隔離技術を導入した化石燃料）、新しいエネルギー利用法（水素燃料電池、電気自動車）、そして新しい都市デザインを考えに入れなければいけない。

どの道筋にも隘路はつきものだ。建国後のアメリカが初めて基本インフラストラクチャーを建設したとき、連邦政府や州政府は抜きんでた土地所有権を活用して、国民に公共サービスを提供するための土地やその他の資源を手に入れた。時代をへて、いまやそれと同じことはできなくなった。土地を所有する個人や地域社会の権利が生じた結果、土地や資源の乱用は少なくなったが、同時にインフラストラクチャーを近代化することもむずかしくなった。環境保護団体は火力発電所の建設に反対するだけでなく、低炭素エネルギー技術にも同じように反対する。近年、環境保護団体はケープ・コッド沖の風力発電所、モハーヴェ砂漠の太陽発電、ニューヨークに再生可能エネルギーを送る高圧電線、数カ所で計画されている二酸化炭素の地下隔離施設、国中で認可済みの原子力発電所などに異議を申し立ててきた。

いまや、なにかを建てることがはたして可能なのか疑問に思えてくる。プロジェクトが認可を得るまでに何十年もかかり、実際に着工するまで数年、ときには十年以上もかかることがある。最近までこの問題はＮＩＭＢＹ（Not in My Back Yard＝自分の裏庭にはあってほしくない）と呼ばれていた。しかし、現在はもっと悪くなっている。いまやＢＡＮＡＮＡ経済の時代だ。ＢＡＮＡＮＡとは、Build Absolutely Nothing Anytime Near Anything＝つねにほとんど何も建てられない、の頭字語である。

大きなつまずきは、国としての戦略がないことである。エネルギー関連の法案全般に関しては十を超える数の政策が断片的に存在する。二〇〇九年の景気刺激法案、輸送法案、代替エネルギー源と電気自動車のための特別税制法案などである。だが、これらがまとまって一貫した戦略へと統合されることはない。オバマ政権は二〇二〇年までに温室ガスの排出量を二〇〇五年との比較で一七パーセント削減すると宣言してきた。しかし、それを達成するための政策は一つも提案されず、どうやって成し遂げるかの筋書きさえ示されていない。方法がなければ、数字は絵に描いた餅である。新しい送電網や電気自動車、目的にかなう発電所などへの投資など、とても考えられない。

低炭素エネルギー経済への移行は、ただではできない。便利な化石燃料にくらべると、低炭素エネルギーはもっと高くつき、便利さでも劣る。当然ながら石炭は昼夜を通して燃やせるが、太陽エネルギーは日の出ているあいだしか使えず、風はいつも吹いているとはかぎらない。アメリカの電力は現在、およそ五〇パーセントが石炭、二〇パーセントが原子力、二〇パーセントが天然ガス、残りがおもに水力発電による。[21] 低炭素を主体とするエネルギーシステム――原子力、再生可能エネルギー、あるいは排出される二酸化炭素の捕獲をともなう石炭――に転換するということは、よりクリーンなエネルギーに転換した結果、排出が抑制される二酸化炭素一トンにつき、余分な五〇ドルが必要になるということでもある。したがって、大まかな計算によれば、低炭素エネルギー経済への移行には、二〇五〇年まで毎年二〇〇〇億ドルの経費がかかると見込まれ、その年のGDPを三〇兆ドルと推計した場合、出費はGDPのざっと〇・六パーセントになる。もちろん、低炭素エネルギーの技術が改良されれば、かかる費用もいまより安くなるだろうし、また従来型の化石燃料エネルギーもやがて価格が上昇するかもしれず、そうなれば低炭素エネルギー経済への転換はGDPの〇・六パーセントよりもずっと安く抑えられる。

私は同僚たちとともに、こちらからあちらへゆっくりと移行するための見取り図を描いてみた。化石燃料を基盤とするエネルギーシステムを短期間で一気に断ち切ることはせず、それでいて二〇五〇年までに低炭素エネルギーへの完全移行を可能にする方法である。[22] まず現存の化石燃料に少額の税金を課し、その税収を集めて低炭素エネルギー（たとえば風力発電、太陽光発電、既存の火力発電所に炭素の回収貯蔵処理を導入するなど）への助成金とする。現在の化石燃料を基盤とするエネルギーシステムはあまりにも巨大で、一方の新しい低炭素エネルギー部門はまだとても規模が小さいから、化石燃料に課す税金はごく少額でも、いまのところ助成金としては大きな額になり、新しい低炭素エネルギー源を市場に参入させる動機としては十分である。一定の期間、適切な助成金を与えていくあいだに低炭素部門の規模はしだいに大きくなる。年月がたつうちに、化石燃料への課税金はしだいに上がり、一方、低炭素エネルギーの製造者に与えられる助成金はしだいに減っていく。こうして、全体的な動機づけが逆転する（税金と助成金の額が同じになる）につれ、おのずと低炭素エネルギーシステムへの移行が加速する。

消費者はエネルギー価格が不意に変動するという迷惑をこうむらずにすむ。低炭素エネルギーの製造者は潤沢な助成金が入ってくることを予測できるので、新しいシステムへの長期的な移行を計画的に進められる。しかも、このシステムは自己投資でなりたつ。化石燃料から入ってくる税収で、代替エネルギーへの助成金がまかなえるからである。数十年のあいだに、技術学習サイクル（たとえば、電気自動車や太陽光発電の技術）が進めば、低炭素エネルギーシステムのコストは、今日の化石燃料を基礎とするテクノロジーよりも安価になるだろう。埋蔵量が残り少なくなるにつれて、石炭や石油の市場価格が高騰することも考えられ、そうなると風力や太陽光発電のような低炭素の再生可能なエネルギーシステムが市場においても低コストの代替エネルギーとして定着するはずだ。その場合は、出発点となる公的な助成金さえ必要がなくなる。

軍事への浪費をやめる

国家予算のなかで最も大きな部分を占めるのは軍事である。そのための予算はＧＤＰの少なくとも五パーセント、連邦予算の総額のおよそ四分の一を占め、アメリカの外交政策の主流をなす。その額はきわめて膨大であり、それらの正当性については深刻な疑問が投げかけられている。二〇一二会計年度における軍事予算はおよそ七三八〇億ドルに達する見込みで、それとは別におよそ二五〇〇億ドルあまりが国土安全保障、情報収集、退役軍人給付金、その他軍事関連の経費にあてられる。直接または間接的に軍事のために費やされる予算は、全部でなんと一年に一兆ドルという驚くべき金額になる。

年額およそ一五〇〇億ドルは、直接イラクおよびアフガニスタンの戦争に投じられた。この二つの戦争がアメリカの安全保障になんらかのプラスをもたらしたかどうかは、きわめて疑わしい。それとは別の多額な支出は、何千という核弾頭の保管・維持に費やされる。なぜこれほど大量の核弾頭が必要なのかさっぱりわからない。ごく一部でも、外からの攻撃にたいする抑止力として有効なはずである。二〇〇〇億ドルという信じがたい金額はミサイル防衛、その他の調達プログラム、そして研究開発に費やされる。[23]将軍たち自身の言葉によれば、ほとんどの場合、兵器システムを改めて提案する必要さえないという。強力なロビー団体や議員の支援団体の働きかけによってシステムが決まってしまうからである。

イラクとアフガニスタンの戦争に終止符を打ち、第二次世界大戦のあと世界中に配備した軍事基地の多くを閉鎖し、高コストなうえに効果が疑わしい兵器システムの一部を廃止すれば、ふくらみすぎた国防予算から三〇〇〇億ドル以上の膨大な金額を削ることができる。もちろん、これがきっかけでアメリカ最大の産業と、おそらく最も強力だと思われる（石油、石炭、金融、医療関係のロビー活動と肩を並べる）ロビー団体を相手に争いが起こるだろう。軍事関連の請負業者は、アメリカ全土に広がる下院議員選挙区のほとんどすべてで労働者を雇用するという強みをもつ。軍事産業複合体は数十年前から、防衛よりも雇用をモットーにしてきた。この軍事産業複合体のネットワークはあまりにも強力なので、冷戦終結後でさえ軍事予算は削られることなく、国家財政の多くがこの部門に回されたのである。

われわれの経済が最終的にめざすもの

経済政策の最終的な目標は往々にして見失いやすい。その目標とは、国民の人生を満足のゆくものにすることだ。その究極のゴールを揺るがしてはいけない。国家とは、誰にも奪うことができない、人としての権利――幸福の追求――を守るためにあるのだから。しかし、私たちは集団としての活動のなかで、幸福を追求するチャンスが無数にあったにもかかわらず、それを逃してきたばかりか、幸福とはなにかということを知るチャンスさえも逃し、その結果、自分たちが国民としていまなにをなすべきかもわからなくなっている。GDPやGNPにこだわるあまり、私たちはもっと重要な指針をないがしろにしている。ロバート・F・ケネディ・ジュニアはこういっている。

あまりにも長いあいだ、われわれはたんなる物質の堆積に目を奪われて、人間的な美点や地域社会の価値観を軽んじてきたようだ。わが国の国民総生産はいまや年間八〇〇〇億ドルを超えている。だが、アメリカ合衆国の現状を見るかぎり、そこには大気汚染、タバコの広告、大量殺人だらけの高速道路を切り裂くようにして走る救急車が含まれる。頑丈な錠前がいくつも必要なドアと、それらを破る犯罪者を収容するための刑務所。セコイアの森の荒廃と、激しい突風に見舞われて破壊される大自然の驚異。ナパーム弾、核弾頭、われわれの住む町で起こった暴動をとりしまる警官隊のための装甲車。ホイットマンのライフル（一九六六年、元海兵隊員のチャールズ・ホイットマンがテキサスタワーに立てこもってライフルを乱射した事件）、スペックのナイフ（一九六六年、リチャード・スペックがシカゴで看護実習生を何人もレイプしたあとナイフで殺害した事件）、子供たちに玩具を売るために暴力を礼賛するテレビ番組もそこに含まれる。だが、そのような国民総生産は、子供たちの健康を守ってはくれない。子供たちの教育の質を高めてもくれない。子供たちを楽しく遊ばせてもくれない。詩の美しさ、結婚の絆の強さ、公開討論の知性、公官吏の高潔さを保証してもくれない。その数字は、われわれの機知や勇気を測るものでもない。われわれの叡智や学習能力、他人への思いやりや祖国への献身は、そんな数字では測れない。要するに、人生にとって大事なものはなに一つ測れないのだ。その数字はアメリカについて多くを語っているが、ただ、われわれがアメリカ人であることを誇りに思う理由はそこにはない。[24]

近年、私たちの幸福にとってなにが大事かを、より正確に測定するための指標の幅を広げようとする動きが出てきている。世界価値観調査とギャラップ国際世論調査はどちらも、主観的な幸福を測定しようとした先駆者である。心理学者や経済学者は社会について診断を下すときに、それらの調査結果が信頼に足るもので、着実に進歩しており、役に立つものだと評価している。人間開発指数（HDI）もまた、経済指標と社会指標（識字率、進学率、平均余命）を組み合わせて、より総合的に幸福の実態をとらえようとした試みとして有名である。アメリカ人間開発プロジェクトは最近、この人間開発指数をアメリカの州、郡、下院議員選挙区にまで広げ、アメリカの経済・社会状況の多様性を知る一助として役立てている。[25]

幸福の測定と開発に、他の国々よりもずっと真剣にとりくんでいるのは、ヒマラヤ山中に位置する仏教国のブータンである。去る一九七二年、ブータンの第四代国王ジグミ・シンゲ・ワンチュクは、政治の目標を国民総生産ではなく、国民総幸福量（GNH）を増すことにおくと宣言した。この大胆な宣言は軽んじるべきではなく、また比喩として受け取ってはいけない。ブータン政府は国民総幸福委員会を設立し、いくつかの測定基準を設けて、国民の幸福量の変化を測り、追跡することにした。[26]

国民総幸福量は以下の九つの分野で測られる。

- 心の幸福
- 時間の使い方
- 地域社会の活力
- 文化
- 健康
- 教育
- 環境多様性
- 生活水準
- 統治

このそれぞれを数量的な指標によって測定する。注目すべきは、世帯所得や教育水準といった一般的な経済指標と、文化的な高潔さ（たとえば、方言の使用、伝統的なスポーツや地域の祭りへの参加など）、環境保護（たとえば、森林被覆度）、健康状態（BMI指数、ひと月のうち病気をしなかった日数）、地域社会の幸福度（たとえば、社会的信頼、親族密度）、時間の配分、総合的な心の健康（たとえば、心理的ストレスの度合い）が組み合わされている点である。

幸福度および生活の質について測定しようという動きは、いまや世界中に急速に広がっている。OECDは二〇〇四年に社会の進歩を測定するうえでのグローバル・プロジェクトを発足させ、ヨーロッパ委員会も独自の総合的な指標を設定しようと動きはじめている。近年、GNPの計算法を修正し

表10.2　国民の幸福度（ランク1位が最も幸福）

国	ギャラップ調査による人生満足度の国際比較（178カ国中）	OECDの調査による子供の幸福度ランキング（21カ国中）	出生時の平均余命（192カ国中）	OECDの調査による生徒の学習到達度（PISA）（65カ国中）	OECDの調査による貧困率（16カ国中）
アメリカ	14	17	6	17	16
デンマーク	1	5	5	24	1
フィンランド	2	3	4	3	5
オランダ	4	1	4	10	6
ノルウェー	3	6	3	12	5
スウェーデン	4	2	3	19	2

出典：ギャラップ、OECD統計データベース、世界保健機関

ようとする動きもあちこちで始まっている。これは、GNPに含まれる多くの例外を計算に加える（汚染、密集、資源の枯渇といったさまざまな「汚点」を標準的なGNPから差し引く）やり方で、ウィリアム・ノードハウスとジェームズ・トービンが提唱した経済的福祉尺度（MEW）から始まったものである。真の進歩指標（GPI）も同じように、不平等、密集、汚染といったいくつかの要素をもとにGNPを修正するものである。二〇〇五年、エコノミスト・インテリジェンス・ユニット（『エコノミスト』誌の傘下にある調査コンサルタント会社）は、経済、政治、健康、職業の安定、地域社会など、数量化できる指標を組み合わせて各国の「生活の質」を統計的に割り出すことは十分理にかなっていると主張した。最近の学術研究でも、多くの学者が同じような結論を導き出している。(27) つい最近、フランス政府は新しい指標を考案するために、ジョゼフ・スティグリッツとアマルティア・センを長とする委員会を招集した。二〇一〇年、イギリス政府は毎年の調査で、国民の主観的な幸福度をモニタリングすると発表した。(28)

アメリカも、国民の幸福に関する長期的な測定および観察に、いまこそ真剣にとりくむべきである。収入が増えているのに自己申告による幸福度が停滞または低下していること、そしてアメリカが幸福度とその基盤となる要素において他の諸国におくれをとっていること――この二つの重要な事実があるだけに、この新しい取り組みは急を要する。表10・2は、標準的な国民所得勘定に加えて毎年調査した幸福度の数値を示している。たとえば、ギャラップ国際世論調査は、世論調査をもとに平均的な「人生の満足度」を算定しようとして、一七八カ国を対象に「最近、すべてを考慮に入れたうえで、全体として自分の人生にどれくらい満足しているか」という質問をした。ＯＥＣＤは六つの基準をもとに、子供の幸福度を測る指標を作成した。物質的な状況、住まい、教育、健康、危険行動（現在および将来の健康や生命に危険を及ぼす行動）、学校生活の質である。そのほかにも、平均余命、学業成績、貧困率などの指標は参考になると思われるので、それも表に加えてある。ほかの高所得国とくらべて、アメリカが国民の平均的な幸福度を上げるための努力を怠っていることは一目瞭然である。

第一一章　文明の対価

二〇一一会計年度のアメリカ政府の歳出の約三九パーセント、三兆六〇〇〇億ドルのうち一兆四〇〇〇億ドルが赤字だった。[1] 毎年の赤字を合計したものが公的債務総額である。二〇〇七年、アメリカ政府の債務総額はGDPのおよそ三六パーセントだった。[2] 二〇一五年までに、この債務総額はGDPの七五パーセントにまでなると予想される。[3] エコノミストのなかには、いくら借金を重ねても心配することはないという人がいる。彼らによれば、今日の減税は（民主党によれば）需要刺激であり、また（共和党によれば）供給刺激だそうだが、長期的な損失についてはなんら説明がない。私はそのような近視眼的な見方を大いに憂えている。

債務が増えるにつれ、その債務から発生する利息を支払う負担も大きくなる。今日、アメリカは利息の支払いにGDPのおよそ一・五パーセントを費やしている。[4] 二〇一五年には、利息の支払いがGDPのざっと三・五パーセントになると考えられる。二〇二〇年になるとGDPの四パーセントないしそれ以上になると予測されている。このような利息の支払いのためにほかの重要な出費が押しのけられてしまう。たとえばインフラストラクチャーの整備や高齢者の支援などである。さもなければ、大きな論議を呼ぶ増税を導入せざるをえなくなり、本来、公共財に費やす税収を利息の支払いにあてることになるかもしれない。あるいは、債権者がアメリカ政府にはインフレ政策（赤字をなくすために大量の紙幣を印刷する）以外に借金返済の約束をはたす能力も意志もないと見限った場合は、金融恐慌の原因になるかもしれない。したがって、GDP比の債務を安定させ、GDPにおける赤字の率を少しずつ下げるよう努力するべきである。

そこで、この章では未来をかたに借金をつづけるのではなく、適切な徴税によって国家財政の赤字をなるべく早く解消する方法について述べる。偉大な最高裁判事オリヴァー・ウェンデル・ホームズ・ジュニアはこう書いている。「私は税金を払うのが好きだ。それは文明を買うことだからだ」[5]およそ三〇年前の「納税者の反乱」がいまだに勢いを保っている昨今のアメリカ社会では、まったく聞かれなくなった意見である。適切な納税がなければ人は文明社会に生きられない。アメリカの中流階級は手取り収入の高さが自分たちの幸せを保証すると思い込んでいる。そのため、社会全般のための事業を実践し爆発的な債務超過を回避するには納税が必須だという道理を見失ってしまった。もっと重要なのは、アメリカの中流階級が富裕層のための減税措置を認めたことである。その結果、所得や財産は人口のごくわずかな部分を占める富裕層のもとにいっそう集中することになった。こうして、わが国の最も裕福な人びとは収入のごくわずかな一部を投資するだけで放送界を支配し、議員とその家族を富ませ、結果として自分たちの特権をいつまでも守っていられる。議会を動かすのに、熱心なロビー活動さえいらない。議会そのものがいまやミリオネア・クラブになっているからだ。現在、連邦議会の議員のおよそ半数、二六一人は資産一〇〇万ドル以上の富豪なのだ。[6]

裕福な人びとにホームズ判事の意見を受け入れさせることは、この試みの大きな課題である。もう一つの課題は、政府に長期的な政策を立てさせ、それを適切に運用させることである。もちろん、この二つの課題は密接に結びついている。現在のように政府が無能かつ腐敗したままだったら、政府の役割を増やしても意味はない。この一一章で述べるのは、本来の役目をはたせる政府に、税金をどう使わせたらよいかということである。次の一二章では政治改革をとりあげる。政府をコーポレートクラシーからどのように脱却させ、国民の幸福に仕えるという本来の役割をとりもどさせるかという問題である。

基礎となる税収入を計算する

アメリカの現在の財政赤字は、平時としては前例のないものである。二〇一〇年には一兆三〇〇〇億ドルの赤字を記録し、この額は国民所得の九パーセントに相当する。この先も、財政赤字は一兆ドル以上で推移するだろう。アメリカの経済改革における問題点は、教育の質の向上、大卒者を増やす、先進的なエネルギー技術、道路の改良、安心できる育児、適正な医療といった公共プログラムのための出費をどうやって支払うかである。生活の質が劣化するのは、文明化された社会に必要な公共財のために国民が金を出したがらないからだ。

ティーパーティーの答えは、必要な投資は民間の市場にまかせておけというものだった。これまでの章で見てきたように、これではうまくいかない。いずれにせよ、私たちがしなければいけないのは、財政赤字をなんとか解決すると同時に、市場での失敗という過去から引きずっている問題や世界規模の資本主義という圧倒的な力をなんとか処理することである。

予算財源の不足はいまや、より良い統治と持続可能な景気回復をはたすにあたっての大きな障害物となっている。いまのところ、資格審査付きの社会保障給付をのぞいた民間プログラムのすべてが予算も時間も借り物でやりくりしているといっても過言ではない。知ってのとおり、その結果は政治の

図11.1　2015年の予算案における歳入歳出のGDP比

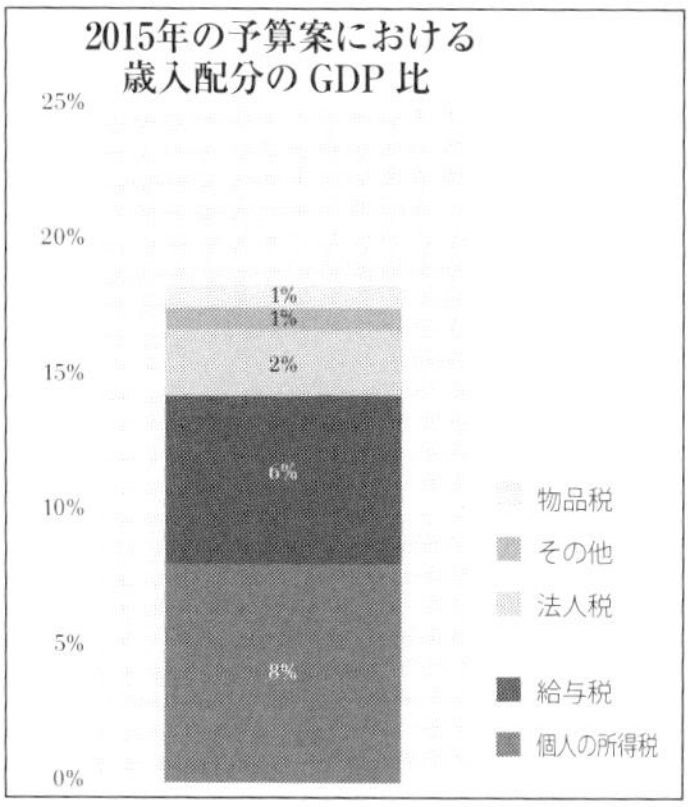

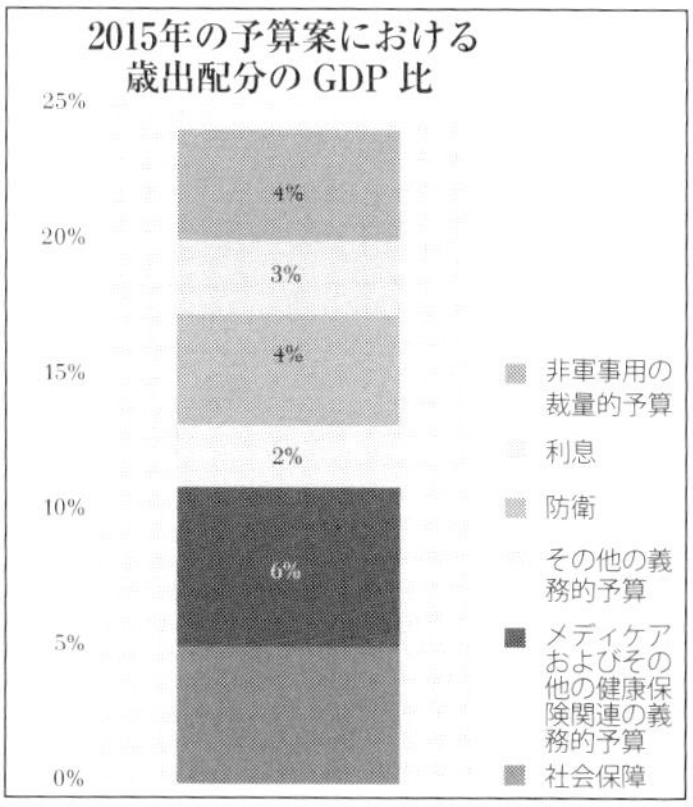

出典：行政管理予算局 Historical Tables および著者の概算による

麻痺状態である。より多く、より良く行動したいと望むほど、そのための予算が足りないことを思い知らされる。さらに民間の自由裁量プログラムへの締め付けは、年月がたつにつれてますます厳しくなった。ロナルド・レーガンがなんども更新した減税措置のせいである。

　現在の苦境について理解するには、まず国家予算と家計収入について、基本的な計算をすることがなによりも大事だ。

　その計算は図11・1にまとめた。現在の税制のもとでは、二〇一五年にアメリカ政府はGDPの約一八パーセントの税収があるはずだ。その内訳を図に示した。この基礎となる計算にあたっては、二〇一〇年末に二年の延長になったブッシュ時代の減税措置が二〇一二年以降にもう一度延長されるものと仮定した。[7]

　アメリカの税収入には三つの大きな財源がある。二〇一五年、GDPのおよそ八パーセントを占めるのが個人の所得税、約六・三パーセントが社会保険やメディケア用の目的税である給与税、二・二パーセントが法人税である。その他の約一・五パーセントは物品税など、それ以外の雑多な税金から入る。

二〇一五年の歳出を割り出す前に、予算の使い道を六つのカテゴリーに分けることにした。現在の法制のもとでは、社会保障がGDPの約五パーセントを占める。今日の風潮を見ると、医療（メディケア、メディケイド、復員兵の健康保険）は約六パーセントである。ほかの義務的経費としては失業保険、障害者年金、勤労所得税額控除などが約二パーセント。軍事支出が四パーセントを占め、政府が抱える財政赤字のための利息が約三パーセントである。自由裁量の民間支出は、財政危機と景気刺激策が組み合わさった二〇〇五年から二〇〇八年までの平均から概算してGDPの約四パーセントと見積もった。したがって、二〇一五年の予算を論理的に計算した結果、支出の合計はGDPの約二四パーセントになる。

この見積もりに関して最も重要なのは以下の点である。GDPの一八パーセントという基準税収では、義務的経費（一三パーセント）と軍事予算（四パーセント）、それに借入金の利息（三パーセント）に足りない。つまり、基準からして、自由裁量の民間支出とさきに述べた以外の支出はすべて借金でまかなわなければいけない、ということである。

一九九〇年代末にクリントンが予算の帳尻を合わせ、それどころか、わずかながら黒字を出したのは、ほとんど奇跡に近いかもしれない。それには四つの方策があった。その一、軍事支出をGDPの三パーセントに減らしたこと。現在では五パーセントである。これによって、予算の二パーセントを浮かせることができ、これはお手本にすべき、よい施策である。第二に、一時的なインターネット・バブルによってもたらされた好景気と累進課税の限界税率がいまよりやや高かったせいで、税収入がGDPの二〇パーセント前後まで増えたこと。残念ながら、現在の税制のもとではGDPの約一八パーセントの税収入しかあてにできない。第三に、二〇〇〇年には借入金の利息支払いがGDPの二パーセントだったこと。これは二〇一五年には三パーセントに近づき、ひょっとしたらもっと増えるかもしれない(8)。第四に、義務的プログラムがGDPの一〇パーセントに収まっていたことである。二〇一五年にはそれが一三パーセントに増えると見込まれる。軍事支出を三パーセントに下げたことを計算からのぞいたとしても、それ以外の合計で、赤字がGDPの六パーセントになる計算だ。

一方で、この時期、クリントンと民主党に率いられた議会が重要な公共支出を大幅に切り詰めたことも忘れてはいけない。教育、インフラストラクチャー、エネルギー、対外援助、貧困救済、研究開発などの分野である。国内支出をGDPの一五パーセントに抑えるために、国際的な競争力と社会福祉を維持するのに必要なレベル以下に支出を切り詰めたのだ。社会の高齢化と医療費の上昇、インフラストラクチャーや教育やエネルギーといった分野での必要性の高まりを考えると、二〇一五年の国内支出はGDPの一五パーセントをはるかに上まわるはずである。

現実を見据えた赤字削減

赤字をゼロにする、あるいはゼロに近づけることをとりあえずの目標にしよう（より正確な目標は以下で述べる）。予算を切り詰めると同時に税収を増やし、この収支がGDPの六パーセント前後になればよい。アメリカ国民の大半は、増税よりも切り詰め策でやってほしいという。税金の無駄遣いをなくすというのはたしかに魅力的に聞こえる。だが、それも予算のなかに膨大な無駄遣いがある場合にかぎる。実際、文民用の支出が浪費だらけだと思っている人は多い。問題は、予算を切り詰めるべきだというときに大衆が思い浮かべる項目では、必要な削減額にはとても足りないことである。予算の削減だけで赤字をなくすという考えはとても人気が高いが、じつは幻想にすぎない。GDPにたいする比率を左右するほどの大幅な税収入がどうしても必要になるだろう。

政治家が好んでとりあげる予算削減の対象が二つある。選挙区の住民にとりいるための「ひも付き《イヤーマーク》」予算（有名な「どこにも届かない橋」がその一例）と対外援助である。イヤーマークは年間の合計が一六〇億ドルになる。[9] GDPの一パーセントは年間一五〇〇億ドルである。したがって、イヤーマークはGDPの〇・一パーセントにあたる。対外援助は年間およそ三〇〇億ドル、GDPの〇・二パーセントである。[10] この二つの分野を合わせ、その全額をカットした場合——それが正当かどうかはさておき——GDPの〇・三パーセントを減らしたことになる。だが、減らしたい赤字はGDPの五パーセントから六パーセントなのだ。これでは、目標とする数字の一割にも達していない。しかも、対外援助を全額カットするのは非情で、賢明とはいえない選択である（国民は、対外援助にあてる予算をいまより増やすべきだと考えている[11]）。

義務的プログラムも無駄遣いをなくすための削減の候補となり、一見したところ、金額も大きく、減らしがいがありそうに思える。国民の大多数は、義務的プログラムを巨大な移送マシンのようなものだと思っている。援助に値する中流階級から税金として搾り取った金を、援助に値しない貧乏人、とりわけ生活保護に頼って生きているマイノリティのもとへ移しかえるのだ。一九八〇年代、レーガンは「福祉の女王《ウェルフェア・クイーン》」への批判をしばしば口にした。複数の生活保護を不正に受給して国庫の金をだまし取りながら、贅沢な車を乗り回すなどと噂された黒人女性のことである（じつは都市伝説の一種で、実在しなかった）。そのイメージは大衆の心にしっかりと刻み込まれた。そんなわけで、義務的プログラムのどこがカットできるか、くわしく見てみよう。

図11・2に示したように、義務的プログラムには、社会保障やメディケア（高齢者のすべてを対象とする）のような万人向けのプログラム、失業手当のような社会保険プログラム、食料配給券のよう

図11.2　2015年の予算案における義務的予算のGDP比

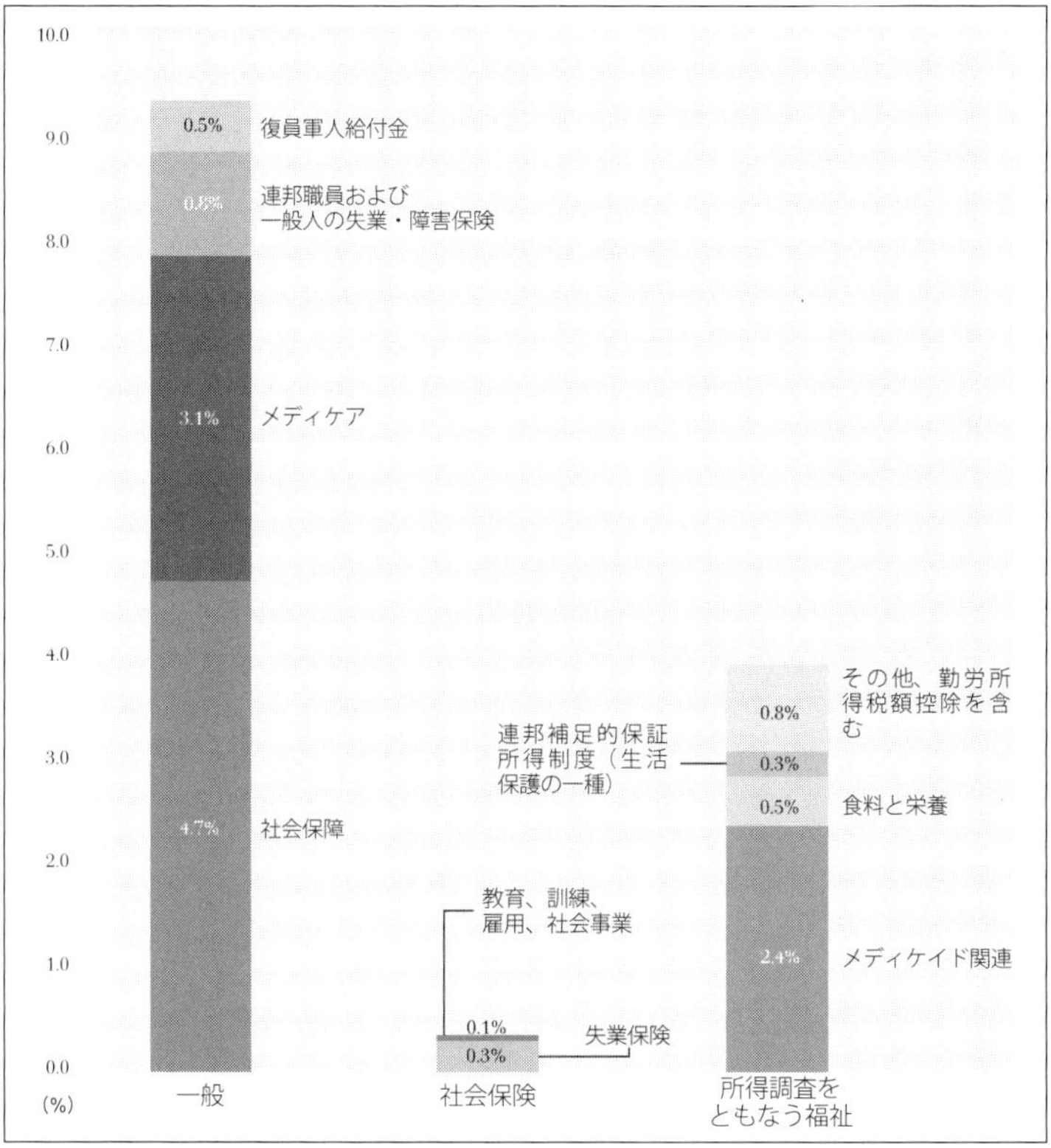

出典：行政管理予算局 Historical Tables のデータより

な所得調査をともなう福祉政策がある。[12] 万人向けのプログラムは義務的支出の三分の二を占め、GDPの約一〇パーセントにあたる。それらのプログラムへの出費については、政治的な議論がどちらかといえば少ない。国民は社会保障、メディケア、公務員の退職後の恩給や障害者手当、復員軍人への給付金を強く支持する。[13] それらのプログラムの予算を削減するとしたら、ゆっくり時間をかけ、数十年にもわたって実施することになるだろう。この分野では、短期的に倹約の成果が出るものはごくわずかしかない。しかも、高齢化社会に向けて、この分野の支出はますます増えると思われ、二〇二〇年にはGDPの一パーセント前後まで増えると予測される。ティーパーティーの活動家でさえ、メディケアと社会保障は足並みをそろえて支持している。

社会保障のおもな分野は失業給付金である。このプログラムは二〇一〇年にGDPの約一・三パーセントを占めていたが、二〇一五年にはおよそ〇・四パーセントに減るだろう。失業保険を受ける人の数がしだいに減ると予測されるからである。この支出減少は二〇一五年の基準計算にすでに組み入れられており、GDPの六パーセントと算定されている。

所得調査をともなう福祉は、政治的な議論が最も熱心に交わされる分野である。大衆は、この分野に大きな無駄があり、予算を大幅にカットできるはずだと信じている。[14] 所得調査をともなう福祉政策について、大衆がまず連想するのは（それに値しない）貧困層への生活保護というかたちでの出費である。じつは、そうではない。所得調査をともなう福祉政策のうち最大の規模をもつのはメディケイド（貧困層のための医療）であり、全体の六〇パーセントを占め、金額でいえばGDP比およそ二パーセントにあたる。貧しい人びとへの保険医療の廃止は、国民の大多数が望んでいることではない。食料配給券がその次に大きな割合を占め、GDPのおよそ〇・五パーセントである。ここでも、貧しい人びとの食卓から食べ物を奪えという大きな声が大衆のなかから発せられることはない。三つめのプログラムは、働いているが収入の少ない世帯の税金を控除する勤労所得税控除である。貧しい人びとを働く気にさせる重要な動機づけと見なされている。これがGDPの約〇・三パーセントである。

最後の生活保護プログラムは数十年にわたってさかんに論議されてきた問題で、扶養すべき子供のいる貧しい家庭への援助である。以前は児童扶養世帯扶助制度と呼ばれていたが、いまは貧困家庭一時扶助（TANF）と呼ばれている。このプログラムは所得調査をともなう福祉政策の三・五パーセントを占めているにすぎず、GDP比でわずか〇・一パーセントである。[15]アメリカは一九七〇年代から「生活保護」を削減している。世帯への扶助は一九七〇年にはGDP比〇・四パーセントだったが、二〇一〇年には〇・二パーセント未満に減っている。[16]生活保護はいまだに大衆の想像力に重くのしかかっているが、実際には予算のうえでも赤字にとっても、ごく小さな役割しかはたしていない。アメリカが子供のいる貧しい家庭に寛大だったのは大昔のことなのだ！

要点は、たとえ対外援助、イヤーマーク、TANFの生活保護をすべてカットしたとしても、GDPの五パーセントから六パーセントという構造的な財政赤字からGDPの〇・五パーセントというわずかな金額しか減らせないということだ。予算のなかで目につく部門だけを見ていると、本当の意味での予算の均衡から注意をそらされてしまう。社会保障、メディケア、メディケイド、復員軍人給付金、食料配給券や生活保護のための予算をぜひとも減らしたいと思うのでないかぎり、赤字削減の手段はほかのところで探す必要がある。

自由裁量の民間プログラムには、浪費やごまかしや乱用がないだろうか？　ここでも、目に見えるほどのものは出てこない。自由裁量の民間支出は、政府が年金、医療、社会保障、生活扶助、軍事以外に費やすすべての出費を含むが、その合計はGDPのわずか四パーセントにすぎない。そのささやかな予算で、多くの分野をカバーしている。たとえば、総合科学、宇宙科学（NASA）、健康科学、農業、商業、輸送（高速道路を含む）、環境（水資源を含む）、エネルギー、地域開発、教育、訓練、住宅、司法制度（司法組織と行刑制度を含む）、行政機関、国際外交、国際開発援助などである。これらの各部門が費やす予算はＧＤＰの一パーセントに満たない。目につくほど派手な無駄遣いをしている部門はなさそうだ。無駄な農業助成金をカットすれば数十億ドル分の倹約は可能だろうが、財政赤字全体には焼け石に水といったところだ。行政機関――「お役所仕事」とさんざん嘲笑される――への支出総額は、二〇一〇会計年度で二〇〇億ドル、ＧＤＰ比で〇・一三パーセントである。[17] 無駄をなくすことで予算の余剰を増やそうとするのが目的なら、そもそも民間支出の規模がそれほど大きくないことを理解すべきである。

民間予算には巨額の浪費が隠れているという考えが事実無根であることを示すもう一つの証拠がある。オバマは財政再建のための超党派委員会を設立して、予算の均衡を保つ方策を探させることにした。この委員会は、予算削減が可能な部門を洗い出すという役目を負っていたが、カットできるほど大きな無駄は見つけ出せなかった。委員会が提出したリストと、二〇一五年に削減できるはずの金額をここにあげておく。二〇一五年のＧＤＰは一八兆六〇〇〇億ドルになると算定してある。[18]

- 議会およびホワイトハウスの予算削減。八億ドル。
- 連邦職員の給与を三年間凍結する。二〇〇億ドル。
- 連邦職員の人数を減らす。一三〇億ドル。
- 議会の旅行、印刷、車輛用の予算を減らす。一〇億ドル。
- 連邦所有の余剰不動産を売却する。一億ドル。
- イヤーマークをすべてとりやめる。一六〇億ドル。

・メディケアを改革し、持続可能な成長をめざす。三〇億ドル。
・長期医療（CLASSなど）への援助を打ち切る。一一〇億ドル。
・メディケアの不正受給を取り締まる。一〇億ドル。
・メディケアの費用共同負担を制限する。一〇〇億ドル。
・メディケアの補足保険を制限する。四〇億ドル。
・メディケイドの「二重資格者」のリベート支払いを拡大する。七〇億ドル。
・医療教育のための病院への過剰支払いを減らす。六〇億ドル。
・無駄なメディケアの支払いを打ち切る。三〇億ドル。
・家庭医に倹約を勧める。二〇億ドル。
・メディケイドの倹約。六三億ドル。
・医療過誤の改善。二〇億ドル。
・連邦職員の健康手当を改定する。二〇億ドル。
・農業支出を切り詰める。一〇億ドル。
・連邦奨学金プログラムの学内助成金を打ち切る。五〇億ドル。
・その他のこまごました倹約。一〇億ドル。

たしかに長いリストだが、GDP比での支出削減という点からすると、たいしたことはない。全部合計しても一一五〇億ドルで、二〇一五年のGDP比のおよそ〇・六パーセントにすぎない。しかも、これらは楽観的な評価である。ここにあげた仮定の節減案の多くは実現できないだろう。長期医療への援助打ち切りなど、不適切だと思える提案もある。委員会はこのほかに、特定の部門の削減ではなく、生計費調整の制限などさまざまな工夫によってかなりの赤字を減らすべきだと提言している。

これでは肩すかしもいいところである。民間予算には削減すべき巨額の浪費があるという考えは、ただの神話でしかない。つまり、こういうことである。イヤーマークと対外援助のすべてを廃止し、委員会の提案どおり、民間プログラムの各部門での経費削減を実行したとしても――そのこと自体に価値はあるとしても――結局のところ、その合計はGDPの一パーセントにも満たないのだ。

真の医療改革、つまりカバーする範囲を広げるだけでなく、アメリカのふくれあがったコストを実際に減らせるような改革ができれば、年間の財政支出総額のうち、GDPの一パーセントほどを浮かせることができるだろう。ただし、そのような改革（支出を減らし、税収を増やす）には数年を要する。この財政切り詰めは、政府が供給する医療（たとえばメディケア）のための、より低額の直接的な支出、それに民間医療保険、とくに高所得の個人が購入する高額の保険プランの控除の払い戻しによっても左右される。

こうして、予算のなかで検討すべきはあと一つ、軍事費だけになった。この分野では、財政切り詰めの効果が大いに見込めそうだ。現在、イラクとアフガニスタン駐留のせいで軍事費はふくれあがり、GDPのおよそ一パーセントを占めている。不必要な核兵器その他の兵器購入をやめ、世界各地の軍事基地を縮小すれば、さらに一・五パーセントは減らせるだろう。二〇一五年には、軍事費はGDPのおよそ二・五パーセントを削減できるだろう。私の概算した基準線ではGDPの一・五パーセント削減に相当する。

合計で、軍事費をGDPの二・五パーセント分カットすることで、二〇一五年の基準となる赤字はGDPの四・五パーセントまで減らすことができる。さらに、GDPの〇・五パーセントは超党派委員会がリストアップした項目で減らし、あと一パーセントは真の医療改革による削減をあてる。以上の分野において基準となる赤字は合計でGDPのおよそ三パーセントを減らすことができ、その結果、二〇一五年の赤字として残っているのは、GDPの約三パーセントということになる。

だが、それで一件落着というわけではない。GDPの約三パーセントということになる。

ムでは支出を増やす必要があるということを考えに入れてこなかった。これまでの章で見てきたとおり、一部の公共財には支出を増やさなければならない。これまでの章から、以下のようなリストができあがった。これに必要な予算の金額の概算をGDPにたいするパーセンテージで添えてある。

・職業訓練、職業紹介、その他の積極的労働市場政策、〇・五パーセント。
・小学校と中高等学校、〇・三パーセント。
・高等教育、〇・四パーセント。
・保育と早期幼児開発、〇・五パーセント。
・インフラストラクチャーの近代化、一パーセント。
・研究開発、〇・三パーセント。
・外交と対外援助、〇・五パーセント。

合計すると、職業、学校教育、早期幼児開発、インフラストラクチャー、国際問題といった重要な課題にとりくむために、現在の出費に追加して、GDPの約三・五パーセントの予算が必要になる。これまでの計算で、おもに軍事費の削減と医療のコスト削減によってGDPの三パーセント程度を切り詰められるとわかっている。ところが、公共財の供給を増やすために、さらにGDPの約三パーセントが必要だということになった。したがって、二〇一五年には慢性の財政赤字が合計でGDPの六パーセントになる。現在のプログラムから削減するはずの数字と、ほかの拡張プログラムのために必要になるはずの数字を足したものである。

この筋書きでは、アメリカの二〇一五年の支出は合計でGDPの約二四パーセントになるはずである。それにたいして、税収入は一八パーセント前後である。もちろん、これらは大まかな概算であり、くわしい検証が必要だ。それでも、この計算から本質的なことがわかる。つまり、アメリカの財政赤字をなくすには、税収入をかなり増やすことが必須であるということだ。とりわけ、特定の重要な分野に国家予算を注ぎ込まなければならないと理解すれば、増税もやむなしと思えるだろう。

必要と思われる支出を増やすことにたいして、私はこれまで、どちらかといえば保守的だった。これらの計算は、貧困緩和のための所得移転や住宅援助については考慮していないし、財政赤字の利息《ジ》一部払い《ャンプ》についての説明もない。この計算が示すのは、防衛費がGDP比で現在の半分に、つまり五パーセントから二・五パーセントまでに減らせるということ、そして、そんな提案は国防総省と数多くの重要な特殊権益団体から猛反対を受けるだろうということだけだ。この見込みが楽天的すぎるとしたら、二〇一五年の財政赤字はこの概算よりずっと多くなるかもしれない。そうなったら、税収入を増やすか、または支出を減らすためにもっと過酷な手段をとらなければならなくなる。

オバマの超党派委員会について最後にひとこと付け加えておきたい。超党派委員会は支出および税収入の総額がGDP比二一パーセントで落ち着くと予想している。それでよしといえるのは既存の、たとえばインフラストラクチャー、教育、職業訓練、研究開発といった、それほど目新しくはないが重要な民間支出の必要性を完全に無視しているからである。新しいタイプの公共支出は必要ないといってしまえば、予算の均衡を得るのはそれほどむずかしくない。だが、それでは対価を払って文明を手に入れることにはならない。

図11.3　OECD 諸国の財政赤字（2010年）の GDP 比

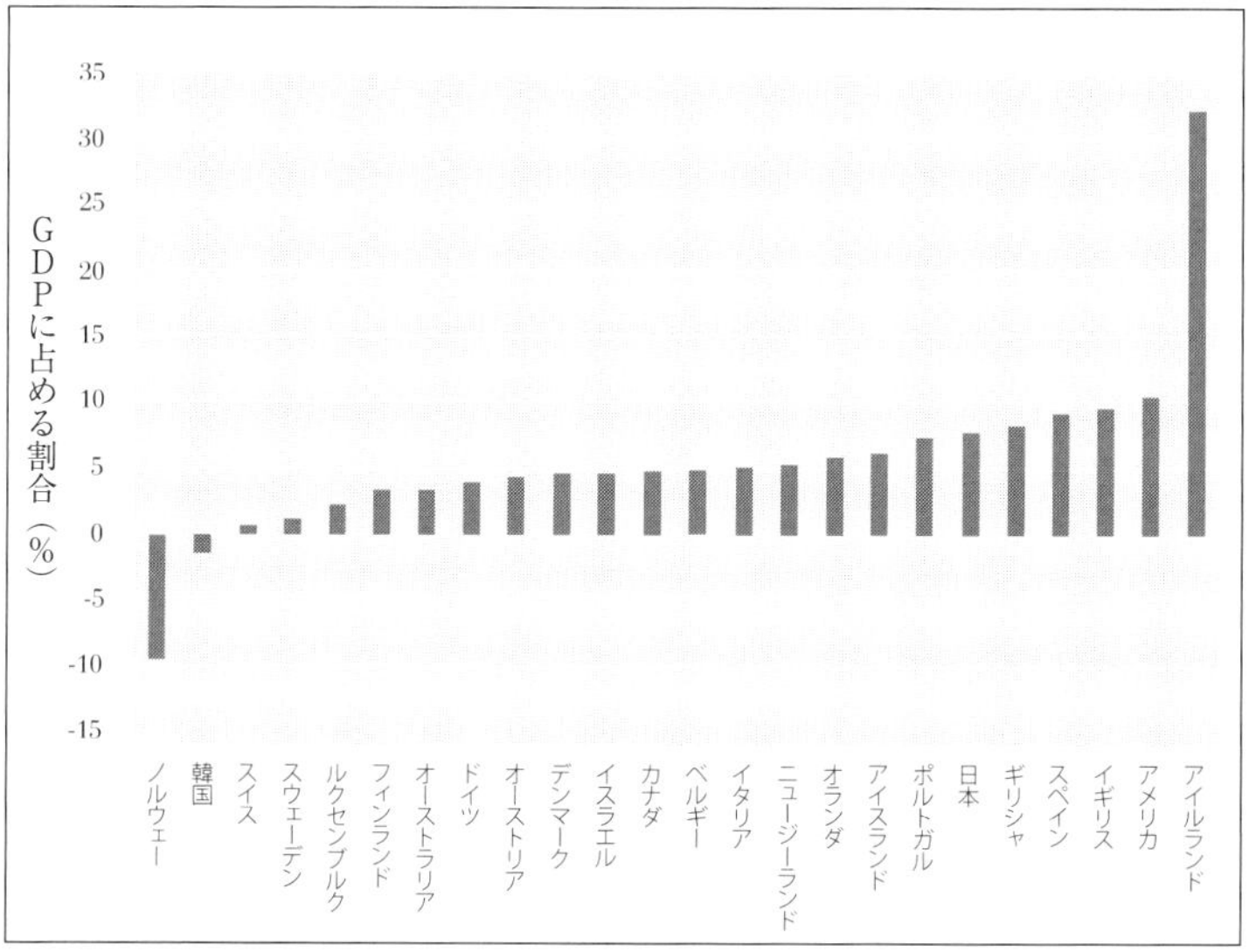

出典：OECD のデータより

予算について外国の例から学ぶ

こうした議論から、すぐに大事な質問が導きだされる。カナダ、デンマーク、ノルウェー、スウェーデン、その他の国々は、若者に教育を授け、貧困と戦い、インフラストラクチャーを近代化し、平均余命はアメリカよりも長いというのに、アメリカよりもずっと財政赤字が少ないのはどうしてだろうか？　なんといっても、二〇一〇年のアメリカは高所得国のなかで、GDP比の財政赤字の大きさがアイルランドに次ぐ世界第二位だったのだ（図11・3）。北欧諸国は、政府が経済において大きな役割をはたす社会民主主義経済である。デンマーク、フィンランド、スウェーデンでは財政赤字がGDPの三パーセント以下であり、ノルウェーにいたってはGDP比一〇パーセントの黒字である。黒字になるのはおも

図11.4　OECD 諸国の税収（2009年）の GDP 比

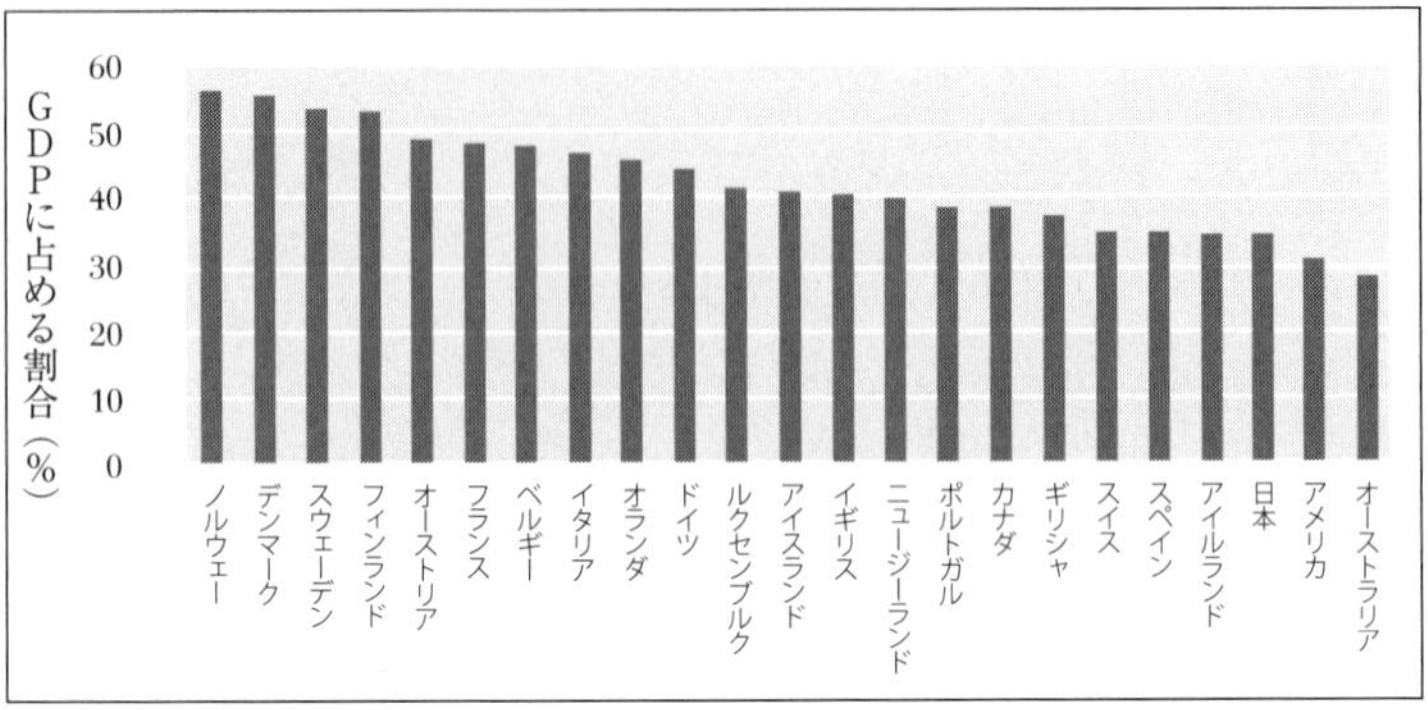

出典：OECD の統計データベースより

に石油と天然ガスからの収入の比率が多いせいであり、将来の世代にとっても恩恵となっている。

　その質問の答えは、いうまでもなく、それらの国々では国民に課せられる税が多いからである。税収入が多ければより多くの公共財が供給される。スカンディナヴィア諸国を例にあげれば、国民全員が無料で医療を受けられ、より高度な教育、託児所、幼い子供のいる家庭への交付金などが用意されている。税収の比較を図11・4に示した。アメリカはここにあげた国々のなかで、GDP比で表わした税収額は最下位から二番目に低く、いちばん少ないオーストラリアよりほんの少し多いだけである。二〇一〇年に深刻な財政危機に見舞われた国々は財政支出では最高のグループでも最低のグループでもなかったが、税収入で見れば、最低のグループに属する国ばかりだった。ギリシャ、アイルランド、ポルトガル、スペイン、イギリス、そしてアメリカである。これらの国々はどこも莫大な財政赤字を抱えていた。公共サービスを提供し、所得移転を実行しようとはしたが、そのために税金というかたちで経費を支払うのを嫌がったのだ。

　アメリカ財政の苦境を理解するために、一九六〇年代初

図11.5　OECD諸国における税収入のGDP比の変化（1965年から2009年まで）

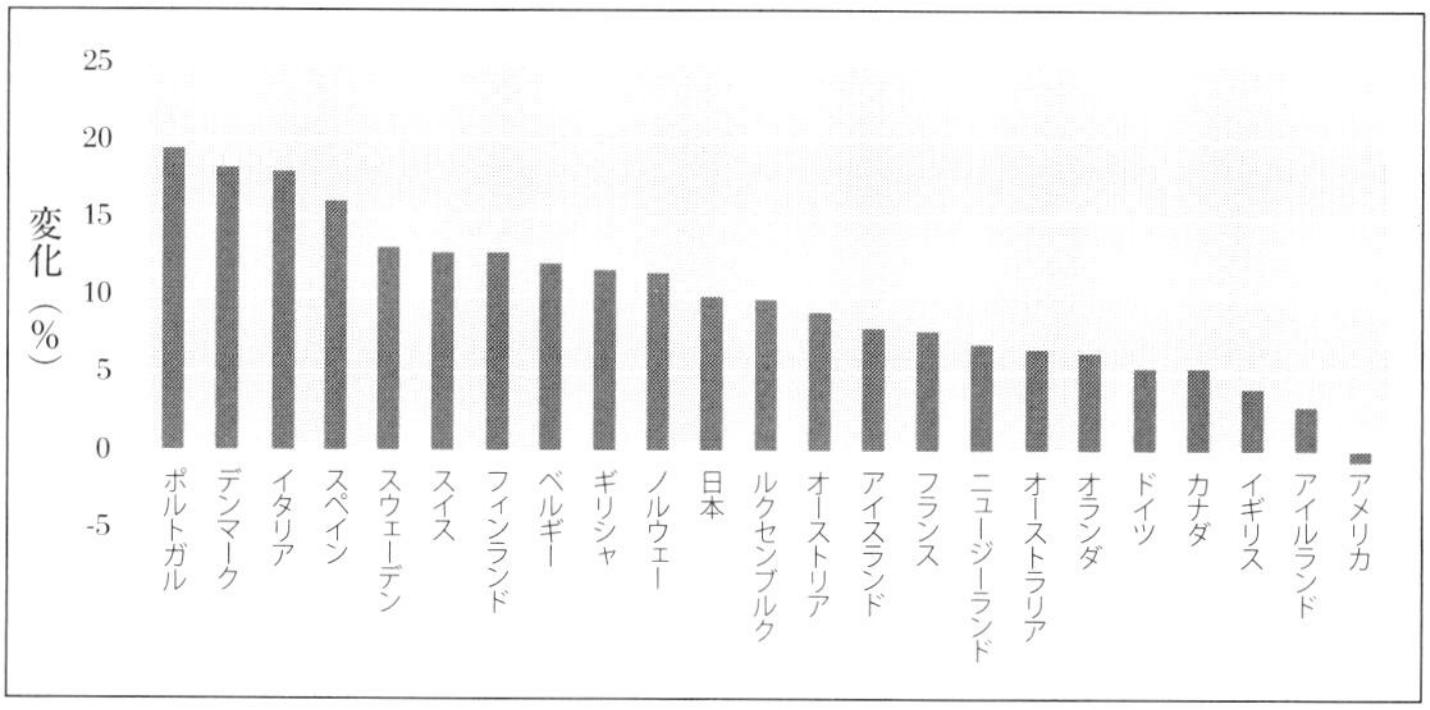

出典：OECD統計データベースより

頭から現在まで、高所得国のGDP比での税収入の推移をくらべてみるのは役に立つだろう。半世紀前、アメリカもヨーロッパ諸国もGDP比の税収入総額は同じようなレベルで、およそ三〇パーセントだった（国税、州税、地方税を計算）。アメリカでは、その後の五〇年間、この比率がほとんど変わらないままだった。ヨーロッパでは、税収入のGDP比は平均して一〇パーセントほど上がっている。その推移のようすを図11・5に示した。この図を見ると一九六五年から二〇〇九年までに、それぞれの国でのGDP比の税収入がどれだけ上昇してきたかがわかる。アメリカでは一九六五年以来、税金のGDP比は実質的にほとんど変わっていない。ヨーロッパではすべての国で税収入のGDP比が上昇しており、五パーセントから二〇パーセントの上昇率である。ヨーロッパは税収入の増えた分を、教育、家庭、年金、国民全員に向けた医療、インフラストラクチャーの近代化といったより広範な公共サービスのために費やしてきた。図11・6はそのような状況を示している。さらに、豊かな税収入は財政赤字をなくして、予算の均衡を保つのにも用いられた。

　アメリカとヨーロッパの違いは、税金の徴収法と使い方

図11.6　公共社会支出総額の GDP 比（2010年）

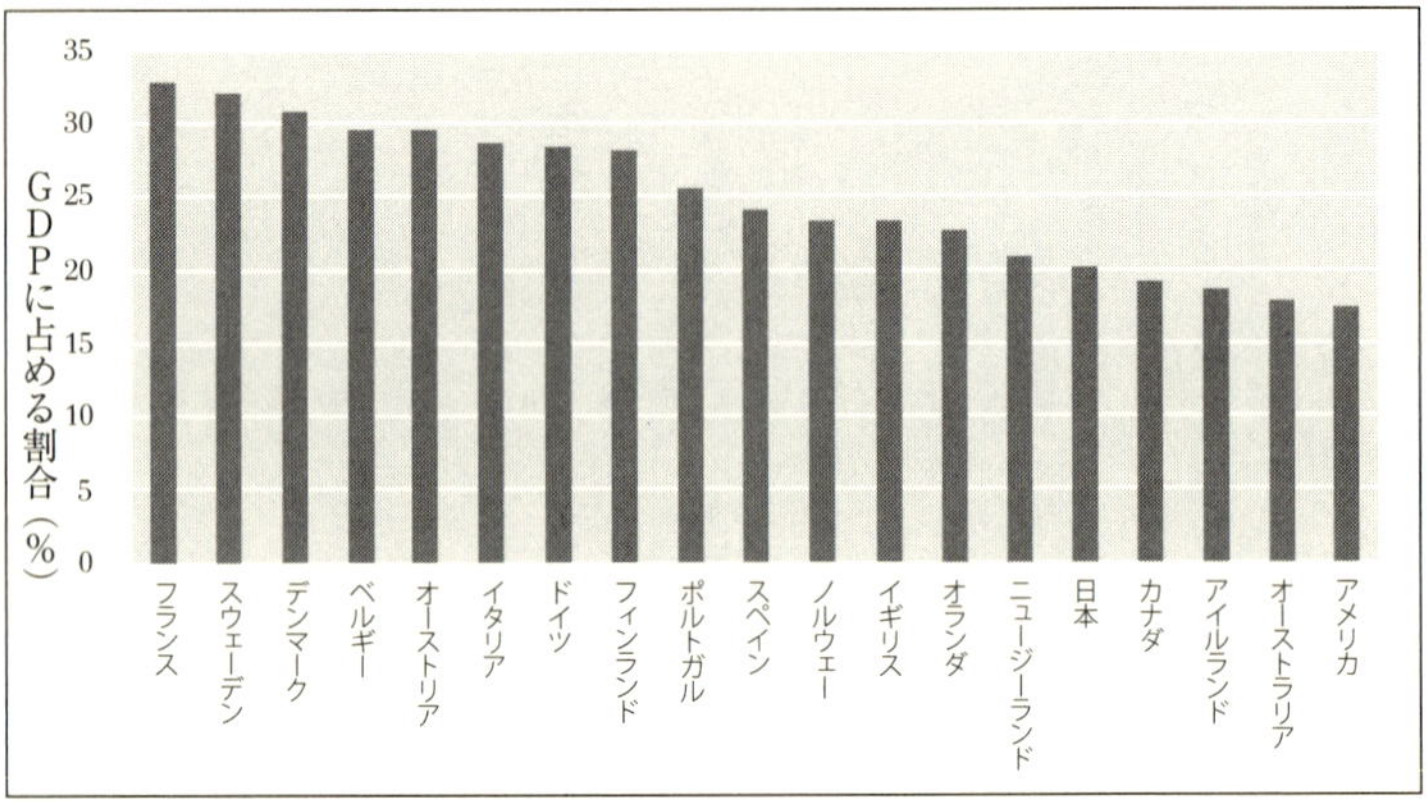

出典：OECD 社会データベースより

にたいする態度の相違から来ている。ヨーロッパでは納税者の貧富の差にかかわらず、一般に税率は高いが、アメリカとの最も大きな違いは、ヨーロッパ諸国が予算にとって不可欠なものとして付加価値税（VAT）を導入していることである。ヨーロッパでは、VATによる税収がつねにGDPの一〇パーセント程度を占める。一方、アメリカではVATと似た物品税による連邦予算への収入がGDPの一パーセントに満たない。

税金の使い方についての大きな違いは、アメリカとヨーロッパの政府がもつビジョンの違いである。アメリカでは、過去三〇年のあいだに大きな政府路線に逆行する政策が幅をきかせるようになったため、GDP比で見る税収入の増加が妨げられてきた。そこで、アメリカは、教育、科学、エネルギー、インフラストラクチャーといった公共財への投資を控え、貧困層を支援するための支出を切り詰めた。国民がそれらを最も必要としていた時期だというのに。

増税に否定的なアメリカの論客によれば、ヨーロッパの高い税金は国民を苦しめているという。だが、この意見には賛同できない。教育の成果、主観的な幸福度、貧困率、平均余命、その他、具体的な幸福度の度合いを示す指標のすべてにおいて、北欧諸国のほうがアメリカより上だからである。それでも、一人あたりのGDPは依然として、ヨーロッパ諸国の大半よりもアメリカのほうが上である（ノルウェーはアメリカより高い）。しかし、だからといって、それが税金や社会福祉と関係するかどうかはわからない。一人あたりのGDPはアメリカのほうが高いかもしれないが、平均的な国民の生活水準が高いとはかぎらない。一人あたりのGDPが高い反面、アメリカ社会には、高額の医療費、長い労働時間と少ない余暇、長距離通勤、膨大な額の軍事費、所得曲線の最高点に置かれる少数グループが所得の大きな部分を独占している、といった弊害がある。

さらに重要なのは、一人あたりのGDPの高さは、税制の相違以前に、一九世紀の末までさかのぼれるということだ。たとえば、一九一三年のアメリカは西ヨーロッパより五二パーセント裕福だった。一九九八年には、やはりヨーロッパより五二パーセント裕福だった[19]。一人あたりのGDPに関してアメリカが長いあいだ優位を保ってきたのは、経済制度というより、むしろ恵まれた地勢のせいである。アメリカは広大な国土をもち、一人あたりの天然資源の埋蔵量もヨーロッパとくらべてずっと多い。そのおかげで、つねに優位な立場でいられたのだ（ノルウェーの一人あたりのGDPがアメリカより高いのは、同じように石油と天然ガスのおかげである）。アメリカ国民は、より大きな家に住み、より大きな農場をもち、より大型の車を乗り回し、そのうえ一人あたりの天然資源――石油、天然ガス、石炭――の量も多い。アメリカが一九世紀から繁栄を享受してこられたのは、ひとえに豊かな天然資源の恩恵だったのだ。

私たちが本当に問題とすべきなのは、豊かな天然資源という利点をもっているにもかかわらず、生活の質にかぎれば、アメリカは北欧諸国よりも多くの面で平均以下の水準にしか達していないことである。たしかに、アメリカの一人あたりのGDPは高いが、社会全体に広くその恩恵が行きわたっているとはいえない。その豊かさを広く社会に分け与えるために、アメリカ政府は、教育、インフラストラクチャー、その他、本書であげた多くの公共プロジェクトに優先して税金を使うべきである。

連邦制度のなかの予算の選択

アメリカ国民は予算の均衡をはかるために、より多くの税金を払うことが必要になるだろう。それが「文明を買う」ことなのだ。だが、ここで別の疑問が出てくる。税の徴収と使い道は州や地方にまかせたらよいのでは？　公共財により多くの予算を使いたい地域はそれができるし、公共財に使いたくない地域は、州や都市ごとに使い道を調整できるだろう。もちろんある程度まで、すでにそのやり方はとりいれられている。連邦政府は税収の約六五パーセントをとり、州および地方自治体が三五パーセントをとる。[20]州によって住民一人あたりの税金には大きな違いがある。私の住むニューヨーク州では所得税が高く、最高税率は九パーセント、ニューヨーク市の税金がさらに二・九パーセントである。州の売上税率は四パーセントで、それに加えて市税が四・八七五パーセントである。ところが、ニューハンプシャー州には所得税も売上税もない。[21]

エコノミストたちは、アメリカやカナダ、中国、インドなど、国としての政府、州（または省）、さらにその下位の地域がそれぞれ税金を徴収し、別々の公共財に投資するシステムを「財政連邦主義」という言葉で説明する。この制度には、政府が徴収した税金を別のレベルに移しかえることも含まれる。たとえば、アメリカの連邦政府が徴収した税金を各州に定額の助成金として還元し、それぞれのプログラムの資金とする。そこで出てくる疑問は、税金を徴収し公共財や公共サービスに使うのにふさわしいレベルについて、である。たとえば、税金のほとんどを地方自治体にまかせ、最大限の裁量権を与えないのはなぜか？　それには三つの理由がある。

その一、ある種の公共財は国政レベルで供給するのが最適である。明らかに、国防は連邦政府の仕事であり、五〇州がすることではない。疑いの余地なく連邦政府が責任をもつべきものもある。国全体に行きわたる高速道路網や電力供給網の計画および建設などがその一例だ。これらの場合、実態はもっと複雑になる。この分野の公共財やサービスは、政府のさまざまな部門に関係するだけでなく、民間もかかわってくるからである。

その二、いわゆる囚人のジレンマが生じるため、徴税は国政レベルにまかせる――つまり州や地方ではなく、連邦政府が税金を集める――ほうが都合がよい。つまり、こういうことである。五〇州は企業や裕福な市民を得ようとしてたがいに競いあう。他の州より税金を少しだけ安くすることで、それぞれの州は企業を誘致し、税収を増やそうとする。だが、その結果起こるのは底辺への競争である。底辺への競争については国家間で税金の安さを競いあうグローバル経済のところで説明した。五〇州のそれぞれが税率を低くして、よその州から自分の州に企業を呼び込もうとする。行き着く先は、すべての州が資金不足になって行き詰まるだけだ。州同士の底辺への競争を回避する方法の一つは、連邦がまとめて税を徴収し、その後、各州に分配するというやり方である。各州は分配された税金をその州の事情に合わせたプログラムに費やせばよい。

その三、管轄区域によって公共財の供給に格差があると、世帯の流動性が激しくなる。それぞれの世帯は、州や地方自治体の徴税や税金の使い道を比較して、自分に都合のよい場所に移動しようとする。部分的には、これは望ましいことでもある。各世帯が住みたい場所を選んで住み着くときの概念モデルについて、エコノミストは長いあいだ研究を重ねてきた。人びとが住む場所は、公園、よい学校などの施設、市民コンサートなどの娯楽と、それらの公共財を供給するのに必要な税金の高さ（または低さ）との釣り合いで選ばれる。その結果として生じるのが「ティボーの平衡」である。その仮説を最初に提唱した経済学者チャールズ・ティボーの名前から来ている。[22]

こうしたふるい分けがうまくいく場合もあるとはいえ、これが大きなトラブルのもとになる理由もはっきりしている。ある管轄区が貧困層に手厚い援助を与えようと決めたとする。すると、その管轄区には低所得者が大勢流入する。税金の高い地域から企業や裕福な個人が逃げだすのと同じことである。そして、ここでも底辺への競争が始まる。貧困家庭を援助することは公共の機能だから、社会の一部ではなく全体がそのための負担を分け合わなければならない。同じように、このふるい分けのせいで、所得格差による分離が生まれやすい。裕福な所帯は、よい学校などの望ましい公共施設を求めて、より豊かな管轄区に引っ越す。土地の値段が高くなり、固定資産税が上がるにつれて、貧しい世帯はより豊かな管轄区から押し出される。こうして社会は裕福なコミュニティと貧しいコミュニティに分断される。流出が減り、社会を構成するさまざまな階層の接触がなくなる。そうなると、貧しい人びとは貧困の罠から抜け出せないまま放置されやすく、結果として貧困層だけでなく富裕層にとっても多大な損失となる。裕福な人びとも、貧困の間接的なコスト（貧しい労働者階級の生産性の低さ、犯罪率の高さ、より大規模な移転プログラム、政治の不安定さなど）を引き受けざるをえなくなるのだ。要するに、人的資源の流出が生じるとき、地方の管轄区における住民のふるい分けは、貧富の差を問わず、社会全体にとって不利になりかねない。その解決策は、連邦政府が社会全体にまんべんなく公共財を供給し、地方の予算確保やサービス供給の安全装置になることである。

こうした議論の要点はといえば、地方自治体は往々にして、学校教育、公衆衛生、地元のインフラストラクチャー（道路、上下水道、その他のシステム）を供給するのに最適の役割をはたすということとである。というのも、それらのプログラムはその地域の必要に合わせて適切に作られているからだ。ところが、その一方で、連邦政府は国税を徴収し、州や地方自治体が代理でプログラムを運営できるよう、その地域に必要な資金を補完してやらなければならない。有名な「補完性の原理」（最少自治体優先主義。EUの基本法にもとりいれられている）によって、連邦政府がはたすべき最も重要な役割は地方自治体の補完であるとされている。この補完性の原理によれば、公共財は最もふさわしいレベルの政府によって供給すべきだという。たとえば、学校は地方自治体レベル、大きな道路は州レベル、全国の高速道路や国防は連邦レベルである。アメリカ国民はきわめて真っ当に、この補完性を強く支持してきた。アメリカ国民のじつに七〇パーセントが「連邦政府は、地方自治体レベルで運営できないものだけを手掛けるべきだ」と考えている。[23]

結論はこうである。現在、アメリカは連邦レベルでGDPのおよそ一八パーセントの税収を集め、州と地方レベルではGDPの一二パーセントを集めている。ワシントンはGDP四パーセント分の税収を州および地方自治体が実施する医療、教育、インフラストラクチャーなどのプログラムの補完として州に戻している。[24]財政赤字を解消し、新しく予算を必要とするプログラムを補完するため、アメリカは税収の総額をGDPの数パーセント分増やさなければならない。新しく予算を必要とするプログラム——教育、早期幼児開発、インフラストラクチャーなど——に関して、最も実現可能だと思われるのは、連邦政府が集めた増税分によって補完することである。ただし、それらの資金はそれぞれの州に戻し、現場でプログラムを計画し、実施することとする。

富裕層が責任をはたすべきとき

慢性的な財政赤字がＧＤＰの六パーセント前後で推移している現在、増税は避けられない。そろそろ、スーパーリッチな富豪たちにこの増税の責任を引き受けてもらってもいいころあいだ。アメリカの世帯のうち高所得者の上位一パーセントがいまや全世帯所得総額の二一パーセント前後を占め、金額にするとＧＤＰの約一五パーセントを保有している。それらの高所得者は所得の約三一パーセントを国税として払っており、彼らが払う国税の総額はＧＤＰの約一〇パーセントである。一九七〇年、上位一パーセントは全世帯所得総額の九パーセント前後を占め、金額にしてＧＤＰの六パーセント、国税として所得の約四七パーセントを支払い、国税における割合はＧＤＰの約三・三パーセントだった。つまり、人口のうち高所得者上位一パーセントの税引き後の所得は一九七〇年以来ＧＤＰ比にして六パーセント以上も増えているのである。(25) 国民の大多数が収入減に苦しんでいるのに、裕福な人びとはぼろもうけをしている。いまこそ、高所得者に国家の危機を救ってもらうときではあるまいか。

解決のための第一歩は、年収二五万ドル以上の所帯を対象にしたブッシュの減税をやめることだ。最高税率は三五パーセントから三九・六パーセントに上げる。これでＧＤＰの〇・五パーセントの増収になる。これは必要な出発点だが、財政赤字を解消するにはまだぜんぜん足りない。税収をもっと増やすには、ヨーロッパ諸国の多くと同じように、最高税率を三九・六パーセント以上にしなければいけない。

だが、最高税率を三九・六パーセント以上にしなくても、ＧＤＰのあと〇・五パーセントほどは、いまの富裕層が恩恵を受けている税の抜け道をふさげば税収に加えられる。たとえば、キャピタル・ゲインは現在、一般の所得よりもはるかに低い税率になっている。超党派委員会はキャピタル・ゲインの税率をふつうの所得と同じレベルまで上げるように求めている（たとえ一般の所得の税率は下げたとしても）。抵当貸付利息の控除（住宅の建築または増改築の資金を借りるときの支払利息の減税策）は、大邸宅やセカンドハウスの場合でも対象となる。この控除は一世帯につき一軒の家までに限り、対象となる住宅の大きさにも限度を設けるべきである。高所得者が購入する高額の医療保険はいまのところ全額が控除されるが、これも控除の対象となる金額に限度を設けるべきである。世界で最も金持ちであるはずのヘッジファンド・マネジャーたちは税の抜け穴のおかげで、所得のたった一五パーセントにしか課税されておらず、このことは誰もが不当だと感じている。議会と大統領は勇気をもって、自分たちに寄付をくれる億万長者たちに向き合い、ほかの人たちと同じ税率で所得税を支払うようはっきりいうべきである。

解決のための別の方策は、富裕層の蓄積した膨大な富にたいして課税することである。高所得者の上位一パーセントは、アメリカ国民の資産総額のうち約三五パーセントを保有している。それは所得層の底辺から九〇パーセントまでが保有する資産とほぼ同額である。[26] 資金循環統計における連邦準備制度理事会の最新の資産データによると、全世帯の自己資本合計は五六兆八〇〇〇億ドルである。[27] したがって、上位一パーセントの保有する財産はおよそ二〇兆六〇〇〇億ドルとなる。ざっと一億一三〇〇万戸の世帯として計算すると、上位一パーセントの平均資産は世帯あたり約一八二〇万ドルになる。総額五〇〇万ドル以上の資産をもつ世帯から税金をとることにすれば、平均の課税ベースは世帯あたり約一三二〇万ドル（一八二〇万ドル引く五〇〇万ドル）で、合計の課税ベースは一四兆九〇〇〇億ドルになる。世帯あたり五〇〇万ドル以上の資産にわずか一パーセントの課税をすると、およそ一五〇〇億ドル、GDPの一パーセントの税収になるのだ。

このように、高所得者への課税と、資産への課税を組み合わせれば、富裕層のトップクラスから少なくともGDPの二パーセント分の税収が得られる。裕福な人びとがたとえGDPの二パーセント分の税金を払わなければならないとしても、彼らのために同情の涙を流す必要はない。それだけの税金を払ったあとでも、彼らの所得はまだGDPの約一〇パーセントに相当するからだ。一九八〇年には

GDPの六パーセントだったが、それとくらべても一・五倍の増加である。

上位の高所得者や税金逃れを画策する人びとから税金をとりたてる方法はまだほかにもある。現在の法人所得税はざる同然である。脱税の抜け穴は多いし、外国のタックスヘイブンに所得を移す方法もある。タックスヘイブンのせいで、一九六〇年代にはGDPの約三・五パーセントだった税収が、現在では約一・五パーセントまで減っている。外国所得税の規制を強め、その他の抜け穴をなくせば、さらにGDPの一パーセント程度は税収が増えるはずである。それらの税は、法人の大手株主である高所得者から徴収することになるだろう。もちろん、現在のグローバルな政治力学では法人税を上げるよりも下げる方向に傾いている。これも主要国の経済活動による底辺への競争の一環ではあるが、本来は、法人税をきちんと集めたほうがどの国の経済にとっても恩恵になるはずだ。世界のおもな経済大国（たとえばG20）のあいだで法人税に関する国際的な協定を結び、減税の限度を決めておけばすべての国にとって有益だろう。

脱税の防止も税収を増やすもう一つの道である。二〇〇一年の所得申告を調査した国税庁の詳細な報告書によると、「タックス・ギャップ」（納税すべき金額と、実際に収められた税金の差）はおよそ三四五〇億ドルにのぼったという（税法等の違反一六パーセントを含む）[28]。不払いのうち約五五〇億ドルは国税庁の強制執行によって追徴されたため、税の未払いは合計およそ二九〇〇億ドルで、GDPの約三パーセントが支払われていないことになる。そのなかで最も大きい要因は個人の事業所得の過少申告であり、とくに非農業部門の個人事業と各種のパートナーシップ所得税が抜きんでている。脱税にたいする法執行を厳しくすれば、おそらくGDPの〇・五パーセントから一パーセントは過少申告を減らせるはずだ（年間七五〇億から一五〇〇億ドルというばかにならない額である）。

さらに、税収を増やす方法は、石油、天然ガス、石炭にいまよりもっと高い税金を課すことである。

これは税収を増すだけでなく、気候への影響と国家安全保障のために、低炭素エネルギーへの転換をはかるうえでも有効である。ざっと計算すると、二酸化炭素の排出一トンあたり二五ドル（電力キロワット時あたり二・五セント、ガソリン一ガロンあたり二五セントに等しい）を課税すると一年でGDP約一パーセント分の税収になる。先に説明したように、低炭素経済への移行と並行して、化石燃料税はこの先数年ないし数十年かけて、段階的に導入されるはずである。

アメリカでも、そろそろガソリン税をきちんと導入すべき時期ではないだろうか。一九九四年以来、ガソリン税とは名ばかりの一ガロンあたり一八・四セントで据え置きのままである。[29] インフレだけでも、一ガロンあたりの税金の価値は実質約三〇パーセントも下がっているはずである。アメリカの一般的な税率と同じように、世界の他の国々と比較して、アメリカのガソリン税の率はきわめて低い。控えめに見積もっても、二〇一五年までに、ガソリン税とその他の化石燃料（火力発電所に使われる石炭など）にかける少額の炭素税を合わせて、GDPの約〇・五パーセントの増税が可能なはずである。

その他の可能性としては、銀行の貸借対照表に税金を課すこと（オバマが提案したが法律としては成立しなかった）と金融取引税がある。株式売買や外国為替取引に課税すれば、かなりの額の税収になる。いまのところ、それらは巨額のボーナスとしてウォール街に流れこんでいる。たとえばニューヨーク州が株の売買にたいして課す資産譲渡税は、株価に応じて〇・〇一ドルから〇・〇五ドルというわずかな割合である。このささやかな課税だけで、年に一五〇億ドルの税収入になる。[30] だが、ウォール街のロビー活動の圧力に負けて、ニューヨーク州は一九八一年以来、この税収を証券会社に割り戻している。

最後の選択肢は、この先一〇年のうちにおそらく実行されるはずだが、付加価値税（VAT）の導入である。高所得国のなかで、アメリカはその種の税金を採用していない唯一の国であり、アメリカのGDP比における税収入の割合がヨーロッパ諸国とくらべてかなり低いのはVATがないからだといえる。VATの徴収はどちらかといえば容易で、ひずみも少なく、税収のかなりの増加が見込める。いちばんの問題点は、やや逆累進性であることだ。つまり、裕福な世帯よりも、低・中所得の世帯にとって負担が大きくなる。それでも、この税収のほとんどをおもに貧困層のために用いれば、負担も容認できるし、公平になるだろう。増税とその税収の使い道を総合的に組み合わせて、予算のバランスをとっていくことが大事である。つまり、貧困層は自分たちの所得に見合う以上に手厚い援助を受けられるのだ。

これらをまとめると、以下のようになる。二〇一五年の税収のうちGDPの約四パーセントは、おもに富裕層への課税（二パーセント）、法人税の増税（一パーセント）、脱税にたいする法規制の強化（〇・五〜一パーセント）、資産譲渡税と二酸化炭素排出税（〇・五パーセント）でまかなえる。VATの導入でさらに税収を増やすことができ、しかも数年かけて段階的に実行できる。要するに、さまざまな選択肢があるということだ。そして、そのほとんどは所得分布の上位層を対象としたものである。

増税はどの程度まで進めるべきだろうか。財政赤字を完全になくすには、先に財政ギャップのところで述べたように、GDPの六パーセントまで増税しなければならない。だが、GDPにおける借入金の比率を下げて安定させることをめざすなら、目標はもう少し低くてもよい。借入金の比率をGDPの六〇パーセント程度に安定させることを目標にしたなら、アメリカの国家予算が長期的なトラブルに直面する事態は少なくとも回避できるだろう。GDPそのものが年間およそ三パーセントの割合で成長した場合、恒常赤字がGDPの一・八パーセント程度であれば制御不能にはならない。いいかえれば、現在の構造的な財政赤字、ＧＤＰの六パーセントのうち四パーセントを解消できさえすれば、借入金率はＧＤＰの六〇パーセントで安定するということである。

私がここでいいたいのは、税金の使い道や増税について正確な答えを出すことではない。正確な数字については予算の専門家によるもっと詳細な分析が必要だし、盛んな公開討論によって検討したのち、決断を下さなければならない。ここで肝心なことは、富裕層が自分の責任を引き受けるべきであり、しかもさほどの負担なくそれが可能だということである。財政赤字の解消のために政府の大事な公共プログラムを廃止しなければならないなどという脅迫は、金持ちが金持ちのためにでっち上げた茶番でしかない。税の構造を公正にし、富裕層が社会全体のために貢献するだけで、アメリカは真の文明国になれるのだ。

この議論の要点を明らかにしたい。富裕層への増税に反対する人びとは、富裕層がすでに十分な責任をはたしていて、公正な割合の税を支払っていると主張する。そして、労働階級の半数は連邦税を支払っていないのに、上位一パーセントの最富裕層は連邦が集める所得税の四〇パーセントをすでに払っており、彼らの手取り収入は税引き前の二一パーセントにすぎないという。富裕層にこれ以上の税金をかけるのは、そのような数字からして、ほとんど懲罰的だというのである。

だが、その反論はまちがっている。第一に、労働者のほとんど全員が連邦税を支払っている。所得税として支払わなくても、社会保障やメディケアという形で給料から天引きされているからだ。貧しい人びとや労働者階級が連邦税から逃れているという主張自体が単純な誤りである。第二に、問題は富裕層が支払った税金の額ではなく、所得に比例した税金の比率である。かりに、上位一パーセントの最富裕層をのぞくアメリカの全世帯の税金をなくしたとしても、上位一パーセントの世帯が負担する税金は年間たった一ドル程度増えるだけなのだ。この極端な（しかも明らかにばかげた）仮説では、富裕層が税金の全額を支払うことになるのだが、それでも過酷な課税だとは誰もいわないだろう。

課税がどれほど厳しいものかを見るために、所得にたいする税率をくらべてみよう。この点に関しても、上位一パーセントの最富裕層に課せられる税率は一九八〇年から現在まで目に見えて下がっており、一九八〇年には所得の約三四・五パーセントだったのが、二〇〇八年には約二三・三パーセントになっている[31]。たしかに、より貧しい世帯も減税されている（所得階層の下位五〇パーセントの平均税率は一九八〇年の六・一パーセントから二〇〇八年の二・六パーセントに下がった）が、彼らの所得はもともと少なく、ベースアップも見込めない。一方、富裕層は際限なく上がるかのような収入にたいして、さらに減税という恩恵を受けており、彼らの手取り収入は国民所得の割合から見ても歴史上前例がないほど巨額になっている。

この議論のしめくくりとして、本書の冒頭で述べた要点をもう一度くりかえしておきたい。私は、富の蓄積には――たとえどんなに巨額の富でも――まったく反対しない。「階級闘争」をそそのかすつもりもない。極端な再配分によって、所得を公平にすることは益がないと思うし、仮にそれを実行したら、社会には悲嘆があふれ、経済は混沌に陥るだろう。私が望むのは、裕福な人びとに血を流させることではなく、彼らが進んで国家の苦境に手をさしのべ、無理のない程度に責任をはたしてほしいということである。貧困がなくなり、大学に進みたい若者すべてに学費が与えられ、貧しい人も裕福な人と同じくらい長生きできる社会になれば、裕福な人びとが社会全体にはたすべき責任のことなど誰もあえて気にしないだろう。そのような気高い目標はさほど遠くはない――私たちがそのために金を費やせばいいのだ。だが、それが厄介だ。社会を構成するすべての人が繁栄を分けあえるように、裕福な人びとにはささやかな役割をぜひとも負ってほしい。そのハードルを越えることで、将来、富裕層から貧困層への長期的な資産譲渡という重荷をいくらかでも減らせるだろう。

市民としての責任をとりもどす

過去三〇年間、世論はずっと増税に反発し、拒否しつづけてきた。これからもその風潮はつづくだろうが、このままではアメリカがグローバルなリーダーとして経済の繁栄を享受できる日々は終わりが見えている。過去三〇年間、インフラストラクチャーの改善および貧困層のための教育改革を目的とする政策の提案のほとんどが、予算不足を理由に拒絶されてきた。なぜ、新たな政治的マジョリティを財政赤字削減と公共投資を増やすためのプログラムに動員すべきかの理由を三つあげておく。

その一、これは最も重要なことだが、アメリカが現在の経済危機から脱し、危険なほど大きな財政赤字を解消するためには、新たな国家予算の枠組みが必要である。その二、富裕層にたいする増税を政党として支持することは予想以上に力を発揮する。最近の世論調査によると、高所得世帯への増税は国民に広く支持されているからである。その三、アメリカは財政問題についての「政治的多数派」を根本的に再編成すべき潮時なのではないだろうか。より若く、より進歩的な世代が政治の前面に立つようになり、マイノリティ（とくにアフリカ系アメリカ人とヒスパニック）が有権者層のなかで大きな割合を占めるようになっている。

新しい政治的マジョリティは二つの突破口をもたらすだろう。その一つは、選挙の結果が金ではなく投票者によって決まるという本来の形をとりもどすこと。私たちは、金と政治とメディアという強力な罠から脱出しなければいけない。二つめは、政府が増税によって得た歳入を効果的な公共サービスとインフラストラクチャーに投入できるようにすること。要するに、市民としての徳をとりもどすことが必要なのだ。それができて初めて、アメリカ国民は社会全体に恩恵を分け与えるためにふたたび立ち上がり、万人に共通の利益を求めて一致団結できるだろう。とはいえ、国民が自分たちの政府を信頼できなかったら、スタート地点にさえ立てない。経済改革を成功させるためには、行政改革の要素が欠かせない。行政改革という難題については、次の章でとりあげる。

第一二章　効率的な行政のための七つのルール

すでに見てきたように、選挙で勝ち、権力を維持するには金が、それも大金が必要だ。金を権力にかえることと、その権力をまた金にかえることはワシントンの二大産業である。ここでは大企業と政治家がおもな登場人物だ。企業は選挙資金を用立て、それからロビー活動を通して企業への規制廃止を求め、政府の中核機能を外部委託《アウトソーシング》するよう促す。一方、政治家は政治的な便宜をはかるのと引き換えに企業から金を搾り取る。

二〇一〇年、最高裁の保守的な裁判官たちは、企業のために、憲法にもとづく新しい権利を「発見」した。企業が株主の金をどれほど選挙運動に注ぎこもうと、法的な規制、特別な内部規制、株主の承認、情報開示の義務など、いっさい必要ないとするものだった。それがシチズンズ・ユナイテッド対連邦選挙委員会の訴訟、いわゆる「選挙活動と表現の自由」への判決文だった（NPOシチズンズ・ユナイテッドの選挙運動をきっかけとした訴訟で、憲法修正第一条の言論の自由から、選挙献金額の制限が撤廃された）。これに反対する最高裁判事ジョン・ポール・スティーヴンズは、多数決でこの裁定を通した保守派にたいして、一〇〇年間つづいた法解釈ばかりか、良識さえも踏みにじったと厳しく糾弾した。

アメリカ社会に多大な貢献をしているとはいえ、はっきりいって企業は社会の一員ではない……企業の財源、法的構造、実用に傾きがちな志向からして、選挙運動における企業の役割に懸念を抱くのは当然である。(1)

政治の世界が大金で動くようになった結果、本来の行政をあずかる部署は脇役に追いやられた。政府は仕事を民間の請負業者に外部委託するようになった。その業者は連邦議会やホワイトハウスのために選挙資金を出し、一方、議会やホワイトハウスは外部委託のための支払いをする。規制緩和と国の行政の外部委託をつづけた結果、アメリカは悲惨な失敗を何度も経験させられることになった。

近年の政府による失敗のリストは長く、さらに伸びつづける。情報機関は9・11の予測に失敗した。ブッシュ政権は、実際には存在しない大量破壊兵器を口実にしてイラク戦争をしかけた。イラクとアフガニスタンの占領がなんとも不手際に終わったのは、無知と無計画とアメリカの請負業者の腐敗が原因だった。ハリケーン「カトリーナ」はわが国の危機対応システムがあてにならないということを思い知らせた。金融危機は金融規制にたいする信頼を粉々に砕いた。銀行への救済策は、大手金《ウォール》融機関《ストリート》と一般投資家《メインストリート》のあいだにかろうじて残っていた公平感を破壊した。そしていま、アメリカ国民は第二次世界大戦以来、先例のない財政赤字に直面しながら、大富豪への大型減税を容認しつづけている。

政府によりよい働きを期待してもいいのだろうか？　当然だ。世界にはいくらでも、うまくいっている政府がある。しかし、よりよい働きをするには、なぜこれまでうまくいかなかったのか、その理由を明確にしなければいけない。ここで提案するのは、政府が採用すべき「効率的な行政のための七つのルール」である。

- はっきりした目標を立て、明快な評価基準を設ける。
- 専門家を動員する。
- 長期的な計画を立てる。
- 遠い未来のことまで想定する。
- コーポレートクラシーを終わらせる。
- 公的部門に仕事をとりもどす。
- 地方分権の促進。

はっきりした目標を立て、明快な評価基準を設ける

目標をはっきりさせるには、言葉をつくして説明しなければならない。アメリカ国民を勇気づけた指導者の一人、ジョン・F・ケネディは次のようにいっている。

目標をはっきりと掲げること、そしてその目標が達成可能であり、身近なものだと思わせることで、国民全員がそれを理解し、そこから希望を引きだし、その目標に向かって進まずにいられなくなるのです。(2)

偉大な指導者は偉大な目標を立てた。一九六〇年代のうちに人間を月に送りこみ、無事に帰還させるという計画を発表したとき、ケネディは国民に向かって、なぜそんな厳しい試練を課すのか、その理由についてすばらしい説明をした。

私たちはこの六〇年代のうちに月に行くなどの選択をしましたが、それは簡単だからではなく、困難だからです。この目標は、私たちが努力と技術のすべてを結集したとき、どこまでやれるかを測るのに役立つでしょう。(3)

同じように、アメリカは経済についての長期的な目標をはっきりと掲げるべきである。もちろん、月ロケットの打ち上げもないし、経済的な願望のすべてを凝縮したGDPや失業率のような単純な変数もない。だが、第一〇章で具体的な問題について二〇二〇年までの目標を立てたように、共感の経済という観点から、いくつかの目標を掲げることはできる。共感にみちた社会であれば、それらの目標は広く知らしめられ、目標にどこまで近づいたかを毎年の一般教書演説や年度予算案できちんと報告し、明快な評価がくだされるだろう。具体的な目標を掲げるのは不安だし、それを達成するのはもっとむずかしい。だが、ケネディがいったように、偉大な目標を達成したいと願うからこそ、人はあらんかぎりの努力と技術を注ぎこもうという気持ちになるのだ。

大胆だが達成可能な目標を設けるさいには、よその国々を指標にしてアメリカの実態を測ることも含まれる。そのような指標による比較はいくつもあるが、政府も国民もほとんど注意を払っていない。政治家や大衆がそれらの指標にもっと注目するようになれば、改革が必要な理由もよりよくわかるだろう。

専門家を動員する

アメリカが直面する問題は、時代とともに複雑さを増しており、いまの政治的エリート（政策決定やその遂行の権限をもつ政府や行政機関の構成員）にはそれらの問題に対処する能力がない。問題はグローバルで、政治や政策のさまざまな分野で関連しあい、高度に専門的であることが多い。たとえば、気候変動に関係する分野としては、農業（温室効果ガスの排出源であり、同時に気候変動の影響をきわめて受けやすい）、発電および送電、国と民間の土地利用、輸送、都市計画、原子力発電、災害リスク管理、気候モデリング、国際金融、公衆衛生、グローバルな交渉などがある。二年おきの選挙のたびに入れ替わる門外漢の議員だけでこの厄介な問題が解決できるとは、とても考えられない。

　アメリカの省庁は旧来の方針に沿って組織されている。そんな方針が通用していた過去の時代には、アメリカ政治のレーダースクリーンだけで十分対応できたかもしれないが、いまや私たちの目の前には多くの分野にまたがった難問が山積している。労働省と商務省は進歩的な時代（一八九〇年から一九二〇年）のさなかの一九一三年に発足した。エネルギー省は第一次石油危機を受けて一九七七年に設置された。だが、自由市場の原則を重んじるレーガン政権によってエネルギー省はほとんど活動停止になった。アメリカには、持続可能な開発、気候変動、国際経済発展、国家レベルのインフラストラクチャーといった問題を専門に処理する省が存在しない。それらの領域を扱うホワイトハウスの執務室は省の代わりにはならない。オバマの元補佐官で「気候変動のツァーリ」と呼ばれたキャロル・ブラウナーは一〇人ほどの専門家をスタッフとして擁していたが、その大半にとっては、気候変動やエネルギー問題についての専門的な内容よりも、むしろ連邦議会との連携のほうが重要だった。

　連邦議会がこうした専門的な問題を扱うのに不適格であることは周知の事実だ。五三五人の連邦議会議員のうち、科学・工学を専門とする高等教育を受けたのは、物理学者三人、化学者一人、エンジニア六人、微生物学者一人、医師一六人のみで、全体の五パーセントにすぎない[4]。二〇年ほど前まで、連邦議会がテクノロジーの障壁を乗り越える手助けとして技術評価局（ＯＴＡ）が存在した。技術評価局は一九七二年から九五年まで存続したが、共和党が議会の多数派だった時代に廃止された。このときの議会では、自由市場が熱烈に支持され、科学など気にしなくてよい（もっと正確にいえば、有力な特殊権益団体にとって科学は脅威だ）と考える人びとが多数を占めたのだ。

学界や産業界に属する科学技術の専門家は、自分たちの知識を国家の問題の解決に役立てられれば光栄に思うだろうが、助力を求められることはきわめてまれである。有力な科学機関（米国科学アカデミー、全米科学財団、国立衛生研究所、国立の研究所など）が主導する研究計画や特別委員会を通じて専門家を起用することは可能だろう。連邦議会も政府も、より系統的で説得力のある科学的なアドバイスを必要としている。連邦議会は技術評価局を復活させるべきだし、大統領科学技術諮問委員会（PCAST）を大幅に強化し、重要な政策課題に関する大掛かりな公的研究の準備にあたらせるべきである。

長期的な計画を立てる

はっきりした目標がなく、問題がもともと複雑なうえに、科学的な混乱や誤った情報が加わるとなれば、それだけでも目標遂行のための一貫した行動を邪魔するには十分だ。しかし、実務を扱う行政部門にはもっと大きな障害が立ちはだかっている。行政でいくら努力しても、連邦政府には綿密な計画を立案し、決定する能力が慢性的に欠けているからだ。

すでに述べたように、問題の発端は、二年という短期間の周期で国政選挙があることだ。これは、経済大国のなかで最も頻繁な周期である。また、大統領はみずからの裁量によって各省庁の長を任免する権限をもつが（これを政治任用制という）、その数はきわめて多い。これには、政治任用職が替わることで新鮮な発想がもたらされるという明らかな利点がある。しかし、実際問題として、行きつく先はアマチュアリズムであり、公職と民間企業のあいだを盛んに行き来する、いわゆる「回転ドア」現象が生じる。さらに政権の要職を埋めるために信じがたいほどの時間が浪費されるということでもある。NPOパートナーシップ・フォー・パブリック・サービスによれば、オバマ政権では発足から一年たっても、五〇〇ある政治任用職のうち約六〇パーセントしか埋まっていなかったという[5]。つまり、二〇一〇年の中間選挙が近づいていたというのに、オバマ政権下ではまだ幹部が就任すらしていなかったのだ。

このように周期の短さからくる問題はすべて計画性のなさにつながる。オバマが大統領になって二年以上たつが、ほとんどすべての分野でいまだに一貫性のある計画が見られない。医療改革は計画がないまま議会に提出された。エネルギーと気候変動についての計画もない。財政赤字削減のための計画もない。正気の人間なら誰も硬直した中央指令型経済（政府が経済活動の全般にわたって賃金、価格、生産高を決めようとするやり方）を認めたりはしないだろうが、一方で、科学技術、高等教育、インフラの近代化、気候変動の緩和、財政予算の赤字削減といった複雑な問題を解決するのに、政府内での慎重かつ長期的な計画なしでできると考える人もいないはずである。

現在、多年度にわたる計画の立案という点で、最も近いことをやっているのは行政予算管理局（OMB）だろう。だが、OMBがおもに取り組んでいるのは、年度ごとの予算である。OMBまたは別の政府機関を格上げして、公共部門の活動のために多年度にわたる計画を準備させるという提案は、大方のアメリカ人にはとんでもない暴論だと思えるかもしれないが、実際のところ、うまくいっている政府のほとんどはそのような政府機関や省庁をもっていて、とくに公共投資をどのように配分するかの算定にあたらせている。それは、アメリカが過去三〇年間、放置してきた問題である。

効率的に計画を立てるための鍵――おそらく唯一の鍵――は、複雑さを受け入れることだ。経済は複雑なシステムであり、世界中の何百万もの公共機関と民間企業、そして何十億もの消費者を結びつけている。複雑なシステムにおいては、一つの問題にたいして、たった一つの解決策ですむことなどめったにない。万病に効くという「万能薬」は、あさはかなアナリストの処方箋である。ご用心！財政赤字の削減、教育改革、失業問題、移民対策――どんな問題に取り組むときも、解決策は混乱し、入り組んでいて、時とともに変化し、国際政治と地方政治を問わず、さまざまなレベルの政治組織に関連してくることが多い。計画は大事である。とはいえ、その計画は、関連しあう複数の政策を含み、時間の変化に適応でき、実業界、政府諸機関、市民団体など、広範な関係者に門戸を開いていなければならない。要するに、今日いわれているような単純な特効薬――減税の導入、景気刺激のための支出、移民規制、教職員組合への弾圧――では、問題は解決できないということだ。この手の「計画」に共通する唯一の特徴は、複雑な社会と経済活動のさなかで、とんでもなく単純だということである。

遠い未来のことまで想定する

いうまでもなく、私たちは遠い未来をのぞき見ることはできない。それでも、自分で自分を訓練し、未来への共感をもった政治制度に変えていくよう努力することはできる。たとえば、少なくとも二世代先の未来を考えるのだ。アメリカ政府はそのような考え方の先駆でもあり、一八七二年にはユリシーズ・S・グラント大統領の署名によって、イエローストーン国立公園法制定によって国立公園ができた。一九〇六年には、セオドア・ローズヴェルト大統領の署名によるアメリカ遺跡保存法ができた。一九一六年には、ウッドロウ・ウィルソン大統領の署名による国立公園局設置法ができた。新しくできた国立公園局は「公園内の景観、自然物、歴史遺産、野生生物を保護し、現状を損なわないような手段・方法をとり、同時代の人びとだけでなく、将来の世代も同じように享受できるようにする」ことを目的としていた。[6] 環境の劣化が蔓延している世界で、このような未来志向の財産管理は人類の存続を左右する重要なものである。

大統領は一般教書演説の一部を割いて、今日の私たちの行動——科学技術、環境への脅威、人口増加、高齢化、貯蓄と投資など——が、二〇五〇年の平均的なアメリカ人にどんな意味をもつのかを説明すべきである。それだけでも、国民の目を将来のための管理に向けさせるだろう。なにしろ、今日の新生児は今世紀半ばになってもまだ四〇歳なのだ。遠い未来のことを考える必要などない。ただ、今日生まれたばかりの赤ん坊の未来を大切に思ってやるだけでいい。

コーポレートクラシーを終わらせる

メディアを巻き込んだ選挙運動に投じられる資金は増える一方だが、そんな大金を中心に政治が動いているかぎり、アメリカのコーポレートクラシーの立場は揺るがず、経済の衰退はつづくだろう。この一〇年のあいだに、「ワシントンの魔法使い」を隠していたカーテンがめくられ、選挙の運動資金、ロビー活動の金の使い方、回転ドアのからくりが明らかになり、いまや国民は企業の金の流れを以前よりずっとよく理解している。そんなことはないと思い込んでいる政治家がいたら、愚かとしかいいようがない。そこで、私は絶望するのではなく、何ができるのかと問おう。壊れたシステムを修復するにはどうしたらいいのか？　その答えを出すために、具体的な対策を一つずつ明らかにしていこう。そうすれば、ロビイストのがっちりと握った手のなかから、連邦政府を救いだせるはずである。

・**選挙運動を公的資金でまかなう**。オバマであれ、誰であれ、改革の志をもった大統領候補が選挙運動にあたって公的補助に背を向けるような事態はあってはならない。二〇〇八年のオバマがそうだった。民主党も共和党も同じように、民間の選挙献金によって汚れており、どちらの党も信用できない。政府による公的資金助成制度を連邦議会議員選挙にも適用すべきである。

- **メディアを自由に使える時間を与える。** テレビ放送には、明確な割り当て規則にしたがって一定時間を確保し、候補者に無料でメディアを使わせるよう要求すべきである。
- **ロビイング会社の選挙献金を禁止する。** ロビイング会社は政治プロセスにおける癌のようなものだ。登録ロビイング会社の社員による候補者および政党への選挙献金を禁止すべきである。
- **回転ドアを止める。** 連邦政府の幹部職員が公務を離れてから少なくとも三年間は登録ロビイング会社への就職を禁止する。また、公職についていた期間中に当該省庁にたいしてロビー活動をしていた企業の雇用に応じることも禁じる。
- **餌入れを撤去する。** 企業はいまのところ、選挙献金を一種の投資とみなしている。富裕層向けの減税、規制緩和、入札なしでの政府からの契約受注、イヤーマーク、その他、特権を得るために必要な投資なのだ。連邦予算のその種の乱用にたいして明快に反対すれば、企業が選挙献金によって政治家を買収しようとする理由は減るだろう。

オバマが大統領になったとき、国民の多くは彼が金融業者を議会議事堂から追い払ってくれるだろうと期待した。すでに金融危機によって、ウォール街と政治の下劣な一面が明らかになり、双方の触手が絡まりあって緊密に結びついていることはわかっていた。しかしオバマは、大統領就任以来、初めて証券取引所の鐘が鳴る前から、ラリー・サマーズが率いる大手金融企業寄りのチームをホワイトハウスに招き入れていた。政権が発足して二年間、オバマはおもに大手金融企業の側につき、救済措置を講じたが、その見返りとして、給与やボーナスなど、過去の無軌道なふるまいの抑制を求め、実行させることは、あまりに少なかった。当然ながら、大手金融企業は、金融危機の共犯者だとか法外な報酬を得ているなどという批判にたいして、しらばくれ、傷ついたふりをした。オバマはいつかウォール街やその他の企業の特殊権益団体と対決するのだろうかという問いにはまだ答えが出ていないが、どうやら望み薄のようだ。

打倒コーポレートクラシーはもちろん、「言うは易し行うは難し」である。アメリカの政治には、二大政党がたがいに支えあう二党独占が深く根づいていて、一方、国民はプロパガンダによって惑わされ、重要な問題から目をそらされている。たとえ私たちが権力と金の結びつきを断つのに必要な方法を知っていたとしても、その方法を採用させるには、活発な政治闘争が必要になるだろう。私の推測では、その闘争のなかから、政治と金を切り離すことに重点的に取り組む、信頼できる第三の政党が生まれ、遅かれ早かれ二党独占を打破するだろう。問題が非常に入り組んでいて見えないわけではない。むしろ問題は広く知られているのだが、国民は何を頼ったらよいのかわからないのだ。前進する方法を提示してくれる政治的な運動であれば、絶望、怒り、政治的流動化といった非常に根深い風潮を利用するだろう。新政党は別の形態の政治的扇動――不買運動、抗議行動、マスコミを使ったキャンペーン、インターネットを利用した運動――と手を結んで、最も悪質なコーポレートクラシーの指導者に警告することもありうる。次章で論ずるように、ミレニアム世代、つまり一八歳から二九歳の若者にはこのチャレンジに乗り出す動機も手段もあると、私は信じている。

公的部門に仕事をとりもどす

政府のたえざる「改革」とはたいていの場合、戦争地帯のハリバートンやブラックウォーターUSA、合衆国開発援助事業に群がる「ベルトウェイ・バンディット（武器売買コンサルタント）」など、民間の請負業者に仕事を丸投げし、ろくに監督もしないというのが実態だった。外部委託の範囲があまりにも広がりすぎて、政府機関は請負業者の仕事ぶりを監視することさえできなくなっている。外注のプロセスは、競争のない申し合わせがほとんどで、それがかつてない規模の腐敗をはびこらせる要因にもなっている。近年は何百億ドルという莫大な金が無駄に費やされる一方で、「戦争ロビー」は議会に働きかけて、イラクやアフガニスタンの無意味な占領を長引かせようとしている。これにたいする適切な対応は、貪欲な私企業にまかせるのではなく、公的部門を立て直すことである。

公的部門の立て直しの第一歩は、省庁内に熟練したプロの管理者を大幅に増員することだろう。それらの職員は民間企業に匹敵する給与で採用すべきである。政治任用の人数は減り、上級公務員の任用が増える。外部委託した計画のすべてを監視し、評価し、監査するために、新たな取り組みが必要だ。そうすれば肥大化した腐敗と無駄だらけのお手盛り契約は、国防総省から姿を消すだろう。

地方分権の促進

アメリカは国土が広大で、多様性に富んだ国である。うまく運営していくには、政策にかなりの地域差を盛り込まなければならない。長年のあいだ、政治的左派は社会問題――たとえば、性風俗、所得の再分配、教育政策、医療その他――についての中央政府の意見を全国にも援用すべきだという態度をとってきた。ところが、たいていの場合、それらの試みは猛烈な反発を受けた。異論の多い問題の妥協点を探したり、政策を地域にまかせたりするのではなく、中央の統一見解にむりやり従わせようとする態度のせいで、しばしばワシントンへの反感が燃え上がり、まったく実りはなかった。より積極的な政府を望む人びとも、そろそろ補完性の原理を受け入れるべきである。すでに述べたように、この原理によれば、政策課題については、最も解決しやすい地方レベルの行政が取り組むべきだとされる。教育、医療、道路、上下水道などの問題は一般に各地域で対処できる。一方、税の徴収は、州や地域間の租税競争（自分たちの地域への投資を促したり企業を誘致したりするために、競って税率を下げること）という深刻な問題を回避するため、国が行なうべきである。

公共事業の地方分権には、もう一つ、納得できる理由がある。極度の貧困を打破する最も強力な手段は、職業訓練、就職斡旋、早期幼児開発、教育の改善、インフラの整備を組み合わせた、地域社会を土台とする総合的《ホリスティック》な開発戦略である。貧困撲滅のための各部分は、ほかのすべての部分と支えあっている。このような、一から始める開発事業は、現実には地域社会が先頭に立って実践するものだが、連邦政府や州政府からの資金面での支援も必要である。

根本的な変革の選択肢

この章で私が推薦する方法は一種の改良である。つまり、それほど深刻ではない故障にたいして、事態を好転させるために、穏やかな方法をとることである。だが、それで十分なのかと問う必要がある。アメリカ社会の絶望とシニシズムは深い。なにも変わらないだろうという気分が蔓延している。今日の政治制度をもっと劇的に変えないとだめかもしれない。

わかりやすい出発点の一つは、第三政党の登場によって、民主党と共和党の腐敗した二党独占を打破することである。そのための努力を阻む障壁はたしかにあるが、世間でいわれるほど高い壁ではない。近年、第三政党から出馬した有力な大統領候補が何人かいた。一九八〇年のジョン・アンダーソン、一九九二年と九六年のロス・ペロー、二〇〇〇年と二〇〇四年のラルフ・ネーダーなどである。各候補とも、大部分の州で投票用紙アクセス（投票用紙に名前を載せてもらうこと）を得たし、相当数の支持を集め、政策論争に大きく貢献した。

私が思うに、広範な支持基盤をもつ全国レベルの政党が、効率的な統治、コーポレートクラシーの排除、未来への投資といった目標を掲げて、政治における重要な中道派となることは可能だろう。いわば革新的中道主義である。[7] とりあえず二〇一二年に、ARC党（Alliance for the Radical Center＝中道革新主義のための連合）として、ようすを見てみたらどうだろう。この政党は中道派になるはずだ。個人主義と社会的な責任のあいだでバランスをとるアメリカの中道派の価値観が新たな繁栄の基礎になるという立場だからである。革新的なのは、これまでの政治ときっぱり縁を切っている点である。第三政党を立ち上げるための費用は少なくてすむし、その一方で、潜在的な利益は大きい。国民を目覚めさせ、腐敗した二大政党に自分たちの行動を浄化するよう圧力をかけられたなら本望だ。

もっと根本的な憲法改正が実行できれば、アメリカの多数決主義の憲法制度はより議会主義的な方向へと有益な転換をはたし、おそらく大統領制と議会制が混合したフランス型へと向かうだろう。憲法改正は本来、時間がかかり、また危険もともなうので、政治にとってはいわば究極のパンドラの箱である。アメリカの民主主義を救うために根本的な憲法改正が必要かどうか、いまのところ未知数である。しかし、それが必要だとしたら、議会制度の利点をいかすべきだ。その利点とは、首相のもとで行政機関と立法機関が結びついた、一貫性のある政治体制。現アメリカの二年周期ではなく四年ないし六年という長期的な視野。より公平な比例にもとづく代議士選出によって、貧困層やマイノリティの重要性および投票の影響力が増し、彼らの抱える問題にも注意が向けられ、やがて是正されるだろう。

手遅れになる前に政府を救え

最悪のレストランへの苦情をネタにした笑えないジョークがある。料理がまずい――そのうえ量も少ない。政府の役割を大きくすべきだという議論をしていると、そんな客の気分がわかる。たしかに、連邦政府は無能だし、腐敗している――だがその政府にいまよりたくさん働いてもらわなければならない。また、政府にはより積極的な役割を期待したい。インフラストラクチャー、クリーンエネルギー、公教育、医療、貧困といった、基本的に国民全員が協力してなしとげるべき課題に率先して取り組んでもらいたい。一方、政府の機能不全があまりにもひどいので、国民はその役割を拡大するより、むしろ縮小したほうがいいのではと考えてしまう。この章では、こうした堂々巡りから抜け出すための方法をいくつか提案してみた。アメリカ社会は政府の働きを必要としているが、いまよりずっと有能で誠実な政府であってほしい。経済改革と政治改革は同時に進めなければならない。一方がとどこおれば、もう一方もなしとげられない。

最大の望みは、大事な政治から企業の大金による干渉を排除し、行政改革を成功させ、より複雑な社会問題により長いタイムスパンで取り組めるようにすることだ。技術的な面では、このような目的を達成するのに有効な、はっきりした手段がある。それらの手段は、うまく運営されている他の国々ではすでに国法として取り入れられている。しかし、わが国の公共経営の問題は、たまたま生じたものではない。それらは多くの場合、既得権が影響力をふるった結果であり、その影響力に誘導されて行政プロセスは限られた私利私欲に向かうことになった。

アメリカ政府を浄化するための政治的な土台を作るのは誰だろう。政治によって最も影響をこうむるグループに注目すべきだ――それは若者たちである。学生と労働者を問わず、今日のミレニアム世代、二〇一〇年に一八歳から二九歳だった若者たちは、すでにこの世代ならではのユニークな特徴を示している。それまでの世代よりオープンで、多様性に富み、パソコンに強く、ネットワーク志向で、教育程度が高く、政府を働かせることにたいして熱心である。現在の危機について、ベビーブーマー――私の世代――から若者たちへの意図せぬ、また歓迎されない遺産と呼びたくなる人もいるだろう。アメリカは若い世代によって、その親の世代が変えた以上に大きく変わるだろうと私は予測する。その変化がどのようにして起こるかは、次の最終章で述べるつもりだ。

第一三章　立ち上がるミレニアム世代

経済危機は抜本的な政治改革を実行できるチャンスである。手を伸ばせば、未来はすぐそこにある。とはいえ、先へ進むにつれて危険も増殖する。なにしろ、この世には曲がるべき角より、曲がるべきではない角のほうが多いのだ。最もありふれた結末になれば、政府はこのまま競争力と方向性と財務能力を失いつづけるだろう。やりとげることが最もむずかしい改革は、危機のさなかの建設的な改革である。アレクシ・ド・トクヴィルがフランス革命について述べているように、「悪しき政府にとって最も危険な時期とは、みずから改革に着手するそのときなのだ[1]」。

アメリカの深刻化する危機は、いまだに意味のある政治改革につながっていない。それどころか、既得権益集団はすっかり地歩を固めてしまった。オバマ政権が改革路線ではなく現状維持路線をとっているのは、ウォール街、ロビイスト、軍部が政治権力の中枢にいすわっているからだ。この閉塞状態によって政府はますます国民の信頼を失った。アメリカの保守的な白人中年層は富と安全が失われたことに憤り、安心感を増すどころか借金を増大させた政府を厳しく非難している。その結果としてティーパーティー運動が起こり、メディアの話題をさらってしまった。貧困層はといえば、なんとかやりくりして生きのびようと焦るうちに希望をもてなくなり、デモなどの直接行動もできなくなって鳴りをひそめている。若年層は、高失業率と低所得のあおりで沈まないようにふんばりながら、好機の到来をじっと待っている。

とはいえ、こんな待機状態がいつまでもつづくはずはない。漫画のキャラクターのように、断崖の先まで駆け出し、下を見て、なおも空中にとどまっているのは無理というものだ。何かが起ころうとしているのはまちがいない。しかし、それはいったい何なのだろうか?

いま、主として三つの動きが生じている。もちろん、影響のはかりしれない大きな流れも存在する。第一の動きは硬直化である。既得権益集団はいまだに金と権力を握っているが、正当性と社会的な信頼を失っている。大手の銀行、保険会社、兵器製造業者は議会やホワイトハウスと密接な関係にあり、自分たちの特権を大きく損なわずにすんでいる。第二の動きは巻き返しである。ティーパーティー運動は、自分たちの経済的安定と社会的優位が失われていることを実感するミドルクラスの白人中年層の怒りから起こったものだ。彼らはたしかに腹を立てているが、既得権益集団にやすやすと操られてしまっている。これはよくある話であり、いまのところ、彼らに勝ち目はない。

第三の、そして長期的な作用をもつ動きは世代交代である。世論調査の結果を見ると、まったく新しい何かが進行していることがわかる。ミレニアム世代はそれ以前の世代とはちがっている。ベビーブーマーがテレビの申し子なら、ミレニアム世代はインターネットの申し子である。ベビーブーマーは毎日、何時間もテレビにくぎづけになっているが、ミレニアム世代は毎日、フェイスブック上の友人とやりとりし、ニュースの断片を小耳にはさみ、ビデオを鑑賞し、ネットサーフィンをするなど、複数の作業を何時間も並行してこなしている。その一方で、彼らは未曾有の就職難に直面している。しかし、それだけではない。ミレニアム世代は民族的に多様であり、社会問題にたいして進歩的であり、学歴が高く(授業料を工面して四年制大学を卒業するのはなみたいていのことではないが)、政府を信頼する気持ちが強い。オバマは彼らの希望だったが、彼らを政治面で最初に失望させることになってしまった。

流れはきわめて大きく、その影響ははかりしれない。アメリカの危機は複雑な世界情勢に連動している。新興経済国はアメリカが危機を乗り越えるまで待っていてはくれず、国際競争は激化している。アメリカの主要企業は自由に移動することができ、国内で収益があがらなければ、急成長する海外の市場に進出しようとする。環境危機もアメリカの行動を待っていてはくれない。猛烈な嵐、飢饉、洪水などの災害をともなう気候変動は規模を拡大しつづけている。そして、貧困、人口増加、深刻な環境ストレスの三重苦にみまわれている地域ではとくに政情不安が広がっている。アフガニスタン、イエメン、ソマリア、スーダン、サハラ砂漠南縁部の国々がそれに該当する。アメリカ軍はそのすべてに介入しているが、危機の根底にある原因は軍事的な手段では解決できないため、成果はまったくあがっていない。

以上のような状況のもとで政治的な結末を予測できる者はいない。この世は良くも悪くも意外性にみちている。一九八九年から九一年までは、すばらしく良いほうに分類することができるだろう。七五年前の第一次世界大戦の混乱のさなかに起こった社会的災厄ともいうべきボリシェヴィキ革命とソ連の共産主義があっさり終息して平和的な政治改革が実現した。偉大な指導者であるミハイル・ゴルバチョフは新体制への移行を主導し、一つの「帝国」がおおむね平和的に解体されるという、近代の政治史上でも最大の勝利が達成されたのだ。皮肉にも、ほとんどのアメリカ人は当時の出来事を正しく理解しておらず、例によって、他国の功績を功績として強調することもしていない。

しかし、一方では悲惨な出来事もあった。心あるまともな世界市民なら、一九一四年、一九一七年、一九三三年という三つの年に思いをめぐらすべきだ。一九一四年は第一次世界大戦が始まった年である。それは当時の宣伝文句とはちがって、すべての戦争を終わらせるための戦争ではなく、ヨーロッパを分裂させるための戦争だった。その傷はあまりにも深く、最近になってようやくふさがったが、完全に回復したわけではない。一九一七年は、ウラジーミル・レーニンがロシアの混乱に乗じてソ連の社会主義に関する破滅的な実験を開始した年だった。大恐慌のどん底にあった一九三三年は、まるで不慮の事故のようにアドルフ・ヒトラーが政権をとった年である。(2) 一九三三年の経済危機は、何が起こってもおかしくない状況を生みだし、まさに最悪の事態が起こった。世界はかつてないほどの血を流したが、いま同じような総力戦になれば世界が滅亡しかねないだけに、それがくりかえされることはないだろう。

そんなことを考えるのもどうかしているが、いまのアメリカの政治漂流を見ていると悪い予感がしてくる。たいていの場合、漂流はさらに深刻な漂流を招くだけである。時間は浪費されているが、まだ大惨事にはいたっていない。しかし、政治漂流はときとして悲惨な結果をもたらす。政治経済が危険にさらされている現状では、皮肉な態度で時間を浪費することは見かけよりもずっと危険である。歴史の常識として、無責任な人間には深い落とし穴が待ちかまえている。アメリカの政治指導者は長年のあいだ無責任な態度をとりつづけ、国民に真実を話すことを避けている。

私が本書で示してきた提案は、政治的に実現可能である。それらは個人の取り組みから始まる。つまり、ハイパーコマーシャリズムと縁を切り、騒々しいメディアから少し距離をおき、いまの経済状況についてもっと学び、よく考えることである。共感の経済を実現するために、平均以上の所得を得ている一人ひとりが理解しなければならないのは、手取り収入が少しくらい減っても倹約すればやっていけるということだ。富裕層は家計の出費を大幅に切り詰めてもそれほど困らないだろうし、かえって心の平安や充足感を増すことにつながるはずだ。富裕層はこれまで長いあいだ高級品を買うことで自己満足を得てきたが、その分、今後はモノを買うことに良心の呵責を感じるようになるかもしれない。

私が思うに、今後二五年にわたってアメリカの未来を築いていくのは、二〇一〇年に一八歳から二九歳を迎えるミレニアム世代にほかならない。彼らは複雑さと変化にあふれる未来の象徴だ。六五歳以上のアメリカ人の八〇パーセントは非ヒスパニック系白人だが、ミレニアム世代の非ヒスパニック系白人の割合は六一パーセントにすぎない（これを含む以下のデータは、ピュー・リサーチ・センターの最近の研究による）[3]。ミレニアム世代の約一九パーセントがヒスパニック系、一三パーセントがアフリカ系アメリカ人、六パーセントがアジア系や先住アメリカ人を含むその他の人種である。それよりも若いゼロ歳から一四歳のグループでは人種の多様化がさらに進み、非ヒスパニック系白人は五五パーセントにすぎず、二三パーセントがヒスパニック系、一五パーセントがアフリカ系アメリカ人となっている[4]。

ミレニアム世代は政治について進歩的な考えをもち、政府により大きな役割を負わせることに賛成している。彼らの六七パーセントは「大きな政府がより多くのサービスを提供すること」に賛成しているが、六五歳以上では三一パーセントにすぎない。この結果は、彼らの民族的な側面を反映しているだけでなく、年齢、楽観性、その世代特有の考え方をも反映している。ミレニアム世代では、ヒスパニック系やアフリカ系アメリカ人はもちろん、非ヒスパニック系白人も前の世代にくらべて進歩的である。彼らは、財政赤字を増やす要因となる富裕層への減税にも反対するだろう。結局、ベビーブーマーが残したツケを払うことになるのは、いまの若い世代なのだ。

当然のことながら、ミレニアム世代は前の世代よりも先の未来を見ざるをえないため、彼らがクリーンエネルギーやインフラストラクチャーなどへの長期投資にたいして前向きなのも不思議ではない。

前の世代にくらべて、彼らは気候変動科学の意義をよく理解し、温暖化対策を積極的に支援している。彼らは近代化されたインフラストラクチャーのおもな受益者になるかもしれないし、衰退がこのままつづけば、その被害者になるかもしれない。もちろん、真の意味での共感の経済が実現すれば、ミレニアム世代の親たち（著者である私の世代）も、子や孫へ引き継がれる未来の地球を思いやるだろう。

アメリカ社会でつねに最大の課題となっているのは多様性の存在である。そのためにアメリカは建国当時から分裂し、血なまぐさい内戦が起こり、それ以後一〇〇年にわたって人種隔離社会がつづき、二〇世紀後半の公民権運動の時代には劇的な社会変革が引き起こされた。公民権運動の余波はその後もつづいている。だからこそ、ミレニアム世代がすべての点で前の世代よりもはるかに寛容であることは、歴史的に見て重要な意味をもつ。このことは、宗教やセックスや人種といった微妙な問題についてもいえるようだ。ミレニアム世代は宗教心が薄く、特定の宗派に属している割合が少なく、福音主義的な世界観に強くは傾倒しておらず、週に一度の礼拝にもあまり通っていない。彼らの圧倒的多数は同性愛に肯定的である（六三パーセントが同性愛は「社会的に認められるべきだ」と答えているが、六五歳以上でそう答えたのは三五パーセントである）。過半数をわずかに超える数は、全部または大部分のケースで妊娠中絶を合法化すべきだと考えている（六五歳以上の三七パーセントにたいして五二パーセント）。彼らが異人種間の恋愛や結婚にたいして好意的であることは、公民権運動が成就して久しい時代に生まれ育った世代らしい態度である。

したがって、ミレニアム世代がベビーブーマーのように文化戦争によって対立したり分裂したりする可能性は低い。彼らは相違を当然のこととして生き、より行動的な政府を受け入れ、環境要求事項にうまく対応していくだろう。ミレニアム世代の寛容さと楽観性という癒やしの力が政治的な集団行動に向けて結集されれば、このような要素はすべて共感の経済へとつながっていく。

それでは、政治改革を阻んでいる本当の障壁とは何だろうか？　当然のことながら、現在の既得権益集団は権力と特権をめぐって激しい闘いをつづけるだろう。富裕層はたしかに、メディアの力や、ロビー活動および選挙資金調達による気前のよい献金だけでなく、もっと汚い手を使って、あざとく自分の身を守ることができる。二〇〇八年、私たちはそのパワーを見せつけられた。複数の銀行は公的資金による救済措置をかちとっただけでなく、ホワイトハウスと議会に目をつぶらせ、大混乱の最中に巨額のボーナスを支給しつづけたのだ。

一方、ティーパーティーの怒りは激しい社会暴動の前兆ともいえるが、中高年の参加者がバリケードを築いている姿はなかなか想像しにくい。また、経済が悪化して、財政赤字の増加、政治危機の深刻化、赤字のいっそうの増加という下方スパイラルを引き起こすことも考えられる。その先にあるのはハイパーインフレと国債の支払い凍結である。このような災難は、私たちがアメリカ国内で実感するよりも頻繁に起こっている。ありがたいことに、アメリカは少なくとも革命戦争と南北戦争以来、このような大混乱に一度もおちいっていない。とはいえ、私はほかの多くの国でハイパーインフレを一掃することに協力してきた。幸い、私たちはまだそこまでは行っていないが、政治漂流があと五年から一〇年つづけば確実に財政破綻の瀬戸際まで追いつめられるだろう。そういえば、ソ連の崩壊が近づいていた当時、こんなブラックジョークが人びとの口にのぼった。「同志諸君、われわれは崖っぷちにいたが、いま大きな一歩を踏み出したところだ！」富裕層への税制上の優遇がさらに進むようなら、私たちも同じことをつぶやく身の上になるだろう。

真の改革がなかなか実現しないのは、どこへ向かって前進するかについての合意ができていないからである。アメリカは、巨額の財政赤字にもかかわらずさらに減税したり、あいもかわらず不況を口実に温暖化防止への断固たる措置を拒否したりして、誤った道を歩きつづけるかもしれない。残念ながら、政治には「正のフィードバック」がついてまわる。つまり、忌まわしい出来事は次の忌まわしい出来事を呼び、災難は次の災難を招くということだ。近年、無能で悪質な業者に行政業務がアウトソーシングされて不手際があいついだため、政府への風当たりが強まり、それによってアウトソーシングがさらに増えるという皮肉な結果になっている。要するに、政府の崩壊という予言を政府自体がなぞってしまっているのだ。

このように、正しい軌道に乗ることは非常に困難だが、かならず実行できる。現実的な解決の道はすぐそこにあるのだから、ゆっくり方向転換しさえすればいい。さらに、情報の伝達が昔よりずっと速くなっているために、最近は物事の変化が早くなっている。いまは突飛で不可能に思えることも、次の瞬間には主流となり、必然となっているだろう。

目標を見定める

短期的な目標を見定めることがきわめて困難なとき、重要なのは長期的な目標から目を離さないことである。私たちは、消費者マインドや工業生産高や新規注文の最新の変動を気にしながら膨大な時間を浪費している。経済の短期的な変動にまったく対応できない場合でも、私たちは不完全な推測に頼って大儲けしたり大損したりしているのだ。時間の使い方としてもっと有益なのは、四半世紀後にふりかえったときに決定的に重要になっている問題に的を絞りつづけることだろう。アメリカと、そして世界におけるアメリカの立場にとって重要な問題とは、教育、環境、地政学、多様性の四つだと私は考えている。

最初の重要な問題は教育だ。二一世紀において国家の繁栄、生活上の満足、持続可能性をめざせるかどうかは教育に大きくかかってくるだろうし、とくに、いまの若者の大部分が高等教育を修了できるかどうかによるだろう。もちろん、現代のニーズに合った高等教育という意味である。労働市場のデータからは厳しい現実が浮き彫りになっており、スキルの低い労働者は、貧困ぎりぎりの状態でなんとか食いつなぎ、あるいはまったく仕事につけずにいる。大学の学位か職業訓練校の同等の資格がなければ、好待遇の仕事を確保するチャンスもない。高いスキルを必要としない仕事は、自国より高い賃金にひかれて新たにやって来た移民に占有されたり、外部委託に切り替えられたり、先端情報技術利用による全面的な改変を経て消滅したりしている。若年層はこのような現実を知っており、多額の借金をしても上級学位をとろうと覚悟している。しかし、学費の急騰と借金苦によって中途退学や入学者の定員割れが続出する事態も起こっている。

教育の明るい材料は、いまのところ未知数とはいえ、教育課程を刷新する情報技術の可能性である。それによって教育課程はより効率化され、万人にとって身近なものとなる。ますます多くのカリキュラムがオンラインで受講できるようになり、ますます多くの通信教育によって世界各地の人びとが一つに結ばれるのだ。毎週火曜日の午前中、私はコロンビア大学の「グローバル・クラスルーム」に参加するのを楽しみにしている。世界中の二〇の大学がインターネットのテレビ会議で一堂に会し、環境維持開発について国際的な討論を展開するのである。討論のバトンが北京からナイジェリアのイバダンに渡り、そこからマダガスカルのアンタナナリヴォやニューヨークに渡っていくうちに、世界中の数百人の若者は、地球規模の問題が解決できるという感動を身をもって味わうようになる。このような技術の可能性を切り開いていける者がいるとすれば、それは今日のミレニアム世代であり、彼らの弟や妹の世代である！

第二の重要な問題は環境である。昨今、気候変動、水不足、資源の枯渇、生物多様性といった問題は、日曜日のトーク番組や新聞の科学欄に追いやられがちな特殊な問題らしい。一世代のうちに、あるいはもっと早いうちに、これらは最大の課題として世界につきつけられるだろう。人類は断崖の突端に向かおうとしており、温暖化ガス排出、窒素肥料やリン肥料による汚染、水不足、生息地破壊といった無数の環境問題について、世界的な安全限界を超えるか超えないかの瀬戸際にいる[5]。アメリカでは中西部で水ストレス（水受給が逼迫している状態）が発生し、南西部で干ばつが発生するだろう。多くの地域が異常気象にみまわれるだろうが、最も深刻な被害が予想されるのは、ハリケーン多発地帯のメキシコ湾沿岸と河口の貧酸素海域である。さらに、広範囲にわたる海岸浸食や海面上昇も発生するだろう。貧困国の脆弱性は、おそらくアメリカの比ではなく、少なくとも一部の国で大規模な干ばつや洪水といった気候由来の災害が起こったら、それがきっかけで暴力的な紛争が発生するかもしれない[6]。

ここでもやはり、ソーシャル・ネットワークと新しいIT技術の可能性が状況を大きく改善するだろう。携帯電話通信と無線ブロードバンドはすでに、環境調査（土壌図作成、干ばつ監視、森林破壊や違法漁業の発見、作柄評価、人口動態や病気の感染経路の把握など）と災害対策の分野に新たな進化を起こしている。IT革命は新しいグローバリゼーションをもたらしたが、それは「新しい持続可能性」にもつながりうる。この分野でも、ミレニアム世代は先頭に立って現状打開の可能性を切り開いていくだろう。

第三の重要な問題は地政学である。アメリカが今後数年のうちに覇権と活力を首尾よく回復できたとしても、わが国の相対的な経済状態が悪化することは（世界規模の災害が起こらないかぎり）避けられない。何度も強調してきたように、いまは収束の時代であり、そのなかで、新興経済国は今後数十年にわたって現在の高所得国よりも迅速な経済成長をとげることが予想される。現在のアメリカの世界総生産（GWP）に占める割合は、購買力調整後のドル換算で約二〇パーセントである。この数字は、二一世紀半ばには一〇パーセントないし一二パーセントにまで低下するだろう。その結果として、中国とインド両国を合わせた場合、一人あたりのGDPではアメリカの半分ほどにとどまるとはいえ、経済の絶対的な規模ではアメリカを上まわることになりそうである。(7)

現在の主要国と未来の主要国が両者の流動的な関係をうまくこなしていくことは、けっして容易ではない。二〇世紀初頭のイギリスとドイツの覇権争いは、ドイツが第一次世界大戦に参戦する大きな要因となった。同様に、ヨーロッパにおけるドイツ、ロシア、イギリス、フランス間の覇権争いと、アジアにおける日米間の覇権争いは、第二次世界大戦の一因となった。したがって、私たちは潜在的な危険を察知して、つねにそれを回避しなければならないし、そのためには、外交手腕、忍耐力、協調性を最大限に発揮する必要がある。

四番目の、そして最大の課題は前述の三つに関連しているが、多様性にうまく対処することである。この課題は人類にとって最も困難だと思われる。世界のおもな宗教はすべて、人類はみな同胞だと説く一方で、無神論者や「他者」や異教徒の裏切りに気をつけろともいっている。融合と分離の両方を受容するこの二元性は、おそらく私たちの心の奥底に根ざすものであり、つまるところ、人類を形成してきた不可思議な進化の力を反映しているらしい。人類には子供や仲間を大切にしようとする本能もあれば、子供や縄張りをよそ者から守りたいという欲求もあるということだ。

難解な神経科学はひとまずおくとして、人類は、協力して生命をはぐくむと同時に他者と距離をとって対抗するという高度な能力をもっている。(8) この先端技術の時代、兵器は人類を絶滅させる力をもつほどになっているが、有害な感情を抑制して建設的かつ協同的な結論を導くことができれば、人類の生存を支える基盤ができるだろう。本書で述べてきたさまざまな課題と同様、ここでも正しい心がけが必要になる。仏教の慈悲の教義にならい、自分以外のすべての生命に心を配ろうとすることが、自身の心の平安を保つためにも自滅への道を避けるためにも賢明であるといえる。

数十年後、多様性の問題は、国内外のあらゆる政策と危機の中核をなしているだろう。グローバルな社会はすでに実現しているのに、私たちは太古の昔からの排他的な本能をひきずっている。これについては、拙著『地球全体を幸福にする経済学』の序文でエドワード・O・ウィルソンが独自の説を述べている。「人間とは奇妙な存在である。私たちのなかには、石器時代の感情、中世の信仰、神のような科学技術が共存している。要するに、そのような存在として、私たちはおぼつかない足どりで二一世紀に歩み入ったのだ(9)」

ジョン・F・ケネディと、大統領特別顧問兼スピーチライターのセオドア・ソレンセンは、多様性と対立のはざまで地球存続の道を探りながら、自己を厳しく律して他者への共感を示すことができたアメリカ最大の偉人だった。ケネディが大統領職にあったのは冷戦のさなかであり、米ソ間の対立と駆け引きがキューバ・ミサイル危機に発展して世界を滅亡の淵に追いやった時期である。持論を展開して自国民を説得するとき、ケネディはかならず、対立の相手であるソ連国民を尊重するように求め、こちらが挑発的な行動をとればどう受け取られるか、そしていかに危険な誤解を招くかを、よく考えるように求めた。

ケネディとソレンセンのメッセージの要点は一貫していた。つまり、人類に共通する思いやりの心があれば、対立のさなかにも共通の目標を見出せるということであり、平和は私たち自身の道徳心と倫理的な行動にかかっているということである。それについてケネディは、一九六三年六月にアメリカン大学で行なった有名な「平和演説」のなかで次のように述べている。

聖書にはこう記されています。「人の道が主を喜ばせるとき、主はその人の敵をもその人と親しくさせる」と。要するに平和とは、荒廃の恐怖を感じることなく人生を全うする権利、自然のままの空気を吸う権利、未来の世代が健全な状態で存続する権利といった、根本的な人権の問題なのではないでしょうか[10]。

平和を求めるケネディの道徳心は、共産党第一書記ニキータ・フルシチョフを頂点とするソ連政府の目にも明らかだった。ケネディの演説を聞いたフルシチョフは、同じく平和を追求したい旨をただちに伝えた。数週間後、部分的核実験禁止条約が締結され、はるかに安全な方向へと世界を導いた。それは他者への思いやりに関する重大な教訓であり、私たちが未来の世代に思いを馳せる手がかりとなるだろう。

次のステップへ

いまこそ、私たちの一人ひとりが、国民として、家族として、社会の一員として重大な役割を引き受けなければならない。ここ数十年のあいだ、金の力が選挙結果を左右し、利己主義が未来に暗い影をおとし、私たちアメリカ人は混乱のあまり自身の権利を守れずにいる。私たちは、深刻化する社会の不均衡を正さなければならない。これらはたしかに大きな問題だが、社会が一丸となって取り組み、自由、正義、未来への配慮という共通の価値観にもとづいて行動すれば解決は可能である。半世紀前の平和演説のなかで、ケネディはアメリカ国民にこう語りかけた。「人間の運命に関する問題で人間に解決できないものはありません。人間は、解決不能と思われた問題を理性と勇気によって何度も解決してきました。そして、今回もまた解決できるはずなのです[11]」

それならば、理性と勇気をもって前進しよう。まずは、一人ひとりが自分自身と将来の幸福のために正しい行動をとろうと決意し、テレビなどのメディアから離れる時間をとることで自分の立場を再確認し、もっと本を読み、広い見識をもてるようにつとめよう。気候変動、エネルギー・システム、運輸オプション、疾病対策など、科学技術の最新情報を把握することで、人類の未来を保証するために必要な共同参加型の公共計画を支援できるようにしよう。連邦予算について学んで政界の嘘と真実を見抜き、富裕層と権力者に富を持ち逃げされないようにしよう。周囲や近隣、そして地球村の貧しい人びとの存在を、たとえ地球の反対側であろうと忘れないようにしよう。私たちの身の安全と心の平安は、そのような貧困層にたいして思いやりのある行動をとり、彼らと相互的な関係を結ぶことにかかっている。

全盛期のアメリカを定義づけてきた高い志、フェアプレー精神、機会の平等を貫くことを、一つの社会として決意しよう。アメリカが第二次世界大戦直後のように世界経済を支配し、地政学的な優位に立つことは二度とないだろう。あれは歴史的に見て特殊な時期だったのだ。いま世界中で起こっている経済発展によって、よりバランスのとれたグローバルな経済と社会が急速に形成されていることを、私たちは歓迎すべきだ。しかし、激化する国際競争から撤退する必要はない。健康、安全な環境、知識、先端技術を求めて自己投資を再開すれば、アメリカは新たな繁栄を手にすることができる。強く豊かになったアメリカは、世界市場で競争を展開するだけでなく、効果的な協調体制をとって国際政治の舞台にのぞむだろう。わが国の未来は、相互接続的な社会において競争と協調が健全かつ有益なバランスをとって両立できるかどうかにかかっている。

すべてのアメリカ人に、はたすべき役割がある。階級闘争は必要とされず、意図されてもいない。しかし、アンドリュー・カーネギー、ビル・ゲイツ、ウォーレン・バフェット、ジョージ・ソロスといったアメリカ屈指の実業家の例が示すように、すぐれた経営手腕をもつ者は重大な責任をも負っている。タックスヘイブンに金を隠したり、緊急に必要とされている税金を削減するためにロビー活動をしたりすることは許されない。それだけでなく、必要とされる公共のための集合的な行動を支援し、個人的な慈善活動とリーダーシップによってそのような公共のための行動を拡大するという、市民としての重大な義務が存在する。ゲイツやバフェットやソロスは、世界的な医療、貧困撲滅、良い統治《グッド・ガバナンス》、政治的自由の実現のために数百億ドルを寄付してきた。先見性をもち、独自のビジネスセンスを世界規模の問題解決と政策に変換していく人びとには、こんなこともできるのだ。

いずれにせよ、経済的な対立、先見性の欠如、増大する環境危機が人類の未来をおびやかす時代にあって、私たちは未来の富を守る管財人の役割を負っている。今後、アメリカ人が民主主義と平等への信頼をとりもどすまでには大変な困難が待ちかまえているだろう。しかし、私たちには子供とそれにつづく未来世代にたいする重大な責任がある。さあ、ともに新しい一歩を踏み出そう。

謝　辞

政治経済学に関する著作は、いうまでもなく、個人が責任を負うべき仕事である。国家の政治および経済に関する解釈について、責任をもつのは著者一人である。同時に、そのような著作は明らかに、同僚、友人、家族との数えきれないほどの議論や討論の結果でもある。その意味で、本書は共同制作だといえる。いまのアメリカが直面している政治および経済の危機の構造を解明しようと数年にわたってつづけられた相互研究の成果でもある。

いつもどおり、生焼けのアイデアをきちんと形にし、出来の悪い料理をキッチンの段階で排除しようとするとき、真っ先に頼るのは家族である。ソニア、リーサ、アダム、ハンナ、マット、アンドレア、そして私は、いつもキッチンで顔を合わせた。毎日の経済ニュースの意味を理解し、より大きなキャンバスに全体像を描くために、このキッチンでの話し合いが大いに役立った。世論調査の結果、国家予算に関するデータ、大統領予算教書、山のような本、本、本で、何年間もキッチンテーブルの上を塞いでしまったことをどうか許してほしい。

地球研究所で私の特別補佐を務めてくれるアニケット・シャーはつねにそばに控え、注意深い熟練した水先案内人として、山のようなデータや論文のあいだをかいくぐり、整理し、分析し、ふるいにかけるのを助けてくれた。そのおかげで、すべてを明晰に、焦点をずらさず、より時機を得て（！）理解することができた。アニケットがいなければ、この本はできなかった。最後の数カ月、地球研究所に新しく来たクレア・バルガーに加わってもらったのは幸いだった。彼女の鋭い目と正確さのおかげで、原稿を仕上げる段階であいまいさを排除し、過ちを見つけ出してつぶすことができた。

いつものように、友人と同僚たちは頼りになり――あまり頼りすぎていないかどうかが心配だが――原稿のさまざまな部分を読んでもらって、感想と有益な指摘をいただいた。メイヤー・スタンファー、ジョン・マッカーサー、フォード・マードッキにはとくに綿密に原稿を読んで、詳細なコメントをいただいたことに感謝する。公共政策についていつも鋭い視点と解釈を披歴してくれる義父のウォルター・エーリックには、原稿を読んで有益な意見を聞かせてくれたことに感謝する。平和と問題解決の道具としての政府という肯定的な考えを寛大にも私に分け与えてくれたテッド・ソレンセンに感謝したい。今年、彼は世を去り、私たちは理性と共感と楽観主義の声をひとつ失った。そして、いつものように、わが同僚たちにも感謝を捧げたい。エリン・スローブリッジとキュー＝ヨン・リーはソーシャル・ネットワークやブログやメディア討論を通じて公共政策に関する意見を集めるのに協力してくれた。

長年にわたって、私はアメリカの非情な政治と対立する世論が、心から幸福を求める大衆の期待を邪魔しているように感じてきた。昨年、ブータンへ旅行したのはすばらしい経験だった。ブータン政府が積極的に広めようとしている「国民総幸福量」という考え方は、幸福を追い求める人びとを現代社会がどのように応援できるかを理解するのに大きな助けとなった。したがって、ここでは改めてブータンの方々にお礼を申し上げる。ジグメ・ティンリー首相、ジグミ・ケサル・ナムゲル・ワンチュク国王、ラトゥ・ワンチュク国連大使、国連総幸福委員会次官カルマ・ツェーム。

アメリカの政治議論が有毒になりがちなのは、一つにはメディアの無責任にも原因がある。とくに、真実や基本的な礼節をかなぐり捨てて極端に走り、視聴者の関心を引こうとするテレビ番組やラジオ放送は有害だが、その手の番組は無数にある。それを思えば、本書でとりあげたテーマをテレビ番組で論じ、充実した会話とユーモア、節度のある放送ができたことはこの上ない好運だった。ジョー・スカーボロー、マイカ・ブレジンスキー、ファリード・ザカリア、トム・キーン、チャーリー・ローズのプロ意識と責任感を称え、番組のレギュラーとして私を迎えてくれたことにお礼を申し上げる。

本書の執筆は、地球研究所と国連での職務、アフリカやアジアや中東その他の現地での仕事など、詰まりすぎたスケジュールの合間を縫ってなされた。テーマについて考え、論をまとめる時間がとれたのは、私の仕事のあらゆる側面に関係する同僚各位の有能さと惜しみない寛大さのおかげである。とりわけ、チーフ・スタッフのジョアンナ・ルビンシュタイン、秘書のハイディ・クリートケ、所長執務室サポートのドナルド・ホイートとシュゼット・エスプー。ナイロビとバマコ（マリ）のMDGセンターをそれぞれ代表するアマドゥ・ニャンとビーレイ・ベガショー、地球研究所のCOOスティーヴ・コーエン、地球研究所副所長のペーター・シュロッサーに感謝する。過去一〇年のあいだ、コロンビア大学は、あらゆる意味で、この大きな仕事の理想的な家庭でありつづけた。学長のリー・ボリンガーに心から感謝したい。

担当編集者とエージェントは、本書のアイデアを書籍という形にするまで、あらゆる段階で、プロとしての能力を惜しみなく発揮してくれた。ランダムハウスの編集者ジョナサン・ジャオはどんなときでもひらめきにあふれ、信念に揺るぎがなかった。彼の意見と編集者としての才能は本書のいたるところに反映されている。本書に至らないところがあるとすれば、編集者としての彼の賢明な助言に十分に耳を貸さなかったところだろう。過去の著作と同様、スコット・モイヤーズとアンドリュー・

ワイリーは、昨今のアメリカが抱える政治および経済の危機についての新著を書くという着想から最終的な入稿にいたるまで、あらゆる段階において頼りがいのある有能なガイドだった。前著二作を含め、三冊の本を作る過程で、彼らは著作という行為が着想から着地まで一つながりのすばらしい滑空のようなものだと教えてくれた。そのおかげで、地面に固執し、たえず旅をしてまわっている私でさえ、空への憧れをかきたてられた。

私の考えを支持し、賛同してくれた人、そしてもちろん、個々の問題に真剣にとりくんでくれた人、その全員に心から感謝する。読者のみなさんには、『貧困の終焉』『地球全体を幸福にする経済学』、その他の私の著作および論文について温かい感想を寄せ、協力を申し出てくれたことにたいして、ここでお礼を申し上げておきたい。

訳者あとがき

前二作『貧困の終焉』と『地球全体を幸福にする経済学』で、貧困や病気の撲滅、水資源、人口問題、環境破壊などをテーマにしてきたジェフリー・サックス教授がこの新しい著作でとりあげたのは、故国アメリカの経済の再生です。イランやアフガニスタンなどの外交でも失策がつづき、巨額の財政赤字、経済の停滞、所得格差の増大、医療や社会保障、失業など、今日のアメリカは多くの難問を抱えています。サックス教授の提唱する「臨床経済学」は、医者が患者をじっくり観察してから正しい診断をくだすように、その国の病状を見きわめ、いくつもの原因をつきとめたあとで、効果のある適切な処方箋を出そうとするものです。

この本では、アメリカの病の原因として、市場経済を優先するあまりの規制緩和、金持ちへの税制上の優遇、公共サービスを政府に頼るなという「大きな政府への批判」（自助努力への過剰な期待）などがあげられていますが、なかでも注目すべきは、この三〇年ほどの、アメリカ国民の考え方や行動の変化をあげているところです。金儲けを人生の目標にし、消費にどっぷりと浸かり、メディアの広告や企業のプロパガンダという大波にさらわれて、すっかり洗脳されてしまったアメリカ社会。先のことを考えず、目先の欲望だけに突き動かされ、いくら欲望をかなえても心から幸せだと思えない人びと。

そんな風潮に眉をひそめながら、著者はまた別のアメリカ像にも目を向けます。意識調査によれば、アメリカ国民の大多数は、衣食住など生きていくのに最低限必要な条件に恵まれない人びとを政府が援助するのは当然であり、そのためなら税金を使ってもよい、さらに大企業のCEOは金を儲けすぎだと考えているといいます。複雑な人種構成や貧富の差によって分断されたといわれるアメリカ社会ですが、サイレント・マジョリティの良識はいまでも生きている、と著者は強調します。多様性のなかの差異をことさら強調するよりも、人としての共通点に目を向けることで、国民の一体感が取り戻せるのではないか、と。

そこで、処方箋としては、混合経済を支持する立場から、政府が公共サービスにおいて本来の機能をはたせるようにするべきだという提案がなされます。インフラ整備や、国防、医療など、市場経済だけでは、どうしてもカバーできない分野があります。そこに儲け主義が入り込んだらどんなことになるか、容易に想像がつきますが、いまのアメリカがまさにその実例です。

また、大企業や富裕層がロビー活動や政治献金によって政治に干渉することが、アメリカの大きな問題でもあります。さらに、選挙の間隔が短すぎ、政策を実行するどころか、立案するひまもないうちに次の選挙が来てしまう。これでは、長期的な展望のもとに将来を見据えた政治などとてもできません。選挙制度の改革もアメリカ再生のために提案される処方の一つです。

巨額の財政赤字はとても解決法がないように見えますが、サックス教授は数字をあげて、検証してくれます。無駄遣いをなくす、というのは魅力的な提案ですが、そもそも無駄遣いというのはそれほど大きな数字ではありません。緊縮財政だけではとても解決できないほど、すでに赤字はふくらんでいるのです。そこで、増税です。人は税金をとられるのが大嫌いですが、考えてみれば、個々の人間が衣食住という基本的なニーズをまかなうには、それほど巨額の金は必要ではありません。ほかの人びとを幸福にする行為が人生の充足感を得るのに大きく寄与するとしたら、税金を払うのもそれほど苦ではないはずです。困っている人を助け、社会全体を幸福にするために税金を払うのは「文明を金で買う」ことなのです。

本書の原題となっている「文明の対価」とは、アメリカの最高裁判事オリヴァー・ウェンデル・ホームズの言葉です。国民全員が健康で、幸せで、生きがいのある社会は誰もが望むものでしょうが、それはただでは手に入りません。そのために支払う対価、それが税金です。

そんな考え方を受け入れるには、心の在り方を変えなければいけません。国民総幸福量の増加を政策としてとりいれているブータンを例にあげ、またアリストテレスとブッダの言葉を引いて、「中庸の道」がいかに大切かを著者は説きます。社会の一員としての責任を負い、未来の子孫たちも含めた他者への思いやりを意識することが、幸せへの第一歩ではないでしょうか。

「共感の経済学」という考え方はそこから生まれました。国家や個人の利害関係が複雑に絡み合った現代社会では、誰か一人だけが幸せになることはできません。世界のどこかに貧困や病気があるとき、自分には関係ないといって放置しておいたら、いずれ自分の身にも影響が及ぶのです。そんなわけで、アメリカ経済の再生をとりあげながら、それが地球全体にかかわる問題であることを理解してほしいというのが、本書の主要なメッセージです。いま、自分たちに何がいちばん大切なのか、それに気づくことで、地球全体を巻き込んだ未来の運命が決まるのですから。

東日本大震災を経験したことで、日本人の意識も変わったように思います。地震のあと、助けあいの精神、利他的な行動、協調の精神があちこちで見られたのは、大きな不幸中の小さな幸せだったといえるかもしれません。日本人には「中庸を行く」精神が根付いているようです。国民皆保険、平均余命の長さ、生活水準、規律正しさなどでは、アメリカよりも日本の社会のほうがすぐれています。しかし、アメリカほどひどくないとはいえ、アメリカと同じ路線を行く日本の政治や社会も危ういものです。財政赤字やクリーンエネルギーの問題は、アメリカより切迫しているかもしれません。本書で提案された具体的な処方箋の数々は、日本の政治や社会にもきっと効いてくれるでしょう。

著者ジェフリー・サックスの経歴については前二作にくわしく紹介されているので、ここでは省略します。現在はコロンビア大学教授、コロンビア大学地球研究所所長を務め、国連事務総長の特別顧問でもあります。『タイム』誌は「世界で最も影響力のある一〇〇人」に二年連続して選び、『ニューヨーク・タイムズ』紙は「世界で最も重要なエコノミスト」と評しました。また、最新のニュースとしては、世界銀行の総裁にみずから立候補して話題を呼んだことがあります。二〇一二年三月、オバマ大統領は世銀総裁の後継者として、韓国系アメリカ人の医学者ジム・ヨン・キム氏を指名しました（四月一六日、正式に選出されました）。世界保健機関でエイズ対策部門の長を務めたこともあるキム氏について、サックス教授は「まさに世銀に必要な専門家であり、傑出したリーダー」であると評価し、自分の立候補を取り下げましたが、「世銀はいわゆる金融機関ではない。開発のための組織だ」という発言や、前例のない立候補に世間の注目が集まりました。学者には珍しいそんな行動力も彼の魅力の一つです。

邦訳にあたっては、*The Price of Civilization: Reawakening American Virtue and Prosperity*, Jeffrey D. Sachs, Random House, New York, 2011を底本としました。翻訳の機会を与えてくれた早川書房に感謝し、編集を担当してくれた三村純さんに心よりお礼を申し上げます。

二〇一二年四月　　訳者を代表して　野中邦子

参考文献

ABC News. "Summary of Polling on a 'Public Option,'" http://abcnews.go.com/images/ PollingUnit/PublicOptionPolls.pdf.

Altemeyer, Bob. "Why Do Religious Fundamentalists Tend to Be Prejudiced?" *International Journal for the Psychology of Religion* 13, no. 1 (2003).

American Human Development Project. "The Measure of America 2010–2011: Mapping Risks and Resilience," http://www.measureofamerica.org/.

American Petroleum Institute. "Motor Fuel Taxes," http://www.api.org/statistics/fueltaxes/.

American Society of Civil Engineers. "2009 Report Card for America's Infrastructure," March 2009, http://apps.asce.org/reportcard/2009/grades.cfm.

America's Promise Alliance. "Building a Grad Nation: Progress and Challenge in Ending the High School Dropout Epidemic," November 2010, http://www.americaspromise.org/Our-Work/Grad-Nation/Building-a-Grad-Nation.aspx.

Angelova, Kamelia. "Worst CEOs Ever: Angelo Mozilo," June 8, 2009, http://www.businessinsider.com/worstceosever/angelo-mozilo.

Aristotle. In Stobaeus, *Florilegium*, transl. J.E.C. Welldon.

Bacevich, Andrew J. *Washington Rules: America's Path to Permanent War*. New York: Henry Holt, 2010.

Barrett, Deirdre. *Supernormal Stimuli: How Primal Urges Overran Their Evolutionary Purpose*. New York: W. W. Norton, 2010.

Bartels, Larry. "Homer Gets a Tax Cut: Inequality and Public Policy in the American Mind." *Perspectives on Politics* 3, no.1 (March 2005).

Bauerlein, Mark. *The Dumbest Generation*. New York: Penguin, 2008.（『アメリカで大論争!! 若者はホントにバカか』マーク・バウアーライン、畔上司訳、阪急コミュニケーションズ、2009年）

Bernays, Edward. *Propaganda*. 1928. http://sandiego.indymedia.org/media/2006/10/119695.pdf.（『プロパガンダ』エドワード・バーネイズ、中田安彦訳・解説、成甲書房、2010年）

Bishop, Bill. *The Big Sort: Why the Clustering of Like-Minded America Is Tearing Us Apart*. New York: Houghton Mifflnin, 2008.

Blanchflower, David, and Andrew Oswald. "International Happiness." NBER Working Paper No. 16668, January 2011.

Bohn, Roger, and James Short. "How Much Information? 2009 Report on American Consumers." Global Information Industry Center, December 2009, http://hmi.ucsd.edu/pdf/HMI_2009_ConsumerReport_Dec9_2009.pdf.

Brickman, Philip, and Donald Campbell. "Hedonic Relativism and Planning the Good Society." In M. H. Apley, ed., *Adaptation Level Theory: A Symposium.* New York: Academic Press, 1971.

Burns, Lawrence, Vijay Modi, and Jeffrey Sachs. "Transition to a Sustainable Energy System for the United States," December 16, 2010, unpublished paper.

Business Wire. "Business and Financial Leaders Lord Rothschild and Rupert Murdoch Invest in Genie Oil & Gas," November 15, 2010, http://www.businesswire.com/news/home/20101115007704/en/Business-Financial-Leaders-Lord-Rothschild-Rupert-Murdoch.

Campaign Finance Institute. "New Figures Show That Obama Raised About One-Third of His General Election Funds from Donors Who Gave $200 Or Less," January 8, 2010, http://www.cfinst.org/press/releases_tags/10-01-08/Revised_and_Updated_2008_Presidential_Statistics. aspx.

Carnegie, Andrew. "The Gospel of Wealth and Other Timely Essays," http://us.history.wisc.edu/hist102/pdocs/carnegie_wealth.pdf.

Center for Responsive Politics. "Banking on Connections," June 3, 2010, p.1, http://www.opensecrets.org/news/ FinancialRevolvingDoors.pdf.

——. 'Congressional Members' Personal Wealth Expands Despite Sour National Economy," November 2010, http://www.opensecrets.org/news/2010/11/congressional-members-personal-weal. html.

Clinton, Bill. Radio Address, January 27, 1996, http://www.presidency.ucsb.edu/medialist.php?presid=42.

CNN Election Center 2008, http://www.cnn.com/ELECTION/2010/results/main.results/.

Coen Advertising Expenditure Dataset, quoted in Douglas Galbi, "U.S. Advertising Expenditure, 1998–2007," Purple Motes blog, February 16, 2009, http://purplemotes.net/2009/02/16/us-advertising-expenditure-1998–2007/.

Cohen, Jon. "Most Americans Say Regulate Greenhouse Gases." *Washington Post*, June 10, 2010, http://voices.waShingtonpost.com/behind-the-numbers/2010/06/most_americans_say_regulate_gr.html.

Congressional Budget Office. "An Analysis of the President's Budgetary Proposals for Fiscal Year 2012," http://www.cbo.gov/doe.cfm?index=12130.

——."Average Federal Taxes by Income Group," June 2010, http://www.cbo.gov/publications/collections/collections.cfm?collect=13.

——."Estimate of Direct Spending and Revenue Effects of H.R.2," February 18, 2011, http://www.cbo.gov/ftpdocs/120xx/doc12069/hr2.pdf.

——."The Impact of Unauthorized Immigrants on the Budgets of State and Local Governments," December 2007, http://www.cbo.gov/ftpdocs/87xx/doc8711/12-6-Immigration.pdf.

Dewitt, Larry. "The Decision to Exclude Agricultural and Domestic Workers from the

1935 Social Security Act." U.S. Social Security Administration, 2010, http://www.ssa.gov/policy/docs/ssb/v70n4/v70n4p49.html.

Di Leo, Luca, and Jeffrey Sparshott. "Corporate Profits Rise to Record Annual Rate." *Wall Street Journal*, November 24, 2010.

Dobuzinskis, Alex. "Mozilo Settles Countrywide Fraud Case at $67.5 million." Reuters News, October 15, 2010, http://www.reuters.com/article/2010/10/15/us-sec-mozilo-idUSTRE69E4KN20101015.

Dolan, Paul, et al. "Measuring Subjective Well-Being for Public Policy." Office for National Statistics–Government of the United Kingdom, February 2011, http://www.statistics.gov.uk/articles/social_trends/measuring-subjective-wellbeing-for-public-policy.pdf.

Drucker, Jesse. "Google 2.4% Rate Shows How $60 Billion Lost to Tax Loopholes," Bloomberg News, October 21, 2010, http://www.bloomberg.com/news/2010-10-21/google-2-4-rate-shows-how-60-billion-u-s-revenue-lost-to-tax-loopholes.html.

Dunn, Elizabeth, Daniel T. Gilbert, and Timothy Wilson. "If Money Doesn't Make You Happy Then You Probably Aren't Spending It Right." *Journal of Consumer Psychology* 21, no. 2, pp. 115–25.

Duverger, Maurice. "Factors in a Two Party and Multiparty System." In *Party Politics and Pressure Groups*. New York: Thomas Y. Crowell, 1972.

Easterlin, Richard. "Does Economic Growth Improve the Human Lot? Some Empirical Evidence." In Paul A. David and Melvin W. Reder, eds., *Nations and Households in Economic Growth: Essays in Honor of Moses Abramovitz*. New York: Academic Press, 1974.

Economist Intelligence Unit. "The *Economist* Intelligence Unit's Quality-of-Life Index," *The World in 2005*, http://www.economist.com/media/pdf/QUALITY_OF_LIFE.pdf.

Edsall, Thomas Byrne, and Mary D. Edsall. *Chain Reaction: The Impact of Race, Rights, and Taxes on American Politics*. New York: W. W. Norton, 1991.（『争うアメリカ——人種・権利・税金』トマス・B・エドソール、メアリー・D・エドソール、飛田茂雄訳、みすず書房、1995年）

Eisenhower, Dwight D. "Farewell Address," January 17, 1961, http://www.americanrhetoric.com/speeches/dwightdeisenhowerfarewell.html.

Esping-Andersen, Gøsta. "Unequal Opportunities and the Mechanisms of Social Inheritance." In *Generational Income Mobility in North America and Europe*, ed. Miles Corak. Cambridge: Cambridge University Press, 2004.

Esping-Andersen, Gøsta, et al. *Why We Need a New Welfare State*. Oxford: Oxford University Press, 2002.

"Facebook's Ad Revenue Hit $1.86b for 2010," January 17, 2011, http://mashable.com/2011/01/17/facebooks-ad-revenue-hit-1-86b-for-2010/.

Federal Reserve Statistical Release. "Flow of Funds Account of the United States: Flows and Outstandings Fourth Quarter 2010," March 10, 2011, http://www.federalreserve.

gov/releases/zl/current/zl.pdf.
Ferguson, Thomas. *Golden Rule: The Investment Theory of Party Competition and the Logic of Money-Driven Political Systems*. Chicago: University of Chicago Press, 1995.
Forbes. "The World's Billionaires," 2011, http://www.forbes.com/wealth/billionaires.
Gallup Poll. "Automobile, Banking Industry Images Slide Further," August 17, 2009, http://www.gallup.com/poll/122342/Automobile-Banking-Industry-Images-Slide-Further.aspx.
——."In general, are you satisfied or dissatisfied with the way things are going in the United States at this time?," May 5–8, 2011, http://www.pollingreport.com/right.htm.
——."Republicans, Democrats Still Fiercely Divided on Role of Government," June 2010, http://www.gallup.com/poll/141056/republicans-democrats-fiercely-divided-role-gov.aspx.
——."Views of Income Taxes Among Most Positive Since 1956," April 13, 2009, http://www.gallup.com/poll/117433/views-income-taxes-among-positive-1956.aspx.
Garretsen, H., and Jolanda Peeters. "Capital Mobility, Agglomeration and Corporate Tax Rates: Is the Race to the Bottom for Real?" *CESifo Economic Studies* 53, no. 2 (2007): 263–93.
General Electric annual 10-K filing, http://ir.10kwizard.com/filing.php?ipage=7438579&DSEQ=1&SEQ=14&SQDESC=SECTION_PAGE&exp=&source=329&welc_next=1&fg=24.
Gibbons, John. "I Can't Get No . . . Job Satisfaction." The Conference Board, January 2010, http://www.conference-board.ore/publications/publicationdetail.cfm?publicationid=1727.
Goldman Sachs website, http://www2.goldmansachs.com/our-firm/investors/financials/current/10k/2009-10-k-doc.pdf.
"Google Search Advertising Revenue Grows 20.2% in 2010," January 20, 2011, http://www.telecompaper.com/news/google-search-advertising-revenue-grows-202-in-2010.
Gravelle, Jane G. "Tax Havens: International Tax Avoidance and Evasion." Congressional Research Service Report for Congress, July 2009.
Hajnal, Zoltan, et al. "Immigration and the Political Transformation of White America: How Local Immigrant Context Shapes White Policy Views and Partnership." University of California, San Diego Center for Comparative Immigration Studies, International Migration Conference, March 12, 2010, http://weber.ucsd.edu/~zhajnal/page5/files/immigration-implications-and-the-political-transformation-of-white-america.pdf.
Hall, Deborah, et al. "Why Don't We Practice What We Preach? A Meta-Analytic Review of Religious Racism." *Personal Social Psychology Review* 14, no. 1 (December 2009).
Halverson, George. *Health Care Will Not Reform Itself*. New York: CRC Press, 2009.
Hayek, Friedrich. *The Road to Serfdom*. Chicago: University of Chicago Press, 1944. (『ハイエク全集別巻　隷属への道』フリードリヒ・ハイエク、西山千秋訳、春秋

社、2008年）

Henry J. Kaiser Family Foundation. "Food for Thought: Television Food Advertising to Children in the United States," March 2007, http://www.kff.org/entmedia/upload/7618.pdf.

Holmes, Justice Oliver Wendell, Jr., attributed. In Frankfurter, Felix, *Mr. Justice Holmes and the Supreme Court*. Cambridge: Harvard University Press, 1961.

Hurtado, Patricia, and Christine Harper. "SEC Settlement with Goldman Sachs for $550 Million Approved by US Judge." Bloomberg News, July 21, 2010.

Inhofe, James, Senate floor statement, July 28, 2003, http://inhofe.senate.gov/pressreleases/climate.htm.

Innes, Robert, and Arnab Mitra, "Is Dishonesty Contagious?," June 2009, http://www.agecon.purdue.edu/news/seminarfiles/Innis_abstract.pdf, and the references therein.

Institute for Democracy and Electoral Assistance, "Voter Turnout by Country," http://www.idea.int/vt/country_view.cfm?country.

Internal Revenue Service. Internal Revenue Code, http://www.law.cornell.edu/uscode/html/uscode26/use_sup_01_26_10_A_20_1.html.

——."Reducing the Federal Tax Gap: A Report on Improving Voluntary Compliance," August 2007, http://www.irs.gov/pub/irs-news/tax_gap_repor_final_080207_linked.pdf.

International Energy Agency, Data Services, http://wds.iea.org/WDS/TableViewer/dimView.aspx.

International Monetary Fund, "World Economic Outlook Database: October 2010," http://www.imf.org/external/pubs/ft/weo/2010/02/weodata/index.aspx.

——."World Economic Outlook Database: April 2011," http://www.imf.org/external/pubs/ft/weo/2011/01/weodata/index.aspx.

Jargowsky, Paul, and Todd Swanstrom. "Economic Integration: Why It Matters and How Cities Can Get More of It." Chicago: CEOs for Cities, City Vitals Series, http://www.ceosforcities.org/pagefiles/EconomicIntegration.pdf.

Jingjing, Shan. "Blue Book of Cities in China." Chinese Academy of Social Science, http://www.chinadaily.com.cn/china/2009-06/16/content_8288412.htm.

Jonas, Hans. *The Imperative of Responsibility: In Search of an Ethics for the Technological Age*. Chicago: University of Chicago Press, 1985.（『責任という原理——科学技術文明のための倫理学の試み』ハンス・ヨナス、加藤尚武監訳、東信堂、2010年）

Kaiser, Robert. *So Damn Much Money: The Triumph of Lobbying and the Corrosion of American Government*. New York: Alfred A. Knopf, 2009.

Kennedy, John F. Address at Rice University on the Nation's Space Effort. September 12, 1962, http://www.jfklibrary.org/Research/Ready-Reference/JFK-Speeches/Address-at-Rice-University-on-the-Nations-Space-Effort-September-12-1962.aspx.

——. Address before the Irish Parliament, June 1963, http://ua_tuathal.tripod.com/

kennedy.html.
——. Remarks of President John F. Kennedy at American University Commencement, June 1963, http://www.jfklibrary.org/Research/Ready-Reference/JFK-Speeches/Commencement-Address-at-American-University-June-10-1963.aspx.
Kennedy, Robert F. Remarks at the University of Kansas, March 18, 1968, http://www.jfklibrary.org/Research/Ready-Reference/RFK-Speeches/Remarks-of-Robert-F-Kennedy-at-the-University-of-Kansas-March-18-1968.aspx.
Keynes, John Maynard. *The Economic Consequences of the Peace*. Toront: University of Toronto Libraries, 2011.（『ケインズ全集第2巻　平和の経済的帰結』ジョン・メイナード・ケインズ、早坂忠訳、東洋経済新報社、1977年）
King, Neil, Jr., and Scott Greenberg. "Poll Shows Budget-Cuts Dilemma." *Wall Street Journal*, March 3, 2011, http://online.wsj.com/article/SB10001424052748704728004576176741120691736.html.
Küng, Hang. "Manifesto for a Global Economic Ethic." Tübingen: Global Ethic Foundation, 2009, http://www.globaleconomicethic.org/main/pdf/ENG/we-manifest-ENG.pdf.
Lee, John Michael, and Anita Rawls. "The College Completion Agenda: 2010 Progress Report." The College Board, 2010, http://completionagenda.collegeboard.org/sites/default/files/reports_pdf/Progress_Report_2010.pdf.
Lucchetti, Aaron, and Stephen Grocer. "On Street, Pay Vaults to Record Altitude." *Wall Street Journal*, February 2, 2011.
Maddison, Angus. *The World Economy: A Millennial Perspective/Historical Statistics*. Paris: Development Centre of the Organisation for Economic Co-operation and Development, 2006.
Manning, Jennifer. "Membership of the 111th Congress: A Profile." Congressional Research Service, November 2010, http://www.fas.org/sgp/crs/misc/R40086.pdf.
McCarty, Nolan, et al. *Polarized America: The Dance of Ideology and Unequal Riches*. Cambridge: MIT Press, 2006.
McGinniss, Joe. *The Selling of the President 1968*. New York: Trident, 1969.
McKinsey & Company. "Accounting for the Cost of Health Care in the United States," January 2007, http://www.mckinsey.com/mgi/reports/pdfs/health-care/MGI_US_HC_fullreport.pdf.
——."Winning by Degrees: The Strategies of Highly Productive Higher-Education Institutions," November 2010.
Miller, Geoffrey. *Spent*. New York: Penguin, 2009.
Munnell, Alicia M., Anthony Webb, and Francesca Golub-Soss. "The National Retirement Risk Index: After the Crash." Center for Retirement Research, October 2009, No. 9-22.
Mysak, Joe. "Use Stock Transfer Tax Rebate to Rebuild New York." Bloomberg News, http://www.gothamcenter.org/newdeal/bloomberg_review.pdf.
National Endowment for the Arts. "To Read or Not to Read: A Question of National

Consequence," Research Report No. 47, November 2007, http://www.nea.gov/news/news07/TRNR.html.

National Intelligence Council. "Global Trends 2025: A Transformed World," November 2008, http://www.dni.gov/nic/PDF_2025/2025_Global_Trends_Final_Report.pdf.

National Park Service Organic Act, http://www.nps.gov/legacy/organic-act.htm.

New York State Department of Taxation and Finance. "Stock Transfer Tax," http://www.tax.ny.gov/bus/stock/stktridx.htm.

Nordhaus, William, and James Tobin. "Is Growth Obsolete?" In *The Measurement of Economic and Social Performance*, NBER Book Series Studies in Income and Wealth, 1973.

Office of Management and Budget, Historical Tables, http://www.whitehouse.gov/omb/budget/Historicals.

——."A New Era of Responsibility," February 2009, p.9, http://www.gpoaccess.gov/usbudget/fy10/pdf/fy10-newera.pdf.

Organisation for Economic Co-operation and Development. "Doing Better for Children: OECD 2010," http://www.oecd.org/dataoecd/19/4/43570328.pdf.

——."Economic Policy Reforms, Going for Growth: OECD 2010," http://www.oecd.org/dataoecd/3/62/44582910.pdf.

——."Education at a Glance: 2009," http://www.oecd.org/document/24/0,3746,en_2649_39263238_43586328_1_1_1_1,00.htm1.

——."Global Project on Measuring the Progress of Societies," www.oecd.org/progress.

——."Growing Unequal? Income Distribution and Poverty in OECD Countries."

——."Health Data 2010," http://www.oecd.org/document/16/0,3343,en_2649_34631_2085200_1_1_1_1,00.html.

——."Obesity and the Economics of Prevention: Fit Not Fat," http://www.oecd.org/document/45/0,3746,en_2649_37407_46064099_1_1_1_37407,00.html.

——."OECD Economic Outlook Database 88," www.oecd.org/dataoecd/5/51/2483816.xls.

——."OECD Factbook 2010: Economic, Environmental and Social Statistics," http://www.oecd-ilibrary.org/sites/factbook-2010-en/11/03/02/index.html?contentType=&itemId=/content/chapter/factbook-2010-91-en&containerItemId=/content/serial/18147364&accessItemIds=&mimeType=ext/html.

——."OECD Family Database," http://www.oecd.org/document/4/O,3746,en_2649_34819_37836996_1_1_1_1,00.htm1.

——."OECD Health Data. Part II: International Classification for Health Accounts (ICHA)," http://www.oecd.org/dataoecd/3/42/1896876.pdf.

——."OECD STAT," http://stats.oecd.org/Index.aspx?DatasetCode=DECOMP.

——. Programme for International Student Assessment, "PISA 2009 Results," http://www.pisa.oecd.org/document/61/0,3746,en_32252351_32235731_46567613_1_1_1_1,00.htm1.

——. "Public Expenditure and Participant Stocks on LMP," Statistical Database, http://stats.oecd.org/Index_aspx?DatasetCode=LMPEXP.
——. "Social Expenditure Database," http://www.oecd.org/document/9/0,3343,en_2649_34637_38141385_1_1_1_1,00.html.
Orszag, Peter. "One Nation, Two Deficits." *New York Times*, September 6, 2010.
Page, Benjamin, and Lawrence Jacobs. *Class War? What Americans Really Think About Economic Inequality*. Chicago: University of Chicago Press, 2009.
Partnership for Public Service. "Ready to Govern: Improving the Presidential Transition," January 2010, www.ourpublicservice.org/OPS/publications/download.php?id=138.
Pew Forum on Religion & Public Life. "US Religious Landscape Survey: Religious Affiliation, Diverse and Dynamic," February 2008, http://religions.pewforum.org/pdf/report-religious-landscape-study-full.pdf.
Pew Hispanic Center. "Statistic Portraits of Hispanics in the US, 2009," http://pewhispanic.org/factsheets/factsheet.php?FactsheetID=70.
Pew Research Center for the People & the Press. "Millennials: Confident, Connected, Open to Change," February 24, 2010, http://pewresearch.org/millennials/.
——. "Mixed Views on Tax Cuts, Support for START and Allowing Gays to Serve Openly," December 2010, http://pewresearch.org/pubs/1822/poll-bush-tax-cuts-start-treaty-boehner-pelosi-afghanistan-korea.
——. "Public Knows Basic Facts About Politics, Economics, but Struggles with Specifics," November 2010, http://pewresearch.org/pubs/1804/political-news-quiz-iq-deficit-defense-spending-tarp-inflation-boehner.
——. "Public Praises Science; Scientists Fault Public, Media," July 2009,http://people-press.org/report/?pageid=1549.
——. "Taxed Enough Already?," September 20, 2010, http://pewresearch.org/pubs/1734/taxed-enough-already-tea-party-pay-right-amount-taxes.
——. "Trends in Political Values and Core Attitudes: 1987-2009," May 21, 2009, http://people-press.org/files/legacy-pdf/517.pdf.
Pfaff, Donald. *The Neuroscience of Fair Play: Why We (Usually) Follow the Golden Rule*. New York: Dana Press, 2007.
Piketty, Thomas, and Emmanuel Saez. "How Progressive Is the US Federal Tax System? A Historical and International Perspective." *Journal of Economic Perspectives* 21, no. 1 (Winter 2007): 3-24, http://www.taxfoundation.org/news/show/250.html#Data.
Plato. "Apology." In *Five Dialogues*, transl. G.M.A. Grube. Indianapolis: Hackett Publishing, 2002.（『ソクラテスの弁明・クリトン』プラトン、久保勉訳、岩波書店、2007年）
Prante, Gerald, and Mark Robyn. "Fiscal Fact: Summary of Latest Federal Income Tax Data." Tax Foundation, October 6, 2010, http://www.taxfoundation.org/news/

show/250.html.
Putnam, Robert D. *Bowling Alone: The Collapse and Revival of American Community.* New York: Simon & Schuster, 2002.（『孤独なボウリング――米国コミュニティの崩壊と再生』ロバート・D・パットナム、柴内康文訳、柏書房、2006年）
――."E Pluribus Unum: Diversity and Community in the Twenty-first Century: The 2006 Johan Skytte Prize Lecture." *Scandinavian Political Studies* 30, no. 2 (June 2007).
Rasmussen Reports. "Energy Update," April 2011, http://www.rasmussenreports.com/public_content/politics/current_events/environment_energy/energy_ update.
――."Right Direction or Wrong Track," March 2011, http://www.rasmussenreports.com/public_content/politics/mood_of_america/right_direction_or_wrong_track.
――."65% Now Hold Populist, or Mainstream, Views," January 2010, http://www.rasmussenreports.com/public_content/politics/general_politics/january_2010/65_now_hold_populist_or_mainstream_views.
――."Support for Renewable Energy Resources Reaches Highest Level Yet," January 2011, http://www.rasmussenreports.com/public_content/politics/current_events/environment_energy/support_for_renewable_energy_resources_reaches_highest_level_yet.
Rath, Tom, and Jim Harter. *Wellbeing: The Five Essential Elements*. New York: Gallup Press, 2010.（『幸福の習慣――世界150カ国調査でわかった人生を価値あるものにする5つの要素』トム・ラス、ジム・ハーター、森川里美訳、ディスカヴァー・トゥエンティワン、2011年）
Reagan, Ronald. First Inaugural Address, January 20, 1981, http://www.presidency.ucsb.edu/ws/index.php?pid=43130#axzz1MeLknUW.
Rockström, Johan. "A Safe Operating Space for Humanity." *Nature* 461 (September 2009).
Romer, Christina D., "What Obama Should Say About the Deficit." *New York Times*, January 16, 2011.
Roosevelt, Franklin D. Second Inaugural Address, January 20, 1937, http://www.bartleby.com/124/pres50.html.
Röpke, Wilhelm. *A Humane Economy: The Social Framework of the Free Market*. Wilmington: ISI Books, 1960.（『ヒューマニズムの経済学――社会改革・経済改革の基本問題』上・下、ヴィルヘルム・レプケ、喜多村浩訳、勁草書房、1952年、1954年）
RTL Group IP Network. "Television 2010 International Key Facts," www.ip-network.com/tvkeyfacts.
Sachs, Jeffrey D. *Common Wealth: Economics for a Crowded Planet*. New York: Penguin, 2008.（『地球全体を幸福にする経済学――過密化する世界とグルーバル・ゴール』ジェフリー・サックス、野中邦子訳、早川書房、2009年）
Sachs, Jeffrey, and Michael Bruno. *Economics of Worldwide Stagflation*. Cambridge:

Harvard University Press, 1985.
Saez, Emmanue1, and Thomas Piketty. Data set for "Income Inequality in the United States, 1913–1998," updated July 2010, http://elsa.berkeley.edu/~saez/.
Smith, Adam. *An Inquiry into the Nature and Causes of the Wealth of Nations*. Oxford: Oxford University Press, 1993.（『国富論1 - 4』アダム・スミス、水田洋・杉山忠平訳、岩波書店、2000 - 2001年）
Steel, Emily. "A Web Pioneer Profiles Users by Name." *Wall Street Journal*, October 25, 2010, http://online.wsj.com/article/SB100014240527023044105045755602432594160 72.html.
Stein, Judith. *Pivotal Decade: How the United States Traded Factories for Finance in the Seventies*. New Haven: Yale University Press, 2010.
Stevens, John Paul. *Opinion of Stevens, J. Supreme Court of the United States. Citizens United Appellant vs. Federal Election Commission*, January 2010, http://www.law.cornell.edu/supct/html/08-205.ZX.html.
Stevenson, Betsey, and Justin Wolfers. "The Paradox of Declining Female Happiness." NBER Working Paper Series No.14969, May 2009.
Stiglitz, Joseph, and Amartya Sen. "Commission on the Measurement of Economic Performance and Social Progress," http://www.stiglitz-sen-fitoussi.fr/en/index.htm.
Tax Foundation. "Federal Spending Received per Dollar of Taxes Paid by State, 2005," October 9, 2007, http://www.taxfoundation.org/research/show/266.html.
Tiebout, Charles M. "A Pure Theory of Local Expenditures," *Journal of Political Economy* 64, no. 5 (October 1956): 416–24.
Tocqueville, Alexis de. *The Old Regime and the French Revolution*, transl. John Bonner. New York: Harper & Brothers, 1856.（『アンシァン・レジームと革命』アレクシ・ド・トクヴィル、井伊玄太郎訳、講談社、1997年）
Transparency International. "2010 Corruption Perceptions Index," http://www.transparency.org/policy_research/surveys_indices/cpi/2010.
Turner, Henry Ashby, Jr. *Hitler's Thirty Days to Power: January 1933*. London: Bloomsbury Press, 1996.
UN Population Division Home Page, http://www.un.org/esa/population/.
UNCTAD. "Largest Transnational Corporations," Document 5, http://www.unctad.org/templates/page.asp?intItemID=2443&lang=1.
Ura, Karma. "Gross National Happiness." Centre for Bhutan Studies, http://www.grossnationalhappiness.com/
USA Today/Gallup Poll, June 11–13, 2010, http://www.gallup.com/poll/File/140792/Government_Priorities_June_17_2010.pdf.
U.S. Bureau of Labor Statistics. "Current Employment Statistics: National," http://www.bls.gov/ces/tables.htm#ee.
——. "Economic News Release: Table A-4–Employment Status of the Civilian Population 25 Years and over by Educational Attainment," http://www.bls.gov/news.release/

empsit.t04.htm.
——.“Economic News Release: Table A-15–Alternative Measures of Labor Underutilization,” http://www.bls.gov/news.release/empsit.t15.htm.
——.“Employment Situation Summary,” http://www.bls.gov/news.release/empsit.nr0.htm.
——.“Establishment Data: Historical Employment,” ftp://ftp.bls.gov/pub/suppl/empsit.ceseeb1.txt.
——. “Overview of BLS Statistics on Employment,” http://www.bls.gov/bls/employment.htm.
U.S. Census Bureau. “Current Population Survey: Annual Social and Economic (ASEC) Supplement,” http://www.census.gov/hhes/www/cpstables/032010/pov/new01_200_01.htm.
——.“Foreign Trade: Trade in Goods with China,” http://www.census.gov/foreign-trade/balance/c5700.html#2009.
——.“Hispanics in the US,” http://www.census.gov/population/www/socdemo/hispanic/files/Internet_Hispanic_in_US_2006.pdf.
——. *Income, Poverty and Health Insurance Coverage in the US: 2009*, http://www.census.gov/prod/2010pubs/p60-238.pdf.
——.“No. HS-42: Selected Communications Media: 1920 to 2001,” http://www.census.gov/statab/hist/HS-42.pdf.
——.“Population by Age and Race 2009,” http://www.census.gov/compendia/statab/cats/population.html.
——.“Population Division: Historical Census Statistics on the Foreign-Born Population of the United States: 1850–2000,” http://www.census.gov/population/www/documentation/twps0081/twps0081.pdf.
——.“Table 3: Poverty Status of People, by Age, Race, and Hispanic Origin: 1958–2009.” Current Population Survey, Annual and Social Economic Supplements, http://www.census.gov/hhes/www/poverty/data/historical/people.html.
U.S. Department of Agriculture. Supplemental Nutrition Assistance Program website, http://www.fns.usda.gov/snap/.
U.S. Department of Commerce, Bureau of Economic Analysis. “Comparison of Personal Saving in the NIPAs with Personal Saving in the FFAs, http://www.bea.gov/national/nipaweb/Nipa-Frb.asp.
——.“Gross Domestic Product by State,” http://www.bea.gov/regional/gsp/.
——. “Industry Economic Accounts,” http://www.bea.gov/industry/gdpbyind_data.htm.
——.“National Economic Accounts,” http://www.bea.gov/national/.
——.“State Annual Personal Income,” http://www.bea.gov/regional/spi/default.cfm?selTable=SA05N&selSeries=NAICS.
U.S. Department of Defense. “DoD Request: FY 2011,” http://comptroller.defense.gov/

Budget2011.html.
U.S. Department of Education. "Mortgaging Our Future: How Financial Barriers to College Undercut America's Global Competitiveness," A Report of the Advisory Committee on Student Financial Assistance, September 2006.
——."Revenues and Expenditures for Public Elementary and Secondary School Districts: School Year 2007–2008 (Fiscal Year 2008)," NCES 2010-323, August 2010, http://nces.ed.gov/pubs2010/2010323.pdf.
U.S. Department of Education, National Center for Educational Statistics, "The Condition of Education 2010," June 2010, http://nces.ed.gov/pubs2010/2010028.pdf.
U.S. Department of Health and Human Services. "Temporary Assistance for Needy Families: FY 2012 Budget," p. 305, http://www.acf.hhs.gov/programs/olab/budget/2012 /cj/TANF.pdf.
U.S. Energy Information Administration. "Net Generation by Energy Source: Total," January 2011, http://www.eia.doe.gov/cneaf/electricity/epm/table1_1.html.
U.S. Government Accountability Office. "International Taxation: Large US Corporations and Federal Contractors with Subsidiaries in Jurisdictions Listed as Tax Havens or Financial Privacy Jurisdictions," GAO-09-157. December 2008.
U.S. Government Executive Office. "The National Commission on Fiscal Responsibility and Reform: The Moment of Truth," December 2010, http://www.fiscalcommission.gov/sites/fiscalcommission.gov/files/documents/TheMomentofTruth12_1_2010.pdf.
Veblen, Thorstein. *The Theory of the Leisure Class: An Economic Study of Institutions.* New York: Macmillan, 1902.（『有閑階級の理論』ソースティン・ヴェブレン、高哲男訳、筑摩書房、1998年）
Weber, Max. *The Protestant Ethic and the Spirit of Capitalism*. Mineola, N.Y.: Dover, 2003.（『プロテスタンティズムの倫理と資本主義の精神』マックス・ヴェーバー、大塚久雄訳、岩波書店、1989年）
Wolff, Edward N. "Recent Trends in Household Wealth in the United States: Rising Debt and the Middle-Class Squeeze–an Update to 2007," Levy Economics Institute of Bard College, March 2010, http://www.levyinstitute.org/pubs/wp_589.pdf.
World Bank Data and Statistics, http://siteresources.worldbank.org/DATASTATISTICS/Resources/GNIPC.pdf.
World Health Organization Global Health Observatory Data Repository, http://apps.who.int/ghodata/?vid=720.
World Public Opinion. "American Public Opinion on Foreign Aid," November 30, 2010, http://www.worldpublicopinion.org/pipa/pdf/nov10/ForeignAid_Nov10_quaire.pdf.

原　注

第一部　大崩壊

第一章　アメリカの経済危機を診断する

1. U.S. Census Bureau, "Current Population Survey: Annual Social and Economic (ASEC) Supplement." アメリカ国勢調査局によれば、アメリカの人口の14.3%にあたる約4400万人が貧困線を下まわる生活をしている。さらに6000万人が貧困線と第2次貧困線にはさまれた、いわゆる貧困「予備軍」に分類されている。
2. Plato, "Apology," in *Five Dialogues*, transl. G.M.A. Grube (Indianapolis: Hackett, 2002), p. 41.（『ソクラテスの弁明・クリトン』久保勉訳、岩波書店、2007年）

第二章　失われた繁栄

1. Gallup Poll, "In general, are you satisfied or dissatisfied with the way things are going in the United States at this time? ," May 5–8, 2011.
2. Rasmussen Reports, "Right Direction or Wrong Track," March 2011.
3. Rasmussen Reports, "65% Now Hold Populist, or Mainstream, Views," January 2010.
4. Robert D. Putnam, *Bowling Alone: The Collapse and Revival of American Community* (New York: Simon & Schuster, 2002)（『孤独なボウリング——米国コミュニティの崩壊と再生』柴内康文訳、柏書房、2006年）; Robert D. Putnam, "E Pluribus Unum: Diversity and Community in the Twenty-first Century: The 2006 Johan Skytte Prize Lecture," *Scandinavian Political Studies* 30, no. 2 (June 2007).
5. Richard Easterlin, "Does Economic Growth Improve the Human Lot? Some Empirical Evidence," in Paul A. David and Melvin W. Reder, eds., *Nations and Households in Economic Growth: Essays in Honor of Moses Abramovitz* (New York: Academic Press, 1974).
6. Betsey Stevenson and Justin Wolfers, "The Paradox of Declining Female Happiness," NBER Working Paper Series, No. 14969, May 2009.
7. Tom Rath and Jim Harter, *Wellbeing: The Five Essential Elements*, Appendix G: "Wellbeing Around the World" (New York: Gallup Press, 2010)（『幸福の習慣』森川里美訳、ディスカヴァー・トゥエンティワン、2011年）.

　ギャラップ社は回答者にたいして、生活が「豊かだ」「楽ではない」「苦しい」のどれにあてはまるかと質問した。アメリカは「豊かだ」という回答の割合で19位にランクされた。アメリカより上位にランクされている国は次のとおり。デンマーク、フィンランド、アイルランド、ノルウェー、スウェーデン、オランダ、カナダ、ニュージーランド、スイス、オーストラリア、スペイン、イスラエル、オーストリア、イギリス、ベルギー、メキシコ、パナマ、アラブ首長国連邦。また、20位以下

にはフランス、サウジアラビア、プエルトリコ、ジャマイカが続いている。

8. Philip Brickman and Donald Campbell, "Hedonic Relativism and Planning the Good Society," in M. H. Apley, ed., *Adaptation Level Theory: A Symposium* (New York: Academic Press, 1971), pp. 287-302.

9. U.S. Bureau of Labor Statistics, "Employment Situation Summary" および "Overview of BLS Statistics on Employment" のデータによる。

周知のとおり、失業率を表わすこれらの数字の裏には、雇用をめぐるもっと深刻な危機が隠れている。さらに数百万の労働者が労働力人口から完全にこぼれ落ちているのだが、それは、仕事が見つからなかった結果として、表向きの失業率（積極的に求職している人のみが対象となる）に含まれていないためである。そのほかにも数百万の労働者がパートタイム労働を強いられている。この2つのグループを表向きの失業率に加えると、実際には成人の20％近くが失業していることがわかる。また、刑務所に収監されている200万人以上の受刑者（おもに若い男性）は、労働力人口から完全に除外されている。

10. 同上。

11. 最新のデータについてはU.S. Bureau of Labor Statistics, "Employment Situation Summary"を参照のこと。経年的なデータについては以下を参照。U.S. Census Bureau, *Income, Poverty and Health Insurance Coverage in the US: 2009.*

12. 2011年の推計値は次の資料による。Congressional Budget Office, "An Analysis of the President's Budgetary Proposals for Fiscal Year 2012," Table 1.5.

13. Alicia M. Munnell, Anthony Webb, and Francesca Golub-Soss, "The National Retirement Risk Index: After the Crash," Center for Retirement Research, October 2009, No. 9-22, p. 1.

14. 民間企業の年金制度はほとんどが確定拠出型であり、退職後の給付額は在職中に個々人が納めた掛け金の運用収益によって変動する。それにたいし、州と地方の公務員の多くは確定給付型の年金に加入しており、雇用主である自治体は、保証された給付額を確実に支払うために十分な基金を蓄えておかなければならない。2008年以降のように年金投資の収益率が悪化した場合には、年金基金への拠出を増やすことで十分な共同投資基金を確保し、保証された退職年金を支払う必要がある。2011年現在、州および地方自治体の基金は所定の額に遠くおよばない状態である。

15. 中国の国民貯蓄率については以下を参照のこと。International Monetary Fund, "World Economic Outlook Database: October 2010."

16. American Society of Civil Engineers, "2009 Report Card for America's Infrastructure," March 2009.

17. Organisation for Economic Co-operation and Development, Programme for International Student Assessment, "PISA 2009 Results."

高校生の学力はほかの多くの点でも低下している。1950年代から60年代にかけてアメリカの高校卒業率は増加したが、80年代と90年代には停滞どころか低下しはじめた。過去10年間ではやや増加したが、2009年の卒業率（卒業者数を4年前に入学した新入生数で割ったもの）は1970年をはるかに下回ってしまった。アメリカ教育

省の推計では、1970年に78%だった卒業率は1984年に74%、1994年に73%、2001年に72%へと減少したあと、2008年に75%まで増加した。卒業率は非白人のヒスパニック系が81%にたいし、マイノリティ（ヒスパニック系、アフリカ系アメリカ人、先住アメリカ人）が60%台前半で格差が大きく、めだって縮まる傾向にもない。最近の研究では、すべての高校卒業者のうち、大学で学ぶための識字能力と計算能力をもつ者は半数に満たないことがわかっている。U.S. Department of Education, National Center for Educational Statistics, June 2010, "The Condition of Education 2010," p. 214.

18. John Michael Lee and Anita Rawls, "The College Completion Agenda: 2010 Progress Report," The College Board, 2010, p. 10.
19. 同上。
20. John Gibbons, "I Can't Get No. . . Job Satisfaction," The Conference Board, January 2010.
21. 詳細はウェブサイトを参照のこと。U.S. Department of Agriculture's Supplemental Nutrition Assistance Program website (http://www.fns.usda.gov/snap/).
22. 富の格差については以下を参照。Office of Management and Budget, "A New Era of Responsibility," February 2009, p. 9.　所得の格差については以下を参照。Gerald Prante and Mark Robyn, "Fiscal Fact: Summary of Latest Federal Income Tax Data," Tax Foundation, October 6, 2010.
23. 以下の資料および掲載されている参考文献を参照のこと。Robert Innes and Arnab Mitra, "Is Dishonesty Contagious?," June 2009.
24. ゴールドマン・サックスの示談については以下の資料による。Patricia Hurtado and Christine Harper, "SEC Settlement with Goldman Sachs for $550 Million Approved by US Judge," Bloomberg News, July 21, 2010. ゴールドマン・サックスの2009年の収益は同社ウェブサイトの情報による。カントリーワイドについては以下の記事による。Alex Dobuzinskis, "Mozilo Settles Countrywide Fraud Case at $67.5 million," Reuters News, October 15, 2010. アンジェロ・モジロの純資産については以下の資料による。Kamelia Angelova, "Worst CEOs Ever: Angelo Mozilo," Business Insider, June 8, 2009.

第三章　自由市場についての誤った考え方

1. Jeffrey Sachs and Michael Bruno, *Economics of Worldwide Stagflation* (Cambridge: Harvard University Press, 1985).
2. Adam Smith, *An Inquiry into the Nature and Causes of the Wealth of Nations* (Oxford: Oxford University Press, 1993), Book 1, Chapter 2.（『国富論』大河内一男監訳、中央公論新社、2010年）
3. とくに、いったん市場の均衡状態が生まれると、集団の一部の生活水準をそれ以外の生活水準を低下させることなく上昇させる資源配分の調整（政府の指示によるものなど）はそこでストップする。このような効率性の概念を「パレート効率性」と呼ぶ。

4. Friedrich Hayek, *The Road to Serfdom* (Chicago: University of Chicago Press, 1944), p. 36.（『ハイエク全集別巻　隷属への道』西山千明訳、春秋社、2008年）
5. Smith, *An Inquiry into the Nature and Causes of the Wealth of Nations*, Book 5, Section 1.（『国富論』）
6. 効率性は、消費者にとって真に価値のあるモノとサービスの観点から評価されるべきである。国民総生産（GNP）のなかには、幸福の増進につながらない市場取引（不正手段や環境汚染にもとづく取引、またはレジャーを含む非市場サービスの衰退など）が含まれることもあるため、GNPが増加したからといって効率性がアップしたとはいいきれない。
7. Pew Research Center for the People & the Press, "Trends in Political Values and Core Attitudes: 1987–2009," May 21, 2009.
8. *Forbes*, "The World's Billionaires," 2011.
9. 軍隊、警察、刑務所、裁判所は、いわば政府の夜警機能を果たしている。純然たる自由至上主義者が支持しているのは、活動範囲を私有財産の保護、生命身体の安全の確保、国家の安全の確保という基本タスクに限定した夜警体制である。
10. Gallup Poll, "Views of Income Taxes Among Most Positive Since 1956," April 13,2009.
11. Pew Research Center, "Trends in Political Values and Core Attitudes: 1987–2009," p. 43.
12. 歴史上のおもな例外は、1つの民族集団、人種集団、宗教集団が別の集団を絶滅に追いやるような場合である。
13. 同じような質問や話題にたいする反応については、Benjamin Page and Lawrence Jacobs, *Class War: What Americans Really Think About Economic Inequality* (Chicago: University of Chicago Press, 2009)を参照のこと。
14. アメリカの社会政策と教育政策が抜本的に改革されないかぎり、現在の貧困層の子どもが大学を卒業する割合はごくわずかになるだろう。貧困層の子供が直面している不利な状況はあまりにも厳しく、あまりにも多い。貧困層の子供は、貧しい生活環境で十分な医療や教育を受けられずに育ち、両親の学歴が低いために進学を後押ししてもらえず、さらにマイノリティの場合には、世間からあまり期待されず、階級や人種による差別を受けつづけている。

　結果として、アメリカでは、両親の学歴と所得が子供の学歴と所得にたいして非常に強い相関関係をもつことになる。大学を卒業して裕福になった家庭の子どもは、のちに学士号を取得して裕福になる可能性が高い。両親の学歴が低い貧困家庭では、貧困の連鎖を断ち切ろうと懸命に努力しても、子どもが同じように貧困におちいる可能性が高い。OECDが行なった詳細な調査によれば、次ページの図に示すとおり、アメリカは親子の学歴の相関関係が最も強く、OECD加盟国のなかで最も社会移動性が低いことがわかる。これは、アメリカが万人にとって社会移動性と機会にあふれた国であるという長年のイメージと反するだけに、非常に驚くべき事実である。

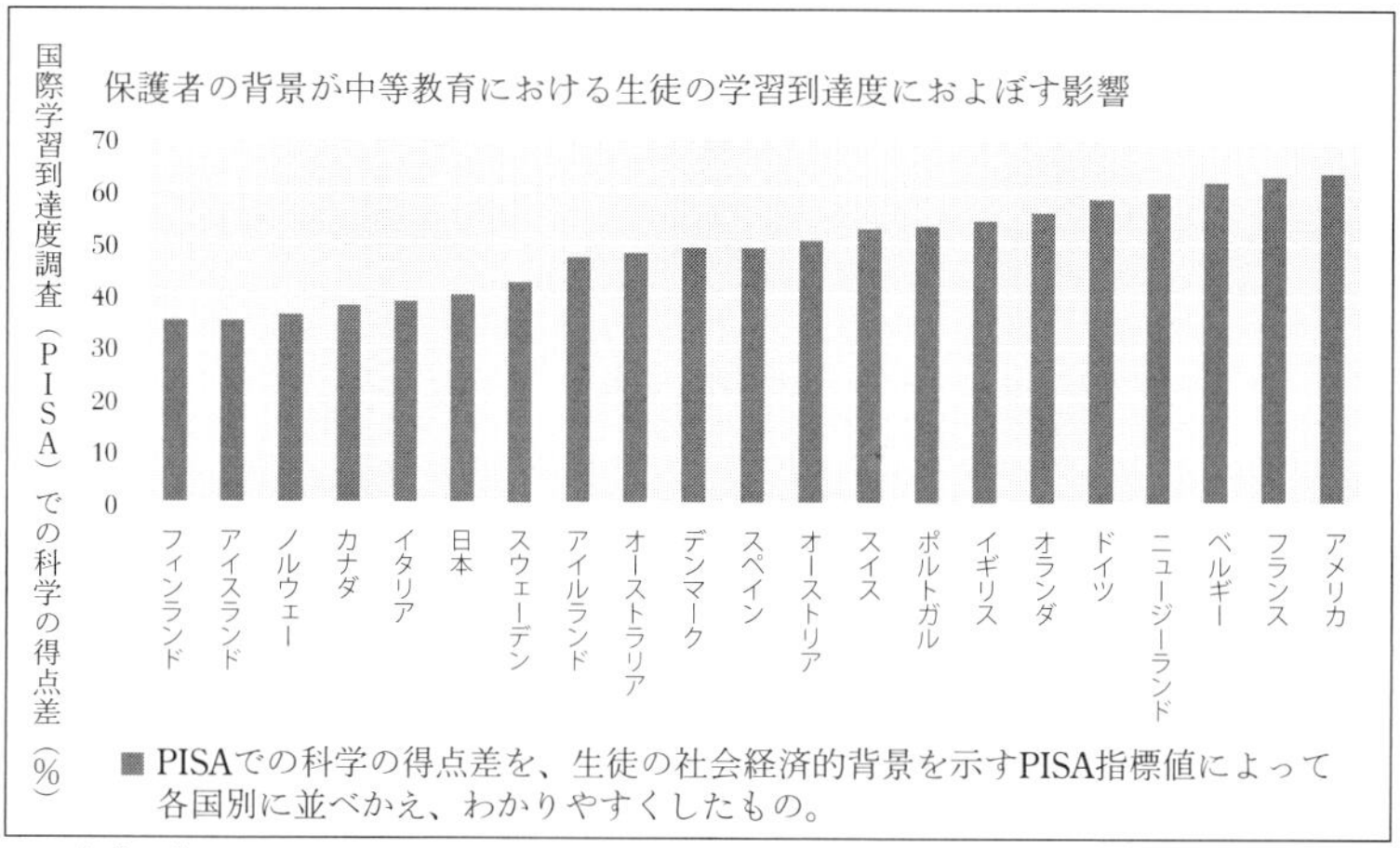

出典：“Economic Policy Reforms, Going for Growth: OECD 2010”のデータ

15. 市場について、それを人間の本質的な「交換、交易」性向（アダム・スミスの有名な言葉）を反映する自然現象ではなく、発明品と見なすことに抵抗がある向きもいるだろう。しかし、現代の市場は交換を基盤とするものではなく、高度に発達した金融機関や金融市場、商法、会社法、知力を要する紛争解決、政府による契約の施行と所有権の保護を基盤とするものである。そう考えれば、現代の市場は、人間の根底にある交換への経済的動機だけでなく、複雑な法律設計および制度設計から生まれたものと結論づけられる。

第四章　公共目的から手を引く政府

1. Franklin D. Roosevelt, Second Inaugural Address, January 20, 1937.
2. Ronald Reagan, First Inaugural Address, January 20, 1981.
3. Bill Clinton, radio address, January 27, 1996.
4. 歴史学者によれば、1960年代以降に政府が大きく方向転換したような例は、アメリカの歴史では珍しくないという。とりわけ、アメリカは政府の積極的姿勢と消極的姿勢が交互にくりかえされやすい国であるというアーサー・シュレシンジャー・ジュニアの主張には説得力がある。たとえば、1870年代から90年代にかけて、国家の一大産業——鉄道、製鋼、石油、精肉、通信販売——が初めて大陸規模で誕生した。悪徳資本家が表舞台にあがる一方で政府は影に退き、金ぴか時代が到来した。その後、ティーパーティーなど、大平原地域のポピュリストが最初に反発して金融界の略奪行為を批判した。続いて革新主義者が登場し、新興巨大企業による不正を抑制するための一連の改革をより体系的に打ち出した。革新主義の時代は1910年代に勢

いを失いはじめ、アメリカが第一次世界大戦を経て安定を切望した1920年代には、財界優先の時代に取って代わられた。大恐慌の序章となった狂乱の20年代は2008年にいたるまでの数年間に酷似していた。つまり、急激な金融革命が起こり、富と所得の格差が拡大し、金融投機の文化が定着し、金融緩和に煽られて不動産ブームが起こり、最終的には金融危機が発生したのである。

5. とくに断わりのないかぎり、予算に関する以下のデータはすべてアメリカ予算管理局の暦年予算表（Historical Tables）による。
6. 予算管理局の暦年予算表（Historical Tables のTable 8.2）では、このような割り当ては1962年になってようやく始まっている。
7. U.S. Census Bureau, "Population Division: Historical Census Statistics on the Foreign-Born Population of the United States: 1850–2000."
8. U.S. Census Bureau, *Income, Poverty and Health Insurance Coverage in the US: 2009*, Tables B1, B2.
9. 下のグラフは、総歳入、国防総支出、非軍事総支出のGDPに占める割合を示している。

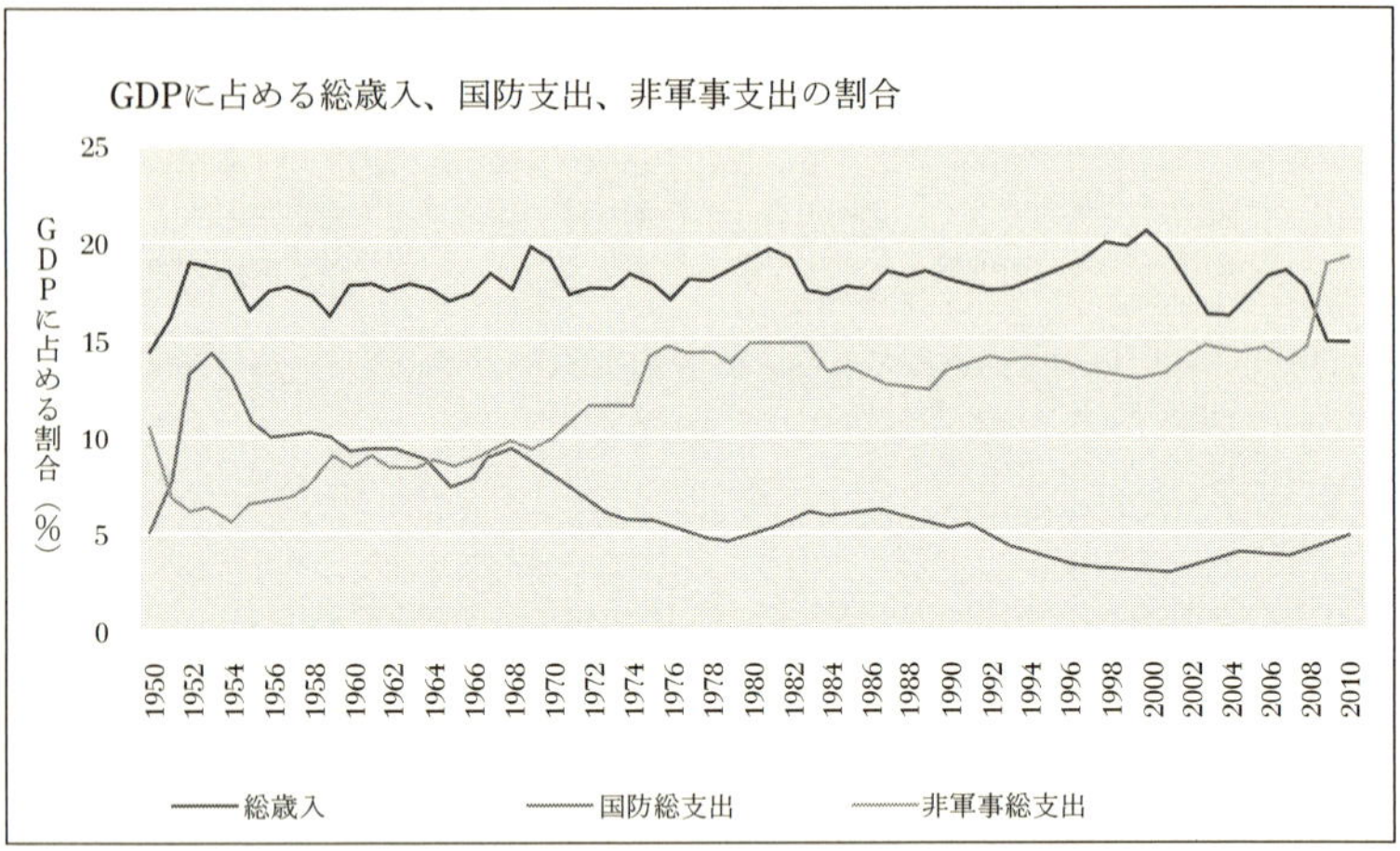

アメリカ予算管理局のHistorical Tables（暦年予算表）のTable1.2、3.1、8.4のデータによる

336

10. 1970年代初頭、「ドル為替本位制」として知られる戦後の通貨協定が破綻した。1946年から1971年まで、米ドルと金の交換率は金1オンスあたり35ドルで固定されており、アメリカ以外の諸外国の中央銀行は外貨準備金のドルを保証価格で金塊に兌換する権利を確約されていた。アメリカが保有する金が流出しはじめたために、1971年8月15日、ニクソンは金とドルの兌換を停止した。この危機の中核にあったのは、加熱したアメリカ経済と結びついた過度な拡張的通貨政策であり、この通貨政策自体はヴェトナム戦争の戦費拡大と結びついていた。アメリカは、通貨供給量を増やすことと、ドルを固定相場で金に兌換することを両立できず、後者を放棄したのである。ドル為替本位制の崩壊によって、近代史上初めて、主要国の通貨が金と銀のどちらとも連動しない平和な時代が訪れた。各国の中央銀行が独自に確立した自由な戦略に適応したことや、通貨制度を支える明確な存在がなくなったこともあって、結果的には高インフレが何年も続いた。1980年代までには、世界の中央銀行は変動為替相場制が導入された新時代に適応し、インフレ率を下げて元に戻していた。しかし、こうなるまでのあいだ、保守的な政治家や自由市場の信奉者たちは、1970年代にインフレが再燃したのは政府に経済運営能力がないことの証しであると主張していた。
　石油価格の高騰は多くの要因が重なって起こった。1つには、石油価格の高騰は前述の加熱した金融情勢を反映していた。もう1つの要因は、世界的な高度経済成長が続いたために石油の需要が供給にくらべて急増したことである。第三の要因は政治だった。1970年代初頭、石油の供給条件が厳しくなり、植民地独立後の中東の外交政策が新たな展開を見せはじめると同時に、アラブ諸国が石油備蓄の主導権を握った。この時期に石油価格が上昇した原因は、石油輸出国機構（OPEC）が勢力を拡大したことにつきていたかもしれない。しかし、1973年の第4次中東戦争を受け、アラブ諸国は一時的にもう一歩踏みこんで西側市場のボイコットを開始した。全体として1970年代は、石油価格が高いうえに安定せず、マクロ経済的に見て非常に不安定な10年間だったといえる。
11. Judith Stein, *Pivotal Decade: How the United States Traded Factories for Finance in the Seventies* (New Haven: Yale University Press, 2010).
12. 重要な節目となったのは、1978年、サンベルト選出の民主党上院議員たちが労働者に有利な法案をつぶすことに一役買ったときであり、これについてフロリダ州選出の上院議員リチャード・ストーンは、労働組合に有利な法案は「今後、サンベルトが企業を誘致していくうえで障害になる」と説明した（同上。pp.188–89）。
13. 同上。p. 193.
14. 予算管理局の暦年予算表（Historical Tables）のTable 17.1を参照のこと。
15. 予算管理局の暦年予算表（Historical Tables）のTable 3.1を参照のこと。
16. 予算管理局の暦年予算表（Historical Tables）のTable 3.2を参照のこと。
17. 同上。
18. International Energy Agency, Data Services.
19. 所得格差の推移に関する最新のデータは2008年のもの。全国的な貧困率に関する最も古いデータは1959年のもの。男性正社員の所得に関する最新のデータは2009年

のもの。

20. Emmanuel Saez and Thomas Piketty, data set for "Income Inequality in the United States, 1913–1998," updated July 2010.

第五章　分裂した国家

1. 著者によるサンベルトとスノーベルトの分類は以下のとおり。

サンベルト：アラバマ、アリゾナ、アーカンソー、カリフォルニア、フロリダ、ジョージア、ルイジアナ、ミシシッピ、ニューメキシコ、ノースカロライナ、オクラホマ、サウスカロライナ、テキサス、ヴァージニア。

スノーベルト：コネティカット、イリノイ、インディアナ、アイオワ、カンザス、メイン、マサチューセッツ、ミシガン、ミネソタ、ミズーリ、ネブラスカ、ニューハンプシャー、ニュージャージー、ニューヨーク、ノースダコタ、オハイオ、ペンシルヴェニア、ロードアイランド、サウスダコタ、ヴァーモント、ウィスコンシン。

2. Larry Dewitt, "The Decision to Exclude Agricultural and Domestic Workers from the 1935 Social Security Act," U.S. Social Security Administration, 2010.

3. リンドン・ジョンソンは、南部諸州の支持が共和党に流れるのを承知のうえで1964年の公民権法と1965年の投票権法を承認した。公民権法を承認した直後、ジョンソンはある側近のもとへ出向き、自分は南部諸州を一世代にわたって共和党に引き渡してしまったと明言したといわれる。この逸話は、不利になることを承知で大胆に行動した彼の道徳的勇気を物語っている。

4. Thomas Byrne Edsall and Mary D. Edsall, *Chain Reaction: The Impact of Race, Rights, and Taxes on American Politics* (New York: W. W. Norton, 1991), pp. 141–44.（『争うアメリカ』飛田茂雄訳、みすず書房、1995年）

5. 1970年と1990年のヒスパニック系の人口のデータについてはU.S. Census Bureau, "Hispanics in the US" を参照のこと。2007年のデータについてはPew Hispanic Center, "Statistic Portraits of Hispanics in the US, 2009" を参照のこと。

6. Zoltan Hajnal et al., "Immigration and the Political Transformation of White America: How Local Immigrant Context Shapes White Policy Views and Partisanship," University of California, San Diego Center for Comparative Immigration Studies, International Migration Conference, March 12, 2010.

ハイナルらの調査で確認されているように、ヒスパニック系の人口が増加したことで、ヒスパニック系が多く住む地域の白人アメリカ人は著しく保守化した。

> ラテンアメリカ人の多いコミュニティに隣接して暮らす白人アメリカ人は、より保守的な考えをもつ傾向がある。同様に、ラテンアメリカ人が多い地域の白人ほど、所得格差を縮めようとする連邦政府の取り組みを歓迎しておらず、貧困層の医療費が増えることや、無保険者の保護を強化することを望んでおらず、貧困を深刻な問題と見なすことにいたっては非常に消極的といえる。この調査結果は重大な意味を含んでいる。ラテンアメリカ人をとりまく状況は、アメリカ国民の政策上の関心事となりつつあるが、その過程では、

アフリカ系アメリカ人のコミュニティが何度も直面してきたのと同じ拒否反応が起こっているのだ。ラテンアメリカ人が影響力を増す（あるいは脅威になる）状況では、白人は、社会の最下層の利益となるサービスや支出を削減しようとする傾向がある。（pp. 21–22）

7. Congressional Budget Office, "The Impact of Unauthorized Immigrants on the Budgets of State and Local Governments," December 2007.
8. 1900年から1960年までは、カリフォルニア州から選出されたハーバート・フーヴァーを除くすべての大統領がスノーベルトから選出されている。この期間の大統領と選出州は次のとおり。ウィリアム・マッキンリー（オハイオ）、セオドア・ローズヴェルト（ニューヨーク）、ウィリアム・ハワード・タフト（オハイオ）、ウッドロウ・ウィルソン（ニュージャージー）、ウォレン・ハーディング（オハイオ）、カルヴァン・クーリッジ（マサチューセッツ）、ハーバート・フーヴァー（カリフォルニア）、フランクリン・D・ローズヴェルト（ニューヨーク）、ハリー・トルーマン（ミズーリ）、ドワイト・D・アイゼンハワー（カンザス）、ジョン・F・ケネディ（マサチューセッツ）。

   1960年以降にサンベルト以外から選出された大統領はミシガン州のジェラルド・フォードだけだが、彼はリチャード・ニクソンの辞任を受けて就任したのであって、国政選挙に勝って就任したわけではない。フォードは1976年の大統領選挙でサンベルトの候補だったジミー・カーターに敗れた。1964年から2004年までに選出された大統領と選出州は以下のとおり。リンドン・B・ジョンソン（テキサス）、ジミー・カーター（ジョージア）、ロナルド・レーガン（カリフォルニア）、ジョージ・H・W・ブッシュ（テキサス）、ビル・クリントン（アーカンソー）、ジョージ・W・ブッシュ（テキサス）。
9. この現象はアメリカの二大政党制が引き起こしたものである。二大政党制では、勝利をおさめた候補者が（51％の得票率で）100％の権限を獲得し、敗北した側は代議権を得られない。この点が、ヨーロッパの多くの国で採用されている比例代表制（国政選挙の得票率によって議席数が決まる制度）と異なっている。アメリカの場合は、有権者が国のどこに住んでいようと親政府的な政党が議席の54%を獲得することになる。
10. 以下のデータはPew Forum on Religion & Public Life, "US Religious Landscape Survey: Religious Affiliation, Diverse and Dynamic," February 2008による。
11. アメリカの家庭の「教育、所得、人種、生活様式」による分類が進行している状況については、以下の資料を参照のこと。Bill Bishop, *The Big Sort: Why the Clustering of Like-Minded America Is Tearing Us Apart* (New York: Houghton Mifflin, 2008); Paul Jargowsky and Todd Swanstrom, "Economic Integration: Why It Matters and How Cities Can Get More of It," Chicago: CEOs for Cities, City Vitals Series.
12. 以下のデータはBenjamin Page and Lawrence Jacobs, *Class War? What Americans Really Think About Economic Inequality* (Chicago: University of Chicago Press, 2009) による。

13. プリンストン大学のラリー・バーテルズ教授は、自身の最近のデータ分析から同様の結果を得ている。彼によれば、国民の意識にはいくつかの特徴がある。たとえば、機会均等を強く支持していること、「良い教育を受ける機会に恵まれない人もいる」と考えていること、「富裕層は応分の税負担をしていない」と考えている（53.1%）ことなどである。Larry Bartels, "Homer Gets a Tax Cut: Inequality and Public Policy in the American Mind," *Perspectives on Politics* 3, no. 1 (March 2005).
14. Pew Research Center, "Trends in Political Values and Core Attitudes: 1987–2009," May 21, 2009, pp. 72–73, 140.
15. 同上。p. 106.
16. *USA Today*/Gallup Poll, June 11–13, 2010.
17. Jon Cohen, "Most Americans Say Regulate Greenhouse Gases," *Washington Post*, June 10, 2010.
18. Rasmussen Reports, "Support for Renewable Energy Resources Reaches Highest Level Yet," January 2011.

第六章　新しいグローバリゼーション

1. Adam Smith, *An Inquiry into the Nature and Causes of the Wealth of Nations* (Oxford: Oxford University Press, 1993), Book 4, Chapter 7.（『国富論』大河内一男監訳、中央公論新社、2010年）
2. United Nations Conference on Trade and Development (UNCTAD), "Largest Transnational Corporations," Document 5, http://www.unctad.org/templates/page.asp?intItemID =2443&lang=1.
3. ゼネラル・エレクトリック社についての詳細は, 同社のウェブサイトおよび年次報告書を参照のこと。
4. 海外収益は、企業の海外での所得から、外国投資家に支払われる国内での所得を差し引いた額である。海外での所得には、アメリカの多国籍企業の海外収益と、非系列系の外国企業から報酬を受けているアメリカ在住者への配当金が含まれる。海外収益が増加傾向にあるのは、1つには、アメリカ企業の海外事業での収益の割合が増加しているためだが、アメリカ企業が人為的な振替価格操作によって収益を海外のタックス・ヘイブンに集めているためともいえる。海外収益の割合の増加は、企業活動地で実際に取引が行なわれているというよりは振替価格操作が行なわれていることを示す場合もあるが、税金逃れのための振替価格操作が横行していること自体が新しいグローバリゼーションの表われといえる。
5. 米中貿易のデータはU.S. Census Bureau, "Foreign Trade: Trade in Goods with China" による。アメリカの付加価値のデータはU.S. Department of Commerce, Bureau of Economic Analysis, "Industry Economic Accounts" による。
6. U.S. Bureau of Labor Statistics, "Current Employment Statistics: National."
7. U.S. Bureau of Labor Statistics, "Establishment Data: Historical Employment."
8. 同上。
9. Sham Jingjing, "Blue Book of Cities in China," Chinese Academy of Social Science.

10. 国連人口部のウェブサイト。http://www.un.org/esa/population/
11. 現在の新興経済諸国を示すBRICは、ブラジル、ロシア、インド、中国のことであり、この4カ国で27億の人口を擁する。かりに新興市場の定義を、工業生産の急速な拡大を目指す市場ベースの民間資本を誘致できる新興経済国とすれば、チリ、エジプト、メキシコ、ナイジェリア、南アフリカ、ヴェトナムなど、10カ国以上を含めることができる。2010年の発展途上世界の合計実質GDP成長率は約7%であり、現在の発展途上国に急成長の余地があることを示している。
12. H. Garretsen and Jolanda Peelers, "Capital Mobility, Agglomeration and Corporate Tax Rates: Is the Race to the Bottom for Real?," *CESifo Economic Studies* 53, no. 2 (2007), pp. 263-93.
13. 予算管理局の暦年予算表（Historical Tables）のTable 2.3を参照のこと。
14. 一例として、Rasmussen Reports, "Energy Update," April 2011を参照のこと。

第七章　八百長試合

1. たとえば、2010年のスウェーデンの選挙では、8党が国会に議席を得て、そのうち4党が連立与党となった。アメリカの政治システムは多数決主義であり、アメリカほどではないがイギリス、カナダ、オーストラリアも同様だ。西欧の議会制民主主義国家は合意形成的選挙制度をとる傾向がある。
2. Maurice Duverger, "Factors in a Two Party and Multiparty System," in *Party Politics and Pressure Groups* (New York: Thomas Y. Crowell, 1972), pp. 23-32.
3. データはすべてOECD Social Expenditure Database および OECD Statistical Databaseより。
4. アメリカは人口が多いうえに多様性に富み、国民が地域、人種、民族、宗教によって分裂しているので、合意形成もまた難しい。アメリカはデンマーク、ノルウェー、スウェーデンと同じように合意に基づく社会にはなりえない。そうした国々はいずれも人口が数百万で民族的にも宗教的にも均質であり、アメリカよりはるかに領土が小さく、国民のあいだの相違点も少ない。
5. Institute for Democracy and Electoral Assistance, "Voter Turnout by Country."
6. 大統領選挙のあった年（2000年、2004年、2008年）の支出は、大統領選挙がなく国政選挙があった年にくらべて、平均15億ドルほど多いが、どちらも同様に上昇傾向を示している。
7. Robert Kaiser, *So Damn Much Money: The Triumph of Lobbying and the Corrosion of American Government* (New York: Alfred A. Knopf, 2009), pp. 343-44.
8. Gallup Poll, "Automobile, Banking Industry Images Slide Further," August 17, 2009.
9. Andrew J. Bacevich, *Washington Rules: America's Path to Permanent War* (New York: Henry Holt, 2010).
10. Dwight D. Eisenhower, "Farewell Address," January 17, 1961.
11. Peter Orszag, "One Nation, Two Deficits," *New York Times*, September 6, 2010. 彼はこう書いている。「そういうわけで、2015年までに財政支出をGDPの0.5%分以上削減することは難しい。したがって、持続可能なレベルまで赤字を減らすには、

GDPの0.5〜1.5%の幅で歳入を増やす必要がある」
12. Christina D. Romer, "What Obama Should Say About the Deficit," *New York Times*, January 15, 2011.
13. ABC News, "Summary: 2009 Polling on a 'Public Option.' "
14. Congressional Budget Office, "Estimate of Direct Spending and Revenue Effects of H.R. 2," February 18, 2011.
15. 政治学者のトーマス・ファーガソンがクリントン時代の医療保険改革論争について1995年に書いた以下の一節を見てみよう。その際、注意すべきは、一言たりとも変える必要がないほどオバマにも同じことがあてはまる点だ。1994年にも2009年にも、法律制定のプロセスで運転席に着いていたのは医療保険業界だったのだ。

> この小論が印刷所にまわされるころ［1994年］には、政権はついに待望の（そして幾度か延期されてきた）わが国の医療保険制度を徹底的に見直す青写真を明らかにしているだろう。しかしすでに、単純で経済的な「単一支払者」（「カナダ式」）制度（単一の公的機関が管理する医療保険制度）を推し進めるのではなく、既存の医療業界のできるだけ多くと協定を結ぼうとするこの戦略に伴う代償の一部は、明らかになっている。このプランが約束する給付金と国民皆保険のセットは慎重に考え抜かれたものであり、少なくともそこそこは魅力的だが、このプランは途方もなく複雑で、ふつうの有権者が容易に評価できるようなものではない。また、このプランによって寡占ネットワークが生じるという代償は完全に隠されたままで、ほぼ確実に存在しないであろう節約効果ばかりが主張されていた。計画の基本的な部分が、大手保険会社をはじめとして、医大付属病院など、医療保険産業のいくつかの分野に有利に働くように偏っていた。今後数年、提案された融資制度は、給付金の削減や医療費の節約を促す強い圧力をもたらす可能性がある。(Thomas Ferguson, *Golden Rule: The Investment Theory of Party Competition and the Logic of Money-Driven Political Systems* [Chicago: University of Chicago Press, 1995], p. 327.)

クリントン大統領もオバマ大統領も、驚くほど高額のアメリカの民間医療保険制度の大幅な改革を大胆に提案することはできなかった。変革を阻止しようとする医療保険業界の強力なロビー活動の影響こそが、アメリカの過去30年の医療保険政策をまさに根底で性格づけているのだ。
16. Campaign Finance Institute, "New Figures Show That Obama Raised About One-Third of His General Election Funds from Donors Who Gave $200 Or Less," January 8, 2010.
17. Center for Responsive Politics, "Banking on Connections," June 3, 2010, p. 1.
18. 同上。p. 3.
19. この部分の記述は以下を参照。Jesse Drucker, "Google 2.4% Rate Shows How $60 Billion Lost to Tax Loopholes," Bloomberg News, October 21, 2010.

20. 内国歳入法の第26編第1章を参照。
21. U.S. Government Accountability Office, "International Taxation: Large US Corporations and Federal Contractors with Subsidiaries in Jurisdictions Listed as Tax Havens or Financial Privacy Jurisdictions," GAO-09-157, December 2008.
22. Jane G. Gravelle, "Tax Havens: International Tax Avoidance and Evasion," Congressional Research Service Report for Congress, July 2009.
23. Nolan McCarty et al., *Polarized America: The Dance of Ideology and Unequal Riches* (Cambridge: MIT Press, 2006), p. 272.
24. Business Wire, "Business and Financial Leaders Lord Rothschild and Rupert Murdoch Invest in Genie Oil & Gas," November 15, 2010.
25. Luca Di Leo and Jeffrey Sparshott, "Corporate Profits Rise to Record Annual Rate," *Wall Street Journal*, November 24, 2010.
26. Aaron Lucchetti and Stephen Grocer, "On Street, Pay Vaults to Record Altitude," *Wall Street Journal*, February 2, 2011.

第八章　注意散漫な社会

1. Coen Advertising Expenditure Dataset.これは以下のブログに引用されている。Douglas Galbi, "U.S. Advertising Expenditure, 1998–2007," Purple Motes blog, February 16, 2009.
2. Thorstein Veblen, *The Theory of the Leisure Class: An Economic Study of Institutions* (New York: Macmillan, 1902), pp. 68–101.（『有閑階級の理論——制度の進化に関する経済学的研究』高哲夫訳、筑摩書房、1998年）
3. Edward Bernays, *Propaganda*, 1928（『プロパガンダ教本』中田安彦訳、成甲書房、2007年）より。

> 大衆の集団的な習慣や意見を自覚的かつ賢明に操作することは、民主主義社会を成立させる重要な要素だ。社会のこの人知れぬメカニズムを操作する者は、私たちの国を真の意味で支配する力を持つ、目に見えない統治機関の一員なのだ。概して私たちは聞いたこともない人びとによって統治され、心を型にはめられ、好みを決められ、考えを吹き込まれている……目に見えない支配者がいて、何百万もの人びとの運命をコントロールしている。もっとも影響力のある公人の言動が、どの程度まで舞台裏で操作している賢明な人びとに決定されているかは、一般には知られていない。それよりなお重要なことに、私たちの思考や慣習が権威者によってどの程度変えられているかも、知られていない。(pp. 9, 35)

4. U.S. Census Bureau, "No. HS-42: Selected Communications Media: 1920 to 2001."
5. Henry J. Kaiser Family Foundation, "Food for Thought: Television Food Advertising to Children in the United States," March 2007, p. 2.
6. Joe McGinniss, *The Selling of the President 1968* (New York: Trident, 1969).

7. Henry J. Kaiser Family Foundation, “Food for Thought,” p. 57.
8. Deirdre Barrett, *Supernormal Stimuli: How Primal Urges Overran Their Evolutionary Purpose* (New York: W. W. Norton, 2010).
9. 規制には3つの主要な形態があった。その1、FCCは一部の番組をコマーシャルなしにするよう求めた。その2、FCCは異なる見解が確かに放送されるよう、「公正の原則」を主張した。その3、FCCはメディアに所有権の制限を課し、各地の放送が独占されたり各地のマーケットで出版物やラジオやテレビが共同管理されたりするのを防ごうとした。この3つの規制によって、1970年代に至るまで、民間が所有するテレビの悪い部分が行き過ぎないよう制御できた。その後、1980年代に規制が撤廃され、今日に至っている。
10. Wilhelm Röpke, *A Humane Economy: The Social Framework of the Free Market* (Wilmington: ISI Books, 1960), p. 137.（『ヒューマニズムの経済学〈上巻〉――社会改革・経済改革の基本問題』喜多村浩訳、勁草書房､1952年、『同〈下巻〉』1954年）
11. Max Weber, *The Protestant Ethic and the Spirit of Capitalism* (Mineola, N.Y.: Dover, 2003), p. 53.（『プロテスタンティズムの倫理と資本主義の精神』大塚久雄訳、岩波書店、1989年）
12. John Maynard Keynes, *The Economic Consequence of the Peace* (Toronto: University of Toronto Libraries, 2011), Chapter 2, Paragraph 20.（『ケインズ全集第2巻　平和の経済的帰結』早坂忠訳、東洋経済新報社、1977年）
13. Andrew Carnegie, “The Gospel of Wealth and Other Timely Essays.”（『富の福音』田中孝顕訳、きこ書房、2011年）
14. Google: “Google Search Advertising Revenue Grows 20.2% in 2010,” January 20, 2011. Facebook: “Facebook’s Ad Revenue Hit $1.86b for 2010,” January 17, 2011.
15. Emily Steel, “A Web Pioneer Profiles Users by Name,” *Wall Street Journal*, October 25, 2010.
16.データの出典は以下を参照。Roger Bohn and James Short, “How Much Information? 2009 Report on American Consumers,” Global Information Industry Center, December 2009.
17. National Endowment for the Arts, “To Read or Not to Read: A Question of National Consequence,” Research Report No. 47, November 2007, Sections 1 and 2.
18. Mark Bauerlein, *The Dumbest Generation* (New York: Penguin, 2008), p. 16.
19. Pew Research Center for the People & the Press, “Public Knows Basic Facts About Politics, Economics, lmt Struggles with Specifies,” November 2010.

第二部　豊かさへの道

第九章　共感にみちた社会

1. アリストテレスの言葉の引用は以下より。Stobaeus, *Florilegium*, transl.J.E.C. Welldon.

2. GDPデータはWorld Bank Data and Statistics, http://siteresources.worldbank.org/DATASTATISTICS/Resources/GNIPC.pdf. 平均余命のデータについては以下を参照。World Health Organization Global Health Observatory Data Repositoryを参照。
3. Geoffrey Miller, Spent (New York: Penguin, 2009), p. 65.
4. Elizabeth Dunn, Daniel T. Gilbert, and Timothy Wilson, "If Money Doesn't Make You Happy Then You Probably Aren't Spending It Right," *Journal of Consumer Psychology* 21, no. 2, pp. 115–25.
5. 同上。 p. 123.
6. U.S. Bureau of Labor Statistics, "Economic News Release: Table A-4– Employment Status of the Civilian Population 25 Years and Over by Educational Attainment."
　教育の程度と失業率の関係は明白である。2010年12月、25歳以上の失業率は高校中退者で15.7%、高卒で9.8%、高校卒業後に大卒資格を得ていない者が7.9%、大卒以上が4.6%だった。
7. 大気中の二酸化炭素が地球温暖化の原因であることを1824年に最初に証明したのはフランスの科学者Joseph Fourierであり、1896年にはスウェーデンの化学者Svante Arrheniusが詳細な数字を出した。
8. Pew Research Center for the People & the Press, "Public Praises Science; Scientists Fault Public, Media," July 2009.
9. Bob Altemeyer, "Why Do Religious Fundamentalists Tend to Be Prejudiced?," *International Journal for the Psychology of Religion* 13, no. 1 (2003): 17. Altemeyer はこう結論している。「早期に家族の宗教を強く押し付けると……『自分たちと他の人びと』の区別をもつようになり、後年の差別意識につながりかねない」。同様に、Hall, Matz および Wood は信仰心と人種差別が関係するといっている。さらに、彼らはこう要約している。「グループへの強い帰属意識は、人種的な外部集団に対する蔑視につながる。異なる人種は外部集団と見なされることが多い。なぜなら、宗教は往々にして人種によって異なるからである。また、宗教を同じくする内部集団において自己を確立するよう訓練を受けた人は、一般に自らの民族がとくにすぐれているという偏狭な優越感を抱きやすいからでもある。さらに、異質な他者は資源をめぐる競争相手に思えるからでもある」(Deborah Hall et al., "Why Don't We Practice What We Preach? A Meta-Analytic Review of Religious Racism," *Personal Social Psychology Review* 14, no. 1 [December 2009], p. 126.)
10. Robert Putnam, "E Pluribus Unum: Diversity and Community in the Twenty-first Century: The 2006 Johan Skytte Prize Lecture," *Scandinavian Political Studies* 30, no. 2 (June 2007).
11. Senate floor statement by Senator James Inhofe, July 28, 2003.
12. Hans Jonas, *The Imperative of Responsibility: In Search of an Ethics for a Technological Age* (Chicago: University of Chicago Press, 1985).
13. National Intelligence Council, "Global Trends 2025: A Transformed World," November 2008.
14. Hans Küng, "Manifesto for a Global Economic Ethic," Tübingen: Global Ethic

Foundation, 2009, p. 5.

15. 1963年6月、アイルランド議会でのジョン・F・ケネディ大統領の演説。 http://ua_tuathal.tripod.com/kennedy.html.

16. 1963年6月、アメリカン大学学位授与式でのジョン・F・ケネディ大統領の演説。

第一〇章　豊かさをとりもどす

1. U.S. Department of Education, National Center for Educational Statistics, "The Condition of Education 2010," June 2010, p. 214.

2. 最初のうちは、自動車業界の「経験曲線によるコスト削減」を助けるため、政府は電気自動車の購入に助成金を支給すべきである。しばらくたったら、電気自動車は従来のガソリン車と競合できるようになるだろう。その過程で、環境破壊の要因でもあるガソリン車に適切な税が課せられるはずだからである。

3. U.S. Department of Education, "Mortgaging Our Future: How Financial Barriers to College Undercut America's Global Competitiveness," A Report of the Advisory Committee on Student Financial Assistance, September 2006, p.iii.

4. 以下を参照。U.S. Bureau of Labor Statistics, "Economic News Release: Table A-15–Alternative Measures of Labor Underutilization."

5. Organisation for Economic Co-operation and Development, "Public Expenditure and Participant Stocks on LMP," Statistical Database.

6. U.S. Department of Education," Mortgaging Our Future: How Financial Barriers to College Undercut America's Global Competitiveness."

7. U.S. Department of Education, "Revenues and Expenditures for Public Elementary and Secondary School Districts: School Year 2007–2008 (Fiscal Year 2008)," NCES 2010-323, August 2010, p. 6.

8. U.S. Department of Education, "The Condition of Education 2010," p. 277.

9. McKinsey & Company, "Winning by Degrees: The Strategies of Highly Productive Higher-Education Institutions," November 2010, p. 8.

10. America's Promise Alliance, "Building a Grad Nation: Progress and Challenge in Ending the High School Dropout Epidemic," November 2010, p. 16.

11. 同上。

12. 同上。p. 50. この研究は次のように結論づけている。「これらのチャーター校のうち、17%は伝統的な公立校より高度な教育を実施しているが、半数はほぼ同じような教育内容であり、さらに3分の1以上は地元の公立校よりも質の劣る教育を授けている」

13. 早期幼児教育に関するJames Heckmanの調査の詳細は以下を参照。http://www.heckmanequation.org/.

14. U.S. Census Bureau, "Table 3: Poverty Status of People, by Age, Race, and Hispanic Origin: 1958–2009," Current Population Survey, Annual and Social Economic Supplements.

15. Gösta Esping-Andersen et al., *Why We Need a New Welfare State* (Oxford: Oxford

University Press, 2002); とくに Chapter 3, “A Child-Centered Social Investment Strategy,” pp. 26–67); and Gösta Esping-Andersen, “Unequal Opportunities and the Mechanisms of Social Inheritance,” in *Generational Income Mobility in North America and Europe*, ed. Miles Corak (Cambridge: Cambridge University Press, 2004).

16. アメリカのデータは以下を参照。 U.S. Census Bureau, *Income, Poverty and Health Insurance Coverage in the US: 2009*, p.15. スウェーデンのデータは以下を参照。Gösta Esping-Andersen, “Unequal Opportunities and the Mechanisms of Social Inheritance,” p. 308.
17. Organisation for Economic Co-operation and Development, “OECD Family Database.”
18. George Halvorson, *Health Care Will Not Reform Itself* (New York: CRC Press, 2009). その要点は以下のとおり。医療の供給者は大金を儲けており、それをあきらめるつもりはない、ということだ。

「医療供給者の多くはアメリカに店舗をかまえている。ひたすら金儲けだけをめざして、それらのビジネスはほとんどあらゆる分野で大繁盛している……経済的な敗者どころか、勝者である……巨大にふくれあがり、多額の資金を投入され、高い収益をかちえ、利益率もすばらしく大きく、成長著しく、コストの高い現在の医療インフラストラクチャーがみずからコスト削減と医療費の値下げにとりくむだろうと期待し、そして現在の医療がやはり自発的に治療のレベルと質を高めようと努力することを期待するのは、遺憾ながら、世間知らずというほかはない……アメリカの医療はサイズも範囲もスケールもたくましく成長しつづけているが、実体はない。ただ、たっぷりと餌を与えられているのだ」（p. 2）

Halvorsonの説明によれば、アメリカの医療に多額のコストがかかるのは、多数の慢性病をもつ患者を治療するのに大勢の医師が必要だからだという。「現在、アメリカの治療費の75%以上は慢性疾患をもつ患者のためであり、また80%は慢性疾患および『共存症』の患者のためである」（p. xix）

大勢の医師がかかわると、往々にして検査や実験、請求書の作成、記録の保管、管理が重複して必要になり、さらに医学面での調整もうまくいかないことが多い。また、そもそも個人が慢性病にかかるのを未然に防ぎ、危険を少なくするような措置もとられていない。たとえば、健康的な生活習慣、食事、運動、その他の予防策を講じさせる配慮がない。払い戻し制度のせいで、治療費を最大にしたほうが得だという考えが蔓延する。医療保険を導入する事業者には税控除というかたちで多額の助成金が出る。医師たちには、なんらかの処置さえすれば払い戻しがあり、それで健康が回復したかどうかは問われない。Halvorsonは悲観的にこう書いている。「アメリカの病院は、みごとに病気をなおし、感染症を防いだとしても、その功績にたいして報酬を支払われることはない。むしろ、感染症の患者を大勢抱えていたほうが、もっとずっと儲かるのだ」（p. 11）。さらに、治療費を安くするような改

良が提案されたとき、収入が減って仕事が危うくなることを危惧した医師たちから猛反対を受けたという。
19. McKinsey & Company, "Accounting for the Cost of Health Care in the United States," January 2007, p. 10.
20. 分類の詳細については以下を参照。Organisation for Economic Co-operation and Development, "OECD Health Data, Part II: International Classification for Health Accounts (ICHA)."
21. U.S. Energy Information Administration, "Net Generation by Energy Source: Total," January 2011.
22. Lawrence Burns, Vijay Modi, and Jeffrey Sachs, "Transition to a Sustainable Energy System for the United States," December 16, 2010, unpublished paper.
23. U.S. Department of Defense, "DoD Request: FY 2011," http://comptroller.defense.gov/ Budget2011.html.
24. 1968年3月18日、カンザス大学におけるロバート・F・ケネディの演説。
25. American Human Development Project, "The Measure of America 2010–2011: Mapping Risks and Resilience."
26. Karma Ura, "Gross National Happiness," Centre for Bhutan Studies.
27. 近年の有益な調査については以下を参照。David Blanchflower and Andrew Oswald, "International Happiness," NBER Working Paper No. 16668, January 2011.
28. これらの研究について、より多くの情報は以下を参照。 Organisation for Economic Co-operation and Development, "Global Project on Measuring the Progress of Societies"; William Nordhaus and James Tobin, "Is Growth Obsolete?," in *The Measurement of Economic and Social Performance*, NBER Book Series Studies in Income and Wealth, 1973; *Economist* Intelligence Unit, "The *Economist* Intelligence Unit's Quality-of-Life Index," *The World in 2005*, Joseph Stiglitz and Amartya Sen, "Commission on the Measurement of Economic Performance and Social Progress"; Paul Dolan et al., "Measuring Subjective Well-Being for Public Policy," Office for National Statistics–Government of the United Kingdom, February 2011.

第一一章　文明の対価

1. Congressional Budget Office, "An Analysis of the President's Budgetary Proposals for Fiscal Year 2012," Table 1.5.
2. 予算管理局の暦年予算表（Historical Tables）のTable 7.1 を参照のこと。
3. Congressional Budget Office, "An Analysis of the President's Budgetary Proposals for Fiscal Year 2012," Table 1.5.
4. 予算管理局の暦年予算表（Historical Tables）のTable 8.4 を参照のこと。
5. オリヴァー・ウェンデル・ホームズJr.判事の発言は以下に。Felix Frankfurter, *Mr. Justice Holmes and the Supreme Court* (Cambridge: Harvard University Press, 1961), p. 71.
6. Center for Responsive Politics, "Congressional Members' Personal Wealth Expands

Despite Sour National Economy," November 2010.

7. すべての計算は以下にもとづく。The Congressional Budget Office report, "The Budget and Economic Outlook: Fiscal Years 2011 to 2021," January 2011. CBOの推計はそのまま使わず、より正確な根拠にもとづくと思われる根拠にしたがって調整してある。たとえば、CBOが予測する2015年の財政赤字はGDPの 3%（表1〜4）である。CBOは2012年末まで有効なブッシュの減税措置が2013年以降は廃止されると見越している。私の予測では、減税措置は2013年以降もつづくと想定した。その結果、CBOが予測したGDPにおける財政赤字の割合は、私の予想では2%多くなる。CBOはまた、2015年の民間の自由裁量予算はGDPの3.5%まで減ると予測している。だが、私の予想では、民間の自由裁量予算はGDPの4%から試算した。さらに、2015年の赤字の利息支払いはGDPの3%と予測したが、CBOはGDPの2.5%と予測している。全体として、私の試算ではGDPの6%となり、CBOの予測するGDPの3%とくらべて、倍になる。
8. 予算管理局の暦年予算表（Historical Tables）のTable 1.2およびTable 8.4を参照。
9. 「2010会計年度のイヤーマークは9000件以上あり、年間の合計が160億ドルになる」これについては以下を参照。U.S. Government Executive Office, "The National Commission on Fiscal Responsibility and Reform: The Moment of Truth," December 2010, p. 27.
10. 予算管理局の暦年予算表（Historical Tables）のTable 3.2を参照。
11. 対外援助が予算の大きな部分を食っているという思い込みが根強く広まっているため、外国の暴君にたいする援助を打ちきりさえすれば、財政赤字を解消できると考える人が多い。対外援助にまつわる誤解は驚くほどである。2010年11月の世論調査では、アメリカの政府予算のうち対外援助がどのくらいの割合になるかを国民に「当て推量」させた。平均的な答えは25%だった。そののち、どれくらいの割合が「適切」だと思うかと質問した。平均的な答えは10%だった。正しい解答はどうか。実際に対外援助にあてられている予算は予算の0.8%である（GDPの0.2%）。国民の答えは、実際の数字を約30倍したものだった。国民は対外援助を「削減」しろというが、ふさわしいという10%にするには、むしろ増額が必要であり、しかも現在の12倍にしなければならないのだ！(World Public Opinion, "American Public Opinion on Foreign Aid," November 30, 2010.)
12. 「医療および関連」分野の構成は以下のとおり。 Medicaid, Refundable Premium Assistance Tax Credit, Reinsurance and Risk Adjustment Program Payments, and Payments to Reduce Cost Sharing in Qualified Health Plans.「その他」の構成は以下のとおり。Other Health, Children's Health Insurance, Family and Other Support Assistance, Earned Income Tax Credit, Child Tax Credit, Making Work Pay Tax Credit, Payment to States for Foster Care, Housing Assistance, and Other. (予算管理局の暦年予算表 Table 8.5.)
13. Neil King, Jr., and Scott Greenberg, "Poll Shows Budget-Cuts Dilemma," *Wall Street Journal*, March 3, 2011.
14. 資格審査付き給付金は、収入が一定の金額に達しない低所得者への援助である。

15. 2011会計年度のTANF programs の予算の予測はおよそ 174億ドルである。2011年会計年度の資格審査付き給付金の出費総額はおよそ4980億ドル（OMB Budget 表 8.2)、アメリカのGDPは15兆1000億ドルと推計される。(U.S. Department of Health and Human Services, "Temporary Assistance for Needy Families: FY 2012 Budget," p. 305.)

16.予算管理局の暦年予算表（Historical Tables）のTable 11.3、the category "Family Support Payments to States and TANF," divided by GDP in Historical Table 1.2 を参照。

17. 予算管理局の暦年予算表（Historical Tables）のTable 8.7を参照。

18. U.S. Government Executive Office, "The National Commission on Fiscal Responsibility and Reform: The Moment of Truth," December 2010.

19. Angus Maddison, *The World Economy: A Millennial Perspective/Historic Statistics* (Paris: Development Centre of the Organisation for Economic Co-operation and Development, 2006), p. 264.

20. 予算管理局の暦年予算表（Historical Tables）Table1.2 から得た連邦政府の受領総額およびOECD 統計データベースによる税収総額をもとに計算。

21. ニューハンプシャー州は配当金および利息だけに課税する。

22. Charles M. Tiebout, "A Pure Theory of Local Expenditures," *Journal of Political Economy* 64, no. 5 (October 1956), pp. 416–24.

23. Pew Research Center for the People & the Press, "Trends in Political Values and Core Attitudes: 1987–2009," May 21, 2009, p. 131.

24. 予算管理局の暦年予算表（Historical Tables）のTable12.1を参照。

25. 計算のデータは以下を参照。 Thomas Piketty and Emmanuel Saez, "How Progressive Is the US Federal Tax System? A Historical and International Perspective," *Journal of Economic Perspectives* 21, no. 1 (Winter 2007), pp. 3–24; Congressional Budget Office, "Average Federal Taxes by Income Group," June 2010.

26. 以下を参照。Office of Management and Budget, "A New Era of Responsibility," February 2009, p. 9, and Edward N. Wolff, "Recent Trends in Household Wealth in the United States: Rising Debt and the Middle-Class Squeeze—an Update to 2007," Levy Economics Institute of Bard College, March 2010.

27. Federal Reserve Statistical Release, "Flow of Funds Account of the United States: Flows and Outstandings Fourth Quarter 2010," March 10, 2011.

28. Internal Revenue Service, "Reducing the Federal Tax Gap: A Report on Improving Voluntary Compliance," August 2007.

29. American Petroleum Institute, "Motor Fuel Taxes."

30. The New York State Department of Taxation and Finance, "Stock Transfer Tax."

31. Gerald Prante and Mark Robyn, "Fiscal Fact: Summary of Latest Federal Income Tax Data," Tax Foundation, October 6, 2010.

原　注

第一二章　効率的な行政のための七つのルール

1. John Paul Stevens, *Opinion of Stevens, J. Supreme Court of the United States. Citizens United Appellant vs. Federal Election Commission*, January 2010.
2. 1963年6月、アメリカン大学学位授与式におけるジョン・F・ケネディ大統領の演説。
3. 1962年9月12日、ライス大学におけるジョン・F・ケネディのアメリカの宇宙事業に関する演説。
4. Jennifer Manning, "Membership of the 111th Congress: A Profile," Congressional Research Service, November 2010.
5. Partnership for Public Service, "Ready to Govern: Improving the Presidential Transition," January 2010, p. iii.
6. National Park Service Organic Act.
7. アメリカ史上の以前の節目では、第三党運動が既存の政党に割り込み、国政を根本的に変えることができた。共和党は1850年代に生まれ、ホイッグ党を破り、南北戦争や奴隷解放の時期に国を率いた。1880年代にはポピュリスト党が生まれ、行政の大改革、上院議員の直接選挙、婦人参政権、巨大産業のトラストの規制を要求した。ポピュリスト党は選挙で優位に立つことはなかったが、その政治要綱は、セオドア・ローズヴェルトおよびウッドロウ・ウィルソンという革新主義者の政権を含む革新主義時代への道を切り拓いた。

第一三章　立ち上がるミレニアム世代

1. Alexis de Tocqueville, *The Old Regime and the French Revolution*, transl. John Bonner (New York: Harper & Brothers, 1856), p. 124.（『旧体制と大革命』小山勉訳、筑摩書房、1998年）
2. Henry Ashby Turner, Jr., *Hitler's Thirty Days to Power: January 1933* (London: Bloomsbury, 1996).
3. Pew Research Center for the People & the Press, "Millennials: Confident, Connected, Open to Change," February 24, 2010.
4. U.S. Census Bureau, "Population by Age and Race 2009."
5. Johan Rockström, "A Safe Operating Space for Humanity," *Nature* 461 (September 2009), pp. 472–75.
6. Jeffrey D. Sachs, *Common Wealth: Economics for a Crowded Planet* (New York: Penguin, 2008)（『地球全体を幸福にする経済学』野中邦子訳、早川書房、2009年）第5章を参照のこと。
7. 2011年の世界総生産については、International Monetary Fund, "World Economic Outlook Database: April 2011" を参照のこと。
8. Donald Pfaff, *The Neuroscience of Fair Play: Why We (Usually) Follow the Golden Rule* (New York: Dana Press, 2007). 近年の科学の進歩において最大の関心を集めている神経生物学の分野では、闘争と協調を引き起こす基本的な神経経路と化学経路が解明されはじめている。神経生物学者ドナルド・パフの仮説によれば、人間の行動規

範や養育行動は子どもにたいする母親の行動に由来するものであり、エストロゲン、コルチゾール、プロラクチン、オキシトシンといったホルモンが関与している場合が多い。これにたいして攻撃性は、子どもの保護と縄張りの確保に根ざしたオスの行動に関連している場合が多いようだ。これらの行動は、とくにテストステロン、バソプレシン、セロトニンが関与するホルモンと脳のシステムによって引き起こされる。

9. Jeffrey D. Sachs, *Common Wealth: Economics for a Crowded Planet*（『地球全体を幸福にする経済学』）序文を参照のこと。

10. 1963年6月、アメリカン大学学位授与式におけるジョン・F・ケネディ大統領の演説。

11.同上。

読書案内

本書執筆にあたって大きな喜びの1つは、倫理学、政治経済学、現代アメリカ史、神経生理学といった多岐にわたるテーマに関するさまざまな書籍や学術論文に目を通し、その意見に耳を傾けることだった。巻末の注や参考文献は、本書でとりあげたテーマに関係する大量の学術論文をより分ける手助けになると思う。しかし、文献があまりにも多すぎるので、とくに読者の興味を引きそうなものを選んで、ここで紹介してみたい。

以下にあげる本のなかには、私がアメリカの政治経済という複雑な状況について考えるときに最も重要だと思った必須の参考文献が含まれる。これらは、典型的な名著というわけではなく、活発に議論されている問題を包括的に論じたものでもない。むしろ、さまざまな問題の要点についての個人的な見解といったほうがいい。多くの意見のなかから事実をえり分け、プロパガンダのなかから真実を見つけだそうとするときに、とても助けになった本ばかりである。テーマによってざっと分けてみた。もちろん重なりあう部分は多いが、読者の便宜をはかってのことである。

現代アメリカの政治史

本書で詳細を語っている出来事が始まったのは1960年代だった。積極的な政府が頂点に達した時代、すなわちケネディのニュー・フロンティアとジョンソンの貧困との戦いの時代である。G. Calvin MackenzieとRobert Weisbrotの*The Liberal Hour*はこの時代を描いたすばらしい物語である。積極的な政府の終焉を扱った著作は多い。その1つであるThomas EdsallとMary Edsallの*Chain Reaction*［トーマス・B・エドソール、マリー・D・エドソール『争うアメリカ――人種・権利・税金』飛田茂雄訳、みすず書房］は公民権運動の時代をとりあげ、1960年代のケネディ－ジョンソン主導による運動の開始から、1980年代のレーガンによる再編成までを記述する。1960年代のリベラルと1980年代の保守派のあいだの政治的掛け橋として1970年代がどんな役割をはたしたかを説明したすばらしい著作にはJudith Steinの*Pivotal Decade*がある。レーガン時代および2008年まで長く残った遺産について徹底的かつ説得力に富んだ説明がなされているのはSean Wilentzの*The Age of Reagan*である。

アメリカが現代の金ぴか時代に堕ちていくようすを一貫して観察し、記録した著者といえば、Kevin P. Phillipsをおいて他にはいない。1969年の*The Emerging Republican Majority*［ケビン・P・フィリップス「出現しつつある多数派としての共和党」『法学研究』44(4), 132-145, 1971-04、太田俊太郎、慶応義塾大学法学研究会］以来、Phillipsは現代アメリカにおける金融至上資本主義の隆盛を記録しつづけ、政治や社会におよぼす悪影響について記述している。新たな金ぴか時代についての彼の著作は他に*Arrogant Capital* (1994)［『アメリカで「革命」が起きる――ワシントン解体を迫

る新ポピュリズム』伊奈久喜訳、日本経済新聞社]、*Wealth and Democracy* (2002)、*Bad Money* (2008)などがある。

幸福の経済学

長年、経済的繁栄の研究にとりくんできた経済学者はようやく、研究対象としての幸福にふたたび目を向けはじめた。この新分野における最近の2つの成果としては、Richard Layardの*Happiness: Lessons from a New Science*とCarol Grahamの*The Pursuit of Happiness*が重要だ。彼らはこのテーマを学術的に論じた多数の研究論文を専門誌に発表している。加えて、消費財と幸福の関連性について論じた説得力のある1冊はAvner Offerの*The Challenge of Affluence: Self-Control and Well-Bing in the United States and Britain Since 1950*である。

神経科学と幸福の心理学

もちろん、コンシューマリズムと幸福の関連性について理解しようと努力しているのは経済学者だけではない。むしろ経済学者のほうが後れをとっているともいえる。心理学者や神経科学者は何十年も前からその研究にとりくんできた。しかも、近年は脳スキャンなどの強力な新技術の導入によって画期的な進歩をとげている。そのような神経科学および心理学の分野における最近の著作のなかでとくに面白いのが、Donald Pfaffの*The Neuroscience of Fair Play*、David Lindenの*The Compass of Pleasure*［デイヴィッド・J・リンデン『快感回路――なぜ気持ちいいのか　なぜやめられないのか』岩坂彰訳、河出書房新社]、Deirdre Barrettの*Supernormal Stimuli*、Daniel Gilbertの*Stumbling on Happiness*［ダニエル・ギルバート『幸せはいつもちょっと先にある――期待と妄想の心理学』熊谷淳子訳、早川書房］である。これらの研究に共通する1つのテーマがあるとすれば、人に幸福を感じさせる仕組みは無意識の心理状態にあり、ほとんど自覚できない脳の信号回路にあるという仮説である。その一方で、周知のとおり、社会や経済はそれらの回路に影響を与えようとし、ときには危険なまでに干渉する。その手段は麻薬やドラッグにとどまらず、広くまた強く人の心に訴えかける広告、マスメディアが流す視覚的な情報、企業のロビー活動によって煽られる不断のＰＲ作戦などがある。

時代をへた叡智

脳スキャンや世論調査が登場するずっと前から、人のおかれた状況と人生にたいする満足感について深く考察した哲学者は大勢いた。2000年以上もの時を超えて残る思想を伝えた賢人が、ブッダとアリストテレスである。もともと仏教は東南アジアの文明の発達にともなって広まったが、アリストテレスの思想はおもに西洋文明とともに発展した。この2つの思想は深い洞察という点で共通するが、たがいに補完しあうものでもある。本書の執筆にあたって幸せを感じたことの1つは、西洋における最も偉

大な哲学書という声も高いアリストテレスの古典的名著*The Nicomachean Ethics*［アリストテレス『ニコマコス倫理学』上・下、高田三郎訳、岩波書店］をじっくりと味わう機会が得られたことだった。ブッダの説いた教えには「四聖諦」や「八正道」などがあるが、それらに加えて、仏教の考え方を理解するにはダライ・ラマの著作が導きとして役立った。とりわけ、*The Ethics for the New Millennium*［ダライ・ラマ14世テンジン・ギャツォ『幸福論』塩原通緒訳、角川春樹事務所］と*The Art of Happiness*［ダライ・ラマ14世、ハワード・C・カトラー『ダライ・ラマ　こころの育て方』今井幹晴訳、求龍堂］に感銘を受けた。

ヨーロッパの啓蒙主義から今日に至る近代において、哲学者は人を行動にかりたてる動機と人が幸福を感じる究極の源泉について考えつづけてきた。社会の動きや地位に影響されながら個人が行動するときのさまざまな動機について論じた本として、とりわけ洞察力に富む本（しかも楽しんで読める）は、Adam Smithの*The Theory of Moral Sentiments*［アダム・スミス『道徳感情論』上・下、水田洋訳、岩波書店］である。近代の哲学者は幸福をもたらすものだけでなく、正義がどこから来るのかについても関心を向けている。John Rawlsの*A Theory of Justice*［ジョン・ロールズ『正義論』川本隆史、福間聡、神島裕子訳、紀伊國屋書店］とRobert Nozickの*Anarchy, State, and Utopia*［ロバート・ノージック『アナーキー・国家・ユートピア――国家の正当性とその限界』上・下、嶋津格訳、木鐸社］がくりひろげた有名な論争をあらためて見直すと、個人の自由に対する社会正義および道義的な責任というテーマに関して、これほど力のこもった著作はほかにはない。この問題に関しては、哲学者のPeter Singerが*The Life You Can Save*など、最近のいくつかの著作で功利主義的な観点から強力な意見を付け加えている。古代の賢人たちの教えと、近代の哲学者たちの叡智、そして現代心理学の洞察を１つにまとめようとする熱心な試みの一例がJonathan Haidtの*The Happiness Hypothesis*［ジョナサン・ハイト『しあわせ仮説――古代の知恵と現代科学の知恵』藤澤隆史、藤澤玲子訳、新曜社］である。この本はじつに考えさせられるところが多く、多くの議論のきっかけとなった。これらの重要な問題について人類がどう考えてきたかという歴史をふりかえることで、私は進むべき道を誤らずにすんだ。

経済学の基礎

本書の主題は、アメリカが市場と政府のあいだで適切なバランスを失ったことである。経済面での幸福は混合経済のうえに成り立つ。アダム・スミスもそのことを知っていた。*The Wealth of Nations*［アダム・スミス『国富論』大河内一男監訳、中央公論新社］を読んだ人なら、スミスが法の執行、公共事業、教育などの分野では政府が積極的な役割をはたすべきだと述べていることを思い出すだろう。20世紀になって、「小さな政府」支持論で最も大きな影響力をふるった2冊が、Friedrich Hayekの*The Road to Serfdom*［フリードリヒ・ハイエク『隷属への道』西山千明訳、春秋社］とMilton Friedmanの*Capitalism and Freedom*［ミルトン・フリードマン『資本主義と自由』村井章子訳、日経ＢＰ社］だが、よく引用はされるものの、ちゃんと読む人は少

ないようだ。これは恥ずべきことである。この2冊は今日でも読む価値は十分にある。1つには、市場経済を信奉するリベラル派の代表ともいうべきハイエクやフリードマンでさえ、経済における政府の責任、とくに環境保護、インフラ整備、国民の教育といった面での介入を支持していることを読者に思い出させるからである。これに関連する文献として、市場経済を専門とするドイツの経済学者Wilhelm Röpkeの*A Humane Economy*［ヴィルヘルム・レプケ『ヒューマニズムの経済学』上・下、喜多村浩訳、勁草書房］は、市場の圧倒的な圧力から人間的な価値を守るために道義的な境界線が必要だと明快に論じている。

近年、アメリカ経済の特定の部門が不調に陥っている現状について、政府が経済規制や安定化の働きかけをせず、公共財の支給に消極的になったせいだとする著作が世間にあふれた。財政金融部門での失敗について書かれた本をあげるだけでも、数ページが必要になるだろう。William FleckensteinとFrederick Sheehanの*Greenspan's Bubbles*［ウィリアム・A・フレッケンシュタイン、フレデリック・シーハン『グリーンスパンの正体』鈴木南日子訳、日本経済新聞出版社］は、アラン・グリーンスパンの一連の失策についての簡潔かつ痛烈な記録となっている。Andrew Hackerがアメリカ中流階級のセイフティネットの崩壊について論じたのが*The Great Risk Shift*である。会員制健康医療団体カイザーパーマネントのCEOであるGeorge Halversonは*Health Care Will Not Reform Itself*で、アメリカの健康保険制度の失敗についてうまく説明している。2人の著名な経済学者、Claudia GoldinとLaurence Katzによる*The Race Between Education and Technology*では、教育部門に対する政府予算の削減について綿密な調査がなされた。止まらない財政赤字の危険性については、2人の経済学者、Carmen ReinhartとKenneth Rogoffによる*This Time Is Different*［カーメン・M・ラインハート、ケネス・S・ロゴフ『国家は破綻する——金融危機の800年』村井章子訳、日経ＢＰ社］に詳しい。さらに、国家予算の浪費の危険性についても、歴史的な視点から、充実した興味深い論考がなされている。

公共政策の不備による最も驚くべき結果は、所得格差の大波が襲ってきたことであり、とりわけ、スーパーリッチの所得は急増した。1970年代に格差が広がったのはグローバリゼーションがきっかけだったかもしれない。だが、高額所得者への税の優遇、融資の統制解除、企業の利得への一般的な迎合といった政府の意図的な偏向政策によって、不平等にはますます拍車がかかった。こうした流れの一部として、富裕層が所得を守るために国際的なタックスヘイブンを利用するという風潮が広がった。その事情を熱心に追いかけたのが、Nicholas Shaxsonの*Treasure Islands: Uncovering the Damage of Offshore Banking and Tax Havens*［ニコラス・シャクソン『タックスヘイブンの闇——世界の富は盗まれている！』藤井清美訳、朝日新聞出版］である。格差と密接に関連するもう１つの問題は、CEOの手取り給与の高騰である。株主や役員会の企業ガバナンスが弱体化しているからこそ、このような事態を招く。CEOの報酬の不当性についての重要な参考文献は、ハーバード・ロー・スクール教授のLucian Bebchuk とJesse Friedの*The Unfulfilled Promise of Executive Compensation*である。

読書案内

政治体制の比較

本書全体で強調しているように、他の社会が市場経済―政治体制に関してどのような選択を下したかを学ぶことでアメリカは大きな恩恵を得られるはずだ。なかでも、とくに成功している例は、スカンディナヴィアの社会民主主義である。スカンディナヴィアの社会民主主義についての最もすぐれたアナリストは、社会学者Gøsta Esping-Andersenであり、その著作には*The Three Worlds of Welfare Capitalism*［G・エスピン-アンデルセン『福祉資本主義の三つの世界――比較福祉国家の理論と動態』岡沢憲芙、宮本太郎監訳、ミネルヴァ書房］と*Why We Need a New Welfare State*（共著）がある。さらに、自国の政府が重要な問題（経済、社会、環境）に対してどのような対応をとっているか、ほかの高所得国と比較してみることも必要だ。経済協力開発機構（OECD）、世界経済フォーラム、トランスペアレンシー・インターナショナル、国連開発計画は、それぞれオンラインでさまざまなデータを提供し、順位を発表しているので、国の政策の良否を測る参考になる。アメリカが今後どのような変化をとりいれるべきかを考えるうえでの参考にもなる。

アメリカ人の政治的価値観

本書執筆にあたって、何よりもうれしい驚きだったのは、アメリカの人びとがいまも良識と健全な価値観をもっていると再認識できたことだった。フォックス・ニュースは毎日のように、アメリカはティーパーティーの運動に象徴されるような保守的な国だと報じている。ところが、実際はちがった。アメリカは節度をもった実際的な国であり、アメリカ国民の大半が貧しい人びとは経済状態を改善するためにみずから率先して動くべきだと主張する一方で、貧困層に寛大な援助を与えるべきだという意見も同じ程度にある。

政治学者は、長年のあいだ、この「穏健派」の立場を研究し、すぐれた著作を送りだしてきた。最近の重要な著作としては、Benjamin PageとLawrence Jacobの*Class War? What Americans Really Think About Economic Inequality*がある。同じような主張はLarry Bartelsの*Unequal Democracy: The Political Economy of the New Gilded Age*にも見られる。Bertelsによれば、アメリカ人は穏健派だが、政治は極端だという。その理由の1つとして彼は、議会において富裕層の視点が不均衡に重要視されていることをあげている。アメリカ人の実像と、一般に世間で思われているアメリカ人のイメージが食い違っているのは、一部には企業による意図的なプロパガンダのせいである。アメリカの大企業による絶え間のない非科学的な猛攻撃の実態を知るには、Naomi OreskesとErik Conwayの*Merchants of Doubt*［ナオミ オレスケス、エリック・M・コンウェイ『世界を騙しつづける科学者たち』上・下、福岡洋一訳、楽工社］以上に有益な本はない。

もちろん、アメリカ国民の良心的な価値観は危機にさらされている。なぜなら、自国の政府が信じられなくなり、おたがいへの信頼感も揺らいでいるからだ。コミュニ

ティにおける信頼の喪失をテーマにしている研究者のなかでも代表的なのは社会学者で政治学者のRobert Putnamである。Putnumの名著*Bowling Alone*［ロバート・D・パットナム『孤独なボウリング——米国コミュニティの崩壊と再生』柴内康文訳、柏書房］は、ここ数十年間のアメリカ社会における「社会関係資本」の喪失について慎重に記録し、その実態を理解する大きな助けになる。

権威をふりかざしたり、プロパガンダを推し進めたりする人びとが偏見とともに作りあげたアメリカ人の歪んだ価値観ではなく、アメリカ人が実際にどんな価値観をもっているか、その実像を知るには、世論調査の結果を見るのが手っ取り早い。ギャラップ調査やラスムッセン報告書の重要な調査結果に加え、ピュー・リサーチ・センターは信頼できる調査データをたえずオンラインで公表している。さらに、政治に対する世論調査機関としてもう１つ有名なのはCenter of Policy Attitude（政策意識センター）である。

問題解決の複雑さ

前著２作*The End of Poverty*［ジェフリー・サックス『貧困の終焉』鈴木主税、野中邦子訳、早川書房］と *Common Wealth*［『地球全体を幸福にする経済学』野中邦子訳、早川書房］で、私は今日のアメリカが直面する複雑な問題を解決するには、ホーリスティック（全体観的）な観点に立ち、構想においては柔軟性をもち、目標をしっかりと定めなければならないということを強調した。要するに、前進するには「複合的なシステム思考」が必要なのだ。すべてをいっぺんに解決する万能薬や、成功に至る近道などは存在しない。エネルギーの確保、環境保全、経済的な繁栄といった問題が同時に起こるであろう近い将来に向けて、システム思考の導入こそ最も緊急の課題になるだろう。持続可能な開発という問題について、システム思考をどのように取り入れたらよいかを示した本は近年いくつも出ているが、たとえばSteven Cohenの*Sustainability Management*、Peter Calthorpeの*Urbanism in the Age of Climate Change*、Charles WeissとWilliam Bonvillianの*Structuring an Energy Technology Revolution*、Lester Brownの*World on the Edge*［レスター・R・ブラウン『地球に残された時間——80億人を希望に導く最終処方箋』枝廣淳子、中小路佳代子訳、ダイヤモンド社］、William Mitchell（共著）の*Reinventing the Automobile*［ウィリアム・J・ミッチェルほか『「考えるクルマ」が世界を変える——アーバン・モビリティの革命』室田泰弘訳、東洋経済新報社］などがある。

世界《せかい》を救《すく》う処方箋《しょほうせん》
「共感の経済学」が未来を創る

2012年5月20日　初版印刷
2012年5月25日　初版発行

＊

著　者　ジェフリー・サックス
訳　者　野中邦子《のなかくにこ》・高橋早苗《たかはしさなえ》
発行者　早　川　浩

＊

印刷所　三松堂株式会社
製本所　大口製本印刷株式会社

＊

発行所　株式会社　早川書房
東京都千代田区神田多町2－2
電話　03-3252-3111（大代表）
振替　00160-3-47799
http://www.hayakawa-online.co.jp
定価はカバーに表示してあります
ISBN978-4-15-209298-4　C0033
Printed and bound in Japan
乱丁・落丁本は小社制作部宛お送り下さい。
送料小社負担にてお取りかえいたします。

ハヤカワ・ノンフィクション

激動予測

——「影のＣＩＡ」が明かす近未来パワーバランス

The Next Decade

ジョージ・フリードマン
櫻井祐子訳

４６判上製

世界最強のインテリジェンス企業が予想する激動の10年——

政治・経済のリーダーは今後の激動の時代にどう対処すべきなのか？　ベストセラー『100年予測』の著者フリードマンが、地政学の手法を駆使し、さまざまな情報と的確な洞察力をもって、これからの世界を大胆に展望する

ハヤカワ・ノンフィクション

貧困のない世界を創る

——ソーシャル・ビジネスと新しい資本主義

Creating a World Without Poverty

ムハマド・ユヌス
猪熊弘子訳
46判上製

世界から貧困を撲滅するために
いまわれわれが選ぶべき道とは？

人の思いやりと自由市場の力学を融合させ、国際機関やNPOでも解決できない広範な社会問題に取り組む新しい企業「ソーシャル・ビジネス」とは何か？　壮大な構想と巧みな実践を、ユヌスみずからが情熱豊かに語る。二〇〇六年度ノーベル平和賞受賞後初の著作